吴式颖　李明德

丛书总主编

外国教育通史

第二卷

古希腊、
古罗马的教育

李立国　孙　益

本卷主编

GENERAL HISTORY OF
FOREIGN EDUCATION

北京师范大学出版集团
BEIJING NORMAL UNIVERSITY PUBLISHING GROUP
北京师范大学出版社

图书在版编目(CIP)数据

外国教育通史：全二十一卷：套装／吴式颖，李
明德总主编． -- 北京：北京师范大学出版社，2025.1.
ISBN 978-7-303-30486-8

Ⅰ．G519

中国国家版本馆 CIP 数据核字第 20251WL437

WAIGUO JIAOYU TONGSHI：QUAN ERSHIYI JUAN：TAOZHUANG

出版发行：北京师范大学出版社 https://www.bnupg.com

北京市西城区新街口外大街 12-3 号

邮政编码：100088

印　　刷：北京盛通印刷股份有限公司

经　　销：全国新华书店

开　　本：787mm×1092mm　1/16

印　　张：684

字　　数：9000 千字

版　　次：2025 年 1 月第 1 版

印　　次：2025 年 1 月第 1 次印刷

定　　价：4988.00 元(全二十一卷)

策划编辑：陈红艳　鲍红玉　　　　　责任编辑：李春生
美术编辑：焦　丽　　　　　　　　　装帧设计：焦　丽
责任校对：郑淑莉　　　　　　　　　责任印制：马　洁

目 录 | Contents

导　言

古代希腊文明是西方文明的起点，古代希腊教育是西方教育的源头。古代罗马教育是在古希腊的深刻影响下发展起来的。古罗马继承了古希腊的历史遗产，在吸收与融合古希腊教育思想的同时，形成了适应自身需要的、富有特色的教育理念、教育目标和教育方法。

希腊文明昌盛于古代文明的轴心时代。在公元前7—前2世纪，希腊文明进入繁荣时期，与当时的东方文明相比，古代希腊文明呈现出其独特性，古代希腊教育也表现出与其他文明不同的独创性。古代东方各国、各地区的教育是为少数统治者服务的，整个教育赖以立足的基础是文字的使用，教育的目的是培养通晓文字，善于阐述理论来为统治者服务的文人。故古代东方各国、各地区的教育是以文字教育为主的。古代希腊的城邦制度决定了希腊教育的特殊性，其教育是公民教育而非为统治者个人服务的教育，这种教育继承了英雄时代的传统，重视体育与艺术教育。到了古典时代的雅典，随着民主政治的发展，语言才在教育中上升到重要位置，成为政治家、修辞家和教师共同使用的工具。

古代希腊教育的发展与繁荣和希腊城邦密不可分。城邦制度是理解和认识希腊教育的钥匙，城邦特有的政治结构、社会结构和精神结构决定了希腊各城邦教育的目的、内容和特点。只有把希腊教育纳入城邦制度中，才能理解其教育的内涵与特征。

　　城邦与教育的关系决定了古代希腊教育本质上是公民教育，一方面强调公民内部的平等性，所有城邦公民都可以享受到教育，但因个人能力和智力的不同，其受教育的程度有所差异；另一方面国内的奴隶和非希腊的其他民族，则无权享受城邦教育。同时，妇女的受教育权利因城邦和时代不同而有所差异，斯巴达城邦的妇女有权接受教育，而雅典妇女则只能在家庭接受教育，到了希腊化时期，妇女受教育的机会逐渐增多。

　　古代希腊教育的发展与古代希腊社会、文化的发展历程是基本一致的。古希腊教育萌芽于古风时代，繁盛于古典时代，在希腊化时期逐渐衰落和转型。斯巴达和雅典是古代希腊世界最为典型的两个城邦，具有各自独特的教育制度。所谓城邦是指一个以政治独立、小国寡民的城镇为中心的国家（城邦一词来自英译的"city-states"，这个译法因过分注重城邦的城市中心的特点而不太准确。事实上，希腊文中"polis"最重要的含义是精神上的而非物质上的，"公民国家"应是最接近其原意的）。① 在古希腊历史上，曾先后出现过多个城邦。其中，斯巴达和雅典是规模和影响力最大的两个城邦。斯巴达城邦源于种族征服。城邦的现实决定了斯巴达独特的政治制度、生活方式和教育制度。斯巴达人终身参加军事训练、从军作战。城邦严格控制着公民的教育和生活。斯巴达教育的目的是培养合格的、能够献身国家的公民，亦即军人。斯巴达人把军人的美德，如团结、服从、尚武、禁欲和牺牲精神等贯穿到教育和社会生活的各个方面。斯巴达的教育制度在培养优秀军人、确保国家安定方面取得了巨大成功。但是，这种成功是以牺牲个体的个性自由发展、社会进步和文化繁荣为代价的。虽然斯巴达教育培养了一代又一代勇武的士兵，却没有造就哲学家、艺术家和科学家。古希腊在哲学思考、科学发现和艺术创造方面的辉煌成就与之无关。

　　雅典在古希腊城邦的历史中占有重要地位。它在古希腊世界的影响以及

---

　　① 马克垚主编：《世界文明史（第二版）》上，228~229页，北京，北京大学出版社，2016。

其留给后世的遗产，都是其他城邦所无法比拟的。长达 32 年的伯里克利时代（前 461—前 429 年），是雅典历史上最为繁荣强盛的时期，是雅典民主政治发展到顶峰的时期。民主的发展促进了公民参政能力的提高，学习修辞术、辩论术成为一种潮流。执政者伯里克利（Pericles，约前 495—前 429）不仅采取各种措施让更多公民参与政治活动，发放观剧津贴，还为外邦人来雅典办学和传播知识创造条件，充分发挥他们的才能，大力扶植学术和文化艺术的发展，将雅典变成"全希腊人的学校"。雅典人的文化教育水平迅速提高，雅典在政治、经济、科学、文化各领域都成为古希腊世界的中心。

在古典时代，雅典和斯巴达的"好公民"标准存在根本不同。斯巴达仍旧保持传统观念，认为勇敢（骁勇善战）的人是最值得尊敬的。而雅典却将智慧和参加政治活动的能力作为衡量一个公民优劣的主要标准，一个好公民应该能发表演说，能言善辩，有处理好城邦和家庭事务的能力，这就需要智慧。要培养这样的优良公民，教育自然成为重要的事情。雅典民主政治迫切需要公民具有演说、辩论、修辞、诉讼等方面的能力，这就要求公民懂得更多有关政治、伦理方面的知识。正是这种需要造就了智者这批教师，之后，相继出现了苏格拉底（Socrates，前 469—前 399）、柏拉图（Plato，前 427—前 347）、亚里士多德（Aristotle，前 384—前 322）等一批从事教育的哲学家，他们以培养人才为己任。

古代希腊教育思想萌芽于自然哲学家毕达哥拉斯（Pythagoras，约前 582—前 493，一说前 580—前 500，或说前 570—前 490）、塞诺芬尼等，确立于智者派和苏格拉底，柏拉图将其体系化，亚里士多德是其集大成者。希腊教育思想的起源与萌芽，是与哲学的兴起密切相关的。在古代希腊自然哲学学派，特别是毕达哥拉斯学派、爱利亚学派的哲学中，出现了教育思想的萌芽。但在公元前 5 世纪前，自然哲学家只有关于教育问题的个别论述，没有较为系统的关注和研究。只是从公元前 5 世纪开始，由于希腊世界，特别是雅典所发生的巨大政治、社会、文化变迁，导致了希腊哲学形态的变化，即由自然哲学发展到社会政治哲学，才出现了智者派，以及苏格拉底等人的较为系统的教育思想。在智者和苏格拉底以前，哲学家所探索的主要是宇宙的本原问题。从苏格拉底开始，哲学实现了整体变革。一方面，研究对象从自然界扩展到人和社会，城邦国家、人生意义、社会公正等问题进入研究视野；另一方面，哲学家争论的焦点从追问万物的本原转向追问万物存在依据的本质，从而探讨一般与个别的关系问题，从特殊的、个别的转向一般的、普遍的知识；同时，哲学的研究范式从推测、类比和隐喻等转向以修辞学和论辩术为工具，在逻辑思辨中澄清概念、建立理论。苏格拉底时代所实现的哲学变革，在古希腊教育思想的发展进程中，具有极为重要的意义。原因在于，只有哲学家将目光从自然转向社会、人类生活以及人类自身，与人密切相关的教育问题才有可能得到关注，从而引起思考。在苏格拉底的思维逻辑中，政治问题、哲学问题和道德问题是相互联系的，正是这种联系，使教育问题真正进入思想家的视野，并作为一个基本问题被提了出来。

总的来看，希腊教育家所探讨的基本问题在智者派的教育思想中都已有所涉及。但是，智者派的教育思想虽在形式上相对完整，但并未系统化。从智者派的教育思想到柏拉图和亚里士多德的体系化教育思想之间，需要一个过渡的中间环节，这个过渡是由苏格拉底完成的。苏格拉底关于如何培养政治家的论述，深刻揭示了教育与政治，亦即教育与城邦、教育与国家的关系，这不仅触及了当时希腊政治现实与教育实践的核心问题，而且对柏拉图等人的教育思想也有很大影响。柏拉图进一步发展了苏格拉底的教育思想，更为系统地论述了政治家培养的必要性。苏格拉底主张使政治知识化、专业化，而柏拉图则进一步主张应该由哲学家统治国家。尤其重要的是，苏格拉底通过概括诸如"知德统一""德行可教"等命题，使希腊人对教育的认识极大地抽象化、系统化。但只有到柏拉图写作《理想国》等著作时，希腊教育思想的这种系统化、体系化的趋势，才真正地作为一种现实出现了。

柏拉图教育理论的形成，标志着希腊教育思想体系化时期的到来。从西方教育思想的发展来看，在柏拉图之前，教育学是被包含在政治学、哲学体系之中的，无论是毕达哥拉斯、塞诺芬尼，还是智者、苏格拉底，只是在论述哲学、政治学问题时，才会谈及教育。而柏拉图却在《理想国》中对教育问题进行了深入、细致的探讨，并在他长期学园教育实践的基础上，提出了以灵魂转向为目标的哲学王教育思想，制订了足以代表古希腊科学研究最高成果的课程体系。这样，柏拉图就在西方第一个建立了初步的教育体系。同时，柏拉图的教育思想又与古希腊的社会现实密切相关，他把教育与政治相结合，认为教育对于实现理想的政治制度有重大作用，特别是对于培养最高统治者作用更大，因此，他认为教育的最高目标就是培养哲学王。

在继承并批判柏拉图哲学和教育思想的基础上，亚里士多德提出了系统、完整，代表古代希腊教育思想最高水平的教育理论体系。主要包括他提出的城邦教育论、自然教育论、和谐教育论和自由教育论。这些教育理论的建立标志着古代希腊的教育思想正式从哲学体系中独立出来，形成了自己的理论体系、逻辑体系和话语体系。同时，亚里士多德的教育理论体系建立在坚实的理论基础上，论述了教育的基本问题，是古代希腊教育思想的集大成者。亚里士多德之后，随着伊壁鸠鲁学派和斯多葛学派的兴起，伦理学成为学者思考的中心议题。在这种情况下，教育思想的内容和形式发生了根本性转变。

与古希腊教育一样，古罗马教育的发展变迁也是社会、文化、政治、经济等各种因素共同作用的结果。学术界通常将古罗马国家的历史划分为三个时期：王政时期（前 753—前 509 年）、共和时期（前 509—前 31 年）、帝国时期（前 31—476 年）。共和早期的古罗马是农耕社会，同时又面对频繁的战事，这使得古罗马人需要同时扮演平民和军人两种角色。这个时期的教育也成为培养平民和军人的教育。当时的教育形式主要是家庭教育和实践教育。儿童 7

岁之前的教育由母亲负责,从7岁起就脱离母亲的监管,由父亲负责。共和晚期,伴随着古罗马对古希腊的征服,特别是对雅典的征服,古希腊文化犹如潮水一般涌入古罗马,古罗马人模仿古希腊的学校建立了自己的学校教育体系:初级学校、文法学校和修辞学校。这些学校的教师开始大都是古希腊人,从教学内容到教学方法完全仿效古希腊模式。但是随着古希腊对古罗马教育的影响的深入,它逐渐以双重的形式表现出来。一方面,古罗马贵族以古希腊的教育方式,或者说以文明希腊人的教育方式教养自己的孩子;另一方面,他们按照古希腊学校的模式,平行建立了一种使用拉丁语的学校体系,在希腊语学校之外,一批拉丁语学校同时建立起来,覆盖了初等教育、中等教育和高等教育的范围。随着古罗马人不断发动对外战争,到公元前1世纪时,古罗马成为横跨欧、亚、非三大洲的庞大的军事帝国。对外扩张不仅对政治、经济和军事等方面产生了影响,而且对社会、文化和教育方面也产生了影响。尤其是对古希腊的征服,从根本上改变了古罗马文化的形态,并引起了教育的相应变化。雄辩术(Oratoria)成为教育的主流,但文法、修辞越来越形式化,教育的方法和形式也越来越程序化。

古罗马教育实践的变迁促进了教育思想的发展。古罗马教育思想发展也呈现出阶段性的特征,其发展进程有两个主要的阶段。

第一个阶段是从公元前3世纪后期到公元前1世纪中叶,代表人物有老加图(Cato Maior,前234—前149)、瓦罗(Varro,前116—前27)、维吉尔(Virgil,前70—前19)、卢克莱修(Lucretius,约前99—前55)等人。在这一阶段,古罗马人对教育现象的认识尚处于直观的、描述的和片段的水平上。

第二个阶段是从公元前1世纪中叶开始,以西塞罗(Cicero,前106—前43)和不久以后出现的塞涅卡(Seneca,约前4—65)、昆体良(Quintilianus,约35—约95)、普鲁塔克(Plutarch,约46—120)等人为标志,古罗马教育思想的发展进入了一个新的时期。这个阶段古罗马教育思想的突出特点是,对教育现象的认识已逐步过渡到理性把握和反思的水平，从而产生了真正的古罗马教育思想。在古罗马教育思想的发展史上，西塞罗的教育思想占有重要的地位。从他的教育主张中，可以看到古罗马教育传统的巨大转变，即从平民－军人的教育转向演说家的教育。西塞罗在借鉴古希腊演说术教育理念和方法的基础上，结合古罗马社会的实际需要，发展了比较系统的古罗马演说术教育的思想与方法，他的演说术理论代表了共和时期古罗马教育思想发展的最高水平，反映出古罗马教育思想的独特之处。

在古罗马教育史上，昆体良是最负盛名、影响最大的教育理论家和教育实践家。他从理论上系统总结了古罗马学校教育的实践经验，提出了较为完整的教育思想。他认为，教育的基本目的是培养善良而精于演说的演说家。昆体良全面论述了演说家教育的内容、过程等问题，其教育思想中最有价值、影响最大的是关于教学的理论。在长期的教学实践的基础上，昆体良结合对儿童心理的深入了解，提出了一系列关于教学问题的见解。他较早提出了分班教学的设想，同时提出了一系列关于教学方法和原则的重要见解。在西方教育史上，昆体良是第一位教学理论家和教学法专家。他使教学论成为一个相对独立的研究领域，对近代教学论的发展产生了深刻的影响。

第一章

古希腊教育的萌芽与形成

古代希腊是欧洲文明的摇篮，其文化教育思想和实践，对于每个欧洲国家来说都有巨大的影响。黑格尔曾说过："一提到希腊这个名字，在有教养的欧洲人心中，尤其在我们德国人心中，自然会引起一种家园之感。"①当时欧洲的文化教育发展是不平衡的，而古代希腊的文化教育和欧洲其他地区相比，则站在了欧洲文明的前沿，古代希腊人创造的文化教育奠定了近现代欧洲文化教育发展的基石。

古代希腊，并不限于欧洲巴尔干半岛南端的现在希腊的地域范围。古代希腊的地理范围包括希腊半岛、爱琴海诸岛、小亚细亚、黑海沿岸、意大利南部和西西里岛，其中希腊半岛和爱琴海诸岛是主要舞台。希腊半岛境内多山，平原很少，彼此隔绝，所以由氏族发展起来的许多小城邦国家很难统一。希腊本土，特别是它的东部海岸线上有许多天然港湾，这些都有利于并促进了古代航海业的发展。希腊的葡萄、橄榄等经济作物产量丰富，酿酒、制油等手工业也很发达。但它缺少平原和耕地，粮食依靠从海外采购。这些都促进了手工业和海外贸易的发展，地处沿海的城邦的工商业和航海事业发展迅

---

① ［德］黑格尔：《哲学史讲演录》第 1 卷，贺麟、王太庆译，157 页，北京，商务印书馆，1959。

速。希腊在整个爱琴海地区处于中心位置，东和西亚接壤，南和北非隔海相望，西和意大利、西西里相邻，交通方便，文化交流也便利。古代希腊这样的地理环境，是它能成为欧洲文明起源地的重要原因之一。

古代希腊史大致分为五个时期：

爱琴文明时代(或称"克里特和迈锡尼文明时代")(The Age of Aegean Civilization 或 The Age of Crete and Mycenae Civilization)，公元前 20—前 12 世纪；

荷马时代(Homeric Age)，公元前 11—前 9 世纪；

古风时代(Archaic Age)，公元前 8—前 6 世纪；

古典时代(Classical Age)，公元前 5—前 4 世纪；

希腊化时期(马其顿及亚历山大帝国时代)(The Age of Macedonia and Alexander Empire)，公元前 4—前 1 世纪。

第一节 古希腊教育的萌芽

一、爱琴文明时代的书吏[①]

根据考古学家在克里特、迈锡尼发掘的资料，爱琴海地区虽属于欧洲，但却同西亚文明一致。早期在爱琴海地区活动的居民，不是后来的希腊人，而是从西亚来的移民和当地土著居民，史称"前希腊人"。

爱琴文明在历史上分为克里特文明和希腊本土的迈锡尼文明两个时期。克里特文明始于公元前 3000 年年初，发明线形文字 A，但至今尚无人能解读。到公元前 1400 年左右，克里特文明被毁灭。公元前 15 世纪，阿该亚人，也就是后来希腊人的第一代，进入克里特岛，取代了原来的非希腊语人，进入

---

① [法]让-皮埃尔·韦尔南：《希腊思想的起源》，秦海鹰译，15~28 页，北京，北京大学出版社，2012。

迈锡尼文明时代。从发掘出的大量泥版文书看，希腊语的线形文字 B 代替了以前的线形文字 A，现在已能够释读。泥版文字的记载使我们对迈锡尼王国的体制有了较为清晰的了解。

迈锡尼王国的社会生活以王宫为中心，王宫同时具有宗教、政治、军事和经济的作用。国王集政权和王权的所有职权于一身，依靠一个传统的固定职业阶层——书吏，借助一种由王公显贵和王室检察官组成的复杂的等级制度，严密地控制和管理着经济生活的各个领域和社会活动的各个方面。

王宫的组织形式连同其行政人员、财务管理技术、社会经济生活的严格规定等，都显出整个体制赖以立足的基础是文字的使用和档案的建立。原先的克里特书吏现在转过来为迈锡尼王国服务，他们把克诺索斯王宫中使用的线形文字（即线形文字 A）加以改造，用来记录新主人的语言（即线形文字 B）。克里特书吏这一特殊阶层，在为迈锡尼国王提供管理王宫的技术的同时，也培养了管理王宫的行政人员。

这样一整套体制被多利安人的入侵摧毁了。多利安人的入侵使得希腊与东方的交往中断了好几个世纪。迈锡尼被击败后，海域不再是通途，反而成为障碍。被孤立的希腊大陆闭关自守，重新回到一种单纯的农业经济形态中。随着迈锡尼王朝的衰落，整个王宫体制也崩溃了，而且再也没有复兴。

二、荷马时代的教育

多利安人入侵以后，迈锡尼时代原有的城邦、豪华的王宫、发达的工商业以及线形文字 B 荡然无存。由于这个时代的主要史学材料来源于荷马史诗，故名"荷马时代"。

荷马史诗相传是盲诗人荷马（Homeros）所写，实际上他可能是早已流传民间的行吟诗歌的收集者、编纂者。据考证，史诗故事的轮廓形成于公元前 8 世纪，前 6 世纪被整理编订。它主要反映公元前 11—前 9 世纪的社会情况，而且部分地反映了此前迈锡尼时代的情况。

史诗包括《伊利亚特》(*Iliad*)和《奥德赛》(*Odyssey*)。两部史诗语言凝练优美，情节曲折动人，人物形象栩栩如生，是古代世界难得的佳作名篇。这两部史诗树立了希腊诗歌艺术的最高典范，自古以来就是希腊文化和教育的基石。荷马史诗也为我们保留下了英雄时代的教育概貌。"英雄"这个词在古希腊语中最早的含义是"保卫者"和"守护者"，所谓"英雄"并非今天人们所认为的那些杰出的、做出过丰功伟绩的人，而是指人种。在五个人种时代，即黄金时代、白银时代、青铜时代、英雄时代和黑铁时代，英雄是其中之一。在古希腊人的观念里，英雄虽不及黄金、白银、青铜时代的人们，但比黑铁时代的人要高贵得多。①

英雄同凡人的区别在于以下几点：第一，英雄大多与神有着不可分割的渊源；第二，既然为神的后代，英雄必然有突出的相貌和与众不同的力量；第三，英雄往往有着与众不同的技艺；第四，英雄们有着尚武精神，重视荣誉感。而对于英雄的评价往往是毁誉参半的，个人英雄往往不能节制，为了名声不顾及大局，如阿喀琉斯(Achilles)的愤怒；另一方面英雄主义又诞生了古典时代的贵族精神，即有所为有所不为。②

在英雄时代，社会需要的是以英雄人物为主题的教育，教育以培养能征善战的英雄为宗旨。那时的教育有两个突出特点：重武功不重文事；赞美个人英雄主义。我们看到，古代文明在其最早的源头处处充满了尚武精神。在随后出现的作为文明根基的《伊利亚特》中，被颂扬的是英雄们的赫赫武功，而荷马史诗本身又标志着"书"这一文明现象的出现。所以，我们在荷马史诗中看到，一方面，尚武的文化逐渐渗入文字，或者说书籍（尽管在很长一段时

----

① 吴诗玉、涂鸣华编著：《古希腊神话的现代解读：理性与神性》，153 页，上海，上海交通大学出版社，2014。

② 同上书，153~155 页。

间里，书是供人吟唱、朗诵而非阅读的）成分。另一方面，在或许更长的时期内，我们也始终能看到军事贵族文化的广泛存留：古代文化曾长期赋予身体和体育运动以很高的地位，便是明证之一。①

（一）竞技比赛

荷马史诗中只提到一次书写，即在《伊利亚特》卷6中，泥版上铭刻的符号用字体来传递秘密。荷马史诗似乎并没有把文字视为英雄时代的一部分（但东方的"吉尔伽美什史诗"与《伊利亚特》的成书年代大致相仿，其"冒险而归的主人公将全部故事刻在一块石头上"，反映了东西方文化教育的不同）。崇尚运动或竞技是英雄时代的特点。在荷马史诗中，腓尼基国王阿尔基诺斯（Alcinous）在听了奥德修斯叙述他在旅途中所经历的种种风险后，使用最高的礼节款待他，特意为他安排了一场颇具规模的体育表演，并设法帮助他踏上归国的航程。阿喀琉斯为了安慰他最好的朋友帕特洛克罗斯（Patroclus）的亡灵，便安排了一场运动竞赛。运动是由于作战的需要而自发地发展起来的。唱歌、弹琴、舞蹈也是生活中所不可缺少的，对于作战也是必要的。英雄时代的人们常用它们来鼓舞士气，丰富生活。在作战中，战士们唱着歌与敌人厮杀，这种习惯一直延续至近代。在希波战争中，历史学家希罗多德（Herodotus）就曾做过这方面的描写。

这两部史诗都有关于竞技情景的描述。那是人类社会童年时代的竞技，同当时的社会背景紧密相关。当时，社会生产力虽然较以往有了提高，但是生产者还不能摆脱非常繁重的原始劳动，一般人都向往休闲娱乐。竞技具有欣赏价值和自娱价值，在当时社会条件下，便被纳入了宴乐活动中。

古希腊早期的体育活动，是人类社会童年时代的产物。它虽然天真而简朴，但是在竞技方面已具有雏形，这对于后世竞技运动的发展具有深远而广

① ［法］亨利-伊雷内·马鲁：《古典教育史》（希腊卷），龚觅、孟玉秋译，6页，上海，华东师范大学出版社，2017。

阔的影响。

(二)英雄主义教育

阿喀琉斯从小从父亲和教师那里得到了良好的教育。荷马史诗记述了阿喀琉斯所受教育的情况。

阿喀琉斯有两位教师，一位是喀戎(Chiron)，另一位是富尼克斯(Phoenix)。喀戎以智慧和医术而著称，许多英雄都受过他的教诲。喀戎教阿喀琉斯各种运动，如打猎、马术、掷枪等；也教他艺术，如拉七弦琴；甚至还把外科手术和医药知识教给他。这几乎是一种百科全书式的教育，举凡一个武士所需要的技术，都成了阿喀琉斯学习的内容。阿喀琉斯的另一位教师富尼克斯在阿喀琉斯还在孩提时代时就精心抚育他。富尼克斯常常把阿喀琉斯抱在膝上，把食物弄碎喂他。后来富尼克斯自豪地对他说："是我把你教育成这个样子的。"在阿喀琉斯远征特洛伊人之前，富尼克斯一直照顾着他，给予这个没有经验的年轻人所需要的种种帮助。富尼克斯教育他说："你还是个孩子，你还不了解战争，它是个人和议事会所不可缺少的，人们在战争中学会使自己成为杰出的人物。因此，你父亲把你交给我，由我对你进行教导；我教你如何作出好的计谋以及如何完成伟大的行动。"①这番话表明，一位完美的、理想化的骑士必须同时是战士和演说家，在君王面前不仅要能立功，还要能立言。②

唯有英雄才是希腊民族所认可的真正的人。这些愤怒时便暴跳如雷，毫不顾及世俗道德的战士，绝不是文明时代的精明之士，既不深谋远虑，也不审慎节制，而是真诚无畏、气魄宏大、生命力充沛，机巧、算计以及思虑太多的生活与他们无缘，那是畏惧和怯懦的表现，是对神宠的疑虑和缺乏信心。

① 滕大春主编：《外国教育通史》第1卷，140页，济南，山东教育出版社，1989。
② ［法］亨利-伊雷内·马鲁：《古典教育史》(希腊卷)，龚觅、孟玉秋译，33页，上海，华东师范大学出版社，2017。

英雄同样不为世俗荣耀所迷惑，只求一博神的欢心。英雄虽然自知自身不过是由命运和诸神任意摆布，却依然执着地生活和战斗，依然力求卓越。当然，必须注意的是，希腊文化在其源头上专属于军事贵族阶层，荷马社会承接一个古老的文明而来，它还部分保留了这个文明中的礼仪。因而荷马笔下的英雄们绝不单单等同于一群粗鄙无文、不知教化为何物的武夫，恰恰相反，他们已经是真正的骑士。① 例如史诗中提到的，年轻的侍从们在君主身前履行着自己的义务，他们就像中世纪宫廷中那些年华青涩，尚不足称骑士的少年仆从一样，在君王豪奢的宴会上扮演"司酒官"的角色；英雄们投入决斗之前惯常地进行舌战时，他们也依然不失翩翩的风度，类似的礼节近乎无处不在，可见，这些骑士的生活是贵族化的，甚至宫廷化的，具有高雅的风范。②

阿喀琉斯是一位杰出的英雄，是一位永远活在希腊人心灵中的最激动人心的英雄。他是力量、勇敢和冒险精神的化身，是英雄时代的希腊精神的集中体现。阿喀琉斯把成为一个顶天立地的英雄当作他的最高理想：生活的唯一目的，就是为实现这个崇高理想而奋斗。他把他整个生命融合在这一理想之中。他的母亲海洋女神忒提斯(Thetis)告诉他，如果他战胜赫克托尔，他自己将会死去。他面对死亡必然要降临的这种可怕命运，毫无惧色。为了替好友复仇，为了荣誉，为了英雄本色，他傲然迎接着死神，打败了被誉为"特洛伊和特洛伊人的堡垒"的赫克托尔，用长矛把他刺死。

阿喀琉斯高贵而纯净的形象突出地体现了荷马式伦理的精髓，即以荣誉为本位的英雄式道德。对荣誉的热爱是一代代古希腊人心中贵族伦理的基石，而这一切都出自荷马。希腊英雄们狂热地爱恋着短暂的，因战争而更加朝不保夕的生命，他们心无旁骛，专注于尘世；然而此世的生命本身，不管它多

---

① ［法］亨利-伊雷内·马鲁：《古典教育史》(希腊卷)，龚觅、孟玉秋译，28~29 页，上海，华东师范大学出版社，2017。

② 同上书，29~31 页。

么珍贵，仍然不是希腊人心中最高的价值。他们时刻准备着，把生命献给某种更高的存在，正是在这个意义上，荷马式的伦理成为一种荣誉的伦理。①

那时，伴随着勇敢和力量而来的荣誉和名声，是衡量人的价值尺度。所谓勇气，乃是完成英雄行为的最基本的品质，也是这个时期的最完美的道德表现。具体说，人的最高理想就是在最恶劣的环境面前，义无反顾，虽有生命危险，亦在所不辞。这就是英雄的本色。当时风行的"生活的竞技理想"（agonistic ideal of life），就是把生活当作一场竞争，而生活和生存就是为了出人头地，为了当一名令人羡慕的英雄，这些就是英雄时代希腊众英雄的人生观，是这个时代的时代精神所在。这种思想也是希腊英雄时代的教育宗旨，是荷马的教育宗旨。

勇敢是荷马时代希腊社会的一大美德。确实，在一个以战争为主要职能的社会中，在一个战争事关该社会生死存亡的背景下，战争所需的勇敢品质自然会被这个社会推为最重要的美德。荷马时代的希腊正在经历"自己的英雄时代"，勇敢作为最重要的美德已成为全社会的共识。希腊英雄狄奥墨德斯在斯特沃洛斯要他退却以保全性命时回答说，"我的血统不容我在作战的时候逃跑或是退却"，"帕拉斯·雅典娜女神不容我临阵逃遁"，赫克托尔也自诩"一向习惯于勇敢杀敌"；就连贵族中的妇女也奉勇敢为崇高美德，比如海伦就对帕里斯的懦弱感到厌恶，鼓励他勇敢地投入战争。事实上，一个贵族要赢得荣誉就必须勇敢，正如赫克托尔在鼓励盟军时所说的那样："朋友们，要做男子汉，想想你们的勇气。"阿伽门农也说过："朋友们，要做男子汉，心中要有勇气。"

希腊英雄时代还未具备在阶级国家出现后所存在的那些道德观念，如爱国主义、对弱小者的同情、人道主义等。这里仍以阿喀琉斯为例。阿喀琉斯

---

① ［法］亨利-伊雷内·马鲁：《古典教育史》(希腊卷)，龚觅、孟玉秋译，38页，上海，华东师范大学出版社，2017。

拒战，致使希腊众英雄连连失败。这时阿喀琉斯并不关心希腊人和这次希腊人远征的得失，他所关心的是他个人的荣誉。当他的朋友被赫克托尔杀死时，他为了替友报仇而重上战场，他所关心的是为好友报仇。他把荣誉和个人的友谊看得高于一切。在荣誉面前，他怀着视死如归的英雄气概，在城墙上把赫克托尔追逐了三圈，最后，一枪把他刺死。亚里士多德说，这是一种自爱，但不是自私，而是一种自我意识，是一种绝对的美(the absolute beauty)，纯粹的英勇(the perfect valour)。①

第二节　古希腊教育的形成

古风时代和古典时代这两个概念均为希腊考古学、美术史常用术语。"古风时代"突出古朴之意，是后来辉煌的古典时代的基础和序幕。这个时代始于公元前 8 世纪，完成于公元前 6 世纪。

古风时代，希腊发展的突出特征是城邦的形成。据估计，当时希腊共有300 多个城邦，每个邦人口平均不到 1 万人，其中 90% 左右的小邦都是弹丸之地，面积不过 80 平方千米或更小。斯巴达是当时最大的城邦，人口约 40 万，面积 8400 平方千米；第二大城邦是雅典，面积 2500 平方千米，人口约 30 万。斯巴达的面积大约是雅典的 3.4 倍，雅典的人口密度大约是斯巴达的2.5 倍。②

城邦的诞生是希腊历史上的一个重大创举，它不仅带来了一系列经济和政治的变化，也意味着思维方式的变化，以及社会生活和人际关系的改变。城邦的建立形成了一个新的以公众集会广场为中心的社会空间，迈锡尼时期

---

① 滕大春主编：《外国教育通史》第 1 卷，142 页，济南，山东教育出版社，1989。
② 米辰峰主编：《世界古代史》，298～299 页，北京，中国人民大学出版社，2001。

借助书吏来监督和控制全部社会生活的"国王"这一人物不复存在；话语的地位提高了，它以自由论辩和对立论证的形式被运用到世俗事务中，成为最有效的政治武器和国家的最高权力工具；社会生活和精神创造都有了完全的公开性，法律和命令均以文字的形式展示在全体公民面前，个人著述必须接受批评和争议；统治与被统治的旧有等级关系被一种新型的社会关系所代替，这种新型关系以公民间的对称性、可逆性和相互性为基础，公民被确定为"同类人"；人们抛弃了以往对待传统的态度，不再把传统看成一种必须尊重和重复、不可做任何更改的永恒真理，而且每人都努力摆脱传统，与前人拉开距离，通过对前人的观点加以延伸、修正或完全否定来确立自己的独特性。①

此外，对于希腊人而言，城邦并不单纯是一个公共机构，而是如神一般的膜拜对象。一方面，城邦的成立将早期希腊人从自然崇拜的束缚中解放出来，为他们提供了个人空间；更为关键的是，城邦把个人从特殊家庭形式的自然崇拜的严格束缚中解放出来，成为拥有自己思想和意志的独立人格，而不仅仅是家庭之树的一个分枝。当然，在把公民从家庭束缚中解放出来的同时，城邦并没有剥夺他们的亲密感——那是家庭生活圈的魅力所在。在很大程度上，城邦本身是一个足够小的共同体，它能够让公民之间直接对接工作，就像家庭工作一样。另一方面，在希腊世界的海外扩张时代（公元前8—前6世纪），城邦为个人提供了新的空间和激励，其程度体现在这个时代的个人成就上——弥涅墨斯、阿基洛库斯等一些人在各行各业声名远播。在这个时代，希腊人在各领域的成就如此之高，以至于我们毫不惊奇他们会把自己的政治制度奉若神明，因为它为个人的天赋提供了自由空间。虽然既未公开也未获正式承认，但是，对城邦体现的人类集体力量的崇拜事实上已替代了对奥林匹亚诸神的崇拜，成了希腊世界首要的宗教行为，并影响了希腊人生活的方

---

① ［法］让-皮埃尔·韦尔南：《希腊思想的起源》，秦海鹰译，9页（序）、40页，北京，北京大学出版社，2012。

方面面。① 而在这个经过精密设计的城邦中，通过教育的方式向年幼的未来公民灌输城邦精神是必不可少的。虽然不同城邦呈现出不同的特性，但城邦教育的最终目的都是培养符合城邦自身发展需求的良好公民，从而实现"社会的善"而非"个体的善"。② 出于这种教育目的，城邦教育必须控制甚至压抑公民的个性，由此，斯巴达男孩很小就被带离家庭，生活在大型寄宿学校之中，从而使得儿童在家庭生活中养成的个性化倾向以及遗传特点得以被清除干净，形成一种普遍的品格。而年轻的雅典人从 6 岁起便每天都离开家庭，与伙伴一起在学校、竞技场与街头活动，他真正的家是竞技场。这个习惯了离开家庭后的群体生活的男孩固然失去了许多，但换来的是城邦的团结。③ 可以说，城邦与个人之间的关系一直处于一种微妙的状态，在美好年代，城邦通过教育培养出最佳公民，使其服务于自身发展，而当个人主义崛起、个体力量不再愿意接受城邦管束时，城邦一步步走向没落，城邦教育也逐渐丧失了原有的活力，不得不针对希腊化时代的新背景开展自我革新。

因此，在希腊教育史上，城邦的出现是一项具有决定性影响的事件。它使希腊人的教育充分展现出其形态的特殊性。

一、公民身份与教育

希腊人所使用的 Poleis 意指所有城邦，一种确切意义上的"共同体"。尽管共同体的概念根深蒂固，但它却从未包含平等主义或对此的追求。至多，一些城邦（以古典时期的雅典和斯巴达为例，方法各有所异）曾采取措施以保障其公民出任公职并行使政治权利的同等机会；在饥馑或城邦被困期间，更

---

① ［英］阿诺德·汤因比：《希腊精神——一部文明史》，乔戈译，39～43 页，北京，商务印书馆，2015。

② ［英］肯尼思·约翰·弗里曼：《希腊的学校》，朱镜人译，220 页，济南，山东教育出版社，2009。

③ 同上书，9、224～225 页。

多地采取紧急措施以保护那些弱势群体。但是，共同体成员财富、能力及生活方式的不平等却是一种普遍的情形，而且被普遍地视为"自然的"。在独特的希腊俗语中，最为重要的划分是"hoi oligoi"与"hoi polloi"，分别可译为"少数人"和"多数人"，或用"富人"和"穷人"来表述。在寡头政治的共同体里，这种形式上的区分是把享有主动政治权利的公民与那些不享有或享有所谓"被动政治权利"的公民分离开来。

值得说明的是，在认识和理解这些现代人眼中的"不平等"现象时，需要格外警惕古今对"平等""自然"理解的差异性。首先，对于"平等"问题，古希腊人已经做出了很多思考，柏拉图和亚里士多德提出的"数目上的平等"（numerical equality）和"比例上的平等"（proportional equality）便是一例。总的来看，"平等"总是有一定的界限，任何"平等"原则的提出和实施必然会制造出某种"不平等"，"不平等"中同样也包含着某种"平等"因素，两者是相互依存、一体两面的。其次，虽然希腊城邦时代的"平等"仍然是一种处在严格等级和身份地位限制下的"平等"，是一种狭隘和有限的平等，但更值得关注的是，那些组成城邦的"公民"，不论他们的出身、地位和职务有多么不同，从某种意义上讲都是"同类人"。这种相同性是城邦统一的基础，因为对希腊人来讲，只有"同类人"才能被"友爱"联系在一起，结合成一个共同体。这样，在城邦的范围内，人与人的关系便表现为一种相互可逆的形式，取代了服从和统治的等级关系。所有参与国家事务的人都被定义为"同类人"，后来又以更抽象的方式被定义为"平等人"。尽管在社会实际生活中，公民之间有很多相互对立的地方，但在政治上，他们都认为自己是可以互换的个体，处在一个以平衡为法则、以平等为规范的体制中。① 除了特例，一个城邦不仅是都市的中心，而且是其乡村的腹地。在以农耕为主的小共同体中，公民人数居多，

---

① ［法］让-皮埃尔·韦尔南：《希腊思想的起源》，秦海鹰译，50页，北京，北京大学出版社，2012；王大庆：《从奥林匹亚赛会看古希腊人的平等观念》，载《史学理论研究》，2011（2）。

斯巴达和色萨利除外，那里的农村劳力是由被奴化的人口（黑劳士，penestae）构成的。另外，随着人口数量的增加以及城市化的发展，平衡发生了变化，以至于在城市化最高、最富有、最强大的城邦里（雅典大概排序在先）公民的人数极少。在其等级制度中，公民之下的是为数众多的外邦人以及为数更多的奴隶。关于外邦人，有两个重点概念："异邦人"（或"别的希腊城邦的人"，the other Hellenes）和"异族人"（或"野蛮人"，barbarians）。他们很自然地将同属希腊人的不同城邦的人，即使是远至西西里、西班牙、北非的希腊殖民城邦的人，都称为"异邦人"，认为他们和自己一样，都是希腊人，不过是不同城邦的人而已。不同学派的哲学家可以在各希腊城邦自由往来，传播自己的思想。而将那些具有不同外表、风俗和信仰的人，看成是非希腊人，哪怕是很邻近的马其顿人、小亚细亚人，也都是"异族人"。他们对待异族人和对待异邦人有不同的标准。柏拉图在《理想国》中谈过这个问题。《理想国》第五卷讨论理想城邦的男女和青少年的教育问题，谈到能不能把战争得来的俘虏当作奴隶时指出，希腊人不能以希腊人为奴隶，不同城邦的希腊人不能作为自己的奴隶。柏拉图认为，凡希腊人都以血统和感情联结在一起，而非希腊人则为异族人。只有希腊人与异族人之间的争斗，才叫作"战争"，而希腊人和希腊人之间即不同的希腊城邦之间的争斗只能叫"纷争"，不能叫"战争"。凡是希腊人就不应当蹂躏和劫掠希腊人的土地，焚毁希腊人的房屋。他认为，应该将这些写进理想国的法律中去。①

在这样一个不平等的共同体里，精英组成了一个单一的群体，他们控制着所有的政治、军事、竞技以及文化活动，享受着教育权利。

---

① ［古希腊］柏拉图：《理想国》，郭斌和、张竹明译，208～212 页，北京，商务印书馆，1986。

二、城邦特性决定了教育的内容与形式

如我们所知，城邦是一个公民共同体，公民是公共领域的主体，也是城邦的主人。组成城邦的公民共同参政、议政，共同祭祀神祇，轮流管理城邦。从理论上来说人人都是有权者，是平等的"同类人"。这样的城邦生活是一种公共生活，城邦领域亦是一种公共领域。①

城邦公开化的要求使全部行为、程序与知识都要置于全体公民的目光之下，社会生活中最重要的活动都被赋予了完全的公开性。甚至可以说，只有当一个公共领域存在时，城邦才能存在(这里的公共领域不仅仅指涉及共同利益的、与私人事务相对的部门，也包括在公众面前进行的，与秘教仪式相对的公开活动)。这种伴随着城邦建立而带来的民主化和公开化的双重运动在教育方面产生了决定性影响。②

一方面，以前属于军事贵族和祭司贵族的精神世界现在向越来越多的人开放，直到向全体平民开放，而希腊文化正是在这样一个过程中形成的(荷马史诗是这一过程的第一个例证：原先只在王宫中吟唱的宫廷诗歌逐渐走出宫廷，广为流传，最终变成节日诗歌)。这种广泛的传播包含着深刻的变化。知识、价值和思想正在变为公众的批评和争议，它们不再被当作权力的保障而密藏在家族传统中；它们的公开化引来了各种各样的注解、阐释、反对意见和激烈争论。从此，讨论、辩论和论战就成了思想和政治的游戏规则。由社会实施的经常性监督，既涉及国家行政机构，也涉及精神创造。城邦的法律与君主的绝对权力相反，不能再把某种个人威信和宗教威信的力量强加于人，而必须通过论证的方法来证明自己的正确性。

另一方面，公开化的城邦生活意味着话语具有了压倒其他一切权力手段

① 杨仁忠：《希腊城邦文明与古典公共领域——公共性的历史源头及其启示》，载《新乡学院学报(社会科学版)》，2013(2)。

② [法]让-皮埃尔·韦尔南：《希腊思想的起源》，秦海鹰译，41~42页，北京，北京大学出版社，2012。

的特殊优势，成了国家一切权力的关键以及指挥和统治他人的方式。所有那些原来由国王解决的属于最高领导权范围的涉及全体人利益的问题，现在都应交给公民论辩，通过论战来解决。所以这些问题必须用演说的形式表述，符合证明和证伪的模式。这样，政治和逻各斯就有了密切的联系。政治艺术主要就是操纵语言的艺术，而逻各斯最初也是通过它的政治功能认识了自己，认识了自己的规则和效用。①

而在话语成为城邦政治生活工具的同时，文字则在真正的知识层面上提供了一种公共文化的手段，使原来被保留或被禁止的知识得以完全公开。自公元前 8 世纪起，文字不再是书吏阶层的专门知识，而是一种在大众中广泛使用并自由传播的技能。除了背诵荷马诗篇或赫西俄德（Hesiodos）诗篇的传统方式之外，文字也成为希腊古典时期"人文教育"（paideia）的基本内容。这样就是承认真理有权被所有人得到，就是允许把真理像政治辩论一样交给所有人去评判，并希望它最终能被所有人接受和认可。②

在这种公共化的城邦生活中，并不存在一个高高在上、掌控一切的君主政体，自然也就不需要那些利用文字技能维系官僚体系运转的文人阶层。因此，书吏及书吏教育作为所有古代近东社会以及希腊化时代东方君主政权的特征，并不适用于希腊城邦。事实上，正如普鲁塔克在记叙叙拉克战败时所暗示的，古代希腊文化实质上是一种口头文化，其观念及文字上的表述首先是通过口述的形式来传送与讨论，无论是公共的还是个人的。历史学家修昔底德在写《伯罗奔尼撒战争史》时，甚至未提到文献，他更多是在叙述自己的见闻。当时的口头证词同样被惯用于商贸合同或法庭。

可以说，与东方社会重视文字的读写运用、将文字与书籍作为重要教育

---

① ［法］让-皮埃尔·韦尔南：《希腊思想的起源》，秦海鹰译，40~41 页，北京，北京大学出版社，2012。

② 同上书，40~43 页。

手段的情况相区别，文字在希腊仅仅被视为一种公开知识、传播文化的手段和工具，城邦的教育主要还是依靠口头语言的表达与交流。特别是随着城邦及其民主政治的不断发展，英雄时代的遗存因素渐渐受到削弱，而口头语言的受重视程度则在不断提升。这也就解释了当大量、廉价的书籍开始在雅典出现时，柏拉图和伊索克拉底（Isocrates，前436—前338）均对其持反对态度。伊索克拉底认为，书面阅读缺乏了作者的声音与语言艺术的感染力，其规劝力量小于演讲。而柏拉图则比伊索克拉底更加轻视"书面文字"，提出采用书面文字学习的人往往依靠笔记而不是记忆，使得知识容易被遗忘；即使是著作也只能使读者停留在"了解一个事实或是权威作者的一个表述"的层面，无法回答学生问题，无法解释作者的原意；再者，"教学就像农业耕种，土壤和心智是有差异的，知识的种子在不同的土壤里会结出不同的果实"，然而"书面文字"难以照顾到每个学生的特殊性，其最终结果仅仅发展了作者自己的理论，难以实现教学的真正目的，即发展每一个学生的个人理智和才能。由此，这种缺乏严格的对话过程，且难以满足每个读者特殊性需要的教育（学习）方式难以传递真正的知识。① 总之，城邦的上述特征决定了古代希腊的教育不存在东方的书吏及书吏学校，而是形成了自己独特的教育制度；同时也决定了古希腊教育内容的主体不是文字教育，而是体育、音乐、舞蹈等方面的教育，尤其是以体育与军事教育为主。只是随着时代的发展，到了古典时代的雅典，文字教育才逐渐占有一定地位。

三、城邦公共活动与公民教育方式

民主政制的充分发展，促进了群众性文体活动的广泛开展。尤其是在雅典，由于节庆和有文艺表演相伴的体育赛事接连不断，比史诗、散文和抒情

---

① ［英］肯尼思·约翰·弗里曼：《希腊的学校》，朱镜人译，166~167页，济南，山东教育出版社，2009。

诗等更能生动地反映生活，充分地抒发感情的更高级文艺形式——戏剧便应运而生了。希腊人最初创作的戏剧有悲剧、喜剧两种形式。悲剧多取材于神话，剧中人物多半是半人半神的英雄。剧作家赋予了这些神话英雄以人的命运与情感，加之台词韵律优美，富有哲理，又有曲折生动的情节，使新的戏剧形式比原始的其他演唱形式更具感染力。

悲剧产生于雅典的狄俄尼索斯（Dionysos）庆典活动，每年春秋各举行一次。在盛大的迎神游行和歌咏活动中，合唱队围绕着贡神的牺牲山羊载歌载舞，歌曲名为"山羊之歌"，希腊文叫 tragoidia，这就是英文 tragedy 的词源。为了便于观赏，各城邦多利用山坡营造梯形的半圆形露天剧场。早期的剧场能容纳 1 万—2 万观众，后来的大剧场能容纳 5 万—10 万观众，甚至 10 万以上观众。

合唱队在演唱中常有一人出列指挥，他头戴面具，朗诵着献给酒神的颂词，边舞边演，不时与合唱队员对话。后来埃斯库罗斯（Aeschylus，前 525—前 456）加了第二个演员，这标志着真正具有表演意义的悲剧（也是戏剧）的诞生，不仅两位演员之间有情节对白，演员与合唱队员之间也有情节对白。埃斯库罗斯为新生的悲剧设计了道具、服装和布景，借以发挥表演效果。他还亲自充当悲剧演员和合唱队队长。他对悲剧的一系列创造性杰出贡献使他获得了"悲剧之父"的光荣称号。

在古代希腊，诸如戏剧等文化艺术活动都是面向全体公民传授，其影响力也是不可忽略的。叙事诗往往在千人集会时背诵；大型合唱队在全城公民大会上载歌载舞吟诵抒情诗歌；悲剧和喜剧作品的表演受到雅典所有平民的喜爱，并在希腊其他各地传播开来。这些美妙的音乐和美好的艺术以整个民族的感受，而不是以个人的感受为标准，满足了全体公民的需要，并被希腊人认为是医治身体、灵魂和心理的良药，是培养品性的最佳办法。[1] 苏格拉底

① [英]肯尼思·约翰·弗里曼：《希腊的学校》，朱镜人译，192、196~197 页，济南，山东教育出版社，2009。

曾提出，阿里斯托芬的《云》对他生涯的影响要远远超过阿努托斯（Anutos）和梅勒托斯（Meletos）所说的话。对于柏拉图来说，剧院扮演了"伟大智者"的角色，通过戏剧的教育，年轻人的观念和性格逐步形成。①

而为了充分发挥艺术的教育作用，除了戏剧等群众性文体活动外，希腊人期望每一首诗歌和每一首歌曲，以及每一座雕塑和每一幅绘画，都应当具有道德教育的价值。因此，除了参与公共活动的过程本身，公共活动的场所也经由精心的设计和布置，使得希腊公民始终笼罩在一种有教育意义的艺术氛围中。那些遮挡了卑微村落窘境的宏大公共建筑和神庙，以及神庙、柱廊等公共场所中那些令人叹为观止的雕像和绘画，还有公民大会堂和体育馆等，组成了一个完美的艺术宝库。对艺术具有特别敏感和领悟力的希腊人在这样的环境中所受到的熏陶和影响便可想而知。②

除了艺术，古奥运会是希腊公民接受教育的重要形式。最早的定期夏季奥林匹克运动会始于公元前 776 年（这一年也是希腊有确切纪年的开始）。据说是由希腊大力神赫拉克里斯为祭祀宙斯和他的妻子赫拉而创办的，除体育运动外，还包括音乐和文艺竞赛。运动会前一个月宣布停止各城邦之间的战争，因此从各地赶来的参赛者不会有任何风险，此即所谓"神圣休战"期。这是全希腊所有城邦都必须遵循的一条规定。各城邦都忙于美化和修缮通向竞技会址（一般都是神庙所在地）的道路及神庙、运动场地等，以便于竞技活动的顺利进行。鉴于古希腊大小竞技会众多，其中有每两年举行一次的，有每四年举行一次的，举行的日期都互相错开。"神圣休战"成了战争双方拭干血迹、掩埋尸首的一段喘息时间，而那些代表城邦参加竞技的人力图在体育项目中再次战胜对手，以展示战无不胜的气概和竞技者自身的强壮，真正达到

---

① ［英］肯尼思·约翰·弗里曼：《希腊的学校》，朱镜人译，200 页，济南，山东教育出版社，2009。

② 同上书，197~199 页。

生前和死后都名垂青史的理想境界。

奥林匹克运动会运动场地很大，估计能容纳观众达2万人。成人组有10项竞赛，包括赛跑、摔跤、拳击、五项全能和赛马车等。少年组三项：赛跑、摔跤和拳击。妇女既不能参加竞赛，也不准到场观看。优胜者被奖给一顶用橄榄枝做的花冠，回到家时还会受到所在城市的盛大欢迎。

古代奥林匹克运动会具有十分鲜明的民族和宗教色彩。参加运动会的每个竞技者，不仅必须是纯希腊血统的男子，而且还必须是从未受过刑罚的自由人。这一规定在奥运会漫长的历史中，一直被人们当作最重要的原则之一。

在赛前，竞技者须按规定进行10个月的训练。他们先在自己的城邦里训练9个月，在临近比赛的最后1个月，必须到伊利斯最大的体育馆向裁判报到。竞技者在裁判员的监督和指导下，进行艰苦和严格的训练，并最后接受裁判员的考察，以决定是否有参赛的资格。经过裁判员严格的考试之后，一些人被淘汰了，合格者的姓名被写在一块柏木板上，放置在奥林匹亚最明显的地方。从这时候起，这些中选的竞技者便不许退出未来的竞赛。如果退出，不仅会被大会课以很重的罚金，甚至会从此身份大跌，在亲友面前也无法抬起头来。公元25年的第201届运动会，亚历山大里亚的塞拉披翁被批准参加混斗赛，到达奥林匹亚后，听说对手技艺超群，身体强健，担心有生命危险，便临阵脱逃，结果被裁判罚以重金，这笔罚款被用来铸造一尊"宙斯"铜像。

古代奥林匹克运动会是一场真正的角逐，当时的口号是"或得桂冠，或舍生命"。诗人品达(Pindar，约前522—前442)所倡导的"竞争"(agon)，不仅表现在竞技或者戏剧比赛方面，而且表现在最大的竞争——战争上，力求超过其他所有人。这种不同于现代社会的、对"竞争"的崇拜在某种程度上可以看成是英雄时代(荷马时代)的历史遗存。在英雄时代，一个人要想衡量自己的价值并使之得到客观的认可，唯有投身勇士的行列以获取声名和荣耀，因此对荣誉的追逐和睥睨天下的欲望成为荷马式伦理的原动力。荷马最早提出了"把人生看成一场旨在获胜的竞技和一种勇武有力的生命技击术"的观点，这被后世的希腊人奉为圭臬，而自雅各布·布克哈特（Jacob Burckhardt）对此做了精彩的分析之后，后人都习惯于将此视为希腊人灵魂中最重要的气质之一。荷马英雄以及世代效法他们的希腊人只有感到自己卓然不群、超出侪辈之时，才会找到幸福。① 为此，他们对于这种充满竞争精神的体育赛事乐此不疲也就不难理解了。

当时古代希腊这种崇尚竞争，尤其是体育竞技，而忽视知识与智慧的传统观念也受到了人们的批评。例如，哲学家塞诺芬尼曾指出："如果一个人在奥林匹亚——宙斯的庙就在那里靠近比萨河边——参加赛跑或五项竞赛得胜，或者在角力时得胜，或者在激烈的拳斗中得胜，或者在那被称为全能竞争的可怕的比赛中得胜，这个人便会在公民们眼中充满荣誉，会在竞技场上赢得显赫的地位，会被邀参加城邦的盛筵，得到珍贵的奖品；如果他在驾车比赛中获胜，也会得到奖赏，然而他却没有像我那样值得受奖，因为我们的智慧优于人或马的体力。在这件事情上人们的意见混乱不堪，而重视体力甚于重视智慧是不公正的。因为纵然在人们中有一位优秀的拳击手，或者有人在五项竞赛或角力中获得冠军，或者赛跑得胜（赛跑比别的竞技更加重视敏捷），可是城邦却并不因此而治理得更好。当一个人在比萨河边竞技得胜时，城邦得到的幸福是很小的，因为这并不能使城邦的库藏充盈。"② 这是当时最早提出的对奥林匹亚赛会的批评，后来欧里庇得斯（Euripides，前480—前406）和伊索克拉底也说过类似批评的话。

我们从广阔的背景来考察，可以发现塞诺芬尼的这种批判确实反映了历史发展的趋势。歌舞和竞技会本来是同旧宗教的祭神仪式一起发展起来的，

---

① ［法］亨利-伊雷内·马鲁：《古典教育史》（希腊卷），龚觅、孟玉秋译，39页，上海，华东师范大学出版社，2017。

② 汪子嵩等：《希腊哲学史》第1卷，541~542页，北京，人民出版社，1993。

因而它们受到人们的重视。但是随着经济、政治和文化的发展以及人们智力的提高，人们对于智慧、科学以及城邦的政治伦理生活就日益重视起来。塞诺芬尼提出智慧是一种美德，对治理城邦，对公民的品性修养的发展，比竞技更为有用，要求给予这些方面以应有的地位。塞诺芬尼的这种思想可以说是后来苏格拉底提出"知识即美德"的先河。

四、道德教育主题的转变

在荷马史诗中，英雄所据以追求荣耀的能力称之为 arête，它表示：① 在血统、出身上的良好(goodness in birth)；② 各项能力(尤其是作战、领导统御)的卓越(excellence)；③ 以及某种程度上道德的体现(virtue)。[1] 英雄与凡人在能力上、气质上不同，因此事功亦异。但英雄与凡人在生活上却是在一起的：他们有共同的关切与利益，那就是安定与繁荣。英雄事迹与个人主义是密切联结的，因此在英雄主义之下所谓"集体"与"个体"之间的关系是散漫无拘的，"个体"为了获取权力、成就与荣耀，其行为常是较无节制及顾虑的。这样一来，群体生活的安定就不一定能与英雄主义共存。而当社会进化到了一个阶段以后，人们逐渐发现群体生活的安定是一切发展的基础，于是一个新的道德观便浮现：节制与限度(limits and moderation)似乎是社会生活之所需。在希腊历史的演化中，阿波罗神殿(the Delphi temple)中的神谕：诸如"不逾越""节制之美"……乃象征这个阶段的来到。[2] 而这样的一个转变极其重要，它无疑是社会哲学的开始：自此以后，考虑人际间适当关系的讨论有了发展的必要，而个人主义、英雄主义也自此时起转入了文学与歌谣之中。所以也许可以如此说，曾几何时逐渐出现的对荷马英雄主义世界观的反省，

---

① Terence Irwin, *A History of Western Philosophy (1)：Classical Thought*, Oxford, Oxford University Press, 1989, p.7.

② Sir Ernest Barker, *Greak Political Theory：Plato and His Predecessors*, London, Methuen, 1960, p.60, pp.48-49.

正好就是希腊社会得以发展的起点。

从公元前 7 世纪开始，军备和战术的革新改变了军人的形象，也改变了军人的社会地位和精神面貌，进而改变了希腊社会的主流价值观念。

频繁的战争与技术的进步（铁器发明并取代青铜）为战术的实施与不断提高提供了契机。真正意义上的方阵（phalanx）是希腊人仿效西亚人的实践而创造的一种 8 人并列的全副武装的步兵纵队战术队形，至公元前 7 世纪已扩大到整个希腊。在此之前，战斗往往是勇士间的单打独斗，而并非"方阵"式的列队作战，这是因为在铁器发明前，金属盔甲太昂贵，只有共同体中最富有的成员才能负担。而随着技术的进步，铁器为自耕农提供了以往只能由一小撮贵族垄断的农具与作战工具，促使城邦的重装步兵数量大幅攀升，特别是随着重金属供应的增长，希腊世界首次让农民步兵的方阵取代了驾驶战车的士兵。①

自此，在希腊，每个自由民必须参加重甲步兵，从事作战（奴隶和外邦人则从事仆役工作）。方阵战士装备有：一个圆盾牌，一副盔甲，两个胫甲，一支长矛和一把双刃剑。方阵是密集队形，仅分中部和两翼，在笛声中齐步前进。一旦发出战争召唤，公民们便收拾好自己的装备，进入方阵，各就各位。荣誉地位最高的在第一排；荣誉地位最低的在第 8 排，即最后一排。典型的打法是：两方方阵相向前进，直到交战，于是战争成了蛮力与蛮力之间的较量。因此，要保持队形，必须有自由民的纪律和强壮的体力。由于方阵通过起伏地时，易于走乱，失去其固有的战斗力，所以战争一般在平地上进行。增大机动性也不可能，因为快速意味着队形散乱。希腊人也没有使用骑兵的传统，因为希腊的地形不适于骑马。

方阵的优点在于：其队形密集稳固，几乎无法从正面攻破，整个阵容犹

---

① ［英］阿诺德·汤因比：《希腊精神——一部文明史》，乔戈译，54 页，北京，商务印书馆，2015。

如一堵布满长矛的墙，既能实施强有力的正面突击，又能有效地抗击敌人的冲锋。其弱点是受地形限制较大，缺乏机动性和灵活性。虽然如此，方阵的出现仍是战术上的一次飞跃，其意义在于：智慧第一次站起来同蛮力斗争，而且成功了。

列队作战的重装步兵的出现，以及在密集方阵中的使用，给了骑兵的军事特权以决定性的打击。凡有能力负担步兵装备费用的人，即那些组成平民阶层的自由小业主（如雅典4个纳税等级中的第三等级），都同拥有马匹的人地位相等。但在这一点上，由于原来属于贵族特权的军事职能民主化了，军人的伦理也随之发生了彻底改变。荷马时代的英雄，驾驭战车的能手，以前还能以骑士的身份幸存下来，而现在却与步兵这种"公民士兵"没有多少差别之处。对于骑士来讲，重要的是个人战绩，是在单兵格斗中立下的功勋。在单打构成的战斗中，军事价值以一种纯粹个人的优势表现出来。军人从某种激情、好战的疯狂中获得勇气，来自神的活力使他变得怒不可遏，立下辉煌的战功。然而，步兵不再进行单兵格斗，即使出现个人战绩的诱惑，他也应该拒绝。此外，由于作战中普遍使用圆盾，这个防护装备的特点也逐渐改变了军人所崇尚的美德。事实上，圆盾在作战特别是传统的战车作战中可谓是一种效率极低的装备。如果圆盾的体积较小，战士在战车上手持，就只能保护很小的范围；若是圆盾足够大（可以罩住脖子到大腿），又会特别沉，以至于整个左手和左臂不得不用来把持圆盾，同时双脚还不得不穿上让人负担更重的金属护具。而在方阵列队时，每个人左边突出的圆盾能掩护左边的人，因此面对敌人时，队形保持不乱对于保障战士安全非常重要；若是有战士掉队，他不仅自己会失去右边战友的掩护，还会把紧靠左边的战友暴露在外。因此，在方阵的作战方式得到普及时，步兵的美德不在于个人的应用，而在于操练、纪律以及集体精神。① 他是在肘对肘、肩并肩的战斗中作战，他接受的训练是排好队列，整齐地行进，步调一致地冲向敌人，并注意在最激烈的混战中也不离开自己的位置。这样，军人的美德不再是"狂热"，而是"节制"：完全主宰自己，永远控制自己，服从统一的纪律，保持必要的冷静，抑制一切可能扰乱阵营整体秩序的本能冲动。如同城邦把公民变成可以互换的个体一样，方阵也把步兵变成可以互换的个体，变成和所有其他万分相同的成分，步兵的个人价值永远只能在整体行动、集结军队、集中兵力等新的克敌制胜手段所要求的范围内表现。即使在战争中，"厄里斯"——战胜敌手、压倒对方的欲望，也必须服从"菲里亚"——共同体的精神；个人的力量必须服从集体的法则。希罗多德在列举普拉蒂亚战役(普拉蒂亚战役：希波战争期间希腊得胜的一场战役)中表现最勇敢的城邦和个人的名单时(他每叙述完一次战斗都这样做)，把最勇敢的斯巴达人这个荣誉给了阿里斯托达摩斯(Aristodamos)：他是参加温泉关战役(温泉关战役：希波战争中斯巴达人和波斯人在温泉关的一场激战，波斯人得胜)的 300 个斯巴达人中唯一安全返回的人；斯巴达人以他的生还为耻辱，他为了洗清这一耻辱，便在普拉蒂亚战役中有意寻死，并果真在建立了出色的战功之后死在了战场上。但斯巴达人并没有给予他勇猛奖和优异者应享有的葬礼，他们之所以拒绝他，是因为他像一个失去了理智的疯子，疯狂地厮杀，离开了队列。

这个故事非常清楚地说明了一种精神状态。这种精神状态不仅表现在战争方面，而且表现在社会生活的所有方面，标志着城邦历史上一个决定性的转折。现在，城邦开始摒弃传统的个人英雄行为，即那种崇尚名誉、强调个人和氏族的权力、把个人和氏族置于大众之上的倾向。因此，正如战争狂热以及寻求在战斗中建立纯粹的个人荣誉行为被当作"狂妄自大"而受到指责那

---

① [英]阿诺德·汤因比：《希腊精神———部文明史》，乔戈译，54 页，北京，商务印书馆，2015。

样，财富的炫耀、服装的华丽、葬礼的奢侈、服丧时过分痛苦的表现、妇女过分显眼的举止、贵族青年过分大胆自信的行为等，也都被当作"狂妄自大"而受到指责。

人们崇尚的是一种节制、谨慎、朴素的思想，一种近乎苦行主义的严厉的生活作风，它能消除公民之间在习俗和地位上的差异，使他们更容易相互接近，像家庭成员一样团结在一起。①

五、体育与艺术教育的内容与特点

解读线形文字 B 的迈克尔·文特里斯和约翰·查德威克业已揭示出，"书吏"文化(确乎为一种适当的教育)类似于发展自古代近东并迎合东方君主统治需要的那种文化。公元前 11 世纪到公元前 9 世纪的"黑暗时代"过后，荷马史诗引领我们进入一个历经巨变的希腊世界。"英雄时代"的教育面貌如何，很难通过史诗的完美画卷来窥见。而荷马史诗作为希腊文化传统和青年教育的根基持续了几个世纪，那一远古时期的某些价值观仍深深影响着希腊人的身心。希腊教育一直追求着培育一种公民精神，一种对归属某个自由城邦的自豪和对政治共同体的忠诚。

起先，希腊教育的重点是在军事训练方面：公民必须会舞刀弄枪。这种古代的特色在斯巴达一直很突出。但从公元前 6 世纪起，先在雅典，然后在希腊其他地区(斯巴达和保守的克里特除外)，军事训练在教育中如同在生活中一样居于次要地位。虽然教育的民事性质已经多于军事性质，但教育主要还是体育。今天我们跟教育相联系的是学校、文字；而对古希腊人来说，教育首先并且长期都是角斗场和体育场，儿童和青年在这些地方接受体育训练。随着亚历山大(Alexander the Great，前 350—前 323)的对外征服，希腊化区域

---

① [法]让-皮埃尔·韦尔南：《希腊思想的起源》，秦海鹰译，52~54 页，北京，北京大学出版社，2012。

大大拓展，定居到东方的希腊移民，为把希腊的生活方式传给自己的孩子，所到之处无不修建体育场。体育场的体育训练最初只对贵族精英们开放，后来随着社会民主化的发展，渐渐扩展到其他公民阶层中去。

当然，这种对体育的重视，除了英雄时代的价值影响以及培养对城邦共同体的忠诚两个原因外，还与现实的战争压力、对"人"与身体的哲学理解（身体观）以及对神的崇拜有关。

对于希腊人而言，使身体"处于良好状态"是体育锻炼的基本目的。任何一天早晨，希腊公民都可能被征集参加抵抗入侵者的战斗，或被分派去劫掠敌人的领地，任何人都不能拒绝，除非理由十分充分。由此，忽视身体锻炼不仅面对着战死沙场的压力，一旦被俘，等待他的又将是终身为奴的命运（除非朋友为其赎身）。① 因此，古希腊体育运动和比赛无论是产生还是发展过程始终都带有强烈的"军训"色彩，其培养合格的战士和公民以及服务于战争的目的和功能是不言而喻的，这一点从"泛希腊赛会"的常设项目、体育场的职能等方面都能得到充分的体现。②

除了战争的现实因素，对"人"及其身体的哲学理解也是希腊人重视体育的原因之一。对于希腊人来说，"人"（man）是一个整体。只要一个部分出了问题，人就不可能是完美的。因此，按照希腊人的观点，身体状况和训练不仅仅对智力发展，而且对品格发展都有深刻的影响。这种观念是根深蒂固的，至少有一半以上的人认为，身体美是道德美的符号。就连大哲学家苏格拉底也认为忽视身体锻炼将存在理智和道德的风险。他说道："身体虚弱，会引起经常性的失忆，情绪低沉，脾气暴躁，甚至疯狂，以致理智的发展成为不可能。"要想做一个好公民，做一个好思想家，那身体状况必须良好。"让人们居

① [英]肯尼思·约翰·弗里曼：《希腊的学校》，朱镜人译，95 页，济南，山东教育出版社，2009。

② 王大庆：《略论古希腊人的"体育与战争之争"》，载《苏州科技大学学报（社会科学版）》，2017(1)。

住在野外，使人们享受男子汉的辛劳和快乐，避开舒适的非男子汉生活"，已经成为个人和城邦的职责。① 除了身体训练和品格形成的联系之外，希腊人还认为，身体训练和发展对人的判断能力和意志力有特别的不容置疑的影响。体育训练目的中只有一小部分是保持身体的健康状态，其主要目的在于养成学生品格，培养学生的决心、意志力、忍耐力、勇敢精神以及朝气蓬勃的活力。这些潜在的思想不仅使得身体训练在希腊各个城邦教育实践中至少占到一半的内容，并且受到希腊哲学家的推荐，更使角力学校系统的身体训练以及展示男子汉健美的竞赛在整个希腊十分流行。②

再者，希腊人对诸神的信仰和崇拜一定程度上也对其重视体育产生了影响。在诸神信仰中，他们最主要信仰的神是居住在奥林匹斯山上的十二位天神。这些天神形体健壮而匀称，男神高大而魁梧，体格健壮，手臂和腿部肌肉线条明显，女神则高挑而端庄，身体优美而不失一种力量感；他们并未完全抽离世俗人性，也会彼此嫉妒、针锋相对，互相欺骗，会犯下一些可怕的错误，可以说是与人"同形同性"的。而古希腊人出于对神的崇拜，也希望自身能更接近神，自然也会想拥有像神明一般的完美形体，因而也就不难理解他们对身体锻炼的重视和对体育运动会的热衷，事实上每一项大型体育运动会都出于对一位神明的崇拜。③

希腊教育不仅看重身体和智力，而且具有艺术性，特别是音乐性及以后的文学性。音乐教师紧接在体育场教练之后出现，不管从时间上看还是从重要性上看，歌唱，尤其是合唱队齐唱，舞蹈，以及演奏竖琴（或者是 aulos，一种双簧管），成为希腊人在古风时代和古典时代教育青年的一个有机组成部分。

---

① ［英］肯尼思·约翰·弗里曼：《希腊的学校》，朱镜人译，95～96、222～223 页，济南，山东教育出版社，2009。

② 同上书，222～223 页。

③ 曹莹：《论古希腊的形体教育》，21～22 页，硕士学位论文，华东师范大学，2014。

音乐教育在雅典人的教育中几乎包括了除体育以外的所有科目，它不仅指节奏、旋律、声调，而且包括诗歌、阅读、写字、算术，甚至包括法律、哲学和自然科学，凡是有关增长知识、陶冶性灵、培养德行的学问都算在音乐教育的范畴之中。

希腊文"mousike"（音乐）一词之原意为奉献于文学、艺术、科学等九女神中之任何一位之任何事物。音乐在当时希腊人生活中占据重要位置。在阿卡狄亚，所有的自由人在 30 岁以前都要学习音乐，每人都要通晓几种乐器，不会歌唱便是一种耻辱。抒情诗（lyric poetry）这一名称就是因为要由七弦琴（lyre）、竖琴或笛伴奏而得名。诗人通常要将音乐（乐谱）和歌词同时写出，并且唱自己所谱成的歌曲。在古希腊时代作为一个抒情诗人远较今日的诗人困难，因为今日的诗人所写出的诗仅供默读或独自阅读，在公元前 6 世纪之前，几乎没有任何希腊文学能够脱离音乐而存在。教育和文学都与音乐结了不解之缘；军乐在军事训练方面担任了一个重要角色，几乎所有记忆上的训练也都运用诗歌的背诵来实施。

希腊人对音乐具有敏锐的感受力。在长期的生活、劳动中，希腊人发展了他们灵敏的听觉能力。他们创造了悦耳的曲调，用它们来滋润自己的灵性。希腊人洞察到音乐具有感染心灵的超凡作用。在他们的神话和英雄史诗中有许多关于音乐的巨大魅力的传说。海上女妖塞壬（Sirens）常以美好的歌声引诱水手们触礁遇难；阿波罗的儿子、著名琴师俄耳浦斯（Orpheus）的琴声能使河水断流、山峦移动、猛兽忘返。毕达哥拉斯及其门徒们用极大热情研究音乐，把数学应用在音乐之中，从而奠定了音乐理论的科学基础。他们懂得音乐对精神的作用，用音乐控制情绪，使人在音乐的教化中达到自我控制。在希腊，音乐与诗歌总是连在一起的，是不可分割的统一体，既没有无歌词的旋律、曲调，也没有无音乐的诗歌。文学成分进入表演中实际是变相的歌唱，一般由竖琴伴奏。从此诗歌在希腊文化中，因而也在教育中扮演着重要角色。希腊人认为无诗歌的曲调是无意义的，是没有吸引力的，希腊人认为音乐需要思想内容，因为情感、思想和行动总是联系在一起的，希腊诗歌也无不配以曲调。希腊的音乐创作主要是为了歌唱、表演，而不仅仅用来朗诵。因而，荷马史诗以后发展起来的抒情诗无不与音乐联系在一起，行吟诗人们用配有音乐的诗歌到处歌唱。音乐与诗歌结合在一起，不仅可以给人以知识、思想，而且能深深地嵌入人的心灵之中，激起人的情感和高尚的理想。因此，荷马史诗就成了希腊人的最主要的教材，荷马也成了希腊人最早的教师。据说，安德罗斯岛的女诗人萨福(Sappho，活动时期约前 610—前 580)以及其他抒情诗人曾创办学校，给青年男子和妇女传授诗歌、歌曲、舞蹈和行为举止。因此可以说，希腊诗人是希腊的第一批教师。这一事实对希腊包括希腊的文化中心雅典十分重要。它不像东方的一些古代国家，如埃及、巴比伦，那里的僧侣是民众的第一批教师。僧侣们崇尚迷信，极端保守，约束人的思想，阻碍人的感情的发挥，窒息人的精神生活。埃及、巴比伦的法学、应用技术较为发达，但文学艺术却较为落后。希腊的诗人感情充沛，思想开阔，具有智慧。他们对希腊人社会生活和文化生活发生了深刻的影响。[①]

希腊诗歌不仅追求优美，而且追求智慧，意义并没有成为语言修饰或情感表达的牺牲品，合乎理性的批判始终存在着。希腊诗歌总是近于单纯。单纯从一开始就是希腊诗歌的一种价值尺度，中间没有变化和例外，这一价值尺度一直延续到希腊化时代。总体上，希腊诗歌存在的一个核心内涵，就是对人类和人类中普遍而居于核心地位的事物的关注，内容始终是围绕着人类生活的。当然，有些希腊诗人或多或少地带有宗教意识，忠实于宇宙的神圣法则，但大多数希腊诗人仍主要关注生活在大地上的人群。人应该尊敬神灵，同时表现出植根于自知之明的谦逊谨慎，但应该最大限度地过好这唯一可以享有的生活。

---

① 滕大春主编：《外国教育通史》第 1 卷，183~184 页，济南，山东教育出版社，1989。

　　由于希腊诗歌是在长久的时期里，在不同的地方创作而成的，因而所用语言有着不同方言或混合方言的特点：阿提卡的、爱奥尼亚的、伊奥利亚的，或是多利安的。在散文中，各种方言后来逐渐被吸收进了一种新的共同语言，即以阿提卡方言为主的希腊共通语（《希腊新约圣经》用的语言）。但在诗歌中，方言色彩却保持了很长时间，原因在于：尽管诗人可能在语言运用上有某种自由，但一种传统的方言毕竟总是和某些种类的诗歌结合在一起的。例如，史诗基本上用爱奥尼亚方言，戏剧诗主要采用阿提卡方言，辅以多利安方言，而抒情诗和其他诗歌种类则采用许多种类的方言，或者采用多种方言的混合。

　　早期希腊诗歌或是为单声（独唱诗），或是为和声（合唱诗）而创作的，但合唱歌也可能配有独唱：荷马在《伊利亚特》中描写的阿喀琉斯之盾，就表现了一个男孩在歌唱，同时他的同伴也在歌唱和舞蹈的情形，他还提到了各种合唱歌——庆典歌、凯旋歌、谢恩歌、哀歌。合唱歌的形制要比独唱歌长，用更为精致的格律写成；独唱歌则更有个体性，处理的主题也更为广泛。无论是合唱歌还是独唱歌，都是由竖琴或笛子或二者并用来伴奏的。亚历山大里亚的诗人们后来开列了一份九位抒情诗人的名单，这些诗人都曾作有竖琴歌，他们的竖琴歌既未采用抑扬格或扬抑格，也未采用笛歌对句体，他们是：阿尔克曼、斯特西科罗斯、萨福、阿尔凯奥斯、伊比科斯、阿拿克莱翁、西莫尼德斯、品达罗斯、巴库里德斯。

　　与音乐紧紧连在一起的是舞蹈。雅典人的舞蹈总是由音乐和歌声伴奏。舞蹈者边舞边唱，有时也由别人伴唱。悲剧诗人被同时代人誉为"舞蹈家"。他们用舞蹈来表现剧本、抒发自己的见解。无声的舞蹈是不受欢迎的，它在以后几个世纪才被人们接受。舞蹈在雅典乃至希腊全民的生活中都起着一种特殊的作用。在任何场合，只要有人活动的地方就有舞蹈，在军事训练中，在敬神的节日庆典中，在体育竞赛中，在音乐比赛中，在日常生活中，在各种喜庆活动中，都少不了舞蹈。希腊舞蹈是一种艺术的运动，而不是行走中的拥抱，这种舞蹈很像东方式的舞蹈，用手和臂与用腿和足一样多。舞蹈的方式和诗歌的种类一样多，古代的权威家列有 200 种舞蹈。有所谓宗教舞蹈，例如狂欢节上的虔诚信徒的舞蹈；有所谓体育舞蹈，例如斯巴达的 Gymuope-dia 和裸体青年节的舞蹈；有军事舞蹈，例如希腊战舞，教授给儿童作为军事训练之一部分。此外，还有很多舞蹈竞赛，通常都有合唱相伴。

教育史学家埃比(Eby)说："舞蹈是希腊人天赋当中最突出的才能，对他们来说，也是最高尚的艺术。了解了舞蹈在希腊人生活中占据的地位，也就了解了希腊精神。"①希腊人之醉心于舞蹈，可从他们自己所创造的诸神中表现出来，几乎所有希腊人所最崇拜的神都会舞蹈，宙斯、潘(Pau)、酒神狄俄尼索斯、战神阿瑞斯(Ares)、阿波罗都以善舞而闻名，至于雅典娜则是舞蹈的保护神。众神之如此喜欢舞蹈，凡人也应向神学习。

在雅典，音乐、诗歌、舞蹈三者紧密相连，在敬奉雅典娜、狄俄尼索斯的节日活动中，都有游行和合唱舞蹈表演。法律规定雅典城邦的十个部落(即十个行政区)，每个部落每年都要挑选一位合唱队指挥(choragus)。再由他挑选五十名成人组成成人合唱队，挑选五十名男孩或青年组成青少年合唱队，在这些宗教庆典中代表自己的部落参加竞赛。出任合唱队指挥的人必须是有钱的人，因为合唱队的饮食和服装所需的经费全部由指挥供给。

合唱队的表演也是舞蹈表演，它是融合舞蹈与唱于一体的表演。每个部落都十分关心自己的合唱队能否取得优异成绩。为了能拿到金牌，每个合唱队在庆典之前都要经过一个月的训练。有时由指挥自己训练，如他不亲自训练，便要请一位由城邦认可的精通此道的人负责训练。要求每个队员都能达到完美无瑕的水平。由于表演是露天举行，而且观众很多，因此要求嗓音清

---

① Eby and Arrowood, *The History and Philosophy of Education*, *Vol. 1: Ancient and Medieval*, Englewood, Prentice Hall, 1940, p.262.

晰、柔和、洪亮。这种严格的训练可以给某些贫民子弟一个学习唱歌和舞蹈的好机会。①

乐器都很简单，是以撞击和管弦乐器为基础。上等的乐器并不普遍。笛在雅典直至亚瑟比雷斯以前一向受人欢迎，但亚瑟比雷斯认为他的乐师在吹奏时鼓着双颊的样子很可笑，他本人也拒绝吹奏这种可笑的乐器，因此在雅典青年中造成了一种风气，大家都反对吹笛。古代希腊人对不同的音乐有着不同的认识和评价。据说，多丽斯音乐使人勇敢、尊严；吕底亚音乐使人伤感、柔弱；弗里吉亚音乐使人兴奋、坚强。柏拉图认为大多数音乐的后果是使人变为优柔、颓废、粗野、失德，因而希望在他的理想国里废除所有的乐器演奏。亚里士多德则希望所有青年都受多丽斯音乐训练。

歌唱几乎进入了希腊生活的每一个方面。对狄俄尼索斯有狂热的合唱歌，对阿波罗有欢乐歌，对每一位神都有赞颂歌，对于富人有颂歌（enkomia），对于运动员有胜利曲（epinikia）；在用餐、饮酒、恋爱、结婚、哀悼、送葬时，都有相关的音乐或者颂歌。

所有抒情诗、歌、器乐和舞蹈这些艺术，在早期的希腊都互相密切关联，且在很多方面形成了一种艺术。随着时代的进展，进入公元前7世纪后，便有了所谓专门和专业的区分，史诗放弃了歌唱而采用朗诵，叙事诗亦与音乐分家。合唱舞蹈也分解为"唱而不舞"和"舞而不唱"。

---

① 滕大春主编：《外国教育通史》第1卷，185~186页，济南，山东教育出版社，1989。

第二章

古希腊教育的发展与定型

斯巴达和雅典是古代希腊世界最为典型的两个城邦，具有各自独特的教育制度。斯巴达城邦起源于种族征服。城邦的现实决定了斯巴达的政治制度及其独特的教育制度和生活方式。斯巴达人终身参加军事训练、从军作战。城邦严格控制着公民的教育和生活。斯巴达人虽享受着统治者的殊荣，但他们本人从属于国家，必须学会为国牺牲，抛弃一切个人的利益、感情、志趣和享乐，终生过着严酷的军营生活。斯巴达教育制度和生活方式的目的是培养合格的、能够献身国家的公民，亦即军人，他们把军人的美德诸如团结、服从、尚武、吃苦、禁欲、牺牲精神，贯彻到教育和社会生活的各个方面。斯巴达的教育制度在培养优秀军人，确保公民内部统一一方面取得了巨大成功。但是，这种成功是以牺牲个性自由发展及社会进步和文化繁荣为代价的。虽然斯巴达教育培养了一代又一代勇武的士兵，但却没有培养出哲学家、艺术家、科学家，希腊人在哲学思考、科学发现和艺术创造方面的辉煌成就与斯巴达人关系不大。

雅典在古希腊城邦的历史中占有中心位置。它在希腊世界的地位、影响及其留给后世的遗产，都是其他城邦所无法比拟的。雅典是希腊城邦政治发展的典型，其民主制度是希腊城邦民主制度的典范。在此制度下，体育与音乐教育不是纯粹为了军事目的，而更主要是为了促进每个人的身心和谐发展，是为了充分发挥每个人的潜能，是为了身体健美、内心和谐。雅典的民主制度是几百年间雅典军民不断斗争和杰出的政治家不断推动改革所取得的辉煌成果。它真正表现了公民内部政治权利的平等以及参政机会的均等，使全体人民最大限度地和尽可能直接地参与国家管理，行使民主权利，使公职人员受到严格的民主监督。民主的发展促进了公民参政能力的觉醒，学习修辞术、辩论术成为一种潮流。伯里克利不仅采取各种措施让更多公民参与政治活动，实行观剧津贴，并为外邦人来雅典办学和传播知识创造了条件，充分发挥他们的才能，大力扶植学术和文化艺术的发展，将雅典变成"全希腊人的学校"。雅典人的文化教育水平迅速提高，在政治、经济、科学、文化各领域都成为希腊世界的中心。当然，雅典的这种教育制度也是出于服务城邦更好发展的需要，和斯巴达城邦一样，本质上都是由城邦的特点决定的。

第一节　斯巴达的教育

一、斯巴达的政体与教育

斯巴达地处伯罗奔尼撒半岛的拉哥尼亚平原，三面环山，一面临水。起初有三个血缘部落，后发展成五个地域部落，五个部落的联合力量带来的军事优势确保了斯巴达的安全。① 这五个地域部落由"三结合"的国家机构——两位国王、元老会和公民大会统一管理。

在黑铁时代的希腊世界，共同体的政治统一产生了城邦，因而城邦并不能被单纯理解为"城市群"（conurbation）。例如，斯巴达城邦就是位于拉哥尼

---

① ［英］阿诺德·汤因比：《希腊精神——一部文明史》，乔戈译，33 页，北京，商务印书馆，2015。

亚平原的五个村落的联盟,欧罗塔斯河的中段从那里穿过。这些村落中的四个似乎已经融合为一个城镇,但第五个村落阿米克莱因为是阿波罗神坛所在的圣地,依然在三英里之外山谷内的原地。斯巴达城邦的兴起与建立伴随着其对周围高原居民的征服,在欧罗塔斯河流域,低地居民已经彻底震慑和战胜了高原居民,因此他们能够在空旷的地方建立自己的城邦,在爱琴海地区重建了法律与秩序。[①]

早期斯巴达的社会分为奴隶主、自由民和奴隶三个等级。奴隶主阶级,即斯巴达全体公民(Spartiates),有 9000 户,约 4 万人,成年男性约占 1/4,完全脱离生产,专事军政、宗教活动。每户公民占有份地约 20 公顷,可世代相传但不能买卖转让。因国王要比常人承担更多的义务负担,经济也并不十分富裕,因此这个国家自称"平等人公社"。

自由民,即庇里阿西人(Perioeci-Dwellers Around),是没有公民权的自由民,人口约 10 万。多数从事农业,少数从事手工业和商业。他们有权占有一定量的土地和其他财产,在斯巴达官员的监察下实行居民区自治,承担纳贡和服兵役,不能与斯巴达人通婚。

奴隶阶级,即希洛人(Helots)。公元前 743—前 668 年,斯巴达人经过两次美塞尼亚战争(Messenian Wars),迫使被征服者纳贡,并分为两等:一是原边区居民,希腊语叫庇里阿西人;二是奴隶"希洛人",他们原住南部沿岸希洛斯城(Helos),因不堪斯巴达人的压迫,被迫起义,被镇压后降为奴隶。希洛人这一名称源出斯巴达征服拉哥尼亚南部之美塞尼亚人,人口 20 万—30万,以家庭为单位固着在斯巴达公民的份地上,每一户公民管辖 7 户希洛人,据此可以推测斯巴达人和奴隶的人口比例大约是 1∶7。希洛人须将其农产品的一半左右交给主人。希洛人被国家所有公民占有,国家有生杀予夺之权,

---

公民个人则没有。公元前369年后希洛人逐渐摆脱被奴役地位。①

斯巴达城邦的建立为其公民带来了公共安全的福祉，代价则是，城邦的人口增长也因此达到了区域财富可维持的数量上限（这是当时希腊城邦面临的普遍问题，希腊人为此开始了对外扩张与移民，凭武力把多余的人口向海外输出到占领的新耕地上）。然而，与绝大多数城邦进行海外殖民的选择不同，斯巴达解决人口过剩问题的方案是独一无二的——它侵占的新农田不是来自海外，而是其在伯罗奔尼撒的近邻；另外，耕作斯巴达所侵占土地的也不是其公民，而是那些被变为农奴地位的原住民和以前的地主。②

这一方案也许并不比占领海外领土的惯常手段更邪恶，但确实更难实施。有些希腊城邦殖民地如塔拉斯、叙拉古、阿卡拉格斯、赫拉克利亚的臣民数量与斯巴达在麦西尼（美塞尼亚）的人口相当，而且这些臣民同样难以驾驭，但这些殖民地臣民在丧失了政治与经济自由的同时至少获得了某些文化上的收益。臣民们被迫融入一种文明，他们也承认这种文明优于自身，为他们最终向占领者的同化开辟了新道路。但美塞尼亚人（即希洛人）并没有从斯巴达的占领中获得此类好处。他们从不跟自己的命运妥协，在希腊世界独树一帜，抓住每个机会反抗，绝不让自己的精神被压迫摧毁。通过公元前8世纪一场旷日持久且殚精竭虑的战争攻克了美塞尼亚之后，斯巴达人于公元前7世纪又发动了一场更为恐怖的战争，镇压了希洛人一系列暴动的第一波。而当斯巴达再次征服希洛人后，他们的双手始终没有停止过镇压希洛人的任务。③

这场旷日持久的征服塑造了斯巴达的城邦特性，也塑造了其特有的政治

---

① 刘家和：《论黑劳士制度》，见北京大学、东北师范大学历史系世界古代史教研室编：《世界古代史论丛》第1集，北京，生活·读书·新知三联书店，1982；王敦书：《斯巴达早期土地制度考》，载《历史研究》，1983(6)。

② ［英］阿诺德·汤因比：《希腊精神——一部文明史》，乔戈译，33～36页，北京，商务印书馆，2015。

③ 同上书，36页。

制度与生活方式。作为征服方的斯巴达看似顺利地解决了人口问题，却也在另一方面付出了相应的代价。为了让被征服并沦为奴隶的希洛人继续充当农奴，斯巴达人不得不适应奴隶制，从 7 岁到 60 岁，他们都要全职入伍。斯巴达人将自己的双手从艰苦劳作的土地上解放了出来（斯巴达在希腊语中意为"耕种之地"），却不得不把时间都花在操场和兵营。与此同时，斯巴达也成了第一个民主制的城邦国家，以前的贵族淹没在了芸芸大众当中。每一位男性斯巴达公民都成了另一个人的"同胞"。每一位公民士兵都分得一块美塞尼亚土地，还配有奴隶无偿地为他的膳堂供应食物。此后，膳堂组建成斯巴达的军事特别行动机构。①

这种特殊的生活方式据说是由"来库古"（Lycurgus）建立的。征服美塞尼亚的斯巴达人在这种生活方式下，不会有自由的行动，更谈不上自己的业余时间、财产和家庭。可以说，这种特有的生活方式是斯巴达为占领美塞尼亚，在无可避免的情况下勉强调整斯巴达生活的结果。②

相传斯巴达的政体亦来源于约公元前 925—前 800 年的来库古改革，其政制特点是：

第一，双王制。双王制是部落遗制的发展，双王身兼大祭司、大将军和行政首脑三种职能。他们出身于两个世袭王族，具有同等权力，可终身任职。战时一王率军出征，另一王留守家园。双王是元老议事会的当然成员，先前曾负责召集元老会；斯巴达国王权力很有限，监察官、元老会、公民大会都对王权有相当有效的制约。

第二，元老会（Gerousia-council of Elders）。由双王加 28 位 60 岁以上的贵族元老组成。元老们由各部落提名，在公民大会上选出。元老会负责向公民

---

① ［英］阿诺德·汤因比：《希腊精神——一部文明史》，乔戈译，36~37 页，北京，商务印书馆，2015。

② 同上书，37 页。

大会提交议案，如议案不能通过，元老会可以宣布公民大会休会。元老会还有审判凶杀案件的司法权，有权决定王位继承及王室婚姻。在元老会表决中，双王跟其他元老一样一人一票，所以元老会又有限制滥用王权、避免独裁发生的作用。

第三，监察官会议（Ephorate）。五名监察官（ephors）从 30 岁到 60 岁的公民中选出，不限出身，任期一年。监察官每日均有例会，职责很宽：负责日常民事诉讼，对包括国王在内的公职人员进行监督或惩罚，维持日常治安并指挥对希洛人的定期搜捕迫害；战时动员征兵，由两名监察官随王出征维持军纪。

第四，公民大会（Appella-popular Assembly）。是名义上的最高权力机关，由 30 岁以上的男性公民组成，每月十五（月圆时）召开一次。它负责批准元老会的提案，选举（或认可）元老、监察官及其他军政官员，决定宣战、媾和、结盟等事务。普通公民在大会上有选举和被选举权，无提案和辩论权，民众只听取元老会官员之间的辩论，然后用集体呼声来表示赞成和反对。若拥护和反对的呼声音量接近，难分多寡时，监察官再请双方分别集中，清点人数。

对外而言，来库古的政制改革，调整了国王、元老会和公民大会三者的关系，平衡了他们的权力，确定了三者的权能，缓和了他们相互之间的矛盾冲突，稳定了国家政治，使斯巴达国家获得对内加强对被征服者的统治，对外继续征服扩张的统一政治力量。

从内部看，来库古改革，扩大了元老会贵族的权力，使自英雄时代起逐渐强化的王权受到限制，削弱了王权，避免了君主专制的发生，增强了斯巴达国家贵族政治的成分，更维系了政局的稳定。其改革中对公民大会职能的确立，同样体现了斯巴达社会注重贵族政治，避免王权强化的目的。元老院贵族在三者之间长期发挥着一种均衡双方权力的作用，正如柏拉图所说的："如今元老院的权力就成了国家这条船上的一种压舱物：把它放在一条稳稳当当的船上，国家大事就能得到最安全、最井然有序的安排。"①而国家的协调

---

① ［古罗马］普鲁塔克：《希腊罗马名人传》上册，陆永庭等译，92 页，北京，商务印书馆，1990。

就是建立在这种相互平衡之上，每个因素都被其他因素限制在它不应超出的范围之内，这使斯巴达政治稳定长达数百年。因此普鲁塔克认为，元老会起到一种平衡作用，它可以使民众性的公民大会与国王的权威之间经常保持平衡状态；它根据情况，有时站在国王一边，以挫败平民政治，有时站在人民一边，以阻止个人极权。同样，监察官机构在社会组织中代表着一种军事因素，与贵族元老会相比更为年轻，具有民众性。贵族元老会，正如年长者应该的那样，具有稳重和智慧的品质，这些品质可以抵消年轻军人好战的勇气和精力。

来库古的政制改革，为斯巴达以后数百年的政治稳定奠定了基础。后世的统治者在来库古政治制度的基础上，增加了监察官制、希洛制及重装步兵改革等新的内容，不断强化着国家的统治。但由来库古改革首创的贵族政治，以及后来的贵族寡头政治，贯穿了斯巴达国家历史的始终。

"斯巴达的成就令人不得不钦佩，它虽处乱世，可它的政制却历多世纪而未变，且在公元前 3 世纪末以前，没有出现过僭主。公元前 6 世纪期间斯巴达逐步建立起的强邦，是公元前 480 年希腊反抗波斯的核心力量。"①在公元前 5 世纪末的伯罗奔尼撒战争中，斯巴达最终打败了雅典。获胜的伯罗奔尼撒同盟由盟主斯巴达领导，在古希腊的历史上写下了浓墨重彩的一笔。为什么两千多年来一直受世人赞赏和提倡的实行民主政体的雅典会败给虽受人赞赏，但并不为人所效仿的实行贵族寡头政治的斯巴达？斯巴达政制高度而长期的稳定，给斯巴达国家带来的是利大于弊还是弊大于利？

《罗马帝国的兴起》一书的作者波利比乌斯认为，斯巴达是优秀的，体现在稳定中，延续了 800 年，斯巴达的统治体现了智慧和美德，但缺少了民主成分。雅典大部分时间是不成功的，只有在梭伦时期和伯里克利时期是成功的，民主制总体上讲是失败的。迦太基过于商业化，没有美德，因而也是不

① ［英］A．安德鲁斯：《希腊僭主》，钟嵩译，68 页，北京，商务印书馆，1997。

成功的。

从西方的历史发展来看，西方政制真正继承的是斯巴达政制，而非雅典的民主政制。单一的政制是不稳定的。君主制会导致暴君；贵族制会导致寡头政治；民主制会形成无政府状态。罗马真正继承的是斯巴达政制，正如波利乌比斯所言，罗马政制的优点是把各种因素混合在一起：(1)有两个执政官，相当于君主的统治；(2)元老院，相当于贵族的统治；(3)公民大会和监察官，代表人民大众。波利乌比斯认为，由于民主的因素，罗马人民有着共同的爱国主义意识。由于贵族的因素，罗马的统治导致稳定、智慧；由于存在君主，能在关键时刻做出决定。罗马为什么衰亡？因为共和制的衰落和帝制的兴起，打破了原有的混合政体的平衡。

近代英国确立了君主、上院的贵族(流动开放的)和下院的民主制的混合。在君主、贵族、民主的基础之上，以文官制和内阁制为中介，加强了精英统治的制度框架。实现了精英统治和大众参与的有机结合。在美国，总统相当于执政官，参议院相当于元老院，众议院相当于公民大会，独立的最高法院相当于监察官。因此，斯巴达政制所确立的权威、精英和大众三大因素在政治制度中的均衡影响了西方两千余年。

斯巴达充满着平等精神，来库古的政制改革消除了以前军人和平民的对立，出现了一个由"公民士兵"构成的社会组织。所有人在经过一系列包括考验和秘典传授在内的军事训练之后都可拥有一块份田，并能加入共餐，从而上升到相互平等的地位。正是这种平等的地位确立了城邦。这样，社会秩序不再取决于国王，不再受到某个特殊人物的创造力及其治理活动的束缚。相反，社会秩序规定着所有人的权力，给他们的扩张欲望设置了一个限度。与权力相比，秩序是第一位的，政权实际上只从属于法律，企图垄断政权的任何个人或集团都会破坏其他力量的平衡，危及社会组织的和谐，因而也使城邦本身的存在受到威胁。

但斯巴达承认法律和秩序高于一切是为了走向战争，国家的改革首先是出于军事上的考虑。军人和平民的平等巩固了城邦的稳定，形成了一种高于所有人、所有权力的社会秩序，从而也使得斯巴达城邦得以有实力和精力开展对外战争。

在这种一切为战争服务的背景下，"同类人"受到的是战斗训练，而不是公众集会广场的辩论。所以，在斯巴达，话语不可能像在其他城邦那样成为政治工具，也不可能表现为讨论、辩论、辩驳的形式。斯巴达人赞美的法律手段不是"皮托"——说服力，而是"福伯"（phobos）的力量，即一种使所有公民都能俯首听命的威慑力。他们只欣赏简洁的言辞，喜欢格言式的、含义确切的语句超过那些奥妙的对立论辩，而且为之自豪。

二、斯巴达教育的性质与目的

斯巴达的社会政治制度决定了斯巴达的教育性质，即它的整个教育都为战争服务，实行单纯尚武的军事教育。其教育目的和宗旨是，通过严格的军事体育训练将公民子弟培养成为身体强壮的军人和勇悍合格的武士，从而去完成对国内奴隶和平民的镇压，并肩负起对外掠夺和防御战争的责任，以确保斯巴达人的统治。这样，军事训练成为斯巴达每个公民应尽的义务，整个斯巴达社会无异于一座军营。以致造成这样一种印象：当人们提起斯巴达时，首先想到的便是其军事教育。

来库古把教育看作最伟大、最崇高的任务。"他使得教育完完全全地担负起立法的功能"，"他自己觉得，倘若那些促使城邦的繁荣与美德的最主要和最有约束力的原则，深深地在公民们的习惯和训练当中扎下了根，它们就会经久不变和牢固可靠，因为通过教育使青年人明确坚定不移的目的，要比强制更具有约束的力量，教育对于每个青年来说，就起着立法者的职能"。①

———————

① [古罗马]普鲁塔克：《希腊罗马名人传》上册，陆永庭等译，101 页，北京，商务印书馆，1990。

这正如古罗马历史学家普鲁塔克所说的那样：来库古"将自己的同胞训练成既没有独立生活的愿望，也缺乏独立生活能力的人，倒像是一群蜜蜂，孜孜不倦地使自己成为整个社会不可缺少的一部分，聚集在首领的周围，怀着近乎是忘我的热情和雄心壮志，将自身的一切皆属于国家"①。通过这种全面的整合，斯巴达公民的个体性几乎完全丧失，甘愿成为城邦的一个个无差别的单位，同时也不得不依靠城邦生存。

为了牢固地维护斯巴达的国家权力和社会政治制度，斯巴达就把教育作为治理国家最主要的工具。教育工作成为国家事务中最主要的工作。掌握实权的五长官把领导青少年的教育工作当作他们首要的工作之一。其实，斯巴达每一个公民都是军人，从小就接受军事训练，没有受过军事训练的人不能享有公民权。斯巴达人从小受军事教育，成人服兵役成为军人，直至 60 岁。所以，斯巴达人的一生是军人的一生。

斯巴达人把教育看作国家的事业。来库古法规定，斯巴达新生婴孩必须接受地方长老的严格检查。父亲要把孩子抱到长老那里，经过长老们的审慎检验后才能决定儿童的生存与否。如体弱有病不合格者，或被抛弃于露天野地任其死亡，或被丢给奴隶希洛人。健康的婴儿才允许保留下来，具有天然缺陷的生命，对个人和国家都是无利无益的，只有强健的婴儿才可能长成良好的战士。基于同样的原则，妇女对于初生婴儿不是用水，而是用酒洗浴，以此作为一种对婴儿体质的试验。因为据说癫痫和有病的婴儿在烈酒中就会抽风和失去知觉，而健康的孩子是能像钢一样地接受试验的。他们由父母替国家抚养，到 7 岁为止。这可以说是斯巴达对儿童青少年教育管理的第一阶段。

斯巴达人的生活受国家管制，儿童属国家所有，教育权理所当然由国家

---

① ［古罗马］普鲁塔克：《希腊罗马名人传》上册，陆永庭等译，117 页，北京，商务印书馆，1990。

控制。据柏拉图说，伯里克利给亚基比德派了一位叫彼皮罗斯的奴隶当家庭教师。来库古不愿意将斯巴达的孩子交给买来的或雇来的家庭教师去管教，法律也不允许父亲随心所欲地抚养或训练自己的儿子。[1] 斯巴达的母亲实际上是一位国家的保姆。她们以抚养孩子的能力而著称。她们教诲孩子不任性、不顽皮、不高声叫喊。所以从最早的婴幼儿期开始，孩子们便被教会无怨无尤地忍受饥饿和痛苦。而当男孩一旦脱去了乳臭，他便被父亲带到"法伊迪塔"（pheidita）或男人聚会的场所。孩子们坐在父亲身边，还可在地板上玩耍，并可相互开玩笑。他们还观察成年男子们严格而简单的生活，听男人们关于政治问题的讨论和精炼而高尚的谈话。在这里男子们受到了斯巴达生活方式的最初步训练。这种"pheidita"是成年男子集体用膳的地方。大约50人组成一个这样的俱乐部（club）。每个男子成员每月都要交纳一定量的食物以供伙伴们共餐之用，这种共餐叫作"俭朴餐"（pheidition）。据说，如果一个斯巴达男子太穷而不能向他的俱乐部纳贡，那么他就失去了做公民的权利。因此，他的孩子就不能接受斯巴达系教育。但这种情况一般是不常见的。斯巴达父亲的义务之一是全力支持他儿子接受系统的教育训练。

孩子长到7岁，按照来库古的命令就全部由国家收养，编入连队。在国家教育机关一道学习和游戏，遵守划一的纪律，接受划一的训练。所谓国家教育机关，实际上就是军营。

7岁时，男孩们离开家庭，被系统地组织进入"寄膳宿学校"，即"packs"和"divisions"或"agelai"。前两者都是"连队"（ilai），通常由64个男孩组成一个"连队"。关于"寄膳宿学校"容纳的数目不得而知。在寄膳宿学校的"组织"（pack）中，男孩是抢掠者和初学战士。建立这样的训练组织的目的在于培养他们的平等感情和团结一致的精神。孩子们吃住在一起，游玩在一起，生活

---

① [古罗马]普鲁塔克：《希腊罗马名人传》上册，陆永庭等译，107 页，北京，商务印书馆，1990。

极其俭朴，他们睡在干草捆上，赤足行走，无论冬夏都仅穿一件外衣，头发剪得很短，以使他们的头颅适应夏天的酷热和冬天的寒冷。男孩们没有涂身的油膏或奢侈的温泉浴场，只有欧罗塔斯河（the Eurotas River）可供游泳。他们都处于"儿童督导"（paidonomus）或"男孩监督人"（superintendent of the boys）的控制下，这些人都是有公民地位、有名声的人，是国家从重要的官员中选拔出来指导儿童、少年训练的官吏（一年选拔一次）。在任何时候，他们都可以召集男孩们，他们的权力是绝对的。他们手下还有大量的助手，这些助手发挥更直接的管理、监督作用。这种助手也称作鞭打者（floggers）。另外，斯巴达的任何公民都可在"儿童督导"不在场的情况下，命令孩子们按其意愿行事，并可因他们犯有错误而惩罚他们。在寄膳宿学校的每个"组织"中，最聪明、最富有勇气的男孩成为管理本"组织"的负责维持纪律者，被称为"小队长"（herd-leader），其他人都要服从他的命令，并忍受他的惩罚。寄膳宿学校的每一个"组织"还被指派一个管理者，其年龄刚过20岁，是一个在勇气和道德上具有声望之人。他被称为"队长"（eiren），队长教导儿童，是在城邦长老的监视下进行的。队长训导男孩练习战斗，并把他们当作家奴使用。

国家教育场所内制度严苛，生活单调。儿童在这里一年四季衣着单薄，光头赤脚，饮食也非常粗劣。他们睡觉没有被褥，成群地睡在用手而不是用刀从欧罗塔斯河岸采集来的芦苇铺成的床上，冬天也只允许加一点蓟毛取暖。为了培养儿童顽强坚韧的性格，儿童无论是受到鞭打，还是在格斗中受伤，都不能哀号呻吟，否则被认为是一种耻辱。斯巴达人为了鼓励儿童的机警性，经常让他们到住地附近去偷柴米和蔬菜，成功者受到表扬，被发现的要受到处罚。正如传说故事讲的那样，一个斯巴达少年儿童偷了一只幼小的狐狸，把它藏在自己上衣贴胸的地方，这畜生用尖牙利爪扒出了少年的肠子，但他还是强忍疼痛，宁肯死去，也不愿让人发现他的偷窃行为。

在教育场所里，食物极少，为了养成孩子忍饥挨饿的习惯，斯巴达人认为，食物吃得过多，有碍于身体的发育。普鲁塔克说，斯巴达教育鼓舞孩子们去偷窃食物，一些孩子遂进入果园，一些孩子机警地进入公共食堂偷窃食物。如果他们在偷窃时被抓获，便要遭到毒打，同时还要受到挨饿的煎熬，目的是要让他们自己去与饥饿做斗争，并且用这种方法使他们学会勇敢和狡诈。这种偷窃行为不但不被认作耻辱，而且被视作一种训练人的方法，因为斯巴达人所实行的是公餐制，公共食堂是全民所有的，当然包括儿童自己也是公共食堂的主人。这种偷窃是由斯巴达的军事共餐制度以及它所独具一格的训练方法产生的。

男孩们的这些抢掠探险活动还为一种类似于"秘密服务"的职责做准备。18岁时，斯巴达的青年要参加这种"秘密服务"。这种刚成年的青年队伍被长期派遣到拉哥尼亚不同的地区。在这期间，他们潜伏于森林中，睡在地上。当他们或他们的首领认为情况适宜时，他们就突袭希洛人，屠杀希洛人中最强悍的最危险的分子，然后再隐藏起来。民选长官每年一度宣布对希洛人进行"神圣战争"，以使这种方式的屠杀合法化。

在抢掠探险活动和"秘密服务"方面，斯巴达人显示出对男孩天性的重视和对军事训练方法的密切注意，并以探险活动和"秘密服务"的方式来满足这种天性的需要。在野外探险活动中，斯巴达男孩不受长老监视，免受长辈约束，获得一定的自由，从而有利于培养个人独立性。

在这个阶段里，国家教育场所还要对儿童进行特殊的政治教育。斯巴达的领导人物经常来到这里，与儿童和青少年进行谈话。谈话的内容涉及各种政治问题，并向儿童提出各种问题，诸如"谁是好公民和谁是坏公民"，"谁是国内的优秀人物"，等等。要求儿童迅速回答，答案要简短有内容，以锻炼儿童的敏捷头脑。此外，国家教育场所的监督和负责者，还要向儿童少年讲述国家的政治法律、风俗习惯、生活准则和行为规范，并让他们参加一些实际活动，例如祭神、竞技，以至执政者的就职庆祝仪式。凡此种种谈话和各类活动，目的都是训练儿童将来成为城邦国家的保卫者和统治者。儿童在国家教育场所受训练到 18 岁为止。

年满 18 岁的青年要转到高一级的埃弗比学习，进一步接受正规的军事教育。这是斯巴达教育管理的第三个阶段，受教育和训练需用 2 年的时间。

青年成为埃弗比成员时，要主动到阿尔特弥斯圣殿巨大的祭坛上去承受鞭打的严峻考验。届时，忍受了最多鞭打又没有畏缩者就要受奖。参赛者是自愿参加的。这种鞭打制度一直延续到罗马史学家普鲁塔克时代。自愿参赛者颇不乏人。赛前，参赛者就在家乡进行练习。比赛时，参赛者躯体覆于神坛上，女祭司临场监视，她手持女神塑像，有时举高，有时放低，以指示鞭笞者该加强或减弱。假如鞭笞者因看到参赛者太俊秀或有点名望，而不忍心下手，那么手执女神塑像的女祭司则会显示出不满意的迹象。竞赛者经常被鞭打致死，但他们以流血为荣，以流泪为耻，因而从不呻吟。能经受住鞭笞的人被称为"神坛胜利者"（altar-victor），碑铭上会记录下他们的胜利。

三、斯巴达教育的体系和内容

斯巴达把教育的重点放在对年轻一代的军事体育训练上，极为强调军事教育，但对于文化知识的学习是不重视的。阅读和写字对儿童来说，只学习一些最必需的东西，仅仅学到够用而已。其他一切训练都在追求一个目的：使他们善于服从命令、承受艰难困苦与能征善战。

斯巴达人重视军事体育训练。体育训练的主要项目是五项竞技，即赛跑、跳跃、角力(摔跤)、掷铁饼、投标枪。另外，还有骑马、游泳、射箭和各种军事游戏。这些训练项目均分等级，对儿童进行严格训练。

斯巴达人在身体训练中，既不注重男性美，也不注重全面和谐发展。他们唯一的目的是培养军事技能。有益于这一目的的体育运动则提倡，否则一律排斥。奔跑、跳跃、投掷铁饼和标枪、射箭、角力都是常见的练习。拳击和角力加拳击运动在斯巴达是被禁止的，可能因为这些活动只发展了一些专门的肌肉，而不利于军事技能的培养。但对于并不科学的角力训练却允许，斯巴达的角力依赖于力量和运动而非专门的技能。斯巴达谴责职业化的体育运动并且从不使用职业教员。所以，职业拳击的教学以及其他职业的体育运动教学在斯巴达都是被禁止的。斯巴达的体操练习是在长老的密切监视下进行的，每个人都必须进行充足的练习。同时，长老还要防止他们成为自负的人。男孩的体力状况每十天由民选长官（ephors）负责检查一次。刚成年的男子竞赛活动由一个专门的理事会（bidiaioi）负责管理。除以上练习外，斯巴达男孩还要接受骑马训练，以便在瓦基索斯（Huakinthos）的庆祝活动中参加骑马列队。他们还要学会游泳，每天在欧罗塔斯河中进行跳水练习。亚里士多德曾说，整个斯巴达的训练使男孩变成了"野性之人"，但要承认它没有培养出片面化的运动员。当时，专业化的运动员在希腊是常见的，他们仅仅致力于各种竞技，由于过分专业化，他们不适于做别的事情。

斯巴达男孩通过以上各方面训练，在年满 20 岁时，为战士–公民身份做准备的预备期结束了。这时，青年人在正规的军事组织中占据了一席之地，已成为公民，但没有发言权，要保持沉默。他们要开往边境驻扎，直到在军队服役 10 年后，才能获得完全的公民身份。也就是说，直到年满 30 岁，才能成为完全的公民，成为一个正式合格的军人，可以参加公民大会。斯巴达国家对青少年的教育管理至此才告完成。

法国著名教育史学家马禄根据多年的研究提出了一种可供参考和进一步研究有关斯巴达的教育系统的"假说"，他认为，从 8 岁至 20 岁，斯巴达的教育制度可分为三个阶段：①

---

① 滕大春主编：《外国教育通史》第 1 卷，150 页，济南，山东教育出版社，1989。

8 岁至 11 岁：⎧理智尚未觉醒的孩子（meaning-unknown boy）
童年（little boy）⎩很小的孩子（very Little boy）

12 岁至 15 岁：⎧少年第一年（adolescent first year）
少年（adolescent）⎩少年第二年（adolescent second year）

16 岁至 20 岁：⎧青丁第一年（first year ephebe）
青丁（ephebe in sparta eiren）⎩青丁第二年（second year ephebe）

年满 20 岁的斯巴达人可以结婚，但仍要住在军营里，到 30 岁才能成为正式公民，并可担任官职。战时则参加战斗，60 岁始免除兵役。

（一）智育

从上可知，斯巴达的教育几乎完全是体力训练。缺乏智力教育是斯巴达文化教育的一大缺陷。斯巴达人对文字不感兴趣，既不教阅读也不教写作，但这些基本的技艺并没有完全禁止，以致有人私下里学会了这些技艺。斯巴达人的成文法极少。他们所记忆的是谱成曲调的法律，它们与商业或账目毫不相干，所以他们极少有人知道如何计算。智者希庇亚（Hippias）曾说，斯巴达人都喜欢听的是男人和英雄的宗谱、城市的建立和一般的考古学。除了国家法律被谱成乐曲外，还有称赞牺牲的英雄和嘲笑胆怯者的歌曲。这些歌曲句法简单明了，宗旨严肃。其中有许多是战争进行曲，用以鼓舞士兵的勇气。斯巴达人从不允许有戏剧存在。他们还认为记忆是最重要的，写作会削弱记忆。

在希腊世界的其他地区被研究颇多的修辞学，在斯巴达却遭到了冷遇，被完全禁止。一个青年若在外地学会了它，那么归来之后要受到民选长官的惩罚。斯巴达人反对修辞学是由于他们天生地厌恶多嘴多舌。他们的格言是沉默是金。所以斯巴达人通常都要学会保持沉默。事实上，他们非常注意训练儿童熟练而精辟的语言表达能力。他们讲话简明扼要，因为他们认为浪费一个词都是错误的。柏拉图曾说，当你同一个普通的斯巴达人交谈时，开始，他看起来像是个傻子，但突然，在紧要之点，他会说出简明扼要的话。斯巴达少年学会了如何谈吐：说话辛辣而优美，言简而意赅。他们的交谈简洁机智，中肯有力，能抓住听者的思想。

斯巴达人厌恶长篇大论，下面一些警句可作证明：某人不合时宜地同勒奥尼达斯国王谈论关系重大的事务，国王就说："朋友，事虽紧急，不在其时。"有人问来库古的侄儿卡里拉奥斯，为什么他的叔父只制定了那么几条法律，他回答说："话少的人们需要的法律也少。"诡辩家赫卡泰奥斯被批准加入公共食堂之后，一言不发。有人对此大为不满，而阿基达弥达斯则说："知道怎么说的人也知道什么时候说。"辛辣而又优美的语言有以下这些例子：一个讨厌的家伙老是用不合时宜的问题纠缠德马拉托斯，尤其是翻来覆去地问他谁是最优秀的斯巴达人，德马拉托斯最后答道："就是最不像你的人。"某些人交口称赞埃勒亚人在奥林匹克运动会上是如何如何公正、令人尊敬，等等，阿吉斯就说："埃勒亚人五年里只有一天履行了他们的公正，算是什么了不起的事呢！"特奥蓬波斯对一个外邦人做了点好事，这个外邦人就不断地说自己在国内被称作是热爱斯巴达的人。特奥蓬波斯说道："我的好先生，你要是被称作热爱你自己城邦的人就更好了。"一位雅典雄辩家宣称斯巴达人不学无术，保萨尼亚斯的儿子普勒斯托那克斯说："是的，我们确实是唯一没有从你们那里学到邪恶之术的希腊人。"有人问阿基达摩斯，斯巴达有多少人，他回答说："先生，多到足以拒恶人于国门之外。"

从他们的笑话里，我们也能看出他们的性格。斯巴达人历来的习惯就是决不信口乱说，决不冒失地说出思想苍白或者不能引人注意的毫无意义的言辞。比如，一个斯巴达人被邀请去听某人模仿夜莺鸣叫，就回答说："我听过那鸟儿自己发出的鸣啭。"还有人口称要送几只能一直搏斗至死的斗鸡给一位青年，那位青年说："快别给我送那种斗鸡，要送就送几只能至死搏斗的鸡给我吧!"又有一人看见成人上厕所坐在凳子上,便说:"但愿我永远不要坐在不能给长者让位的地方。"这些妙语警句的特色似乎证明了这种评论是不无道理的,即热爱智慧是斯巴达人的一个重要特点。

(二)道德教育

军事训练和道德教育是斯巴达教育中的两大杠杆。道德教育贯穿教育的全部过程,贯穿儿童以至少年、青年的整个教育时期。道德教育渗透在体育、音乐舞蹈、军事训练之中,甚至还渗透在屠杀和凌辱奴隶的罪恶行为之中。道德教育的中心是训练青少年绝对服从,也就是普鲁塔克所说的"驯服的训练",这其中又包括了绝对忠于祖国,只知有城邦,不知有个人,还包括勇敢屠杀以及对奴隶的残忍。

在斯巴达的"军训"(agoge)制度中,"节制"已经显出了某种基本的社会性,它是一种强迫性的、受到制约的行为,其特点是年轻人在任何情况下都必须保持"自制力":在步态、目光和谈吐方面,在妇女和长者面前,在公众集会广场上,在享乐和饮酒问题上,都必须保持自制力。色诺芬在提到这种庄严的自持时,曾把垂着眼睛默默行走的年轻斯巴达战士比作一尊处女雕像。举止的庄重具有制度的意义,它是一种伦理态度和一种心理形式的显露。未来的公民必须接受训练,学会驾驭自己的激情、热情和本能(斯巴达人的"军训"制度正是用来检验这种自我控制能力的)。这样,"节制"就使每个人都在与他人的关系上服从一个共同的模式,这个模式与城邦理想中的"政治的人"的形象相吻合。公民的行为由于自制力而区别于群氓的放任自流和滑稽粗俗,也区别于贵族的冷漠和傲慢。新型的人际关系所遵循的克制、平衡、适度的规范,同"认识你自己""不要过分""中庸为上"等格言是一致的。①

同时,斯巴达人重视勇敢精神的培养。精神上,斯巴达公民在"勇敢"等

---

① [法]让-皮埃尔·韦尔南:《希腊思想的起源》,秦海鹰译,82 页,北京,北京大学出版社,2012。

男子汉美德方面的竞争，导致了成功与失败者的分化，促使了等级制度的形成，出现了所谓的高贵者。斯巴达男性公民绝大多数时间都和自己的同伴生活在一起，处在公共视线的监督之下，从小就因行为的好坏而受到长者的奖励或惩罚。团队生活的环境和斯巴达人的尚武传统，使他们特别看重荣誉和名声，赞赏男子汉气概，渴望胜利和成功。他们十分在意公众舆论，对奖罚机制特别敏感。为了追求荣誉，斯巴达公民之间展开了激烈的竞争，努力获取勇敢的美名和对胆怯者的鄙视是竞争的集中表现。

斯巴达人以勇敢不怕死而著称，他们的指挥官在战争中身先士卒，阵亡人数相当多。除了我们熟悉的李奥尼达与 300 名斯巴达战士壮烈地战死在德摩比利之外，伯拉西达斯（Brasidas）和吕山德洛斯（Lysandros）等一大批出色的将军都是在国外战争中丧生的。① 特别值得注意的是斯巴达指挥官佛伊比达斯（Phoibidas）仅带着他属下的两三名战士就投入战斗，倒在战场上。② 色诺芬说，他们把建功立业看得比自己的生命更为重要。③ 由此可以看出公众舆论对斯巴达人造成了多大的心理压力，怕丢脸的思想驱使斯巴达人拼死战斗。

胆怯者在斯巴达处于屈辱的地位。在玩球时，没有人愿意要他参加自己一方；在合唱队中，他被置于最丢脸的位置；在路上，他必须给别人让路；当坐下时，他必须给别人让位，甚至是让位给比他年轻的人。④ 斯巴达是一个尊重长者的社会，年长者给年轻人让座是极为丢脸的事。因此，公众对于胆怯者的态度形成了强大的舆论力量，刺激着斯巴达人去争取荣誉。

斯巴达公民精神竞争中的成功者就形成平等人公社中的高贵者，处于等级金字塔的上端。在斯巴达军队里，存在着一支由 300 名青年战士组成的团

① Anton and powell, *Athens and Sparta*, London and N.Y., Routledge, 1988, p.232.

② Xeuopuhon, *Athenian Constitution*, *The Loeb Classical Library*, Osford, Oxford University Press, 1984, p.V, p.4, p.45.

③ *Ibid.* .

④ Xenpphon, *Constitution of the Lacedaenaonians*, *The Loeb Classical Library*, Oxford, Oxford University Press, 1984, p.IX, pp.4-5.

体。其名称 Hippeis 看来好像是骑兵，实际是一支优秀的步兵部队。他们除了为保卫国王的荣誉而作战外，还起着维持治安的作用。并不是每个青年都能加入这支部队，只有作战勇敢的青年才有资格入选。①

然而，成功者毕竟只是少数，大多数斯巴达人是不够成功的，还有一些失败者，他们由于懦弱等非经济原因也被贬为"下等公民"（inferiors）。除此之外，斯巴达平等互利公社中还存在着 tresantes，也就是那些在战争中怕得发抖的人。② 据希罗多德记载，在德摩比利战役战死的李奥尼达的部队中，有两个人得以幸免，一个叫作潘提铁斯（Pantites），他在回到斯巴达后因受辱而上吊自杀，另一个叫作阿里斯托达摩斯（Aristodamos），人们称他为"怕得发抖的人"，没有斯巴达人愿意和他讲话。结果，在后来的普拉蒂亚战斗中，他显然抱着去死的愿望去参战。"怕得发抖的人"会受到污辱和惩罚，并丧失部分公民权利。③ 所有那些在精神竞争中的失败者与失去土地的下等公民一样都处于平等人等级制度的最底层。

（三）音乐、舞蹈和诗歌教育

在希腊，音乐、舞蹈和诗歌是密不可分的，斯巴达也不例外。在早期，斯巴达不仅仅只注重带有野蛮气息的军事体育训练，他们还在音乐教育上有所贡献。相传，来库古把荷马史诗引进了斯巴达，而荷马史诗总是配上乐曲进行演唱。同希腊其他城邦一样，斯巴达人也喜爱音乐并对音乐有天生的敏感能力。斯巴达音乐也和其他希腊城邦一样，他们的音乐不离词，而不仅指器乐，也包括唱歌、唱赞美诗。他们把音乐作为灌输道德和培养军人的方法。

据普鲁塔克记载，在公元前 7 世纪和公元前 6 世纪初期，斯巴达是希腊

---

① Xenpphon, Constitution of the Lacedaenaonians, *The Loeb Classical Library*, Oxford, Oxford University Press, 1984, p.IX, pp.4-5.

② M.M.Austin & P.Videal-Naquet, *Economic and Social History of Aucieut Greece*, Clfornia, Clfornia University Press, 1997, p.84.

③ *Ibid.*.

世界的音乐之都，斯巴达的合唱队十分发达，并且产生了许多音乐家。当时著名的音乐家和诗人泰尔潘德（Terpander）就曾在斯巴达从事过音乐活动。他不仅是个歌唱家，而且是"基塔拉"（一种希腊七弦琴）的发明者，现代的"吉他"即由此得名。相传，他原是希腊爱琴海的莱斯沃斯岛人。

音乐可以说是斯巴达人进行道德教化和培养战士的重要手段。斯巴达人的音乐旋律简单，曲调与歌词融为一体。歌调朴素，不文饰，但内容却是庄严、奋发的。斯巴达人以音乐强化人们的道德情感。长老们认为唯有庄严的多利安音乐能培养勇敢、服从、遵守法律、自制等品质，他们还认为音乐基调的变化将动摇国家和政府的道德基础。和着长笛的曲调声，斯巴达人唱着进行曲坚定地走向战场，他们会感到神明与他们同在。在斯巴达人看来，年轻人被教会诵唱国家法律和英雄赞歌，是最富教育意义之事。他们认为英雄赞歌表现了高昂慷慨的男儿气概，可以激励年轻人竭力仿效老一辈英雄去创造新业绩。

斯巴达人在作战时，音乐也带有军事色彩，这里是指所谓强劲而简单的"多丽斯进行曲"，其他的曲子并不鼓励使用。而且如果多丽斯进行曲在被演奏中有离谱现象时，演奏者还要受到法律处罚。即使是泰尔潘德，虽然曾依赖他的歌声平息了一次叛乱，只为了适合他的声音而在演奏多丽斯进行曲的琴上另加一弦，竟也遭到执政官的处罚，他的琴也被钉挂在墙上不得使用。

斯巴达人在音乐与诗歌的教化功能培养方面也很认真严肃，他们的歌曲蕴含激情，振奋精神，唤起热诚，极具效能。其风格古朴，毫无矫揉造作，主题皆是严肃的教诲，大多是赞扬为斯巴达献身的人们，歌颂他们是天神保佑的、幸福的人；歌中还谴责贪生怕死之徒，生动地描述了他们罪恶深重的、充满厄运的生活；此外还有适合不同年龄的人的诺言和对于勇气的夸耀。关于最后这点，举个实例说明。斯巴达人庆祝盛大节日时，有三重唱的歌唱队以代表相应的三代人。代表老年人的歌唱队首先唱道：

我们曾经强壮、年轻，事迹英勇。

随即代表年轻人的歌唱队应声而起：

我们现在就是这样，不信请看看我们。

最后代表少年的歌唱队唱道：

我们将比你们两代人都更加强劲。

总之，倘若有人研究斯巴达诗歌，并且使得自己谙悉斯巴达人的那些在长笛伴奏下、向敌人发动攻击时唱的进行曲的话，那么，他就肯定会认为泰尔潘德将勇气与音乐联系在一起的做法是正确的。泰尔潘德是这么描述斯巴达人的：

勇士的枪矛与缪斯的清音同在那里昌明，
正义也在宽阔的大道上行进。——

而品达也说：

那儿有元老议事的地方，
有青年人出奇制胜的标枪，
有舞蹈、歌唱还有欣喜欢畅。

这表明了斯巴达人是热爱音乐、同时又是最尚武好战的人民，正如他们自己的诗人所描述的那样：

> 佩着宝剑挂着琴，
> 琴剑相辉照眼明。

在每次战斗之前，国王都要向缪斯女神献祭，似乎在提醒战士们记住自己的训练和立下的坚定诺言，好使他们能果敢地面对可怕的后果，并做出值得大书特书的英勇业绩。

战斗开始之前，国王按照惯例用一只母山羊做献祭，传令所有的战士戴上花冠，又下令吹笛手吹起赞颂卡斯托尔的曲调；然后，国王亲自领唱起进军的凯歌。于是，他们行进着，步点叩着长笛的节奏，战斗的行列严严整整，战士的心灵里没有丝毫恐慌。他们镇定地、高高兴兴地前进，高唱赞歌，投入殊死的战斗。这种景象真是壮观异常，同时又令人毛骨悚然；他们的气势既然如此，恐惧也罢，激怒也罢，都不能控制他们。相反，他们倒是怀着一种充满希望和勇气的目的，深深相信上界神灵是同他们站在一起的。

斯巴达人爱好舞蹈。但必须注意，他们常称作舞蹈的就是现代人所称的操练，亦即有助于备战的舞蹈。因为在斯巴达，战争几乎就是一种舞蹈形式。他们进行战斗时，要配以笛子伴奏曲，伴奏曲是战争进行曲，并戴着花冠，穿着红色的外衣。斯巴达人的舞蹈有以下几种类型：首先是军事体操。每天刚成年的男子排成队列，进行军事操练，并轮流做舞蹈造型，同时成年的女子吹笛并用脚打节拍以配合他们。其次是战争舞蹈（war dance），它模仿战斗的所有动作，并配以音乐伴奏。每个斯巴达男孩年满 5 岁时就开始练习。从脚步来看，这种舞蹈的动作速度很快。还有一种角力舞蹈（wrestlin‐dance），也配以笛子伴奏曲。此外，还有其他多种舞蹈。其中有些场面，男孩和女孩同时参加。在一种被称作"连珠线"（the string of beads）的舞蹈中，一个男孩先跳一些军事舞步，然后一个少女紧随其后，跳一些相应的步子，展示她的技艺。

诗歌是斯巴达教育中的重要部分。斯巴达人较为重视诗歌。荷马史诗备受尊重，青少年必须学会其中的某些部分。来库古在亚细亚第一次接触到了荷马的诗篇。来库古发现史诗中包含的政治与纪律的教诲比起它提供的欢乐与放纵的刺激毫不逊色，同样值得严肃认真地重视；于是就热切地将它们抄录下来，编排成册，以便带回本国。这些诗篇在希腊人中本来就有了一点小小的名气，并且，因为人们偶然将诗篇携带到各处去，有些人也就掌握了部分章节。但是，第一个使荷马史诗广为流传的人确实是来库古。①

来库古曾劝泰勒斯出使斯巴达。人们认为泰勒斯是个抒情诗人，他也以这种艺术掩盖世人耳目，实际上他做着最有成效的立法者们从事的工作。因为在他的颂诗里有许多让人们服从命令与和谐如一的规劝。在韵律整齐的诗歌里，充满了井然有序的宁静。因此，凡是听过这些诗歌的人，不知不觉中就柔化了性情，以至于摒弃了当时风靡一时的互相憎恨，从而和睦共处，一道追求高尚的、崇高的情操。所以，在斯巴达，就来库古和他的严明纪律而言，泰勒斯大概可以算得上是一位先驱。②

（四）妇女教育

斯巴达的军事化特征，使它把保持希腊世界最好的战斗力量以保卫城邦作为奋斗目标，并使它的男女公民都卷入为实现这个目标的努力之中。男性公民的职责是为了城邦的利益和安全而征战疆场，他们的长期征战给予了斯巴达妇女涉足城邦管理的机会，斯巴达妇女获得了与男性公民同样的锻炼机会和比赛的机会，享有较多的户外活动和与人交往的自由。

重视女子教育是斯巴达教育的一个显著特点。对妇女进行教育被视为斯巴达国家的重要职责，是因为女子有生育健康后代的重任。这是斯巴达人对教育价值认识的明确表现。和希腊其他城邦国家比较，"斯巴达的妇女自然要

---

① ［古罗马］普鲁塔克：《希腊罗马名人传》上册，陆永庭等译，90 页，北京，商务印书馆，1990。

② 同上。

比其他希腊妇女占着受人尊敬得多的地位"①。斯巴达人允许女孩过一种自由的户外生活,青年女子在出嫁以前,也要接受与男子同样的体育训练,其目的是要培养女孩成为身体强壮的母亲,以生育健康的儿童;另外,男子外出征战时,女性可以防守本土城池。训练的内容如同男孩练习五项竞技,要学跑、跳、打球、掷标枪、角力以及舞蹈、唱歌等。普鲁塔克说,来库古对于妇女给予了一切可能的关注。他让少女们锻炼身体:跑步、摔跤、扔铁饼、掷标枪,为了使她们将来的腹中婴儿在壮健的身躯里打下壮健的底子并更好地发育成熟,也是为了使她们自己健壮结实,怀胎足月,能够顺利地、轻易地对付分娩时的阵痛。② 但女子训练与男子训练不同处有两点:第一,准许女孩们住在家里不过兵营的生活;第二,她们的训练强度比男孩要小。

斯巴达妇女在教育方面得到了比其他希腊城邦特别是雅典妇女更多的机会。柏拉图评论斯巴达妇女时说:"不仅有男人,而且有妇女,为他们的教育感到自豪,我说的是真的,斯巴达人在哲学方面受到过最好的教育。"③范撒姆等著的《古典世界的妇女》称:"斯巴达妇女是唯一由城邦进行公共教育的希腊女性。"④

斯巴达妇女接受的教育首先是体育方面的训练,城邦要求她们锻炼身体。色诺芬说,来库古坚持女性的身体锻炼不能比男性少。⑤ 阿克曼在合唱颂歌中把斯巴达少女比作小马。他在描绘斯巴达少女阿吉多(Agido)时,说她在合唱队中格外引人注目,像是被放在牧地的畜群中的赛马,健壮而惊人。在阿里

---

① 《马克思恩格斯选集》第4卷,61页,北京,人民出版社,1995。

② [古罗马]普鲁塔克:《希腊罗马名人传》上册,陆永庭等译,102~103页,北京,商务印书馆,1990。

③ 参见裔昭印:《从家庭和私人生活看古雅典妇女的地位》,载《历史研究》,2000(2)。

④ E.Paatham, H.P.Foley, *Women in the Classical Word*, Oxford, Oxford University Press, 1994, p.59.

⑤ Xenophon, *Constitution of the Lacedaemonias*, *The Loed Classical Library*, Oxford, Oxford University Press, 1984, p.4.

斯托芬的戏剧《吕西斯特拉忒》中，一个名叫拉姆皮托（Lampito）的斯巴达妇女身体显得很棒。作者形容她健壮得能够勒死一头牛。这些史料说明，斯巴达妇女经常进行体育锻炼，因而具有健壮的体魄。

像斯巴达男性一样，斯巴达妇女不但参加摔跤、扔铁饼和掷标枪等体育锻炼活动，而且也参加具有宗教仪式意义的跑步比赛。我们都知道，古希腊妇女无权参加奥林匹克运动会。但是，在奥运会结束后，她们就单独地举行"赫拉运动会"来向天后、婚姻女神赫拉表示敬意，运动会的地点也是在伊利斯的奥林匹亚。斯巴达妇女是"赫拉运动会"的积极参与者，她们参加该运动会的唯一项目——赛跑。鲍桑尼阿斯在著作中叙述了多利安人的城邦伊利斯（Elis）的妇女组织纪念赫拉仪式时的情节，从中可以推测到斯巴达妇女参加宗教仪式性赛跑的情况。他在文中提到，每隔4年，16名德高望重的已婚妇女为赫拉织一件法衣，并负责组织"天后节"的竞赛活动，比赛内容是少女间的赛跑。少女们年龄不一，最年轻的最先跑，下一个岁数的姑娘接着跑，最年长者最后跑。她们的跑道是在奥林匹亚运动场，赛跑距离比标准长度短六分之一。获胜者获得橄榄树枝编成的花冠，并可以分到一份母牛肉（献祭给赫拉的）。此外她们可以得到刻着她们名字的塑像。平时经常参加体育锻炼的斯巴达妇女肯定在这样的竞赛中占上风，各种体育锻炼与竞赛活动增强了斯巴达妇女的体质。斯巴达妇女的衣着也适应他们经常从事体育锻炼的生活方式，她们穿着多利亚式的披肩外衣（peplos）和便于行动的开摆的裙子。

除了参加体育锻炼之外，斯巴达妇女也受到一定的文化教育。参加合唱队表演和合唱颂诗的斯巴达妇女知道如何唱歌、跳舞，并能背诵诗歌中叙述的神话故事。斯巴达产生了两名女诗人——梅加洛斯特拉塔（Megalostrata）和克利塔戈拉（Cleitagora），虽然她们的作品没有保存下来，但古代作家提到了她们的名字。除此之外，还有几名斯巴达妇女成了毕达哥拉斯学说的信奉者。[1] 与沉默寡言的斯巴达男子相比，斯巴达妇女很有讲话才能，她们对精美的斯巴达省略语的发展做出了贡献。一些刻着奉献者名字的还愿奉献物的铭文资料表明，有些斯巴达妇女是识字的。大量的史实告诉我们，在斯巴达男性接受城邦教育的同时，斯巴达女性也受到了体育和智育两方面的教育，并因此获得了比深居在闺阁之中的雅典妇女大得多的行动自由。

第二节　雅典的教育

一、雅典教育的特点

　　虽然雅典的教育和斯巴达一样都是出于服务城邦的需要，但二者间教育特点的差异性也是不容忽视的。必须明确的是，希腊文化是沿着两条不同路径发展的，一条是斯巴达的多利安路径，另一条则是雅典的爱奥尼亚路径。其中，多利安人的特征是牺牲局部利益以顾全大局，牺牲个人利益以保全社会利益。他们办事干练利索，性格真率坦诚。他们喜欢和谐、有序和均衡，痛恨复杂化和神秘化以及暧昧和奢华。在身体和智力发展方面，他们更崇尚完美的身体。多利安人基本上是单方面发展的。他们缺乏想象力，智慧和创造力也不足。他们非常保守，不允许出现任何革新。[2]

　　而爱奥尼亚人则完全不同。他们从一开始就有着强烈的个人主义情感。他们喜爱绚丽、夸张和奢华。他们是一个足智多谋和充满想象力的民族，喜爱不断革新。多才多艺是他们的特征。他们崇尚获取智慧方面的成就，而不

---

① E. Paatham, H. P. Foley, *Women in the Classic Word*, Oxford, Oxford University Press, 1994, p.60.

② [英]肯尼思·约翰·弗里曼：《希腊的学校》，朱镜人译，193 页，济南，山东教育出版社，2009。

是体力方面的成功。他们的想象力超过他们的执行力。他们没有能力稍逊的多利安人的那种固执性，也没有多利安人的那种纪律性、自制力、真率和坚韧。就身体力量和遵守规矩而言，他们有些地方不如多利安人，但在探求智慧发展方面，他们要远远优于多利安人。①

在公元前 5 世纪之前，这两类不同特征的人之间互不影响，这一时期的雅典人具有典型的爱奥尼亚人的特征。② 不同的人种与文化对不同城邦的教育方式产生了不同的影响，由此雅典的教育模式与斯巴达有着截然不同的区别。

据推测，雅典的学校教育在梭伦时代以前就存在了，并成为雅典文化生活的组成部分。据传，最早有关教育的立法应归功于梭伦。梭伦进行政治改革时，将管理学校一项列在雅典法典中。有关教育方面的内容有：国家给那些战争中死亡者家属的子女交付学费；双亲要照顾子女学习读、写和游泳；指定学校视导员；学校的规模和开学放假时间；教员的委派和责任以及教仆的品格；学生的年龄、出身，谁应入学和怎样入学；其他还有成人不得进入学区等规定。由梭伦规定的一系列规章制度，可以推断学校在那时确已存在。

希腊人有两个词表示教育，一是 agoge，二是 paideia。agoge 意为指引、约束、管教，相当于斯巴达式的严格训练。paideia 一词来自 pais 和 paidia。pais 意为儿童，paidia 意为儿童运动或游戏。③ paideia 并不包括强迫儿童做些什么，而更多是指导儿童的自发活动，其中既包括教师有计划、有目的的指导和培养，又包括儿童在活动中、在受教育中身心得到自然而和谐的发展。雅典人所理解的教育就是这样。身心的和谐发展是雅典人所理解的教育的最主要内容，也是雅典教育概念的根本含义。

----

① ［英］肯尼思·约翰·弗里曼：《希腊的学校》，朱镜人译，193 页，济南，山东教育出版社，2009。

② 同上。

③ Eby and Arrowood, *The History and Philosophy of Education*, *Vol. 1: Ancient and Medieval*, Englewood, Prentice Hall, p. 233.

雅典人认为青少年必须是身体健美的。身体不仅要健康，而且要优美。身体优美既指身体各个部分都得到和谐的发展，而且举止优雅，无论是站、立，或是行走都要使人感到赏心悦目，使人觉得恰当、合乎分寸。雅典人很讨厌行为粗野、笨拙。男孩、青年要经常保持塑像般的姿势，坐时不能双腿交叉，走路时要把一只手放在斗篷下面。

为了身心和谐发展，雅典人也反对专业化或职业化的训练。在雅典的古典时期，专业运动员、专业音乐家、专业演员，甚至专职教师均遭到人们的鄙视。在体育训练中，也尽量避免只训练一种运动项目。奥林匹克运动会的优胜者至少要在五项竞赛中有三项夺魁。柏拉图、亚里士多德都反对体育、音乐教育的过分专门化。他们认为体育、音乐是为了人的全面发展而不是为了训练运动员或职业演员。马其顿的亚历山大弹得一手好琴——cithara（古希腊一种类似竖琴的乐器），因为太熟练而遭到他父亲的指责，"你弹得像个专业演员"。

雅典人十分欣赏中庸之道，认为这是人最好的品质，是生活中应时时遵守的原则，万事不过分，一切都应恰到好处。中庸之道是最好的道德。在教育中也应如此，身心的发展要适度、要和谐，任何一方都不可过分，不可强调一方，而压制另一方。他们既反对斯巴达人过分训练身体，也不赞成小亚细亚沿岸的爱奥尼亚人只强调知识的修养。

人的和谐发展还包括良好的道德行为。作为雅典城邦的公民必须遵守城邦的法律，尊重城邦多数人的意志。忠于城邦是每个公民最基本的义务。同时，还要具有智慧、勇敢、节制、公正诸美德。要孝敬父母，要为人善良，要对长者彬彬有礼。以上就是雅典教育的基本内容。

雅典教育的成功之处在于它使人的才能、倾向、个性得到充分的发展。这在古代来讲是独一无二的。不仅东方国家不可能做到，甚至古希腊的其他诸邦国也不可能完全做到。雅典教育之所以能充分发展人的才能，与雅典城邦政治不断民主化的进程相关。雅典的高度民主化以及经济的繁荣，使得它的教育也充分地起到发展人的才智、身心的作用。

在身心和谐发展思想指导下，雅典兴办了多种类型的学校，开设了各种课程。教育组织机构大致分三级五种：初等教育，有文法学校和音乐学校，音乐学校亦称弦琴学校。这两种学校都是私立学校，学生要交学费才能入学。中等教育，有体操学校，亦称角力学校，也由私人兴办。高等教育，有国立体育馆，由国家主办并派人监督管理，还有埃弗比团的高级教育。

雅典从梭伦起就开始重视教育，到公元前 5 世纪初已形成一套按不同年龄划分的分级和分科教育，大体情况如下：六七岁以前的小孩由父母在家庭进行教育。六七岁至 14 岁的孩子都要进初等学校。从出土的陶瓷画上看，学生坐板凳，教师坐椅子，有写字板和规尺，还有挂在墙上盛满书稿的篮子；音乐室还有七弦琴和笛子。初等教育包括音乐和体育，所谓音乐是指缪斯传下来的各种技艺，包括读、写、背诗、弹唱和计算等，比现在的"音乐"要广泛得多。在一些比较好的学校里，读、写、算术分化出来成为单科，由专门教师教授。14 岁至 17 岁的少年接受中等教育，学习文学、文法、修辞、绘画和几何学等。不过这并不是所有地区都能做到的，只有雅典城和拜里厄斯港等地方才有。到了十八九岁，雅典青年要接受两年军事训练。第一年的内容是体育、骑马、战术和武器的使用，第二年是侦察、守卫和在要塞服役。雅典的教育是私人的事，由自己交学费，也可以自请家庭教师；但这两年军事训练却是城邦的事，由城邦组织。① 柏拉图的《普罗泰戈拉篇》中对雅典的教育曾做过介绍，教育和训导是从孩童开始一直到生命终结为止。孩童时期，母亲、父亲、保姆、教师竞相培育他，使他懂得一句话或一个行动的意义：这是正当的，那是不正当的；这是光荣的，那是不光荣的；这是神圣的，那是渎神的；应该这样做，不应该那样做。如果孩子服从就是好的，不然就给

---

① 汪子嵩等：《希腊哲学史》第 2 卷，101 页，北京，人民出版社，1993。

予责骂和鞭打。过了一个阶段以后将孩子送到教师那里去，让他们学习德行、练习写字等内容。以后便让他们学习诗人的著作，懂得其中的故事和教导，并且用心铭记那些值得赞赏的言行以便仿效。然后教师就教他们弹奏七弦琴、写诗，陶冶他们的情操，同时送他们到体育老师那里去锻炼他们的体格。普罗泰戈拉(Protagoras，约前490或480—前420或410)说："这些需要钱财，而拥有钱财的是富人，所以富人的孩子最早进学校又最迟才离开。"他们离开学校以后，城邦就让他们学习法律，按城邦的规范生活，"这样就使年轻人懂得统治和服从"。①

二、雅典的教育体系

雅典教育制度基本上构成了完整体系，对儿童、青少年的教育过程、内容和方法大致情况如下：

(一)学前教育(7岁以下)

新生婴儿要经过严格检验。7岁前男女童均在家庭由父母抚育。有的家庭将孩子交给奴隶照料。教育的内容有：做各种游戏、唱歌、玩球、掷骰子、与小动物玩耍，还有听故事、神话，同时接受礼貌道德教育。

每一名雅典公民都应该有孩子。如不能生育，规定必须领养，收养孤儿须付出较大代价。同时，法律与舆论承认，扼杀婴儿是为防止人口膨胀及避免田地过于分散的合法手段，任何父亲若怀疑婴儿非亲生，或因婴儿体弱或畸形，可于婴儿出生之初将其遗弃致死。婴儿出生后，能否养育，在雅典取决于父亲。父亲在家庭中居于绝对的统治地位。婴儿出生后，被放置在父亲脚前，父亲将其抱起，即承认养育他，假如父亲不抱起婴儿，那么就把婴儿扔掉。

奴隶生的孩子很少留下来。女孩遭遗弃的概率比男孩大。遗弃时，将婴

---

① 汪子嵩等：《希腊哲学史》第2卷，101~102页，北京，人民出版社，1993。

儿盛于大型的瓦器内，放置在一座庙宇附近，或其他容易为愿意收养者发现的地方。父母有权遗弃婴儿合乎粗陋的优生原则，这样会使希腊人长得健康强壮。各哲学家几乎一致赞成家庭人口限制：柏拉图要遗弃所有赢弱及由卑劣与年衰父母所生的婴儿；而亚里士多德则主张堕胎优于杀婴。

在婴儿出生后的第十天或以前，在炉边举行宗教仪式，表明婴儿正式为家庭所接受，并且给予礼物及为其取名。在场的保姆或祖母以及家庭中的其他女性成员，抱着婴儿绕着点燃的祭坛转几圈，同时还举行宴会，如果是女婴就在门上挂上羊毛，如果是男婴则挂橄榄枝编的花环。第四十天，婴儿的名字就登记在部落的名册上。希腊人通常只有单名，像苏格拉底或阿基米德；但因为习惯上长孙取祖父的名字，重复的现象随处可见，而希腊历史中因充斥着 Xenophons、Aeschineses、Thucydideses、Diogeneses、Zenos 等重名而混淆不清。为避免含混，名字上加上父名或出生地名，或取诨名来解决问题。

一旦婴儿正式被接纳进入家庭，法律即禁止再遗弃婴儿，并且要求婴儿应在父母给予的宠爱中养育长大。狄密斯托克利形容他的儿子为雅典的真正统治者；因为狄密斯托克利虽是雅典最有权势的人，却受他太太驾驭，而他太太又为他们的儿子所控制。《希腊诗集》中有不少佳句流露出慈爱的亲情：

> 我为我的柴尼奥之死而哭泣，环绕在我儿身上的希望，曾减轻我的忧愁，可是现在，善妒的命运将我孩子也攫走了。啊！我被剥夺了你，我的孩子，你是我仅有的一切。冥后 Persephone（珀耳塞福涅），听听一个父亲悲戚的呼号，将这孩子放在他死去母亲的怀里吧！①

---

① 转引自[美]威尔·杜兰：《世界文明史·希腊的生活》，幼狮文化公司译，209~210 页，北京，东方出版社，1998。

雅典儿童有很多游戏可供选择。小儿玩用赤陶土做成的里面装有小石子摇动发声的玩具，女孩抱玩偶，男孩用陶制的小兵卒及将军打仗，保姆为孩子们推秋千，或让他们坐跷跷板，男女孩们滚圆环、放风筝、旋陀螺、捉迷藏或蒙眼捉人、拔河，以及以小石块、坚果、钱币、球等为器具，做各式各样的有趣游戏。古典时代的弹珠是晒干的豆子。孩子用手指弹珠，或用光石片丢进一个圆圈内，将对手的石片挤掉，并且越靠近中心越好。当孩子达到"懂事的年龄"也即七八岁时，他们玩羊跖骨骰子游戏，以六点为最大。

富裕人家常常为婴儿雇保姆，而且喜欢雇佣斯巴达保姆，因为斯巴达保姆不仅有着高明的抚育婴儿的本领，而且因其健康，据说她们的奶水可使婴孩长得健壮有力。等到婴儿一岁多或更大些，可以不要保姆时，便由家庭教仆负责幼儿的教育。家庭教仆一般是由年老的女奴隶充任。她要照管幼儿的饮食起居，还要带领他们外出散步、游玩。

(二)初等教育(7—13 岁)

7 岁以后，男女儿童教育有别，女孩不能进校识字读书，仍继续留在家庭受教育，主要学习缝纫、纺织、刺绣等手工技艺。男孩可同时进文法学校和音乐学校，或先入文法学校，后进音乐学校，接受初等教育。

当时，儿童上学往返途中，由成年奴隶侍候陪伴，这种奴隶称为"教仆"，教仆大多仪态端庄兼有文化。当儿童 6 岁快上学时，父母就指定一名年长的可信赖的奴隶充当孩子的教仆，时刻跟随儿童，照管他并监督他的行为，直到年满 18 岁为止。教仆只有在雅典才有，清晨叫醒儿童，为儿童准备一切，送他上学和伴他放学回家。他督促儿童学习，纠正儿童发音，帮他回忆所学的知识。教仆最主要的职责是训练儿童的举止和德行。儿童如有违矩行为，教仆可以惩罚他。这表明雅典虽然主张让儿童身心得到自由而和谐的发展，但并不主张消极的教育，而是主张积极的引导，同时还要随时监督儿童的行为。

智育方面，儿童在文法学校里要学习读、写、算等简单的知识。读，即识字阅读，从字母到单词，学到一定程度即阅读荷马史诗等，让儿童学习和效法英雄人物。儿童最先接受的就是配上音乐的诗歌教育。每一个雅典公民从很小的时候就开始朗诵荷马史诗。色诺芬曾谈到，有一位父亲要求儿子背诵荷马所有诗篇，以便成为一个善良的人。写，是指在蜡版上描字，并用墨水在羊皮纸上练习。算，是用手指或类似算盘之类用具计数。

雅典人是希腊民族文化最杰出的继承者，把音乐教育当成和谐发展教育中最重要的组成部分之一。他们深知，通过音乐教育可以改造人的心灵，使它达到净化的目的。通过音乐可以培养人的情感，从而影响人的道德。他们用战争歌曲培养人的勇气、坚韧和战斗精神，用赞歌和颂歌教导人们敬重英雄、忠于祖国和颂扬诸神的巨大力量。雅典人就是这样用音乐去激励起人们为祖国、为创造美好的生活，为从事伟大的事业而献身。他们用音乐来陶冶人们的情操，使之摆脱枯燥乏味的生活，而追求丰富多彩的精神世界。

在雅典，由于音乐教育包括了极广的范围，因而它在教育中具有举足轻重的地位。在音乐学校里，儿童要学习唱歌、弹奏七弦琴和朗诵《伊利亚特》和《奥德赛》的史诗片断，其目的是陶冶儿童情操，增加美感，培养良好的道德品质。音乐和体育相互配合，彼此和谐，刚柔互济，使人的心灵和谐，渐趋完美的境界。雅典音乐学校的教育顺序是，先熟读、背诵荷马史诗，然后才是教以读和写。教读和写的同时教音乐。儿童长到 13 岁时就由专职音乐教师教乐器。雅典常用的乐器是七弦琴和三角竖琴。先教七弦琴，后教三角竖琴。长笛不太重要，只是在希波战争以后的一段时间较为流行。雅典人喜欢边弹边唱，以便抒发自己的情感，而吹笛子就不可能边吹笛边唱歌，况且吹笛子容易使人脸变形、变红，心浮气躁，不合于美学观念。所以雅典人不大教授这种乐器。柏拉图、亚里士多德也都反对教授长笛。

雅典人对于音乐技巧的学习抱着适可而止的中庸态度，不赞成过于追求，仅求能使学生能够演奏乐器，参加大合唱即可。然而学会演奏乐器和唱歌则是必要的，是每一个雅典公民都要掌握的基本技巧，就如同现今人人都要识字一样重要。

(三)中等教育(13—18 岁)

雅典儿童在文法学校和音乐学校学习，到十二三岁时，要进入高一级的体操学校，接受中等教育。体操学校一般设立在音乐学校附近，以体育教育为主，学习年限 2—3 年。学习内容以五项竞技为主，即赛跑、跳跃、角力、掷铁饼、投标枪。跑步、跳跃是锻炼腿部最好的方法，掷标枪、扔铁饼是锻炼臂部的好方法。最主要的运动是摔跤，角力学校的名称就是由此而来。摔跤可以最大限度地调动臂部、腿部、腰部的肌肉。通过体育增强儿童体质，训练技能技巧，锻炼精神意志。大多数青少年在此学习两三年后就去求业谋生。少数显贵子弟为担任国家工作，升入国立体育馆深造。学习内容除体操教育、军事技术外，还有政治、哲学、文学等。雅典国家对国立体育馆的建设，从教师选择到学校设备条件都予以关心重视。

儿童 16 岁以前进角力学校接受体育训练。雅典有不少私人建立这种学校，最简单的角力学校包括可供儿童脱衣和沐浴的房间以及供运动的场地。角力学校的教学人员称作按摩和训练男孩的人(paedotribe)。值得称赞的是，角力学校的各项运动训练是根据儿童的身体发育情况进行的。由内科医生和训练专家按照青少年每个人的不同的身体素质和能力，划分出不同阶段的训练项目，它注意不同儿童以及儿童生长的不同阶段的特点，避免过度疲劳，力求使训练与儿童的体力、耐力和技巧相适应。

经过角力学校训练的青少年，16 岁时便可转入国立体育馆，接受更严格的体育训练。在体育馆学习期间，青少年可以常常出席各种公民集会，聆听公众发表演说，参加宗教活动，并被鼓励进入剧院观剧，出席法庭旁听诉讼和辩论，使他们在学校阶段就受到实际生活的教育，在这些活动中扩大见闻，吸收新的生活知识，形成观点，养成正确判断、培养智慧、节制和自我控制的美德。

体育馆是雅典城邦举行公共体育活动的建筑。雅典共有三座体育馆。阿卡德米（Academy）、西诺沙吉斯（Cynosarges），这两所都是梭伦时代建立的。伯里克利时代，又建了一所名为吕克昂（Lyceum）的体育馆。体育馆由体育官员负责管理。古希腊人十分重视体育锻炼，几乎每一个城邦都设有体育馆、体育场和摔跤场。① 体育馆不仅是供青年体育训练的场所，也是雅典其他公民锻炼身体的地方。它向老少公民开放。这里也是公民们进行社交、演讲等活动的场所。男性公民们脱掉衣服、赤身裸体在里面进行跑步、跳跃、掷铁饼、角力、拳击、格斗等各种竞技练习，同时也进行社交活动。

与所有的古希腊人一样，雅典人酷爱体育活动。他们把健康的体魄看作完美的人的一个组成部分，并且把体育与德育、智育、美育一起看作教育的基本内容。柏拉图曾形象地把精神和身体发展不一致的人比作"跛子"。他提出："良好的身体锻炼比精神改造更为重要，但是良好的精神，一定能锻炼好健全的身体。"②雅典的文化名人柏拉图、索福克勒斯（Sophoclēs，约前496—前406）和欧里庇得斯都是出色的运动家。雅典人除了参加全希腊的运动会以外，还每隔4年组织自己的运动会——泛雅典娜运动会。该运动会在奥林匹克运动会后的第三年举行，竞赛的项目有歌唱、弦琴、管笛、赛跑、角力、打拳、步兵和马队表演，最后是火炬赛跑和比里尤斯港的赛船。竞技胜利者的奖品是神圣的橄榄油瓶和装饰着雅典娜画像和竞技图案的花瓶。③

雅典的体育训练包含着多方面的目的。最初它只是为了军事目的而设立的。体育最初是在斯巴达发起的。公元前6世纪，雅典从斯巴达引进体育训

---

① 张广智主编：《世界文化史》（古代卷），213页，杭州，浙江人民出版社，1999。
② 于克勒、章惠菁编著：《古代奥运会史话》，130页，上海，上海人民出版社，1986。
③ 李天祜：《古代希腊史》，365页，兰州，兰州大学出版社，1991。

练。希波战争中，希腊人战胜波斯后，在全希腊掀起了体育热，他们认为之所以能战胜波斯，一部分要归功于体育训练。体育训练热潮又反过来推动了体育的发展。人们看到体育不仅对军事有价值，而且对健康的价值更为值得注意。同时，它还有着美学的价值以及道德方面的价值。

雅典人不仅要身体健康，而且要身体健美。健康的身体以及文雅而得体的行为举止是一个有教养的雅典人的标志。

(四) 高等教育(18—20 岁)

正式公民的后裔，年满 18 岁的青年升入埃弗比团。这是一种专业军事高等学校，培养军事领导人才。修业期限 2 年。入伍的士官生要在雅典神庙宣誓，誓词是："我决不玷辱我的神圣武器，也决不抛弃我队伍中的同伴；不管是我一人还是与同伴一起，我都为神庙和公产而战；我要让祖国更强大繁荣，决不让她削弱；我要服从执法官。遵守现在的法律和以后人民可能制定的法律，如果有企图推翻或违背法令的，无论我一人或与同伴一起，我都要坚决抵抗；我要尊敬祖先的神庙和宗教。请帮助我吧，阿格劳洛、恩雅略、阿瑞斯、宙斯、泰洛、奥克索、何格芒。"[①]然后，根据一定程序，每个部落送出一名 40 岁以上的、各方面优秀的人为教练官，并从其他公民中选出一名将军作为统领，他们把青丁集成队伍，巡行各神庙，然后开往拜里厄斯港，有的守卫穆尼客阿，有的守卫海角。公民大会又给他们选出两名竞技的教练和一些教师，教他们重装步兵操练和使用弓箭、投枪和投石器，这是第一年的生活和训练情况。到第二年，公民大会在剧场开会，青丁们在公民面前举行一次操练表演，并从国家领一支盾和一支枪；于是他们便去乡村中当巡逻兵，并驻守在哨兵守卫所。当巡逻兵两年期满，他们便成为普通公民集团的成

---

① [英]威廉·博伊德、埃蒙德·金：《西方教育史》，任宝祥、吴元训主译，20 页，北京，人民教育出版社，1985。

员。① 完成以上训练任务，20 岁时通过规定的仪式，成为雅典的正式公民。

（五）妇女教育

雅典城邦作为一个男性的公民集体，对妇女的权利进行了全面的剥夺，使妇女处于受男性支配的屈从地位。在政治上，雅典妇女完全被排除于城邦的政治生活之外。她们既不能在公民大会上发言、投票，也不能参加会议，更不能担当公民法庭的陪审员和城邦的管理与行政职务，因而没有任何政治权利。雅典有一则神话与妇女的政治权利有关。据说，在阿提卡的第一个国王刻克洛普斯（Cecrops）统治时期，智慧女神雅典娜和海神波塞冬为取得这个地区的庇护权而产生了争执。国王在请教了德尔斐的神谕之后，根据传统习惯召集了男女两性公民参加的公民大会进行表决，男人们投票赞成由波塞冬充任庇护神，而妇女们则支持雅典娜，由于妇女方面多了一票，所以雅典娜获得胜利。这个结局激发了波塞冬的愤怒，并驱使着男人们进行报复。于是从那以后，妇女们就失去了投票的权利，不再被称为雅典人。② 这个神话不仅反映了雅典妇女没有政治权利的社会现实，而且也为这种现实做出了神话的解释。

雅典公民妇女的活动领域在家内，无权参加城邦政治，社会舆论要求她们沉默寡言、恭顺服从，除了母亲教给的治家之术，她们很少有机会受到正式教育。当她们的男性同代人还居住在父母家中发展他们的智力和体能时，雅典的年轻女子早已成家，当了母亲。③

雅典的社会舆论反对给妇女提供超过管理家务知识范围的教育。公元前 4 世纪的作家、教师特奥佛拉图斯教导人们：“至于教育妇女懂文识字这件事，

①　[古希腊]亚里士多德：《雅典政制》，日知、力野译，47 页，北京，商务印书馆，1959。

②　Pauline Schmitt Pantel, eds., *A History of Women in the West*（*1*）, Cambridge, MA, Harvard University Press, 1992, pp.460-461.

③　Sarah B.Domeroy, *Goddesses*, *Whores*, *Wives and Slaves*, N.Y., RandomHouseInc, 1975, p.74.

必须把它局限于管理家务的程度。更进一步的教育会使妇女在所有其他领域里太空闲了，把她们变成话匣子和爱管闲事的人。"喜剧诗人米南德（Menander）更露骨地说："教妇女认字？一个严重的错误！这就像给一条可怕的母蛇加上额外的毒液。"①

雅典体育竞赛和体育锻炼的大门只是对男性公民和将会成为公民的男孩敞开的，广大的雅典妇女完全被排斥在外。像所有的希腊妇女一样，她们无权参加奥林匹克运动会，也不能观看、窥视任何比赛活动，如果违反规定，她们就会被处以极刑——从科罗纳翁山顶投入阿菲奥斯河中。她们无权到体育馆和体育场参加任何体育锻炼活动，因为那里是男人们的活动天地。

总之，雅典妇女在社会上的地位比较低下，妇女从属于男子，主要职责是在家中料理家务。女孩子和男孩子接受的教育不同，女孩子只能在家庭接受母亲的教育，在家庭里学习点文化，如识字、阅读和唱歌，不可能受到正规的学校教育。雅典妇女活动范围狭窄，一般都局限在家庭，很少和外界往来接触，过着深居简出的生活。

三、伯里克利时代雅典教育的变迁

雅典地处希腊东部的阿提卡半岛，平原小但适宜发展农业，又盛产优质陶土和大理石，这些自然条件为雅典后来手工业、商业和建筑业的发展提供了条件。公元前6世纪的梭伦改革使雅典走上了发展商品经济的道路。梭伦改革主要是消灭了债奴制，稳定了小农经济，按财产划分社会等级，权力重新分配，削弱了氏族贵族的权力，提高了工商业者和农民的政治地位，使政体向民主制发展迈出了关键一步。其中虽经庇西特拉图的僭主统治，但是作为一个僭主，庇西特拉图也是克制的，其经济政策同梭伦的同样重要。庇西特拉图在梭伦退缩的地方迈出了革命性的步伐——分割大庄园，还进一步推

---

① A.Powell, *Athens and Sparta*, London and N.Y., Routledge, 1988, p.342, p.27.

动了由梭伦发起的经济革命。这场经济革命使旨在维持生存的农耕经济制度转变为一种专门化生产的工业和农业，进一步动摇了古老的贵族等级制。① 到公元前 509 年，执政官克里斯提尼的改革方案在公民大众上通过，主要内容包括：按地域重新划分部落，新设五百人议事会；创立十将军委员会；创立陶片放逐法。克里斯提尼改革结束了雅典平民反对贵族的长期斗争，肃清了氏族制残余，完成了贵族共和国向民主共和国的过渡，在希腊文明史上首创了独特的城邦民主政制。

公元前 492—前 449 年的希波战争对斯巴达没有造成重大破坏，它乘机大大加强了自己的重装和轻装的步骑兵，为日后在伯罗奔尼撒战争中同雅典争霸奠定了基础。希波战争对雅典的影响是双重的：一方面是战争前期阿提卡遭劫，雅典陷落，城墙破坏，损失惨重；另一方面为雅典赢得了声誉，于公元前 477 年成立"提洛同盟"，雅典成为盟主，并进而发展成为帝国。它依靠希波战争中发展起来的军事力量和海军统帅地位，一方面对盟邦内部进行控制，迫使盟邦在战争结束后继续向雅典纳贡，并提供兵员、船只、武器、粮食等（这种控制使雅典城邦逐渐产生了依赖性，为其日后的衰落埋下了隐患）；另一方面对同盟外部则以同盟的名义进行武力征服。这是雅典帝国的鼎盛时期。它的经济繁荣为民主政治提供了充分的基础，经济和政治的发展又为文化的繁荣创造了物质前提，为本邦以及外邦来的各种人才提供了施展才华的机会和条件，雅典出现了科学、艺术和哲学空前繁荣兴旺的时期。

公元前 461—前 429 年的长达 32 年的伯里克利时代，是雅典历史上最为繁荣强盛的时代，是雅典民主政治发展到顶峰的时代。改革扩大和发展了前人的成就，使已经建立起来的民主制度日益完善，成为正常运转的国家制度。民主的基础被扩大了，一些切实的措施让广大下层公民能参加政治活动。民

---

① ［英］阿诺德·汤因比：《希腊精神——一部文明史》，乔戈译，58~59 页，北京，商务印书馆，2015。

主制意味着必须保证有一定的民众参与量，然而，原来的下层居民包括阿提卡农民、商人、手工业主等往往因为忙于事务，不出席公民大会和陪审法庭，因而影响政治斗争中的力量对比，这是以往民主制不稳定的原因之一。为此，城邦不得不承担起培养公民参政能力以及通过各种方式动员鼓励公民参政的任务。伯里克利凭借当时雅典雄厚的经济实力实行陪审员津贴制，并大大扩充陪审法庭的人数，促进了雅典公民参政能力的发展。当时做一个陪审员要学会思考和判断，要懂得在法庭上辩驳的知识，不然便会被人看不起；同时通过法庭锻炼，普通公民也增长了见识。任何公民都可能被拉上原告或被告的位置，因此学习修辞术和辩论术成为一股潮流，智者运动正是这样应运而生的。

伯里克利重视提高全体雅典公民的素质，充分发挥他们的才能，大力扶持学术和文化教育。伯里克利看到：公民的素质差、旧观念重，容易被贵族首领愚弄。所以他不仅采取上述措施让更多公民参与政治活动，而且大力兴办雅典的文化事业，实行观剧津贴，并为外邦人来雅典办学和传授知识创造条件，给予切实保障。当时学者名流如阿那克萨戈拉、德谟克利特、普罗泰戈拉等哲学家和悲剧、喜剧家索福克勒斯、欧里庇得斯、阿里斯托芬等人都活跃在雅典的文化领域。雅典人的水平迅速提高，雅典在政治、经济、科学、文化各个方面都成为希腊世界的中心。正像柏拉图所说的："雅典属于最伟大的城邦，是以智慧和强盛闻名于世的。"

雅典的教育和当时雅典民主制的繁荣产生了矛盾。而且原来这套教育方式到民主制繁荣时也显得陈旧了。喜剧家阿里斯托芬就嘲笑过当时的音乐教育："孩子穿过街道到琴师那里去时必须穿着整齐的衣服列队前进，即使鹅毛大雪也不例外。老师又告诉他们不许叉腿而坐，要用心听，提高嗓门唱，一定要固守老祖宗传给我们的这些东西。""它教育不出马拉松战役的英雄，却是要年轻人讨厌商人和市场。"①显然这种教育方式已经不适应当时雅典经济和

---

① 汪子嵩等：《希腊哲学史》第 2 卷，102 页，北京，人民出版社，1993。

政治发展的需要了。雅典民主政治迫切需要演说、辩论、修辞、诉讼等方面的能力，要求懂得更多有关政治、伦理方面的知识。而所有这些却是原来的初等和中等教育无法承担的，因此正是这种需要造就了一批智者教师。同时，也导致相继出现了苏格拉底、柏拉图、伊索克拉底等一批从事教育事业，以培养人才为己任的哲学家。

柏拉图主讲哲学教育，伊索克拉底提倡修辞学教育，两派既相互对立，又相互影响。就柏拉图而言，在希腊化时代成为主流的个人主义逐渐崭露头角之时，他似乎仍然停留在古老的城邦框架之中，设想的是以培养政治领袖为目标的教育。这种教育以普遍有效的价值为根基，它必须追求真理，追求占有真正的知识。① 然而，当哲学遗世独立，一心追逐理想中的内在完美性时，它已被囚禁在一种英雄式的孤寂之中，难以回答城邦中的现实问题。为此，伊索克拉底选择投身于更有实际效用、更迫切的事业。他向弟子们传授真实的经验，训练他们从事政治生活，教给他们如何形成对实用之物的理性认识，而不是像柏拉图那样凌空蹈虚，在理念的天空里玩弄悖论。② 但必须指明的是，无论是教育层面还是文化层面，希腊的古典文明身处"哲学"与"雄辩术"之间，却未曾想过要做出独断的、非此即彼的选择。③ 两派的继承者们融会贯通吸取了经验。从希腊化时代之初，亚里士多德以后的时代中，我们似乎看到了一种基础课程的观念、一种全面教育的观念、一种有高度文化的各种不同形式之间所共有的基础的观念(此时也有培养内科医生的学校，这些医生可以期望越过单纯的技师水平而达到高级文化的水平)，这种准备性的培养，是达到更高层次的一个必要前提，而在伊索克拉底和柏拉图学派的两种基本要求之间出现了综合：它既是文学的，又是科学的。科学研究由早期毕

---

① [法]亨利-伊雷内·马鲁:《古典教育史》(希腊卷)，龚觅、孟玉秋译，142、147 页，上海，华东师范大学出版社，2017。

② 同上书，174、192 页。

③ 同上书，139 页。

达哥拉斯学派奠定基础，就是数学四个分支——算术、几何、音乐（即声学，关于音程和节奏的数学理论，而非音乐艺术的实践）和天文学（并非指经验上的观察，而是希望保留自然现象，通过几何推演结构来解释明显的天体运动）。公元 6 世纪的伯埃修斯将这些研究计划命名为四艺（quadrivium），一个流行于中世纪而受人青睐的术语。至于文学研究，则包括了语法、修辞和辩论这三门学科[直到中世纪加洛林王朝才获得三艺（trivium）的名称，以对应于 quadrivium]。

伯里克利的历史功绩集中在两个方面，一是在继续推行帝国经济政策的同时将雅典民主政治完善化，二是他体现了这一时代的潮流，重视人的培养和关心公民的精神生活。

公元前 431 年冬伯里克利在阵亡将士国葬典礼上的著名演说，充满对民主政治的强烈自豪感，可以说是雅典民主政治的宣言书。

我们的城邦这样伟大，世界各地一切美好的东西都可以充分带给我们，使我们像享受本地的产品一样地享受外来的东西……我们的教育制度也有自己的特点：斯巴达人从婴儿时代起就受到锻炼，使他们勇敢……而我们是自愿地以轻松的情绪来应付危险，并不是用艰苦的训练。我们的勇敢是从我们的生活方式中自然产生的，不是由国家的法律强迫的，我认为这是我们的优点。

…… ……

因此如果将这一切联合起来考虑，我可以断言我们的城邦是全希腊的学校。我们每个公民在许多生活方面能够独立自主，并且特别表现出温文尔雅和多才多艺。

…… ……

这就是这些人为它慷慨而战、慷慨而死的一个城邦，因为他们想到要失去它便会不寒而栗。自然我们作为他们的后人，每个人都应当忍受一切痛苦为它服务……我希望你们每天都注意到雅典的伟大。它真正是伟大的，你们应当热爱它……你们要下定决心：要自由，才能有幸福；要勇敢，才能有自由！①

修昔底德笔下的伯里克利以他雄辩的口才发表了这样一份世界上最早的民主宣言，其中虽然有些美化和夸大的地方，但确实表达了雅典民主政治的基本精神。

在这篇演讲中，伯里克利提醒世人，是什么使雅典成长壮大为一个帝国的行动原则以及雅典所依赖的制度和生活方式——自由的行动原则和平等的公民制度以及自由的生活方式。正是雅典自由而平等的原则养育了雅典人，它将以前桀骜不驯的贵族和因贫穷而谦卑顺服的臣民改造成了热爱自由和城邦的公民。的确，伯里克利的雅典成就了民主的发展和完善，实现了一切公民自治的理想，同时还向后世奉献了人格、完全的自我意识以及自我负责的概念。伯里克利式的雅典是伟大的，这个伯里克利帝国曾经是建立在希腊土地上最伟大的政治结构。无疑，他本人也对一个自由的雅典充满着极大的关爱和自豪之情。②

如果仅靠"伯里克利的葬礼演讲"推测公元前5世纪希腊政治生活的话，彼时的雅典可被视为是人类历史上一个辉煌独特的时代，然而事实并非如此。那是一个复杂的、严肃而悲伤的时代，就是这么一个被伯里克利如此心仪的雅典，柏拉图对此充满了悲愤之情；所有苏格拉底的弟子们，从安提西尼到柏拉图，都教诲要退出它。其中，柏拉图作为一个出身高贵的雅典人，厌恶

---

① ［古希腊］修昔底德：《伯罗奔尼撒战争史》上册，谢德风译，144~155页，北京，商务印书馆，2007。

② 肖厚国：《古希腊的思想与历史：自由的古典探索》，49~50页，上海，上海人民出版社，2010。

人民随心所欲的生活所带来的放纵与松懈。他认为，雅典推行的自由平等原则，在经济领域导致了穷人被富人剥夺，而在政治领域导致富人被穷人剥夺。因而柏拉图试图拒斥民主的生活原则，代之以一种总体的节制生活观。在他看来，人类不受控制的自然本能和欲求是有害的，雅典的民主政治是一个反面教材，柏拉图对它恨之入骨。①

　　古典时代雅典和斯巴达的"好公民"标准也根本不同，斯巴达仍旧保持传统观念，认为勇敢即骁勇善战的人是最值得尊敬的。而在雅典却以智慧和参加政治活动的能力作为衡量一个公民优劣的主要标准，作一个好公民应该能发表演说，能言善辩，有处理好城邦和家庭事务的能力，这就需要智慧。从伯里克利在前线阵亡将士国葬典礼上的演说中可以看出，他认为一个好公民应该多才多艺，独立自主，关心政治，处事深虑，不贪图享受，温文尔雅，谈吐沉稳，遵守法律，懂得心智方面的娱乐，等等。要培养这样的优良公民，教育自然成为重要的事情；学习诉讼、辩论和演说，学习法律和公务成为当时的风尚。那些想获得重要职位、在政治舞台上发挥作用的富家子弟就请人专门传授这些知识技艺，伯里克利将两个儿子托付给普罗泰戈拉。当时即使是一般公民也需要懂得一些这方面的知识，以便卷进诉讼时做防身之用，或者抽签到担任公职时能恪尽其职，不闹笑话。这就是当时智者运动能够蓬勃发展的土壤。

　　古典时代观念的变化正是在这种基础上产生的。但在希腊世界中各地观念变化的情况是不一样的，以斯巴达为首的伯罗奔尼撒地区和北希腊以及中部希腊玻俄提亚等地区在这个时期还一直是封闭的农业自然经济，政治上一般还是贵族统治，人们的观念没有多大变化。尤其是公元前 7 世纪泰尔潘德为斯巴达人写的战歌，从建立城邦起唱到希波战争，一直到伯罗奔尼撒战争时还在唱。斯巴达实行的公餐制和弃婴制一直维持到公元前 4 世纪。斯巴达

---

　　① 　肖厚国：《古希腊的思想与历史：自由的古典探索》，49 页，上海，上海人民出版社，2010。

的男人沉默寡言，衣着俭朴，终年不穿鞋，成天在军营受训；为了生育健康的孩子，斯巴达的妇女也一直学习参加竞走、搏斗和掷铁饼、投标枪等。在这种社会里新的思想观念是难以产生的。

公元前432年波提狄亚事件（波提狄亚是马其顿的城镇，科林斯的殖民地，曾是雅典的盟邦，后来叛变遭雅典围攻）发生时，伯罗奔尼撒同盟开大会讨论，科林斯代表慷慨陈词批评斯巴达的守旧精神，剖析雅典人的性格，强烈要求斯巴达痛下决心对雅典宣战。以下是他们做的对比分析：

> 你们从来没有想过将来会和你们作战的雅典人是怎样一种人，他们和你们多么不同，实际上是完全不同。一个雅典人总是一个革新者，他敏于下决心也敏于实现这个决心；而你们总是固守事情的原来情况，从来没有创造过新的观念，你们的行动常常在没有达到目的时就停止了……你们也想想这点吧：他们果断而你们迟疑，他们总在海外而你们总留在家乡；因为他们认为离开家乡越远所得越多，而你们却认为任何迁动都会发生危险。至于他们的身体，他们认为是为城邦而不是为自己使用的，每个人培养自己的智慧目的也是为城邦立功。做事如果成功了，他们认为和将来的事业比较也算不了什么；如果没有成功，就将希望放在另一件事情上以弥补损失；所以他们的时间总是持续不断在危险中度过，他们宁愿艰苦劳动也不愿和平安宁。一言以蔽之，他们是生成不能自己享受安宁的生活，也不愿让别人享受安宁的生活，这就是反对你们的那个城邦的性格……我们已经指出，你们的整个生活方式和他们相比是已经过时了的。在政治上也和在任何技艺上一样，必须用新方法代替旧方法。当一个城邦在和平安宁中存在时，旧式方法无疑是好的，但当一个城邦经常遇到新问题时，它必须用新方法去对付它们。因此有各种

各样经验的雅典和你们相比，是一个远为近代化的国家。[1]

科林斯是一个工商业和农业比较发达的城邦，他们对雅典人和斯巴达人的分析对比是比较深刻的。这段话突出说明了雅典和斯巴达人具有不同的生活方式、价值观念和思维方式。雅典人和雅典城邦的这种性格，是在发达的工商经济和帝国地位的条件下形成的。它敢于破除旧的观念，创造新的生活和新的观念，也能容纳希腊各邦以及其他地方各方面的人才，这是雅典学术繁荣的一个重要条件。

四、雅典的衰落与教育的转型

雅典的经济繁荣不仅以本邦的工商经济发展为基础，而且是建立在对盟邦的经济剥削和政治控制的基础之上的。雅典一半左右的财政收入来自提洛同盟各邦供奉的贡献。随着希波战争的结束，所有提洛联盟的纳贡国都希望摆脱经济负担，停止向联盟金库纳贡。然而，纳贡国的这一合理要求却在雅典内部造成了政治危机——阿提卡地区大多数城邦无地人口的一种主要生活来源就是给雅典海军当桨手获得的酬劳；而这些酬劳一直由雅典联盟国的贡赋支付。倘若雅典的经济收入无法为同样数量的雅典公民在其他一些职业（海军服役）上提供相同数量的收入，那雅典将面临大面积失业。为此，伯里克利的手段是让联盟国交给共同金库的贡赋理所当然地成为付给雅典的年费，以防备波斯人的再度侵略；为此雅典就有权把钱用在它认为最恰当的地方。可以说，雅典人的民主制慢慢步了斯巴达后尘，变成了一个寄生在农奴（提供贡赋的"盟国"）和珀里俄基人阶层（始终是主要提供海军队伍的盟国）之上的军

---

[1] ［古希腊］修昔底德：《伯罗奔尼撒战争史》上册，谢德风译，55~57 页，北京，商务印书馆，2009。

事"统治集团"。① 与此同时，雅典和斯巴达不和的种子早在希波战争时便已埋下，提洛同盟的成立更是让斯巴达产生危机感。此时的雅典既要控制盟邦，又要和斯巴达争夺霸权，还要和科林斯、麦加拉争夺海上控制权。雅典在同盟内部和外部都存在一系列尖锐矛盾。科林斯和麦加拉无力与雅典争霸，便和斯巴达结盟。种种矛盾激化的结果终于爆发了伯罗奔尼撒战争。这场战争对雅典和整个希腊的影响是深刻的。伯罗奔尼撒战争尽管以雅典的失败而告终，但战争的结果对双方都是不利的。斯巴达虽然取得战争的胜利成为全希腊的霸主，但它那封闭的耕战合一的体制缺乏内在的活力和调节机制，不能用来统治其他城邦。亚里士多德曾指出：斯巴达的整个政制仅仅注意一个方面即战士的美德，以确保战争的胜利。所以只要战争还在继续，他们的威力还可以维持住，一旦获得了霸权他们便衰落了，因为他们根本不懂得和平时期的生计。他们不会从事高于战争的其他事业。伯罗奔尼撒战争的最后胜利者斯巴达将军吕珊德尔推翻了提洛同盟各邦的民主政制，一律代之以由他委派的"十人委员会"（Decarchia）。斯巴达派往各地的军事长官成为十人委员会的太上皇，专制独裁。这样的统治只能靠军事淫威维持很短一个时期。公元前399—前394年爆发了斯巴达和波斯的战争，希腊各邦乘机发动反对斯巴达的暴动，史称科林斯战争（前395—前387年），吕珊德尔战死于底比斯。公元前371和公元前362年斯巴达又再败于底比斯，从此再也不能称霸了。斯巴达式的军事专制和当时在许多希腊城邦流行的民主政治相比终究是落后的，是许多城邦人民不愿接受的。

战争还使斯巴达的经济发生变化。由于战争耗尽了力量，份地农民伤亡惨重，田园荒废，土地逐渐集中到少数人手中。在战争中斯巴达人掠夺到不少金银财物，因而一贯使用铁块做媒介的、粗俗闭塞的斯巴达人开始尝到积

---

① ［英］阿诺德·汤因比：《希腊精神——一部文明史》，乔戈译，81~83页，北京，商务印书馆，2015。

累财富的滋味，私有财产和私有观念迅速发展。公元前400年斯巴达不得不通过监察员厄庇塔得乌的法令，允许财产（包括土地）自由赠送和转让。从公元前4世纪开始，斯巴达已经一蹶不振了。

雅典战败以后境内萧条，大批公民破产沦为乞丐；商船已经交出，海上交通和贸易受阻，雅典发生严重粮荒。作为雅典民主制基础的经济繁荣已经成为过去，民主制从繁荣进入衰落时期。雅典以及其他一些希腊城邦虽然不断有民主派和贵族派之间的斗争，但基本上还是民主力量占优势，实行民主政治，那么民主制的衰落表现在哪里呢？主要是两个方面：一方面是民主派的首领堕化为demurgogue（煽动家、蛊惑者）。他们讨好群众，愚弄群众，将公民大会变成他们争权夺利、打击异己的工具。另一方面是作为民主制力量基础的公民群众日益失去生活自主，成为靠城邦养活的"糊涂而又任性的老头子"（阿里斯托芬语）。他们失去了伯里克利时代的政治热情，或者不参与政治活动，或者将参加公民大会和陪审法庭仅仅作为取得津贴维持生活的手段，因而往往受人操纵支配，成为政治家进行角逐的工具。

伯罗奔尼撒战争以后，破产公民日益增多，失去生活保障的公民对政治生活失去兴趣，政治家为了吸引民众参加，不得不采用津贴甚至竞相提高津贴费的办法。亚里士多德记载："最初参加公民大会要给予薪金的建议被否决了，结果是人民拒绝参加。主席团用种种办法企图让民众参加投票表决都失败了，阿菊里乌第一个实行每天津贴一个俄勃尔（obol，雅典辅币，一个德拉克玛等于六个俄勃尔），克拉佐门尼的赫拉克莱德拉加为两个，阿菊里乌又增加到三个。"[①]在国库空虚的情况下，执政官要竞相提高津贴吸引民众参加公民大会，由此民众参加表决，或投豆子举手呐喊将会产生什么后果是可以想见的，处死苏格拉底的决定正是在这个时候做出的。

柏拉图有两段话可以说是这个时代民主制的真实写照："一个人将他最好

---

① ［古希腊］亚里士多德：《雅典政制》，日知、力野译，41页，北京，商务印书馆，1959。

的时光花在法庭上，或是做原告或是做被告，却不知道真正的价值意义，而用这些装饰自己：以不正义的活动为时髦，卖弄聪明使用遁词逃避正义，尽做些无聊的事情，因为他不知道如果摆脱了愚蠢的陪审官的安排，他的生活将会高尚得多、美好得多。""想当演说家完全用不着懂得什么是真正的正义，他只要知道裁判的人民认为哪些是正义的事情就行了；他也不需要知道什么是善和高尚，认为要说服人只需靠群众的意见而不靠真理。"①

斯巴达衰落了，雅典经济虽有所发展，但终究也不可能再恢复以前帝国的霸主地位了。公元前378年虽然组织了"第二次海上同盟"，但只有70多个城邦和岛屿参加，前后只维持了23年。公元前358—前355年又发生了雅典与盟邦的战争，结果两败俱伤。代之而起的是底比斯的短暂霸权。但旷日持久的城邦争霸使希腊各城邦在不断的内战中相继衰落，只有等待马其顿来统一了。

这里说的只是雅典的衰落，教育在这一历史大变革中出现了转型，柏拉图和亚里士多德的教育思想就是在这一时期形成和发展的。

---

① 汪子嵩等：《希腊哲学史》第2卷，32页，北京，人民出版社，1993。

第三章

古希腊教育的传播、衰落与转型

从公元前334—前30年的三百多年时间里，历史上称为希腊化时期。公元前334年，马其顿国王亚历山大开始向东扩张，先后征服了希腊、小亚细亚、叙利亚、埃及和印度等地区，建立了一个横跨欧、亚、非三大洲的庞大军事帝国。亚历山大死后，他所建立的帝国分裂成为若干王国。这些王国以后相继为罗马所灭。

从亚历山大东征开始，一直到罗马征服埃及，这段时间里，希腊文化随着希腊人的足迹扩散开来，加上统治者的主动推行，使得它在地中海东岸地区广泛传播，同时与东方诸种文明进行了深刻的融合，形成了一种新的文化，这就是所谓的希腊化文化。希腊化文化的特点是东西方文明合璧，个人主义和世界主义倾向并存，以及自然科学和艺术的高度发达。

希腊化时期，由于城邦的覆灭，曾经创造出辉煌灿烂的希腊文化教育的社会基础已不复存在，因而，在希腊化时期，教育的发展呈现出若干明显不同于古典时期的特点。这一时期也是希腊古典教育衰落与转型的时期。

第一节 古希腊教育的传播

一、城市的建立与文化教育的传播

亚历山大大帝的征服活动拉开了希腊化时代的序幕，其最深远的影响也许就是希腊文化的传播。他的远征军主要由马其顿人和希腊雇佣兵组成，可以说两者都是希腊文化的载体。在远征中希腊雇佣兵被留下驻守一系列要塞，便形成了许多希腊式的城市。亚历山大本人的一些政策也直接影响到文化的传播与交流，在征服波斯后，他力图促使马其顿人与波斯人融合，与他的好友赫菲斯提昂以及其他80名高级将领都娶了波斯妻子，并奖励娶波斯妇女为妻的10000名士兵。他还建立了一系列以他的名字命名的希腊式城市，其中最伟大的是公元前331年在尼罗河口建立的亚历山大里亚。普鲁塔克说这些城市的数量达到70座，似乎有些夸张，但它们的实际数量也要超过20座。值得注意的是，在这许多名为亚历山大里亚的城市中，只有这座位于底格里斯河以西，其他的都在底格里斯河的东面，最远的一座在今天的塔吉克斯坦境内，名为"最远的亚历山大里亚"（Alexandria Eschate）。这些城市的主要定居者是希腊雇佣兵，其中有些人是被迫留下的。根据学者的估算，亚历山大在东方的远征中至少留下了36000名希腊雇佣兵，让他们在各处定居下来。

亚历山大的继承者沿袭了他的政策，尤其是统治西亚的塞琉古王朝，继续在东至今天阿富汗的广大地区建立希腊式城市。大部分的城市都是由该王朝的前几位国王所建立的，他们是塞琉古一世、安条克一世和安条克二世。这些城市的建立本身也意味着希腊文化在东方的传播，按照希腊模式，一个新建立的城市要设置部落、管理城市事务的委员会、一套法律、体育训练馆以及露天剧场，而这些都是希腊城邦文化的特征。

在埃及和西亚的所有希腊化城市中，位于尼罗河口的亚历山大里亚成为这一时期希腊世界知识和文化的中心，这主要归功于在托勒密王朝初期所建立的著名的博物馆和图书馆。

叙利亚的帕加马（Pergamon），位于小亚细亚西北，今属土耳其，是希腊化时代的另一个文化中心，它的图书馆仅次于亚历山大里亚的著名图书馆。阿塔利德王朝的统治者们在这里建造了一系列希腊式神庙和宫殿式建筑，其中最为著名的是宙斯的大祭坛，它的浮雕成为希腊艺术的代表作。在这里活跃着一批希腊学者和雕塑家，他们的代表人物是来自卡里斯托（Carystos）的安提格诺（Antigonos）。他不仅是一个雕塑家，还是一个学者，撰写过有关艺术的论文，甚至还写过一些传记作品。其他的学者包括专门研究荷马史诗的克拉提（Crates）和来自居芝科斯（Cyzicos）的历史学家尼安提斯（Neanthes）。

然而，希腊文化的传播并不仅仅局限在这些大城市，而是遍及亚历山大远征军到达的广大地区。考古学家在位于今天阿富汗北部边境一个叫阿伊·卡努姆的地方发现了一座希腊化城市，并在它的体育馆里发现了一幅公元前 3 世纪的碑刻，碑文的内容是从德尔斐阿波罗圣地的一块碑刻上抄录的 140 条格言。碑文的前言这样写道："前世伟人的这些格言被奉献在神圣的庇托（Pytho，亦即德尔斐）。克来阿科斯（Clearckos）从那里仔细地抄录了它们，并将它们树立在基尼阿斯（Cineas）的领地上，使它们在遥远的地方闪耀光芒。"基尼阿斯是这个城市的建立者，而学者们认为，这里的克来阿科斯就是亚里士多德的学生、哲学家克来阿科斯。阿伊·卡努姆和德尔斐相隔近 5000 千米，然而它们之间的文化联系却是如此密切。更令人惊奇的是，尽管它处在希腊世界最边缘的地方，这件碑文的书法却是一流的。在这座城市遗址上还发现了一个能容纳 5000 人的露天剧场和市政大厅，在大厅里有标有希腊文的容器和一幅 5.7 平方米的镶嵌画。此外，它还有一个图书馆，在里面发现了纸草书卷的残片。

伴随着文化的传播，文化教育中心发生了转移。古典时期，雅典一直是文化教育中心。到了希腊化时期，这一中心转移到亚历山大里亚城。与此同时，希腊特别是雅典的学校教育制度，广泛传播到小亚细亚、美索不达米亚、波斯、埃及等广大地区，对这些地区教育的发展起了积极的作用。

二、希腊化时期教育的新特点

希腊化时期，希腊式的体育馆和大型运动场及其他设备也随之得到广泛传播和普及，希腊化时期的教育呈现出新的特点。

与古典时期相比，希腊化时期的体育更富有广泛性、普及性和多样性。其体育主要是指体育运动竞技——纯粹的运动，虽然也包括各种各样的球类比赛，但这些都变成了娱乐活动，而并非严格意义上的运动。严格意义上的体育包括——跑、跳、掷铁饼、投标枪、摔跤、拳击等。

从教育方面来看，体育馆是希腊文化传承的重要场所。体育馆在希腊古风和古典时代主要是用来进行体育训练的地方。到了希腊化时代，它发展成为一种综合性的教育机构，也就是当时的学校。体育馆有教室、图书馆等教学设施，开设语言、文学、音乐和体育等课程，进行各种课程比赛①，因而成为培养具有希腊思想和文化传统的人才的摇篮。亚历山大里亚体育馆是城市中最漂亮的建筑物，它对希腊人和仰慕希腊文化的非希腊人有着强大的吸引力，因为并不是所有的人都有资格进入体育场。裸体进行体育锻炼是希腊人的习惯做法，这与当地的文化传统有很大区别，当亚历山大里亚的非希腊人像希腊人一样在体育馆内脱去衣服进行锻炼时，他们本身已经偏离了当地文化传统的航线，融入了希腊文化的海洋。

这种体育馆不仅遍及希腊的每个城邦，而且散布于西亚和埃及的城市甚至某些乡村地区。例如，帕加马的体育馆为男孩、18—20岁之间的青年（ephebes）以及年纪更大的男子提供三级教育。体育馆里设有教室、门廊和图

---

① 张广智主编：《世界文化史》（古代卷），252页，杭州，浙江人民出版社，1999。

书馆，以供教学之用。开设的课程主要是语言和文学方面的，尤其注重诗歌的教学，荷马史诗和欧里庇得斯的悲剧是最主要的教材。其他的课程包括音乐和体育。保存下来的许多铭文资料向我们展示了希腊人的这种教育方式，在特俄斯岛(Teos)上发现的一篇铭文尤能说明问题。铭文提到某个名叫波里特罗(Polythros)的人向该城邦的体育馆捐了一笔钱，并对这笔钱的用途做了规定。我们由此了解到，体育馆任命了三位语文教师，一位七弦琴演奏家，还有两位体育教练。教师的社会地位并不很高，但体育馆的官员受到普遍尊敬，尤其是馆长，他实际上就是学校的校长。对学生来说，最重要的活动是课程的比赛，它既像我们现在的体育竞赛，又像一年一度的考试。比赛的项目包括诗歌创作、七弦琴演奏、唱歌、绘画、算术等，获胜者的名字被刻在体育馆的柱子上。

从语言方面来看，古希腊共同语成为希腊文化传播的媒介。语言是人类文化的基础，是使文化得以共享和传播的主要工具。隔离会带来语言集团的分化，反过来，接触则会导致更大的相似。古希腊各城邦拥有和使用各自的方言，如阿提卡方言、爱奥尼亚方言和多利安方言等。随着希腊化时代城邦独立地位的丧失和东西方文化的接触，希腊的古代方言遭到了破坏，形成了一种新的古希腊共同语。这种语言是希腊化国家的官方语言，它不仅为希腊移民所使用，也成为希腊化世界内东方其他民族成员的交际媒介。古希腊共同语还是当时人们从事文学创作、学术研究和宗教文献编译整理的重要工具。在希腊化时代，方言在诗歌创作方面仍然延续了较长时间，但在散文创作中人们普遍使用古希腊共同语。在学术研究中，除了阿基米德等少数人坚持用方言撰写论著外，大多数学者都用古希腊共同语进行写作。

第二节 古希腊教育的衰落与转型

一、城邦的陨落与个人的解放

正如前文所言，"城邦"与"个人"之间一直处于一种微妙的关系，当城邦将"个人"从自然、家庭等束缚中解放出来时，希腊人把自己的城邦当作神来膜拜，而不是单纯视其为公共机构，自愿成为"城邦的个体"。然而，当城邦本身的缺陷使其不足以成为希腊人整个生活的准则或毫无保留的献身对象，当城邦无法再为公民提供能激励他们实现自己天赋的社会环境，当公民权变成了一种负担而不是激励时，城邦最终也激起了那些长期受苦的膜拜者们的反对和背叛。[①]

事实上，早在公元前431至前338年那段不光彩的岁月中，城邦道德上的堕落已经为动荡埋下了伏笔，不仅是心理上，也在人口上。这场动荡使城邦中一些最优秀的公民远离了他们。[②]

其中关键性事件就是苏格拉底与雅典之间的道德冲突。苏格拉底是希腊的第一个殉道者。他从一种怀疑的原则出发，以更高神祇的名义质疑城邦是"希腊的老师"的自称，并声言，城邦事实上是最不值得偶像化的事物；再者，当苏格拉底迫使雅典在尊重他的良知与杀掉他之间做出选择时，他挫败了雅典。这场失败对雅典的破坏比五年前斯巴达带来的还要严重，如果说雅典被斯巴达征服者吕桑德（Lysander）和马其顿征服者腓力二世以及安提戈努·贡纳图斯（Antigonus Gonatas）打败时，仅仅是军事上的失败，那么苏格拉底则从道德上打败了雅典。可以说，没有什么比依法谋杀苏格拉底更能让所有城邦远

---

① ［英］阿诺德·汤因比：《希腊精神——一部文明史》，乔戈译，44~45、97页，北京，商务印书馆，2015。

② 同上书，98页。

离希腊精神。因为雅典想把自己树立为所有希腊城邦效仿的典范，而苏格拉底在自己的国家之外的其他许多国家都有一批朋友、追慕者和门徒。①

苏格拉底对城邦的"祛魅"在当时的社会背景下有力地动摇了城邦在人们心中的地位。与此同时，智者们、哲学家们对希腊宗教(神)的否定也在其中起到一定作用，并促进了个人从城邦中的解放。

事实上，从古风时代直到公元2—3世纪，希腊宗教体系在这一长时段内都相当稳定。② 即使是在民主化、公开化的城邦时代，宗教亦始终在希腊人的生活中占据着重要地位，人们对宗教原则的遵循从多方面侵入了共同体的政治生活。在雅典公民大会的开场，人们要举办净化仪式，将一头猪献祭并抬着猪的尸体绕会场一周，还要宣读一篇祈祷词，并诅咒那些言语和行为触犯了城邦利益的人，同时也要祭祀多位神祇。雅典的公民法庭可能也以类似形式开场。在公民事务的安排上，宗教议题具有优先权。至少公元前350年之后，在每月召开四次的公民大会中，有两次要首先讨论神圣事务，之后是涉及派出传令官和使者的议题，世俗事务排在最后。③

在希腊城邦中，宗教事务的这种特权很普遍。但同时我们也要注意到，对共同体宗教生活的控制权全部都掌握在公民、行政官员和政治领袖手中。需要做决定的宗教事务由公民大会讨论，公民法庭对宗教及其他方面的公民生活进行监督。法庭在必要时协助神的司库，参与建设和修缮神庙的事宜。在举办一些节日活动时，负责宗教仪式的官员常常来自公民法庭，法庭还听取祭司及其他人汇报各自宗教职责的履行情况。国家的角色是促进神人两界的协调，从而确保共同体的繁荣。④

---

① [英]阿诺德·汤因比:《希腊精神——一部文明史》，乔戈译，98页，北京，商务印书馆，2015。

② [英]西蒙·普莱斯:《古希腊人的宗教生活》，刑颖译，7页，北京，北京大学出版社，2015。

③ 同上书，89页。

④ 同上书，89页。

而长久以来，希腊的绝大部分宗教教育是在校外进行的，例如在家庭和公众生活中进行。儿童通过参加一些特殊的祭祀活动来学习当时的宗教仪礼。作为希腊人主要生活内容的节日活动和祭祀的歌曲舞蹈既促进了希腊儿童宗教信仰的形成，又为他们信仰的巩固提供了丰富的实践机会。在宗教教育之中，诗歌是宗教神话的重要载体，各式各样的甚至相互矛盾的神话在希腊民族的诗歌里被神圣化了，而这些神圣的文献则是当时雅典初等学校的主要学习内容，是学生阅读、抄写和背诵的对象。在斯巴达，文化和智慧的教育基本也是由纪念诸神和英雄人物的圣歌组成的。可以说，神话是整个希腊初等教育的精髓。①

然而，随着时代的变化，经过智者派和哲学家们的努力，人的智慧被唤醒，神统的史诗影响开始萎缩。一系列悲剧作品通过把神话展现在人们眼前的方式，彻底动摇了史诗不可取代的地位；修昔底德尝试用科学方法研究特洛伊战争。在他看来，战争之所以时间拖得较长，其原因在于大规模部队供给的困难；柏拉图明确表示聪明的人不会相信这些神话故事，完全拒绝将源于《荷马史诗》的神话寓言作为教育的素材；欧里庇得斯则用理性主义对抗神话，高度质疑奥林匹亚诸神的传统表现方式，一定程度上抽空了城邦崇拜的根基。②

可以看到，在这一时代个体力量已不再愿意接受城邦管束，个人开始从城邦的束缚中解放出来，与之相伴的则是城邦信仰和道德准则的基础的坍塌。在这一时期，爱奥尼亚人的个性已经挣脱了羁绊，多利安人也将秩序、对称、规范和团结等教义抛到了一边。古代的一切都受到了轻视，所有的权威都受

---

① 　[英]肯尼思·约翰·弗里曼：《希腊的学校》，朱镜人译，184 页，济南，山东教育出版社，2009。

② 　[英]肯尼思·约翰·弗里曼：《希腊的学校》，朱镜人译，186 页，济南，山东教育出版社，2009；[英]阿诺德·汤因比：《希腊精神——一部文明史》，乔戈译，98~99 页，北京，商务印书馆，2015。

到了嘲弄。所有的标准，无论伦理学还是艺术，统统被推翻。不停顿的改革，日日求新成了雅典人的强烈欲望。这个世界似乎正在瓦解，但也没有出现任何可以取而代之的东西。①

这并不难理解，事实上，希腊人情感同一性的伦理学基础不是责任感，而是幸福感，即一种本能的满足感。希腊人十分团结，他们所追求的幸福主要是社会公众的幸福，而不是个人的幸福。由此，希腊教育的目的都是培养可能的最佳公民，而不是培养可能的最会赚钱者，它寻觅的是社会的善而不是个体的善。当处在城邦的最美好时期，每个希腊人都准备随时为城邦牺牲一切，这一点十分突出。简言之，希腊伦理学的真正基础不是个人的快乐，而是个人应承担的城邦职责。然而，当苏格拉底时代的个人主义推翻了这一基础时，希腊人从追寻城邦的幸福堕落到追寻自身的幸福，希腊人的爱国主义和个人道德都经历了痛苦的嬗变。②

可以说，阿里斯托芬的戏剧《青蛙》是伯里克利时代雅典最后的呐喊，但也反映了人们在大厦将倾时企图找到导致毁灭的替罪羊的心理。他们选择的替罪羊就是新艺术和新音乐的准则。与此同时，斯巴达则成了哲学家们的理想国家。例如，柏拉图发现，他那个时代艺术的缺点是揣摩听众的喜好，一味地取悦听众，而不是教育听众。为此，柏拉图试图恢复多利安的标准，反对业余化和浅尝辄止，以免把儿童变成博而不精的人。其中首要的是，音乐、文学和艺术的欣赏标准应当由品德高雅的少数人来确定，而不是粗俗的民众决定。可见，哲学家们试图强加给持续躁动不安的爱奥尼亚社会的正是斯巴达的原则，然而这在当时的局势下似乎已然无济于事。③ 为此，当马其顿的铁蹄踏入时，那些早已无法忍受国家对自己的种种要求，一直在为自己的权利

---

① ［英］肯尼思·约翰·弗里曼：《希腊的学校》，朱镜人译，203 页，济南，山东教育出版社，2009。
② 同上书，220、223~224 页。
③ 同上书，204~207 页。

抗争的城邦公民们似乎看到了一种新的希望、一种新的生活的可能。①

二、古典教育的衰落

社会政治、经济以及希腊人精神的变化直接影响了希腊的教育，导致了古典教育的衰落。古典教育的衰落主要表现为体育与艺术教育的变异。

虽然希腊式的体育馆和大型城市广场及其他设施得到广泛传播和普及，但是体育、艺术教育却不可避免地衰落了。这时的体育和音乐教育日益专业化，而不像以前那样作为美化心灵、陶冶情操、锻炼体格的手段。由于体育和艺术日益职业化和专业化，体育运动员、歌唱家、音乐家把以前作为手段的东西变成了追求的目的，体育与音乐成为某些人的谋生手段，失去了古典时期的教育意义。

在希腊社会发生深刻变化的过程中，雅典所经历的变化更为突出。雅典人深深地感到旧的教育已经不能适应政治经济发展的需要。旧教育中所实行的体育、军事训练、音乐教育、识字以及背诵荷马史诗等已不能应付日益纷繁的社会需求。在新的形势之下，旧教育逐渐起了质的变化。新教育逐步取代了体育、艺术教育的主导地位。

希腊化时代晚期，出现了大量的职业运动员，这些人以从事运动为生。这样，学校进行的传统体育运动教育就受到挑战。就技术而言，普遍的、旨在发展完美体格的传统体育教学无法与职业运动员相比，后者从小就进行有目的、有步骤的专业训练；此外更重要的是，希腊化时期，各门学科特别是文学的发展，对体育冲击较大。修辞学、哲学等成为教育的主导学科，体育不可避免地走向衰落。

体育在教育中失去了神圣的地位。雅典体育的衰落大约始于公元前 5 世

---

① ［英］阿诺德·汤因比：《希腊精神——一部文明史》，乔戈译，97、100 页，北京，商务印书馆，2015。

纪 40 年代，从这时起，雅典人对于体操训练的热情开始下降。从此，体操和竞技运动有了明显的划分，即体操针对在学校接受体育训练的男孩和青年，竞技运动针对参加各种大型运动会而受训的青年和成年男子。前者旨在发展体质、毅力、自我控制和多方面的才能；后者旨在训练肌肉和臂力，提高赛跑、拳击等竞技技术。在希波战争时，雅典市民不论贫富老少都热心于体操训练，而在伯罗奔尼撒战争时，很少再有人自愿地进行严格的体操锻炼了。原来体操训练之所以能激起人们的热情，是因为体操训练是军事技术的基础。那时凡雅典公民都把为城邦服务，为保卫城邦的自由视为一己之天职，而现在军队越来越多地是由雇佣军所组成，情况大不相同了。

与体操运动衰落同时出现的是竞技运动的职业化，随着比赛规则越来越严格，体操也日益讲究技艺和趋向于职业化，体操训练逐渐为竞技运动所代替，体操训练成为少数职业运动员所专有的竞技运动训练，它已不再是青少年们，不再是雅典未来的公民们健身和道德训练的手段，它渐渐地成了赚钱的技艺。体操本来是一种很高尚的运动，但逐渐失去了纯洁性。到公元前338年，奥林匹克运动上竟出现了贿赂。这种情况曾受到阿里斯多芬、苏格拉底、色诺芬以及柏拉图的抨击，他们都反对运动的职业化，反对职业运动员的过度训练以及肌体的某部分过分发达，因为它有损健康，破坏了人体的正常发展，也破坏了身心和谐发展的内在要求。

在希腊所有的教育机构和设施中，"埃弗比"最能够反映希腊文明的特点，它是古希腊唯一一直作为公立机构存在的教育机关，遍布希腊各城邦。随着时代发展，"埃弗比"的职责由训练军事市民、培养忠于祖国的公民，转变为少数富有年轻人学习上流社会"文雅知识"的学院和学习体育与人文知识的场所。从公元前3世纪左右起，雅典"埃弗比"训练的时间减少为一年，而且不再强迫每一个公民都要接受这种训练，从此，"埃弗比"培训的人数大减。自公元前119年至公元前118年起始，外国人也可成为雅典的"埃弗比"成员，这表明"埃弗比"已丧失了古典时期进行爱国主义精神培养、进行道德教育的特点。

这一时期在"埃弗比"中，体操教师地位愈发重要，而传授军事技巧的演习——诸如投掷标枪、射箭、击剑等项目的教员，不仅人数减少，而且地位也下降了。体操教师成为"埃弗比"中的核心人物，负责"埃弗比"成员最基本的训练。在希腊化时代晚期，"埃弗比"几乎成为一座体育学院。

从公元前2世纪起，除了体育教学外，"埃弗比"中出现了某种形式的文科教育，目的在于给"埃弗比"成员传授有关文学和哲学方面的知识，加强其成员的道德修养。总之，这一时期"埃弗比"的贵族性大于市民性，军事训练课程逊于体操课程教学。

音乐是古典教育的两大杠杆之一，在这一时期音乐也发生了变化。传统上来说，艺术教育是指音乐教育。古典时期希腊的音乐包括节奏、旋律、诗歌、戏剧、舞蹈以及手势表演等内容，它构成了教育的中心。希腊化时期，音乐教育的内涵变得狭隘了，只包括乐器、唱歌、舞蹈以及刚刚出现的绘画艺术，诗歌和散文则被列入文学课程之内。

这一时期，音乐日益向专业化、职业化方向发展，并逐渐同一般文化与教育脱离。古典时期的希腊音乐，格调明快，旋律纯朴，与人们的日常生活息息相关，与当时的文化和教育的发展极为平衡；但到希腊化时期，音乐就变得异常复杂，它对演奏技艺、歌唱技艺的要求更高，反映、表现的内容更加广泛，表现形式也更加活泼、多样。为求精湛技艺，需要人们数年苦练，非常人所能问津，音乐逐渐被专业音乐家垄断。

三、新型教育的发展与变革

法国教育史专家马禄指出，希腊化时期已出现了上下衔接、多层次的学校，近于初、中、高三级学校的体系，各级学校传授一系列复杂的课程。[1]

---

[1] 滕大春主编：《外国教育通史》第1卷，304页，济南，山东教育出版社，1989。

希腊化时期，儿童一般 7 岁入学。在此之前，儿童由母亲在家进行家教，主要是练习正确的发音和玩耍等；7 岁时进行小学学习，一直持续到青春期，然后进入中等学校学习，此后再进入"埃弗比"进行军事训练，同时还进入高等学校学习，课程主要为雄辩术和哲学。如前所述，希腊化时代晚期，"埃弗比"的性质发生了重大变化，其以体操、军事训练为主的课程为人文学科——修辞、逻辑、哲学等科目所代替，直至两者融为一体，共同构成希腊化时期高等教育的一个组成部分。当然，只有家境富有、天赋良好的人方可完成上述整个学业过程，大多数人只能接受泛泛的初等教育。

（一）初等教育

希腊化时期小学的数量比以往大大增加。在亚历山大征服过程中建立的许多希腊式城邦里，几乎都设有小学，所有自由民子女都可以进入小学学习，而且在有些城邦，女孩可以和男孩接受同样的教育。

小学里的教师通常教授所有课程，但其职责仅限于教授学生识字、读书。教师只教授儿童阅读和书写，而教仆则负责对儿童进行道德和伦理教育。教仆同样是教育者，而且是对儿童身心发展起着直接作用的教育者，和课堂上的教师相比，他对儿童的教育，尤其是在道德教育方面起着更直接的影响。

希腊化时期，小学主要学习阅读、书写、算术，以及了解、掌握和背诵部分文学作品。

希腊化时期，学校使用的课本是一卷卷的纸草纸，因为昂贵，只限于做"教师用书"。刚开始学习的阶段，教师从课本上把范文抄给学生，学生会书写后，就由教师口授，学生用听写的方式记录。当时就是采用这种阅读与书写相结合的教学方式。

（二）中等教育

儿童完成初等学业，即能够流利进行阅读和书写后就可以进入中等学校学习。中等学校教育内容大致可分文学和数学两大方面。

希腊化时期的文化是建立在传统的古典文化基础之上的，学习荷马和其他经典作家的作品(包括诗歌、戏剧等)构成了中学文学教育的中心内容。

在整个希腊化时期，荷马享有盛誉，只要是希腊文化所及之处，人们几乎都学习荷马的作品。儿童学习朗读，首要学习的是节选的《奥德赛》中的诗句。进入中等学校后，更要通过荷马的两部史诗《奥德赛》和《伊利亚特》，学习希腊的远古历史、风俗传统、神话传说、语法修辞以及写作表达等。除了荷马之外，学生还学习抒情诗人萨福和当代诗人的作品。诗歌的学习大多采用吟诵的方式。戏剧也是学习的重要内容之一。埃斯库罗斯和索福克勒斯皆是学习的对象。其中，以喜剧大师米南德的作品最为著名。总之，希腊化时期中等学校文学学习中，诗歌学习仍高于一切。同时还有散文的一席之地，主要学习希罗多德、修昔底德和色诺芬等历史学家的作品。学生也学习某些当代著名演说家的作品，尤其是狄摩斯提尼(Demosthene)的作品。①

在希腊化时期的中等学校教育中，数学及其分支——几何、算术、音乐等教学同样占有一定的地位。希腊人热衷于数学学习由来已久。希腊化时期，中学数学教育的主要内容包括几何学、算术以及部分音乐理论。希俄斯(Chios)的希波克拉底(Hippocrates)在公元前5世纪撰写了第一本初等几何学课本。公元前4世纪下半期，亚历山大里亚博物馆的欧几里得(Euclid，约前330—前225)写了《几何原理》一书，它们是希腊化时期几何学教学的主要课本。

算术、音乐理论的教学在中等学校中不占重要地位。在希腊中等学校中，算术主要研究的对象是数，是有关数的科学，并非用于实际生活中的计算，它主要是作为训练人的思维和探讨宇宙天体奥秘的工具。

希腊化时期的教育特征之一是以文学教育为主，这从初等学校教学、中等学校教学及下章谈到的高等学校教学中皆可得到反映。随着时代的发展，

① 滕大春主编:《外国教育通史》第1卷，309页，济南，山东教育出版社，1989。

尤其是到希腊化时代后期——希腊-罗马时期，数学教育越来越让位于文学教育，直到罗马时期完全以教授文法、修辞和古典文学作品为主，中等学校变成了完全的文法学校。

四、妇女受教育机会的扩大

在希腊化时代，妇女受教育的机会扩大，一些妇女具备了读和写的能力。从埃及的纸草文献中发现，不少妇女能够在契约上签她们的名字。这个时期希腊化各王国广大妇女逐渐获得了接受体育教育的权利，曾经被视作男性教育的基本部分的体育运动向女性敞开了大门。在古典时代，除了斯巴达妇女外，希腊世界的广大妇女无权参加体育锻炼。就体育竞赛而言，除了一些在奥林匹亚举行的与男性隔离的比赛和在埃利斯（Elis）按年龄分组的由少女参加的向赫拉致敬的赛跑外，直到公元前 1 世纪以前，希腊妇女从来没有作为个人参加过体育运动竞赛。公元前 1 世纪开始，妇女的名字出现在与体育运动有关的铭文上。

在希腊化时代，妇女受教育机会的扩大以及她们读写能力的增强，为妇女从事各种职业创造了条件。这个时期各地出现了不少女诗人。

除了在文学方面崭露头角之外，希腊化时代的一些妇女也踏入了艺术的殿堂，成为颇有名望的艺术家。普林尼在《自然史》中提到了提玛瑞忒（Timarete）、阿里斯塔瑞特（Aristarete）和拉娅（Laia）等女画家。根据普林尼的介绍我们得知，女画家拉娅生活于公元前 1 世纪，她主要画妇女肖像，还用镜子画了一幅自画像。她作画速度快，技艺娴熟，所创作的书画价格要比当时大多数画家的作品高得多。

在希腊化时代，一些妇女潜心学习和研究哲学理论，进入了传统上被认为是男人领域的哲学王国。早在古典时期的雅典，柏拉图的学园里就有两名妇女像男人们一样学习哲学。大约在公元前 300 年，一位希腊贵族女子希帕奇亚(Hipparchia)与她的兄弟一起热心地学习犬儒哲学思想，并爱上了犬儒派哲学家克雷茨(Crates)。她不理会许多出身高贵的求婚者，执意要与这位看来又穷又丑的哲学家结合。她甚至威胁父母说，如果不让她与克雷茨结婚，她就会自杀。① 与克雷茨结婚后，她与丈夫一起外出，一起出现在大庭广众面前，一起参加种种聚会，并为自己把时间和精力放在教育上而不是放在织机上感到自豪。希帕奇亚的事迹反映了希腊化时代知识妇女对智慧的爱好，以及她们对事业的执着追求。更值得一提的是，在希腊化时代，部分妇女开始正式学习医学，以行医作为自己的职业。大约在公元前 4 世纪后期，一位名叫哈格诺迪塞(Hagnodice)的雅典女子因渴望学医而剪掉了自己的头发，穿上了男人的衣服，跟希罗非鲁斯(Herophilus)学医，在掌握了医学知识技能之后，她深入到妇女中去为她们治病，并帮助她们解决分娩时出现的问题，成为雅典的第一位女产科医生。②

五、希腊教育的转型

亚历山大大帝和他的继任者把古希腊的教育模式推广到一个巨大的地域环境中，希腊式的教育转型成为修辞学教育。在当时的教育体系中，修辞学已经成为希腊教育体系中不可或缺的一部分，其教育角色的重要性也是促进修辞学发展的有利因素。修辞学校是按照伊索克拉底的修辞学校模式创办起来的，其修学年限、课程设置、教学方法基本上与之相一致，以培养善于辞令、精于文学、能言善辩的演说家为目的。学校建立之初聘请希腊人担任教师，采用希腊修辞学校的课程，后来才有罗马人在拉丁修辞学校担任教师。教师从取材（invention）、布局谋篇（arrangement）、文体风格（style）、记

---

① E.Fautham etc., *Women in the Classical World*, OXford, Oxford University Press, 1994, pp.167-168.

② *Ibid.*, p.168.

忆(memory)和演讲技巧(delivery)5个演讲阶段全面地进行修辞理论教育，此外还深化了文法学校中有关写作的技巧。修辞学校的一切科目都是为了培养演说家，开设文法、修辞、法律等科目固不待言，即使其他科目也都是为了这个目的。如音乐是为了训练声音和帮助演说的姿势，几何是为了解决法律事件中有关土地的问题，辩证法是为了纠正方法论中的错误，天文学知识是为了理解文学中的引证，以便在演说中运用，等等。

在以贵族政治为主的罗马共和政体下，参议院、立法机构以及法庭中有许多当众演讲的机会，因此有无演说雄辩才能在当时是衡量一个罗马人有无教养的重要标志，这样培养演说家就成为罗马教育最重要的任务。但是，罗马寡头执政者对修辞学长期以来一直抱有一种非常复杂的矛盾心理，一方面，运用修辞学进行言语诉求可以实现公民对法律的尊重，维护法律尊严，而另一方面，他们又担心演讲术在普通民众中的普及会对他们的统治地位产生威胁。于是在公元前161年，罗马参议院通过一项决议，将所有哲学家和修辞学家全部驱逐出罗马，公元前92年又颁布一项法令，禁止用拉丁文教授修辞学，但允许希腊修辞学家继续执教。然而两项措施都没有实施很久，公元前40年左右，许多年轻的罗马人便又开始重新学习修辞学的理论和实践。就这样，"罗马责无旁贷地继承了希腊修辞学的形式和主题，并最终在希腊化时期完成了对希腊修辞轮廓的研习"①。

---

① Manfred Fuhrmann, *Cicero and the Roman Republic*, Oxford, Blackwell, 1992, pp.18-19.

第四章

古希腊的高等教育

古代希腊哲学家们所创办的哲学学校和修辞学校，到公元前 200 年左右形成了教育史上所谓的雅典大学。这些机构包括：公元前 392 年伊索克拉底创办的修辞学校、公元前 387 年柏拉图创办的阿卡德米学园、公元前 335 年亚里士多德开办的吕克昂学园、公元前 301 年斯多葛派芝诺(Zeno，约前 336—前 264)创办的哲学学校和公元前 306 年伊壁鸠鲁(Epicurus，前 341—前 270)设立的学园。这些学园后来合并形成了雅典大学。[①] 雅典大学存在了数百年，直到公元 529 年被东罗马皇帝查士丁尼下令禁止办学，学校才被迫停办。雅典大学对传播古代希腊的文化教育产生了极大的影响。

第一节　阿卡德米学园

一、学园的建立

阿卡德米学园是柏拉图于公元前 387 年创建的。由于柏拉图的苦心经营，

---

① H.Cherniss, *The Riddle of the Early Academy*, Clifornia, Clifornia University Press, 1945, p.9.

它成为当时希腊的最高学府，也是欧洲第一所正规学校。它吸引着一批又一批具有天才头脑的学生前来深造，培养出许多有独到见解的数学家、科学家、哲学家和精明干练的立法官员及行政官员。正如泰勒说的："在柏拉图降生的时代，有志的雅典青年，不得不靠外来'智者'的巡回讲学接受'高等教育'；而在 50 年后的雅典，奋发有为的青年却从各地蜂拥而来，向伊索克拉底或柏拉图或兼向两者求学问道。游方的讲师已经被具有固定宿舍和规章制度的大学或学院所代替。"①这里说的"50 年以后"的景况就是指柏拉图创办的阿卡德米学园。

阿卡德米原来是为纪念希腊英雄阿卡德米（Academus）而命名的地方，地址在雅典西北部离雅典的二重门约有 3500 步远的地方，穿过城外的墓地走不远就可以望见它。那里有祭祀雅典娜、缪斯、普罗米修斯等雅典诸神的祠庙，还有希腊爱神爱罗斯的祭坛。在柏拉图学园建立之前，那里是雅典有名的公园和竞技场。阿卡德米学园的土地可能是柏拉图用钱买来的私人财产。

在缪斯祭堂里，除供奉希腊的文学、艺术、诗歌之神缪斯之外，后来又供奉了苏格拉底像和柏拉图像。柏拉图死后，每逢他的生日（亦即阿波罗神诞辰日）或学园的其他祝祭日都要在缪斯祭堂里献上供物以示纪念。

柏拉图死后就安葬于阿卡德米。一个波斯人曾为他塑造了雕像。在阿卡德米不远处，还建立了柏拉图的纪念碑。

学园一直存在到公元 529 年被迫关闭，前后持续存在九百余年之久。

二、学园的学习与研究

柏拉图游历埃及特别是南意大利时结识了毕达哥拉斯学派成员，接触到他们的学说，发现了数学、几何学的知识具有永恒的、客观的、普遍必然的

---

① ［英］A.E. 泰勒：《柏拉图——生平及其著作》，谢随知等译，14 页，济南，山东人民出版社，1990。

性质。因此他将数学引入他的哲学，成为"相论"的基础。公元 12 世纪拜占庭人蔡策斯写的《历史》第 8 卷，记叙了学园门前写着："不懂几何学者不得入内。"有人认为对此不可轻信。但是不管学园门前是否写过这句话，柏拉图重视科学特别是数学和几何学，是有充分依据的。柏拉图的学园里拥有当时最有成就的数学家——泰阿泰德(Theaetetus，前 415—前 369)，他是立体几何的创始人，是他第一个提出五种正多面体理论的。克尼杜的欧多克索(Eudoxus，约前 408—前 355)是当时最杰出的数学家和天文学家，被认为是数学天文学的奠基人，他回答了柏拉图的天文学问题。他提出关于比例的新理论，并用演绎法整理数学，建立了数学上以明确公理为依据的演绎系统。欧多克索的学生美涅克漠则是圆锥曲线的发现者。从科学发展史看，由毕达哥拉斯学派提出的各种数学假设，面对芝诺的批驳时，发现它们都是彼此矛盾的，为了拯救数学必须加以整理和重建。这项工作是由学园中的欧多克索和泰阿泰德等人进行的，正是由于他们整理出数学和几何学的演绎系统，才产生出世界上第一部系统的数学著作——欧几里得的《几何原本》。

此外，学园中还有当时一流的动植物学家斯彪西波(Speusippus，前 408—前 339 或 338)和杰出的哲学家亚里士多德。学园积极开展动植物分类的研究，如试图给南瓜的"种"下定义。根据保存下来的斯彪西波的残篇可知，对动植物的分类研究是在斯彪西波领导下进行的。亚里士多德后来在动植物学、病理学等方面做出过杰出的贡献，可能是学园的学习打下的良好基础。学园还在宇宙学、地理学等多方面进行研究，柏拉图本人在球面地理学的研究方面做出了开创性的贡献。

当时学园最主要是研讨哲学问题，从柏拉图的对话中可以看出，他们探讨哲学问题主要采取了苏格拉底式的问答方式，也采取由柏拉图或其他人做讲演的方式。学园是当时研究哲学、科学和政治的学术团体，开创了西方学术自由的传统。从柏拉图的对话及有关历史资料来看，可以判定学园中的学术讨论是非常自由的。柏拉图为什么对他自己原来已经确定的观点后来发生怀疑而动摇了，这是柏拉图自己的思想发展所致，但其中恐怕也有来自学生讨论推动的因素。一直流传的亚里士多德的名言"吾爱吾师，吾尤爱真理"，虽没有直接的史料依据，但亚里士多德在《尼各马科伦理学》中讲道："相"虽然是我的朋友发现的，尽管真理和友谊二者都是可贵的，但是作为哲学家，我们应该崇敬真理超过崇敬朋友。这种可贵的性格只有在一种充分自由的学术空气中才能培养出来。亚里士多德在《形而上学》中还记载了一个学生提出与老师不同意见的实例，即数学家欧多克索曾经提出过可以由"相"和个别事物的混合来解释个别事物，从而解决分有问题。还有一个例子，学园内曾形成一种没有写下来的理论——所谓"不成文学说"，主要是认为在一般的数学上的"数"之外，还有一种"相的数"，柏拉图和斯彪西波、色诺克拉底主张这种理论，亚里士多德坚决反对，在学园内曾引起不同意见的争论。

柏拉图的"不成文学说"是他在学园对学生的口头讲述，没有成文的稿子，后世学者对其内容的追记，不仅文字简单、抽象，相互间又颇有矛盾，使人难以断定何者是柏拉图的真实思想，而且他的"不成文学说"宣讲的是一种"理念数论"，这一理论是将柏拉图哲学同毕达哥拉斯学派学说相融合的产物。就目前所知，这门"不成文学说"不是一般学生可以听的，而是专门向高水平的学生讲授，如亚里士多德、斯彪西波、库塞努克拉泰斯这一类的学生才有资格听。据说，这门课的内容相当高深，在当时一般人理解不了，只有少数人才能明白，其中关于"善"的理论，学界研究至今，但总是理不出个头绪来，可见其深奥、神秘的程度。也许这种"不成文学说"才是真正的哲学，有人说凡是用文字能描述清楚的都不是哲学，这种观念正是从古希腊先哲那里来的。策勒尔在《古希腊哲学史纲》中说："事实上，柏拉图根本不把他的著述活动看作他生活中最重要的一面，把它叫作仅仅是一种愉快的消遣。他最看重自己与学生们的交谈。为数众多的哲学家根本什么也没有写过：例如，泰勒斯、毕达哥拉斯、苏格拉底、怀疑论者皮浪、中期和后期柏拉图学园的首领阿昔西劳斯和卡尼德、斯多阿派的爱比克泰德、新柏拉图主义的创始人阿蒙尼阿·萨卡，以及其他许多人。我们对于这些哲学家的生平所知的一切都要归功于他们弟子的著作。了解这一点并非无关宏旨，因为我们现代人过于倾向把希腊哲学想象成主要是一种文字著述现象，其实，对于希腊人来说，首要的事情却是教师和学生之间的交谈和个人接触。"①

　　显然，当时不会有现成的完整而系统的教科书，所以"学园"教学一个很突出的特点是教学与研究紧密结合。关于这一点可以从辛普里丘谈柏拉图带领阿卡德米学园的学生研究天体运动的实况推测出来。他们根据正确的、具有同一性规则的圆形运动，依照某种假定，试图说明那些徘徊不定的行星运动现象。用今天的话说，即是：在原则上以自然的合法原则性为前提，把那些认为不规则的行星运动，尽可能地归结为简单的运动。这一课题据亚里士多德在《形而上学》第十二卷第八章谈到，由"学园"中的幼多库索斯做了回答，他试图用二十六个天体的组合运动来说明观测上所发现的不规则的行星运动。这是一项很典型的科学研究方式。这种教学与科研相结合的特点，对于亚里士多德的科学研究有相当大的影响力。后来亚里士多德在研究工作中行之有效的一套方法，如材料分类筛选法、怀疑法、观念法、观察和实验法、概念明晰法等，与"学园"教学科研相结合这个特点不无关系。

　　阿卡德米学园教学中另一个特点是集体讨论。有一个例子可以证明这一点，一个喜剧家这样嘲笑年轻的学园学生：在阿卡德米的体育场中我听到一些异乎寻常的荒唐的论断，他们讨论本性，区分各种类型的动物、树木和白菜，然后试图发现南瓜属于哪一类。柏拉图对分类问题颇感兴趣。研究这些问题对亚里士多德后来所做的生物分类的尝试也许有很大的影响。

----

① ［德］E. 策勒尔：《古希腊哲学史纲》，翁绍军译，5 页，济南，山东人民出版社，1992。

第二节 吕克昂学园

一、学园的建立

公元前334年，亚里士多德回到雅典，在马其顿的庇护之下，在雅典城东北角的城墙外一个叫作吕克昂的公共场所创办了一所学园。这个地方与西北角上的阿卡德米学园隔城相望。这里原来是伯里克利为训练新兵而建造的游乐场，它包括一座为吕克昂的阿波罗而建的神庙，有许多林荫路，有树林、喷泉和柱廊装点着。这个环境很适于散步，而亚里士多德本人又喜欢边散步边讲课。因此，他和他的弟子被称为漫步学派或逍遥学派。

二、学园的教学内容与方式

在学园，每天上午亚里士多德向学生传授哲学知识，下午或晚上向公众开课，主要讲授修辞学、辩论术或政治学这些公众感兴趣的问题。他在吕克昂每天上午讲授奥秘的学说，晚间讲授通俗的学说；那些通俗的学说是关于修辞学、辩论术的训练和公民事务的知识的；另外一种即奥秘的学说则是关于内在的更深刻的哲学、自然的考察和辩证法本身的。关于教学方法，亚里士多德认为教学方法应该从效果出发。也就是说，讲课的人要采用使听讲的人听明白、学到知识的方法。因而不同的对象要使用不同的方法，甚至相同的对象讲不同的课程也需要不同的方法。他说：讲座的效果须看听众的习惯，有的人习惯于数学的方式，有的人要求举例，有的人希望主讲人引诗为证，有的人要求精密，另一些人则认为精密导致烦琐。自然哲学的课程不能用数学的方法，不需要过于精密。我们的方法是先研究什么是自然，然后考察关于自然的学科应研究些什么问题。①

亚里士多德为学园制定了富有特色的管理制度，即所有成员轮流管理，每人每次负责管理 10 天，负责提出讨论议题，这种方式在中世纪大学变得十分普遍。还成立了任期 30 天的(学生)执行委员会负责监督入学新生的礼仪工作，此外还负责照管缪斯神祭堂，举行祭祀活动等。由此可以推知，他肯定有一套完整的管理学生的规章制度。策勒尔还说："它(吕克昂学园)像柏拉图学园一样，是一个献身于缪斯的'群星荟萃之所'(thiasns)，但在亚里士多德的指导下，它成长为一个庞大的科学组织，设有一个大型图书馆，有众多的教员以及一套正规的讲课体系。"②亚里士多德收集了几百份手稿，形成了一个图书馆，它成为后来亚历山大图书馆和帕加马图书馆的雏形。亚历山大在征战途中，对亚里士多德的学术研究提供了有力支持。据说亚历山大命令 800 人为亚里士多德收集材料，并责令马其顿帝国的所有猎人、渔夫向他报告他们所看到的有科学意义的东西。亚历山大还下令为亚里士多德收集各城邦的法律和政治制度的资料，竟使他收集到了 158 个国家的宪法，还整理了雅典每年上演的悲剧和喜剧的演出记录。吕克昂学园研究的学科遍及哲学、美学、诗学、伦理学、文法、修辞、逻辑学、天文、物理、生物、解剖、气象、心理等领域，包括了当时的一切知识领域。

亚里士多德是古代西方最渊博的百科全书式的学者。他集古希腊学术成就之大成，在许多领域做出了突出贡献。他一生著述甚多，可惜大部分都遗失了。他系统地阐述教育思想的著作只有一些片断章节保存下来。《政治学》一书在第七、第八卷讨论教育问题时突然中断。我们今天探讨亚里士多德的教育思想，主要是依据《政治学》《尼各马科伦理学》《形而上学》和《论灵魂》等

① [古希腊]亚里士多德：《形而上学》，吴寿彭译，35~36 页，北京，商务印书馆，1959。

② [德]E.策勒尔：《古希腊哲学史纲》，翁绍军译，168~169 页，济南，山东人民出版社，1992。

著作。

亚里士多德非常重视教育事业，他的一生大都是在学校度过的，主要是从事教育工作。在阿卡德米学园当学生、做教师 19 年；被聘到马其顿国王宫廷做亚历山大的教师 6 年；创办吕克昂学园 13 年。罗素曾说："他是第一个像教授一样地著书立说的人；他的论著是有系统的，他的讨论也分门别类，他是一个职业的教师而不是一个凭灵感所鼓舞的先知。"①确实，对于亚里士多德来说，应该在哲学家、科学家、思想家的头衔上再加一个教育家。虽然我们没有见到有关他系统的教育理论的记载，但是从他的教学活动中，可以体现出他的一套独特的教育思想。现代的一些教育思想虽不一定直接来自亚里士多德，但有许多的确是受到亚里士多德影响的。

第三节　伊索克拉底与修辞学校

一、生平与教育活动

伊索克拉底是希腊古典后期著名的修辞学家和教育家。他出身于富裕家庭，却并非奴隶主家庭，其父是一位长笛制造商，比较富有，从而为青年伊索克拉底接受良好教育创造了条件。

伊索克拉底曾师从于高尔吉亚（Gorgias，约前 483—前 325）和苏格拉底。有人曾认为他是普罗泰戈拉的学生，但查无实证。据说伊索克拉底与希庇亚是翁婿关系，希庇亚的一个女儿在丈夫死后曾嫁给伊索克拉底。智者高尔吉亚最初是作为使者于公元前 427 年来到雅典的，但他到过雅典几次以及在雅典住了多久，均无确切史料。只知道高尔吉亚大约在公元前 420 年在德尔斐发表演说以表演他的答辩技艺，在公元前 408 年的奥林匹克赛会上发表过重

---

① ［英］罗素：《西方哲学史》上卷，何兆武、李约瑟译，211 页，北京，商务印书馆，1976。

要演说。根据西塞罗以及罗马修辞学家昆提利安的记载，雅典的大演说家伊索克拉底是高尔吉亚的学生，他将自己的许多演说归功于高尔吉亚，并为高尔吉亚的收费问题进行辩护。耶格尔认为伊索克拉底的第一篇作品《泛希腊集会辞》就是模仿高尔吉亚在奥林匹克的演说词而写成的，根据希腊的习俗，这是师生关系的标志。普鲁塔克甚至说，在伊索克拉底的墓碑中刻有高尔吉亚仰视天体的雕像。伊索克拉底亦曾师从于苏格拉底。如果说他从高尔吉亚那里学习到了关于修辞学的知识，那么从苏格拉底那里则学习了对于人生的态度，对于知识的渴求以及对于教育的认识。这是他后来撰写《驳智者》一文，猛烈抨击日渐颓废的智者教育的重要原因。

公元前 392 年（或前 390 年），伊索克拉底在雅典的吕克昂附近创办了第一所修辞学校，学制 4 年，这是雅典也是古代希腊和西方教育史上第一所有固定校址和修业年限的高等学校。由于教学符合社会和学生的实际需要而很受欢迎，希腊各地乃至东方国家的青年纷纷前往就学。在他的指导下，许多学生成为演说家、政治家。在全希腊的重大演讲比赛中，他的学生多次获胜。他的学校成为当时希腊最著名的高等教育机构，在希腊化时期及以后的年代里，仿照这所学校建立的许多修辞学校成为传播知识、培养人才的中心。公元前 387 年，柏拉图创办了另一所以研究哲学为宗旨的高等学校——阿卡德米学园。两所学校中前者注重社会政治的实际问题，后者注重纯理论的哲学思考，从此开始了修辞学与哲学之间的争论，这种争论一直延续到罗马帝国时代。

伊索克拉底出生于雅典奴隶制民主制度的黄金时代，也亲历了雅典衰落的全过程。他无限怀念雅典昔日的光荣，赞扬雅典人在希波战争和伯罗奔尼撒战争中的英勇精神，认为过去的雅典最关心年轻人，注意培养人才，使雅典人在文学和艺术、行动讲话、勇气和德行方面都高出希腊其他国家之上。他的演说词就表现了这种强烈的爱国主义精神，他不断称颂希腊人尤其是雅典人的光荣历史。伊索克拉底一生写了许多的演说词，现存约 20 篇，洛布古典丛书的《伊索克拉底演讲集》收集了所有现存的演说词，其中著名的是《泛希腊集会辞》《泛雅典娜节献词》《论和平》和《申辩词》等。

伊索克拉底创办修辞学校的教育实践和他的教育思想对希腊化时代和罗马教育的发展产生了深远的影响。我国著名教育史学家曹孚先生在谈到伊索克拉底的时候写道："就其教育目的、教育内容、教育活动的方式来说，苏格拉底(伊索克拉底，著者注)继承着智者的传统。"①他还说："智者派与苏格拉底——柏拉图——亚里士多德在教育领域的斗争，到后来以修辞学家与'哲学家'，即修辞学校与哲学学校之间的竞争的形式继续着。这场竞争，在希腊化时期，以修辞学家的胜利而告终：不但修辞学校对青年具有更大的吸引力，而且修辞学校侵入了哲学学校。亚里士多德在自己的学校中就教过修辞学，这一传统为他的后继者保存了下去。伊壁鸠鲁学校一直认为修辞学是一门真正的科学，有助于政治目的。斯多葛学校也讲授修辞学，但更注重它的形式方面的研究。柏拉图正式宣告，修辞学是有害的，但他的后继者也不得不为修辞学开放门户。""通过苏格拉底(伊索克拉底)，再通过修辞学校，智者们的教育思想与实际活动影响了后代的欧洲。我们将要看到，苏格拉底(伊索克拉底)的教育思想直接影响了罗马的雄辩家的教育思想，并且在罗马的文法学校、修辞学校的内容与组织上打上了它的烙印。"②

二、教育的目的——培养演说家

伊索克拉底把培养演说家作为教育的基本目的。但他所培养的演说家绝不是智者所讲的那种有雄辩才能、能说会道、巧言令色的人，而是善于从事政治活动、在智慧和辩才方面都很杰出的经世治国之才。伊索克拉底指出：

---

① 曹孚等编：《外国古代教育史》，64 页，北京，人民教育出版社，1981。
② 同上书，65 页。

但是，请回顾我们城邦和我们祖先所完成的光荣而伟大的业绩，请在你们的心中复习一下这些业绩，并加以思考：那个驱除了暴君、解放了人民、建立了我们民主国家的人，是个什么样的人，他的出身如何，他所受的教育的特征又如何；那个在马拉松战役中征服了野蛮人，从而为我们的城邦赢得了光荣(这光荣从那次胜利起一直属于雅典)的人，是个什么样的人；那个在他之后解放了希腊人，领导了我们的祖先取得领导地位和权力的人，(而且，除此之外，他赞赏比雷埃夫斯港市拥有有利的自然条件，能用城墙环卫我们的城邦，不把斯巴达人放在眼中)又是个什么样的人；那个在他之后用金银财宝填满了我们的卫城，使雅典人的家庭高度繁荣和富足的人又是个什么样的人。如果你们回顾一下这些人中每一个人的业绩，你们将会发现，完成这些丰功伟绩的，不是那些生活荒唐、行为随便的人，也不是那些庸庸碌碌、才不出众的人。不，我们一切幸福，全是那些不仅在出身和声望方面，而且也在智慧和辩才方面都很卓越、很杰出的人开创出来的。

……　……

你们应当把这个教训铭记在心：尽管为了人民大众的利益，要注意做到使人们在有关个人纠纷的审判中能获得他们应获得的权利，也应使他们能分享到应得的、人人都有份的照顾，但在另一方面，你们应当欢迎、尊重、珍爱那些在能力和训练方面都超越众人的心，以及那些有宏大志向的人。这是由于，你们知道，领导伟大高尚的事业，运用权力保卫我们城邦的安全，使其免于危险，同时维持对于人民的治理，要靠这样的人物，而不是靠拍马献媚的人。①

---

① 华东师范大学教育系、杭州大学教育系编：《西方古代教育论著选》，84~85 页，北京，人民教育出版社，1985。

　　伊索克拉底通过回顾历史提出了自己的教育目的，即要培养在智慧和辩才方面都很出色的治国之才，他们不是柏拉图式的哲学家，而是演说家。他曾评价梭伦、克里斯提尼和伯里克利等人的成就，认为他们正是由于智慧和辩才才使雅典变成伟大的城邦，给人民带来了幸福。在当时的雅典，人们尊重辩才，渴望掌握修辞学，伊索克拉底进而指出善于言谈是人成功的标志，希腊人之所以优于其他民族就是因为他们具有思想和言谈方面的优势。他说：

　　而且，是雅典，尊重辩才这种人人渴望掌握、人人十分羡慕的才能；因为她认识到这是把我们和一切有生之物区别开来的、我们本性中固有的一种天赋，由于运用这个有利条件，我们在所有其他方面，也已经超过它们。她看到在各种活动方面，人的命运是极为变化无常的，聪明的人常会失败，愚笨的人倒能成功。但美妙多艺的言谈却从不为通常人所能掌握，而是心灵聪慧者的杰作，而且正是在这方面，那些被认为是智者和愚者的人们，彼此表现出最强烈的对比。进一步说，她知道，人们是否早自幼年就已受过自由高雅的教育，不取决于他们的勇气、财富，或与此相类似的一些有利条件，而是最明显地从他们的言谈中表现出来。已经证明，对我们每个人来说，言谈本身都是文化修养最可靠的标志。善于言谈者不仅在其本城邦是强有力的人物，在其他国家也很受到尊重。就这样，我们的城邦在思想和言谈方面远远胜过人类的其他部分，以至她的学生变成世界其他部分的教师；她已使"希腊人"这一名称不再是指一个种族，而是指一种才智，致使"希腊人"这一称号是在意指那些和我们有共同文化的人，而不是用于和我们有共同血统的那些人了。①

----

　　① 华东师范大学教育系、杭州大学教育系编：《西方古代教育论著选》，86 页，北京，人民教育出版社，1985。

伊索克拉底还指出语言是人与动物区别的根本标志，正是借助于演说的能力，人们才摆脱了野蛮生活，建立了城邦，制定了法律。在人的一切天赋中，他把说话的技艺看成是我们获得幸福的源泉，是整个人类文明赖以建立的基础。他说：

在我们所具有的各种能力方面，如我在前面某处所说的那样，我们没有哪一方面比其他生物优越。不，在敏捷方面，在体力方面，以及在其他能力方面，我们甚至比很多生物逊色；但是，因为我们具有那种互相说服、并随心所欲地把不论什么东西都清楚表达给对方的能力，我们就不仅摆脱了野蛮的禽兽生活，而且走到了一起，建立了许多城邦，制定了各种法律，发明了各种技艺；而且，总的说来，人所设计的一切机构制度，其建立没有一个不是借助于演说的能力。因为，正是这种能力定下了分清是非荣辱的法律，如果没有这些法令规定，我们简直不能生活在一起。我们贬恶扬善，也是运用说话的能力。通过说话，我们教育愚者，赞誉智者，因为，善于言谈的能力被当作透彻的理解力的最准确的标志，而真诚守法、公平正直的演说是一个善良忠实的灵魂的外部表现。运用这一官能，我们既对有争议的问题展开辩论，也对自己没有了解的事物设法去弄明白，因为，同样的论点，我们既用来在当众演说中说服别人，也用来在自己的思想中考虑问题。我们把那些善于当众陈词的人称为有辩才，而把那些在自己心灵深处善于思考问题的人看作明智。而且，如果有必要简要地概括出这种能力，我们将会发现，没有哪一种运用聪明智慧来完成的工作是在没有言语的帮助下做好的，相反，在我们所有的行为和思想中，言语都是我们的向导，那些最有才智的人，语言运用得最多。①

伊索克拉底高度评价修辞学的价值。对个人而言，言谈是文化修养的标志，善于言谈的能力是充分的理解力的标志，真诚守法、公平正直的演说是人的灵魂的外部表现。他认为培养雄辩能力不但能培养智慧，而且有益于提高人的道德品质。因为一个想要善于言辞并能说服别人的人必然在品德上严于律己，珍惜自己的名声。在伊索克拉底看来，修辞学是智慧和德行的基础，苏格拉底和柏拉图认为知识即美德，而伊索克拉底却认为修辞学即美德。因此，伊索克拉底认为教育的目的就是通过修辞学培养能言善辩、有智慧、有德行的演说家和政治家。

三、培养演说家的三个条件

伊索克拉底认为，一个人要在某一行业超群出众，必须具备三个条件：天赋、勤学苦练和实践。他非常重视天赋，认为对培养演说家的教育来说，天赋的才能是最重要的，它在三种因素中居于首位。他说：

如果一个人具有一种心智，既能发现和学习正确的东西，又能勤学苦练，记住所学的一切；并具有一副好嗓子和清楚的口齿，因而不仅能用演说的内容，也能用音乐般的言语去吸引听众；最后，还具有一种自信，这不是一种虚张声势的表现，而是庄重自制的修养使其态度如此沉着，能在向全体公民演说时如同自己思考问题时一样安然自若——谁不知道，这样一个人，尽管没有受过什么良好细致的教育，而仅受过一些粗浅的通常训练，也许就能成为希腊人

---

① 华东师范大学教育系、杭州大学教育系编：《西方古代教育论著选》，89~90 页，北京，人民教育出版社，1985。

中从未见过的雄辩家。再则，我们知道，有些人天赋并不高，但在实践经验方面很突出，也能很有进步，或许还能远远超过那些显然天赋高却太忽视自己才能的人。因此，结论是，这两种因素的每一种，都可以造就出好的演说家或好的事业家，但如二者结合在同一个人身上，那也许就能造就出一个超群绝伦的人。①

伊索克拉底指出，天赋与实践对于培养演说家虽是极其重要的，但也不能忽视教育的作用。在《驳智者》一文中，伊索克拉底批评了智者教育的空疏无用，指出教师只有掌握了真正的修辞学知识和真正的教学原则，才能引导学生学到真正的知识，成为雄辩之士。在《致尼克尔》一文中，伊索克拉底高度评价了教育的作用："不要认为只依靠勤奋就能成为最优秀的人，人类在与自然的斗争中发明了各种技艺，并产生了智慧，但那无法追求到真正的美德。只有依靠教育与实践才能最大限度地追求美德，增进人的天赋与本性。"②耶格尔也曾指出，伊索克拉底相信教育的力量，但在实践中却不能克服对教育的不信任态度。③

伊索克拉底已开始探索天赋、实践和教育三者在人发展过程中的相互关系。他曾对他的学生说，如果他们想在雄辩才能方面，或在处理事务方面，或在任何工作方面表现得超群出众，那么首先，他们必须对他们选定要做的事具备一种天赋的才能；其次，他们必须勤学苦练，掌握他们那个专门科目的知识，不论这个科目的具体内容是什么；最后，他们对技艺的实际使用和灵活运用，必须精通、熟练。只有满足了这些条件，他们才能在任何行业方

---

① 华东师范大学教育系、杭州大学教育系编：《西方古代教育论著选》，88~89 页，北京，人民教育出版社，1985。

② 转引自 Frederick A.G.Beck, *Greek Education： 450－350B.C.*, London, Methuen, 1964, p.266。

③ Werner Jaeger, *Paideia：The Ideals of Greek Culture*, Vol. Ⅲ—*The Conflict Of Cultural Ideals in the Age of Plato*, Oxford, Oxford University Press, 1980, p.95.

面完全胜任，表现杰出。在这一过程中，师生双方各有其地位：学生提供必需的接受能力，教师提供灌输知识的能力，同时双方在实际运用技艺的反复练习中，又都有其作用须发挥；教师必须十分勤苦地指导学生，而学生则必须严格遵循教师的教导。① 他说：

> 这不是我第一次表达这种情感；我曾多次这样做，而且是当着很多人这样做。因为我知道，尽管别的地区出产种种佳果奇木、珍禽异兽，各有其地方特点，远比其他地域出产的为好，但我们自己的国家却能培养出人来，他们不仅在文学艺术上、在行动和讲话的能力上都是世界上最有才华的人，而且在勇气和德行方面，也是高居一切人之上的。②

伊索克拉底确有理由坚持希腊人"特别是雅典人理应是人类中最好的人"这样一种民族优越论，因为在希腊文明鼎盛时期的古典时代，世界上似乎还没有哪个民族在其文化的整体性质上优于希腊民族。正因为如此，当我们看到伊索克拉底大讲希腊人如何优于人时，并不觉得它完全是一种种族偏见。他说"哲学是由我们的城邦教给全世界的"；雅典城邦在思想和言谈方面远胜过人类的其他部分，以至她的学生变成世界各部分的教师；她已使"希腊人"这一名称不再是指一个种族，而是指一种才智，致使"希腊人"这一称号是在意指那些和我们有共同文化的人，而不是用于和我们有共同血统的那些人了。③

---

① 华东师范大学教育系、杭州大学教育系编：《西方古代教育论著选》，88 页，北京，人民教育出版社，1985。

② 同上书，81 页。

③ 同上书，86 页。

四、教育的内容

（一）修辞学

一提到修辞学，人们很容易误认为就是现代所说关于语法和用语的修辞理论，其实古代希腊人所说的修辞学是指关于如何使用语言的技艺，它包括如何在不同场合针对不同对象发表演说和进行论辩的才能，和"口才""辩才"比较接近。智者派在修辞学方面卓有建树。但伊索克拉底并不是智者，仅仅是一个修辞学家。1983 年 12 月在意大利西西里的林地尼召开的"高尔吉亚与智者"国际学术研讨会上，意大利学者提出的一个意见引人注目，他们认为修辞学从智者中分离出来是从伊索克拉底开始的，伊索克拉底是个大演说家，罗马时代的西塞罗也是个大演说家，但他们都不是智者。①

伊索克拉底反对不顾学生的天赋才能如何，而鼓吹能将修辞学知识教给任何学生的观点。他认为有些智者教给学生的只是文字，而不是真正的修辞学知识。他认为学习修辞学需要聪明的大脑，那些缺乏天赋才能的人不可能学好修辞学。伊索克拉底同时指出，学习修辞学是进行道德教育的基础，认为修辞学知识有助于提高学习者的道德水平，正是这一点使他与智者区分开来。修辞学应力戒空泛议论。伊索克拉底不但鄙视后期智者不着边际的诡辩，同样对探究宇宙本原的哲学家不以为然，他认为修辞学应排除一切空洞的思辨，排除与实际生活无关的活动。修辞学应追求真理，用有关政府的实际事务教育学生，把他们训练成为专家。正如后人所评价的，修辞学在智者那里不过是辩论的工具，是人们在公民大会或法庭上进行辩护的方式，而不以追求真知与美德为目的。而到了伊索克拉底，他强调了修辞学的教育价值，认识到修辞学能增强人的智慧与美德。这种思想后来在希腊化时期和古罗马时代产生了深刻的影响。在西方教育史上很长的一段时间内，修辞学一直在学

---

① 汪子嵩等：《希腊哲学史》第 2 卷，119 页，北京，人民出版社，1993。

校中占有重要地位。①

(二)诗歌

伊索克拉底虽不是智者，但二者也有相同之处。他们不是沿袭以前哲学家或哲学学派的活动方式，而是继承和发展了荷马以来游吟诗人的活动。伊索克拉底的演说词也运用了散文体的模式，与哲学研究有很大区别。他曾经把散文式的颂词(prose encomium)与诗人品达的诗歌式的颂词(poetic encomia)做过比较。品达的诗是歌颂希腊人的个人主义，并把雅典看作希腊的堡垒；而他自己则是歌颂雅典古人的集体主义，并为和平而呼吁。② 对诗人的模仿始于高尔吉亚的《海伦颂》，伊索克拉底继承了这一传统，但却创造了一种新的模式，那就是歌颂真实存在的人而不是神话传说中的人。

耶格尔曾评价伊索克拉底的《驳智者》是一篇在模仿颂词诗基础上写成的教育范文。这说明伊索克拉底的演说词是带有哲理性的散文体作品而不是仅为法庭辩论的临时之作。这也表明他训练学生掌握修辞学并不仅仅是为了法庭辩论，同样是为了获取知识。

(三)哲学

伊索克拉底反对智者只教授修辞学而忽视哲学的倾向。但他所讲的哲学，显然不是柏拉图辩证法意义上的哲学，或亚里士多德形而上学意义上的哲学。伊索克拉底蔑视各种思辨哲学，他虽赞成年轻人在这些学科上花费一些时间，但告诫他们不要让其心智因那些空洞的、难以捉摸的东西而陷于枯竭，也不要受古代诡辩家们的各种思辨理论的束缚，他认为思辨理论家的那些奇谈怪想简直和魔术师的变戏法差不多，对任何人都无好处；凡在世界上想有点作为的人，必须从他们的兴趣中完全排除一切空洞的思辨，排除一切和我们生

① Frederick A.G.Beck, *Greek Education : 450-350 B. C.*, London, Methuen, 1964, p.274.
② *Ibid.*, pp.274-276.

活无关的活动。①

那么，伊索克拉底的所谓"哲学"是什么呢？他说他在这个问题上的意见很简单：他把"能够运用推理能力而一般地达到最好的进程的人看作聪明人，而把专心钻研那些能使他最迅速地获得这种见识的学问的人看作哲学家"②。

在《泛雅典娜节献词》中，他高度评价哲学的作用。认为哲学使我们发现并建立了各种机构，教给我们公共事务，使我们相互尊重，并教育我们在痛苦面前节制，在胜利面前冷静。正是哲学，给了我们整个城邦生活。如果一个人能够潜心于哲学并努力学习与实践之，他将成为一个伟大的人。③ 看得出，这种哲学不是学科分类意义上的一门学科，而是所有能使人智慧、聪明的学问，是对讲话和行动都有帮助的训练，而使自己更有价值的实践活动，是"培养心灵"的重要课程。

(四) 历史

在西方，伊索克拉底是第一个将历史作为教学科目引入课程中的人。虽然修昔底德用科学的态度撰写历史，并正确评价了历史的功能，即总结过去，预示未来，看到了历史的教育价值。但修昔底德毕竟是一位历史学家而非教育家，没有把历史看作一门教学科目。伊索克拉底认为学习历史能够学习古人的美德，认识历史的教训与经验，从而正确看待未来。他指出，学习历史，无论对于国王还是普通百姓都是重要的，只有对历史有清醒的认识，才能更好地认识将来。在一篇演说词中，伊索克拉底回顾了雅典历史，指出梭伦和克里斯提尼的有限民主扩大了公民的权利，明确了公民责任，形成了聪明的政治和军事策略，从而为雅典的强盛奠定了基础，而后来的极端民主却造成

---

① 华东师范大学教育系、杭州大学教育系编：《西方古代教育论著选》，91 页，北京，人民教育出版社，1985。

② 同上书，92 页。

③ Frederick A.G.Beck, *Greek Education：450－350 B.C.*, London, Methuen, 1964, p.276.

了雅典的衰落。在《论和平》中，伊索克拉底也通过回顾历史而呼吁人们支持和平、争取和平。伊索克拉底并不看重历史事实本身，更重视的是历史的教育功能。他虽将历史作为一门重要课程，但他却并没有写下历史著作。他的两个学生，埃福罗斯（Ephorus）和狄奥多罗斯（Theopompus）成为历史学家。其他学生虽学习历史，但却只重视其育人功能而忽视史料，再加上受诗歌影响很大，没能写出成功的历史著作。

（五）论辩术、数学与科学

论辩术不同于修辞学，后者偏重于语言的技艺方面，而前者则侧重于论辩的技巧和逻辑思维的能力。伊索克拉底认识到，演说家除了要有使用语言的技艺，还应有论辩的技巧和逻辑论证能力。伊索克拉底在早期并没有充分认识到论辩术的价值，他批评智者所教授的论辩术纯粹是不顾真理的诡辩，只能起着败坏青年的作用。到了后来，他逐渐认识到论辩术的作用，认为教育不应排斥论辩术，而应使之为培养演说家服务。他说："我相信，擅长辩论的教师以及那些从事天文学、几何学和这一类学术研究的人，对他们的学生，不会有害，却是有益。"①但这种益处并不像他们所宣称的那么多，却比别人认为他们所做的要多。为什么呢？因为这些学科在性质上和其他学科不同，"其他学科对我们有用只在我们已经学会了有关的知识之后，而这些学科，在我们已经掌握了它们之后，可能并无用处（除非我们选定了以之作为谋生之业），它们只是在学习过程中对我们有帮助。因为，当我们从事天文学和几何学微妙而精确的研究时，我们不得不用心去思考困难的问题，而且被弄得习惯于讲和用所听到所看到的东西，不让我们心不在焉，胡思乱想。这样一来，在受过这些学科的反复磨炼后，我们就获得了能够较易较快地掌握和学会那

---

① 华东师范大学教育系、杭州大学教育系编：《西方古代教育论著选》，90 页，北京，人民教育出版社，1985。

些更为重要更有价值的学科的能力"①。伊索克拉底认为，这些学说虽是有益的，但不要在这些学科上花费太多时间，不要受诡辩家们各种思辨理论的束缚，更不要让他们的心智因那些空洞的、难以捉摸的东西而陷于枯竭。

（六）体育与竞赛

伊索克拉底认识到，人的自然机能由生理和心理两部分组成。因此也有两种教育，一是体育，用以锻炼身体的；二是哲学，用以训练心智的。"这二者是孪生的技艺——相辅相成，教师们从不严格区分这两种教育，而都使用相类似的教学方法、练习方法和各种形式的训练方法，用以训练心智，使之更加聪慧，用以锻炼身体，使之更加有用。"②

但是，在这两部分中，心智部分居于首位，而且具有较大的价值。因为"心"的作用是解决个人的和公众的两方面的问题，而"身"则听命于"心"的判断。伊索克拉底认为心智教育高于体育，因为"当教师训练学生时，体育教师教他们学会为进行体育比赛而设计出来的各种姿势，而哲学教师则传授给他们清晰表述思想的一切演说方式。接着当他们已经使学生熟悉、精通这些课业之后，就要他们做各种练习，使他们养成工作的习惯，并要求他们在实践中结合他们已认识到的那些个别事物，去更牢固地掌握它们，同时将其理论密切联系当时的情境加以运用……但是，那些对理论最专心致志而又能从其中看出大部分有关推论的人，常常能最正确地对待这些情境。"③伊索克拉底在一篇演说词中曾指出，如果体育运动员在竞赛中获胜，其他人并未从中获益；而如果一个获得知识、智慧的人把知识和智慧运用于城邦，全体公民都会从其远见卓识中获益。雅典人并不是通过体育锻炼而获得成就的，而是通

---

① 华东师范大学教育系、杭州大学教育系编：《西方古代教育论著选》，90~191 页，北京，人民教育出版社，1985。

② 同上书，87 页。

③ 同上书，90~91 页。

过聪明才智使雅典成为希腊最伟大的城邦。①

因此，伊索克拉底不赞成给体育比赛的获胜者过高的奖赏。他说："对于那些首创全国运动会的人，我不止一次地感到惊异；我真奇怪，他们竟会认为人们的过人体力值得如此大加推崇，而对那些为了公众幸福而辛勤劳动、埋头苦干并且训练自己的心智，以便也能帮助其公民同胞的人，却不分配给他们任何报偿。其实，按理说他们倒是应当为后一种人做出妥善的安排。因为，纵使所有运动员的体力都比他们现在具有的体力大两倍，世界上其他人的处境也并不因而好了多少；而如果仅有一个人获得智慧，则所有愿分享其识见的人都会受益。"②

总之，伊索克拉底虽承认体育是学校的一门科目，但他却认为其训练价值低于心智教育，并且对体育竞赛的奉承之辞持批判态度。

五、教学方法

(一)理论联系实际，力求言之有物

伊索克拉底极力主张教学内容应与现实紧密联系起来；他的教学方法也非常强调学生的实践活动，把练习看作教学的重要方法。求真务实是伊索克拉底教育理论和实践的一个总的原则。他认为，演说术的力量不再仅仅靠一些修辞技巧的细节规则。他像柏拉图一样，极端鄙视专用修辞学的精微细致之处来赢得论证和说服审判官的恶棍。他竭力主张公众语言的力量必须从理性的观念和知识之中去寻找。教育从其更高的意思说必须是实用的。演说术并不仅仅是一种增益文采，而且是在广大政治事务中实际使用的一个精确工

---

① Frederick A.G.Beck, *Greek Education*：450－350B.C., London, Methuen, 1964, pp.282-283.

② 华东师范大学教育系、杭州大学教育系编：《西方古代教育论著选》，93~94页，北京，人民教育出版社，1985。

具。他批评后期智者不着边际的诡辩，说他们佯装寻求真理，其实他们一开始就致力于欺诈；他们声称教授智慧和快乐，但是他们在许多事情上都是无知的；他们冒充知道未来，但他们却不能说出和恰当地思考现在的事；他们说要给人以智慧，能把话说好，会演说，但他们的演说词比那些无知的人无准备的发言更不精确；他们把时间完全浪费在那些无聊的争论上，其实这些争论并不能改善人的心灵。

伊索克拉底批评智者除了以牺牲青年为代价去美饰自己以外，什么也不关心，正是这些修辞学家对公私事务漠不关心，而却最喜欢那些在任何情况下都没有实际价值的言谈。当然，一些年轻人持有这种看法也许是情有可原的，因为他们在一切事情上总是偏爱那些惊人的非凡的东西。但那些自称给他们以训练的人应当受到指责，因为他们尽管谴责那些在私人事务合同上进行欺骗的人，谴责那些在言谈中不诚实的人，但他们自己却犯了更为严重的罪行。前一种人欺负的是各式各样的旁人，而后一种人则使自己的学生遭受极大的损害。并且，他们使说谎的风气增长到如此程度，以致有些人看到这些人这样做很吃得开，也就厚着脸皮写道："乞丐和流放犯的生活比人类其他人的生活更值得羡慕；这些人以此作为论据，声言他们如果在下流可鄙的话题上能说会道，则在讨论真正有价值的话题时，也必然会口才敏利，议论滔滔。在我看来，这是最最滑稽可笑的事，他们想用这些论点使我们相信他们具有政治科学的知识，而他们会在他们那一行的实际工作中来证实这一点。"①

他对探究宇宙本原的哲学家也不以为然，认为那些奇谈怪想简直和魔术师变戏法差不多，尽管对任何人都没有好处，却吸引了一大群没有头脑的人。他主张，想在这世界上有点作为的人，必须从他们的兴趣中完全排除一切空

---

① 华东师范大学教育系、杭州大学教育系编：《西方古代教育论著选》，96~97 页，北京，人民教育出版社，1985。

洞的思辨，排除一切与生活无关的活动。他给予那些矫揉造作、吹捧和他们自己水平接近的人，把时间浪费在强词夺理的争辩上、除了以牺牲青年为代价去美饰自己以外什么也不关心的人以严厉的指责。劝告他们应当停止使用哗众取宠的花招，不要装腔作势，那种用玩字眼、支吾诡辩的办法证明多种事物的方法早就受到驳斥了；他们应当追求真理，用政府的实际事务教导学生，并训练他们成为专家。他告诫学生应当记住：对于有用事物的基本可信的推测，比关于无用事物的十分精确的知识更为可取，在重要事情上略胜一筹远比在对于人生无益的小事之上非常出色更有价值。

(二)选取良好案例，进行正面教育

伊索克拉底非常重视学生良好品德的养成，在他的演说词中，无论辩论什么问题，都洋溢着一种道德教化的崇高热情。他认为培养演说家并不单纯是语言修辞的演说技巧问题，还是德行和智慧的产物，一个真正的演说家必须是道德高尚的人。他说："第一，当任何人决定要发表备受赞扬的演说或书写值得称誉的论文时，他如支持不公正的、渺小的或只和个人争吵有关的事情，而却不支持那些伟大的、光荣的、致力于人类幸福和我们公共福利的事情，那是不可思议的。因为，他若看不到事物的这种性质，他将会不得要领而一事无成。第二，他将从和他的话题有关的人们的一切活动中选用那些最卓越的、最有教育意义的事例；而且，由于习惯于考虑并评价这些事例，他将会不仅在准备某一特定讲稿时，而且在他一生中所有的活动中，时时都感觉得到这些事例对他的影响。因而，自然的结果是，说得好、想得正确的能力，将会把热爱智慧、热爱荣誉作为一种报偿带给钻研说话艺术的人。"①

伊索克拉底还进一步指出，想说服他人的人会注意自身的品德，会极力设法在公民同胞中树立最受尊敬的声誉，因为名声好的人所说的话比操行可

---

① 华东师范大学教育系、杭州大学教育系编：《西方古代教育论著选》，93 页，北京，人民教育出版社，1985。

疑的人所说的话更具说服力，生活实例所形成的论点比言词所提供的论点更有分量。因此，一个人越是想说服观众，他就越是热心于争取好名声，争取受到公民同胞们的尊敬。

这就是说，人们将通过演说和对演说效果的追求，即在教育别人的过程中教育自己。伊索克拉底设计推行的这种演说教育值得重视。从现代教育原理的角度看，伊索克拉底运用了正面强化的教育原则，他让人在大庭广众之下扮演正义、光荣、伟大的角色，在这个过程中充分激发人性中的积极因素，达到净化和陶冶人格的教育目的。

六、学生的来源与收费制度

在当时的希腊，能够接受高等教育的只能是少数富家子弟。伊索克拉底适应了这一要求，建立了以培养政治领导人——演说家为目的的精英教育体系——修辞学校。据后人估计，伊索克拉底所教授的学生数量是极少的，他一共从事教学 55 年，即从公元前 393 年到公元前 338 年，每个学生的学习时间是 3 年或 4 年，伊索克拉底大约教授过 100 个学生。所以他平均每年所教授的学生数为五六个。

由于是精英教育，伊索克拉底是收取学费的。但具体每年收多少，我们并不清楚。伊索克拉底承认收过外国学生的钱，但却否认收取雅典学生的学费。对于这一问题，至今仍有争议。伊索克拉底曾明确声明他的财产来自外国学生的学费。伊索克拉底曾为智者的收费问题做过辩护，他认为收取学费多少是衡量教育成功的标准，既然要求提供教育服务，就应交纳一定的费用。他曾说他的学生从科林斯等地慕名前往学习，学生的父亲也乐于交纳学费，这是十分公正的。这表明以传授知识为职业并接受货币报酬的教师的产生是社会发展和分工的必然现象。

在公元前 354 年即他 82 岁时，他因为不服要他承担制造一艘三列桨战舰费用的决定提出申诉，写了一篇比苏格拉底的《申辩词》长好几倍的申辩。按照当时习惯，自认为承担不公的人可以指名向另一人挑战，说他比自己更富有，要么由那个人承担费用，要么让他们两人互相交换财产。这种挑战希腊文叫 antidosis（"交换法"）。这就是收在"洛布古典丛书"中《伊索克拉底演说集》第二卷的 *Antidosis*。他为智者和自己做了辩护。

伊索克拉底在申辩中说明他自己的财产及其来源和支出情况。其中在一部分申辩中他认为自己不是通常人们所说的"智者"而只是教过演说术的"教师"，他收过学费但没有那么多。他顺便说了一段为智者辩护的话："对他们的责难无非是两种：有的人说智者的职业是可耻的骗人的，因为教育怎么能有提高人们说话和处理公务的能力呢？在这些方面有超人才能的都出于自然的禀赋。另一部分人承认受教育者会有更大的能力，但抱怨他们被智者教坏了堕落了，理由是这些人一旦权力在握便要图谋别人的财产。"他认为："这两种指责都是不真实不可靠的，我自信我能向任何人证明这一点。"接着伊索克拉底说明：智者是教人修辞、演说、诉讼以及天文、几何知识的教师，他们不仅无害于学生而且有益于他们也有益于城邦。不过他说：确实有些智者是不好的，他们过于好辩和过于追求金钱；但是大部分智者却以为"对他们最好的报酬乃是看到自己的学生变得聪明，更值得尊敬"。至于智者是不是赚了许多钱的问题，伊索克拉底在谈到自己教人演说收取少量学费以后谈了智者的一般情况。他说：没有一个智者积聚了大量金钱，相反他们中有人过着清贫的生活，有的人也只有中等生活水平。在人们印象中积钱最多的是林尼地的高尔吉亚，他在帖撒利度过他的一生，而当时的帖撒利人是很富有的。高尔吉亚相当长寿也致力于赚钱，但他在任何城邦都没有固定的住所，因此他无须承担公共福利费用也不必纳税。而且他没有结过婚也没有孩子，没有常人所有的这个长期的沉重负担。然而尽管他比其他智者更有条件积聚更多财富，他在去世时却只留下了 1000 个斯塔特尔（staster，希腊和波斯的金币名称，1

个斯塔特尔约等于现代英国的 21 先令）。①

第四节 伊壁鸠鲁学园

一、教育活动

伊壁鸠鲁原籍雅典，早在 14 岁就对哲学产生了浓厚的兴趣，19 岁前往雅典，在阿卡德米学园度过一年，后来曾学习并熟悉了德谟克利特的原子唯物论。公元前 311—前 310 年前后，他相继在半提利尼、兰萨库斯等地创办了自己的哲学学校。5 年以后，他和他的忠实信徒在雅典创办了哲学学校——伊壁鸠鲁学园，学校以一座著名的花园为校址，由此获名花园学派。这个学派一直存在到公元 4 世纪，比其他绝大多数学派存在时间长许多，前后有 700 年左右。

伊壁鸠鲁创办的学校，不仅第一次接收妇女，而且欢迎奴隶入学，"他欢迎女人听讲，甚至加入生活于他身边的小群学生之中，这是女人自由正在增长的象征。他对身份或种族皆无差别待遇，他接收妓女，也接收品格高尚的主妇；接收奴隶，也接收自由人；他最喜欢的学生便是自己的奴隶 Mysis。"② 他本人深受学员的尊重，并在当时享有盛名，朋友遍及所有城邦。作为学派的首领，他无论生前或死后都受到神一般的崇敬，这表现在他的基本学说，尽管人们对其个别观点有激烈的争论，但在以后若干世纪中一直被奉为圭臬。因为他的教育不单纯是一种教训，而是一种通过推理和反省思考来给人以幸福生活的行为；他的学校是一个愿意共同实践这种行为的兄弟或朋友的团体。学校对于任何愿意从其信仰中得到拯救的人都是开放的，不分教育程度，也

① 汪子嵩等：《希腊哲学史》第 2 卷，105~106 页，北京，人民出版社，1993。
② [美]威尔·杜兰：《世界文明史·希腊的生活》，幼狮文化公司译，839 页，北京，东方出版社，1998。

不分种族和身份。

伊壁鸠鲁哲学学校广收门徒，传播自己的学说，学生来自欧亚非三大洲，并且还通过给各地的信徒写"使徒书"，以通信方式教育学生，使其学说源远流长。这种教育既不教玄虚之学，也不搞什么神秘教仪，而是教育学生明白人生道理后达到整个生命的大改变。因此学生对伊壁鸠鲁怀有浓厚的感激与崇高的钦佩之情："你是我们的父亲，你是真理的发现者，你给我们以一个父亲的告诫；从你的书页中，啊，贤名远播的你！正像蜜蜂吮吸繁花盛开的林地的每朵花，我们也以你的黄金的教言来养育自己，——黄金的教言，并且最配得上永远不朽。"①所以，在伊壁鸠鲁学派中，老师的"教义"历经几百年而没有改变过。伊壁鸠鲁学派由此成为和斯多葛学派、怀疑论学派鼎立的晚期希腊-罗马的三个主要学派之一。学校也成为和阿卡德米学园、吕克昂学园相匹配的伟大哲学学校。

二、教育目的

伊壁鸠鲁认为教育之目的在于获得健康的灵魂，而要达到这一目的的途径就是学习和研究哲学。伊壁鸠鲁十分明确自己研究与传播哲学的目的："哲学家的逻各斯如果不治疗人的任何苦难，就毫无意义。因为正如医学如果不能驱逐身体的疾病就毫无益处一样，如果哲学不逐出心灵的苦难也就毫无益处。"②伊壁鸠鲁把哲学视为治疗心灵苦难的工具。正因为如此，他鼓励人们学习哲学："当一个人年轻的时候，不要让他耽搁了哲学研究；当他年老时，也不要让他对他的研究产生厌倦，因为要获得灵魂的健康，谁也不会有太早或太晚的问题。说研究哲学的时间还没到或已经太迟，就像说享受幸福的时

---

① ［古罗马］卢克莱修：《物性论》，方书春译，130 页，北京，商务印书馆，1981。

② 包利民：《生命与逻名斯——希腊伦理思想史论》，314 页，北京，东方出版社，1996。

光还没到或已经晚了一样。"①伊壁鸠鲁认为，只有学习哲学才能使人具备理性与明智，进而达到健康、愉快的生活。因为"使生活愉快的乃是清醒的理性，理性找出了一切的我们取舍的理由，清除了那些在灵魂中造成最大纷扰的空洞意见……这一切的开始以及最大的善，乃是明智。因此明智比哲学还要可贵，因为一切其他美德都是由它而出"②。伊壁鸠鲁强调，使生活愉快的乃是明智，由此才能找到一切取舍的理由，清除那些在灵魂中造成最大纷扰的空洞的意见，从而达到心灵的宁静、不受干扰、不动心，而心灵的宁静是最大的善。

三、学习科目

要达到心灵的宁静，伊壁鸠鲁认为应学习自然科学，以解除人们对于死亡的恐惧与对于神的恐惧："如果一个人不知道什么是宇宙的性质，而是生活在对那些关于宇宙的神话所说的事的恐惧之中，对于个人来说，排除对所谓最主要的事物的畏惧，就是不可能的。所以一个人没有自然科学知识，就不能享有真正的快乐。"③

在伊壁鸠鲁学派中，哲学教导不需讨论，更不需争论，学生被要求熟读、牢记与领会。大部头的理论著作毫无意义，伊壁鸠鲁常用书信或格言的方式总结自己的哲学，让学生刻入脑海，形成坚定的人生信念。并且他们对于同伊壁鸠鲁的教育无直接关系的各种知识持藐视态度。对于一个伊壁鸠鲁派信徒来说，只需学习学派创始者的著作，不断地温习和深入钻研就足够了。我们来听一听西塞罗借伊壁鸠鲁派门徒托尔瓜图斯之口所发的议论：

---

① 包利民：《生命与逻名斯——希腊伦理思想史论》，314 页，北京，东方出版社，1996。

② 同上书，320 页。

③ 同上书，316 页。

如果你认为这位哲学家(伊壁鸠鲁)不很博学，乃因为他相信除了学会如何幸福地生活，无所谓博学。他难道应该花费时间……去吟诵毫无实际用处、只能迷惑孩子的诗歌，或者像柏拉图一样费力劳神去学习音乐、几何、算术和天文学，所有这些科学，都以虚假的前提为出发点，不可能是真实的，而且即便是真实的，它们也不会产生任何特有的结果使生活更愉快、更美好；我想说，难道他应该致力于所有这一切艺术，而抛开生活这门如此重要的、既难学又有益的艺术吗？因此，伊壁鸠鲁并非不博学，真正的无知者是那些直到暮年因心感内疚而自以为必须学习孩提时没有学到的东西的人。[①]

由此可见，伊壁鸠鲁认为一个人成年之后，不应该再研究伊壁鸠鲁哲学之外的其他东西，不应该再对其他任何杂学感兴趣。伊壁鸠鲁在其给毕托克莱斯的信中劝告他的弟子"竭力避开种种杂学"[②]。然而，从公元前1世纪50年代开始，随着伊壁鸠鲁的门徒德米特里·拉孔和西顿的芝诺的崛起，似乎出现了某些变化。语文学即语法开始成为伊壁鸠鲁派学习的科目，但并非作为一种自在的目的，而是作为保存伊壁鸠鲁的文本，防止曲解和消灭以他的名义发表论著的手段。他们对于诸如逻辑学、诗学、物理学、数学和修辞学等学科的兴趣与日俱增，究其原因同样在于同其他哲学学派的论战中维护伊壁鸠鲁学说的需要，为了适应周围的文化压力。不过，获取博学的知识或者进而获取现代意义上的百科知识，依然是同他们的努力目标格格不入的。

正如伊壁鸠鲁把原子断言为一切存在的基础一样，他宣称个人是一切活动的目的。判断善恶的标准是我们的感受。唯一无条件的恶就是一切生物所

---

① [法]伊尔塞特劳特·哈多特：《希腊哲学与百科知识》，陆象译，载《第欧根尼》，1998(1)。
② 包利民：《生命与逻名斯——希腊伦理思想史论》，316页，北京，东方出版社，1996。

极力回避的——痛苦，唯一无条件的善就是一切生物所努力追求的——快乐。因此，伊壁鸠鲁把快乐看成是生活的最终目的。不过他主张的快乐主要是"精神的快乐"，快乐与美德是不可分的。美德是为了快乐而树立的，它本身就产生快乐。因此，必须教育人们培植美德，才能达到快乐。理解力使我们摆脱烦扰我们的偏见，摆脱空洞的幻想和愿望，它教给我们真正的生活艺术。自我克制以及对待快乐和痛苦的正确态度使我们免受伤害，而勇敢蔑视死亡和痛苦同样使我们免受伤害；对惩罚的畏惧决不能扰乱我们内心的平安，这应归功于正义。伊壁鸠鲁的人格十分高尚，过着一种典范的生活，他的言谈往往显示出一种情操的纯洁性和一种道德判断的正确性，真正地实践了自己的哲学。

由此表明，他追求的幸福、快乐，是一种有节制的简朴生活。伊壁鸠鲁把快乐、幸福和感觉联系起来，但同时，他又主张在理智指导下的那种与感触联系起来的快乐、幸福。他认为，如果不理智地、光明正大地和正直地生活，也就不可能生活得愉快，与自身不一致不和谐的精神，不可能得到心安理得的快乐。而且，只有通过哲学教育，使人具备了理性认识、自然科学的认识，才能享受无尽的快乐。

第五节　芝诺与斯多葛学园

一、芝诺生平与教育活动

芝诺是塞浦路斯人，青年时代来到雅典。约在公元前 300 年，他在雅典创立了自己的学派并建立了学校，其讲学的地方是一个用绘画装饰起来的，一侧为墙，一侧为有屋顶的柱廊，希腊人称这种建筑为"斯多葛"，其学派因此而得名，其学校也称为斯多葛学园。芝诺来回穿过彩廊(the stoa poelile)的列柱之间，随意演说，他对贫富一视同仁，但不太欢迎青年人听讲，认为唯有成熟的人才能理解哲学。马其顿国王安提戈诺（Antigonus）二世来雅典时，曾来听芝诺讲课，并邀他去宫廷，被其拒绝。他教学 40 年，始终言行一致，因此"比芝诺更节制"竟成为希腊的谚语。芝诺生前受到雅典人的尊重，雅典公民大会授予他"城墙之钥"（keys to the walls），并投票决定为他树立雕像及赠予金冠。一般传说他活到 90 岁。但其著作俱已失传。

在长达 600 年的传播过程中，斯多葛学派的发展大体上经历了三个阶段，早期阶段，从公元前 300—前 200 年，奠定了斯多葛学派的基本内容，主要活动地点在雅典；中期阶段，从公元前 200—前 50 年，开始在罗马世界传播；晚期阶段，大约从公元前 1 世纪中叶到公元 3 世纪上半叶，别称新斯多葛学派或罗马斯多葛学派，已经在罗马帝国生根，成为典型的官方哲学。在发展的历程中，斯多葛学派与统治阶级的上层关系密切。创始人芝诺是马其顿国王安提戈诺二世的朋友和顾问，国王曾在经济上慷慨赠给巨款，芝诺曾派他的学生斯潘洛斯充当斯巴达国王克兰奥曼涪的家庭教师。埃及托勒密四世宫廷也有斯多葛学派的许多代表人物。中期斯多葛学派的代表人物帕奈提乌，把斯多葛主义（Stoicism）介绍给罗马上层统治集团，当时罗马的许多达官贵人（其中包括西塞罗）都是他的学生。此外，巴比伦的第欧根尼曾参加了公元前 155 年派往罗马的哲学家使团。在他的众多弟子中，安底帕特继承了他在雅典的讲席，而阿契德谟斯则在巴比伦建立了一所学校。

二、教育目的

斯多葛学派的教育也是一种哲学教育。他们认为："智慧是关于人的事物及神的事物的知识，哲学便是企图产生那样知识的艺术实践。"从事哲学研究的目的，是为他们的道德生活寻求一种稳固的支撑，获得幸福和独立。但是，没有知识，真正的道德是不可能的，有道德与有智慧被看作正义的。在这点上，是和苏格拉底、柏拉图相一致的。

首先，他们认为幸福是人类追求的终极目的，而这就是按人的本性而生活。人的本性区别于动植物的特征在于理性，其最佳表现是美德，美德最基本的是明智、勇敢、公正、节制，对美德威胁最大的是人的欲望与激情。他们不同意柏拉图对理性与激情对立的划分，认为人的激情也是一种判断，是理性的表现，但激情却是一种错误的判断。激情与生理欲求不同，它有很强的认知成分，有对世界的信念和认定，从而有对，有错。所以，所谓激情不过是理性的一种形式，所谓情、理之争不过是理性自己与自己的冲突——错误认识与正确认识的冲突。

其次，他们认为美德与知识是紧密联系在一起的，知能助德。并且，他们提出了四种美德，即慎思、勇敢、自我控制和正义。这些美德是不可分的，只是作为同一品性的不同表现形式而已。所以，凡具有一种美德，就必须具有一切美德。同样，凡具有一种不道德，必具有一切不道德。因而一切美德都具有同等的价值，一切不道德都同样要受到谴责。有智慧的人是完美无缺的典范，由于这是美德的唯一条件，故又是完全美德的典范。他拥有一切美德和一切知识，唯有他做的一切才是正确的；他完全摆脱了欲求和忧愁，并且是诸神的唯一朋友；他的美德永远不会丧失，也不会由于时间的持续而增长。

三、教育内容

在知识的划分上，芝诺采用柏拉图的传统，把哲学分成三个部分：(1)物理学(即自然哲学)，考察宇宙同它所包含的东西；(2)伦理学，考察人的生活；(3)逻辑学或辩证法，专门探讨理性。在讨论三者的关系时，或者把哲学比作一个动物：逻辑学是骨髓和腱，自然哲学是肉的部分，伦理学是灵魂；或者把哲学比作鸡蛋：逻辑学是蛋黄，伦理学是蛋白。斯多葛学派的哲人理想就是成为具备以上知识的人。只有具备了真正的知识，才能顺乎天性而生活，"哲人一无所求，只是仅求诸己"。他们认为，外在的东西如健康、财富、名誉等，从根本上讲都是无关紧要的。

在知识的学习上，斯多葛学派容许学生涉足广泛的科学知识，只要按照其基本原理在实践中运用，只要符合斯多葛学派的伦理目的——获得美德，各种知识的学习都是被认可的。斯多葛派认为理性乃是扩散于存在的一切层次，并优先地表现为人的理智和语言的神圣实体原则，这种学说引导斯多葛派研究语言的所有形式，并确定调节它们的结构和规律。他们还在十分广泛的范围内为制订语法和完善逻辑学做出了贡献。正因为这样，我们可以看到在斯多葛派中间有不少杰出的语法学家和语文学家，诸如帕加马学派的马卢斯人克拉特斯及其门徒泽诺多托斯等，他们两人都是荷马著作的著名注释家。但是，他们解释荷马的方法同受逍遥派启发的亚历山大学派的方法有很大差异：亚历山大学派的方法以对文本的谨慎而客观的探索见长，而帕加马学派则不限于字句的注释，而是依据斯多葛派的学说，有倾向性地解释文本，从而为新柏拉图派和基督教会诠释文本的方法铺平了道路。

至于修辞学和辩证法，在斯多葛派看来它们已变成某些品德修养，所以不再以亚里士多德的或然性作为基础，而是建立在真理之上，修辞学和辩证法构成了哲学的第三部分即逻辑学。① 学习它们，与其说是为了获得辩才抑或对所有事物进行辩答，而毋宁说是进行某些练习，旨在保证口头表达的正确性和掌握如何运用具有说服力的逻辑演绎，所以斯多葛学派没有跻身公元前2世纪开始在许多希腊城市趋于繁荣的修辞学派之列。但实际上，较晚期的斯多葛派无不在青年时期受这些学派的熏陶，所以他们通常都毫不犹豫地把修辞学用于他们的论辩之中，以增加其效果。

尽管如此，我们也可以在斯多葛派学说中识别出一种敌视博学的态度。

---

① [法]伊尔塞特劳特·哈多特：《希腊哲学与百科知识》，陆象译，载《第欧根尼》，1998(1)。

随着克里西波斯借若干基本假设并参照各方面的科学发现建立起学说体系，我们可以说斯多葛派从此囿于单纯学习这些基本假设，放弃了对翔实知识的追求，不再进一步研究尚未得到解释的种种现象。这种新的倾向使他们可以集中全部精力来从事道德教育和获取智慧，这个目标是如此高不可攀和难以达到，所以他们不得不在实践中放弃其他的研究。唯其如此，芝诺的一个弟子、希俄斯的阿里斯顿简单地将哲学及其各个部分一截为二——物理学和逻辑学。类似的态度也见诸塞涅卡和爱比克泰德等罗马帝国时代的斯多葛派。塞涅卡在他给卢齐利乌斯的第88封信中批评了斯多葛派和其他学派的哲学家教育中的肤浅无用。他写道："他们不得不降格以求，去分辨音节，去学习连词和介词的属性，去嫉妒语法学家和几何学家。自由艺术(亦即同自由人相称的艺术)中毫无用处的一切，他们转手拿了过来，从而所能获得的是说得比活得好的知识。"①塞涅卡在这里和其他地方再次起而反对斯多葛派被所谓博学牵着鼻子走的某种倾向。斯多葛派学说从一开始就固有的这种追求博学的倾向，到古希腊时代末，在亚里士多德著作对阿帕梅的波塞多尼奥斯等斯多葛派门徒的影响下进一步加强。地理学家和历史学家斯特拉波将波塞多尼奥斯描述为"我们时代的哲学家中最'博学的'人"②。斯特拉波自认为是斯多葛派，他熟知波塞多尼奥斯的著作，并加以引用，但他的导师之中还有语法学家提拉尼翁和逍遥派哲学家色诺克；他还在逍遥派哲学家西顿的波伊托斯的指导下学习过亚里士多德哲学。在其著作的《地理学》导言中，斯特拉波宣称，博学是哲学家所固有的，而地理学属于哲学的领域。③ 因此，我们看到几乎在同一个时代，斯多葛学派内部既有摈斥博学的观点，又有赞成博学的观点。应该说，古代哲学学派都有追求博学的倾向，接近于现代百科全书派的观点。

① ［法］伊尔塞特劳特·哈多特：《希腊哲学与百科知识》，陆象淦译，载《第欧根尼》，1998(1)。
② 同上。
③ 同上。

但是，古代与现代的博学有着本质差异：对于古代的哲学学派而言，博学，广泛的文化修养同专一的文化修养一样，都是旨在培养人之真正作为人的品格，促使人的整个人格得到和谐的发展。现代百科全书派追求的目的则在于驾驭自然和发展物质文明。

四、教育对象

在教育的对象上，斯多葛学派主张众生平等。他们认为作为整个宇宙一个组成部分的人类，在本质上与支配万物的宇宙理性相一致，个人的本性是宇宙的普遍理性的一部分，共同受一个自然法支配，因此，所有的人，无论其出身、种族、财富以及实际社会地位如何不同，但在具有自然赋予的理性这一点上他们是相同的。据此，斯多葛派认为所有的人都是从神那里流溢出来的一部分，是神的儿女，相互间是平等的。他们坚持主张，奴隶也是人，也具有和其他人一样的精神品质。塞涅卡认为：奴役只涉及人的肉体，而人的精神不可能成为外部力量奴役的对象，所以，奴隶与主人在精神上是平等的，其内在精神价值是等值的。他们都可以因顺应自然而得到自由，也都可能成为自己情欲的奴隶，成为财富和权力的奴隶。同样的平等原则也适用于外邦人或野蛮人身上。他们认为，由于所有人的本性相同，共受自然法的支配，因此，人类就构成一个情同手足的整体，一个世界国家。每一个人都平等地成为这个世界国家的公民，或宇宙公民。人成为某个具体国家成员是一种偶然，而作为世界国家的一员则是本性使然。在这里，希腊人那种优越感不见了，不再有文明人与野蛮人，希腊、罗马人与外邦人的区别。人人都蕴藏着美德的潜能，人人都可通过学习和躬行实践达到道德标准。从这一理论出发，斯多葛派认为人人皆有平等接受教育的权利，都可通过自身的学习达到道德标准，从而生活在完满的道德生活中。

五、影响与评价

城邦时代的希腊人抱有强烈的种族偏见。他们认为只有自身才是优等种族；他们文明、开化，富有理性和自由天性，为命运所垂青；而周围民族却都是野蛮人。然而到了帝国时期，种族间的屏障被拆除，多民族的人共同生活于一个政治共同体内，促进了相互间的交流与融合，原有的狭隘的种族主义在淡化，一种世界主义思潮在帝国内悄然兴起。社会上出现了新的观念，即人类一体、种族平等。每个人都是人类大家庭的一员，个人与人类整体的关系优于与个别城市、种族和国家的关系。这种观点在斯多葛学派的学说中表现得最为明显。他们甚至从根本上否认人的特殊性，主张人类应该遵循共同的本性生活。

帝国急剧膨胀的结果之一，就是个人与国家关系的疏远和个人价值的降低。在城邦时代，城邦是公民生活的核心，是他们精神的寄托和支柱，公民的集体主义和爱国主义是一种非常自然的感情。个人与社会有一定的和谐统一，国家运用政治权力抑制两极分化，富人有义务，穷人有津贴，全面培养公民，而公民也确信个人的全面发展只有在社会事业中才能得以实现。然而，帝国的扩大带来了独裁与专制，将一般公民排斥在政治生活之外，政权掌握在少数人手中，这必然带来个人与国家关系的疏远。政局的混乱与败坏更加剧了人们对它的怀疑与厌恶。故这一时期流行的伊壁鸠鲁学派、斯多葛学派、犬儒学派等都把个人从政治生活退回到个人生活，关注个人精神世界的完美、纯洁和健康；都把对伦理生活的探讨置于首位，寻求一种人生的意义和幸福的生活。基督教也是以宗教的方式和在神学的形式下对人生真谛的一种追求。正如 W. 培恩所指出的："作为政治动物，作为城邦国家或自治国家一分子的人已经同亚里士多德一道完结了，作为一个个人的人则是同亚历山大一道开始的。"[1]

---

[1]　W.W.Tarn, *Hellenistic Civilitation*, London, Aronold, 1930, p.79.

伊壁鸠鲁学派与斯多葛学派是在同样的背景下产生和形成的，他们面对的是同样的问题："伊壁鸠鲁和芝诺的这两种新哲学，都是亚历山大缔造的新世界的产物，首先感觉到的是，一个人不再仅仅只是他的城邦的一部分；他是一个个体的人，这样的一个人，需要新的指导。"①

这两个学派虽有共同之处，但在许多问题上却是根本对立的。两派虽都把心灵的宁静看作哲人的理想境界，但是在选择如何达到这种宁静的途径上是根本对立的。伊壁鸠鲁说："哲人不关心国家大事，除非发生什么特殊情况。"芝诺说："哲人要关心国家大事，除非有什么情况阻碍他。"也就是说，伊壁鸠鲁是由内在的动机而力求达到宁静，芝诺则是由于外在原因而力求达到宁静。这正是他们代表不同政治利益集团的具体体现，身为雅典公民的伊壁鸠鲁，面临的是祖国雅典处于马其顿王国统治的威胁下采取的消极反抗态度；而斯多葛学派则反映了正在兴起的帝国上层集团的利益，提倡哲人干预生活，积极关心国家大事。正因为这样，斯多葛学派受到帝国统治阶级及其知识界的欢迎，把它看作"指引航行"的导航星；而伊壁鸠鲁学派则遭到统治阶级及其知识界的强烈反对，横加指责，甚至不惜造谣中伤，直到后世才获得理解和同情。应该讲，世界主义和个人主义的思潮都渗透到当时的哲学体系中，斯多葛学派较多地体现了世界主义，而伊壁鸠鲁学派较多地体现了个人主义。

第六节 亚历山大大学

一、建立的背景

这里的亚历山大大学指的是托勒密王朝建于亚历山大城的博物馆和图书馆。托勒密一世醉心于希腊学术，他于公元前 290 年左右接受雅典学者德米

---

① W.W.Tarn, *Hellenistic Civilization*, London, Aronold, 1930, p.327.

特里（Demetrius）的建议，开始建立亚历山大博物馆（Museam，意即 House of the Muses，主司文学、艺术、音乐和九位缪斯女神之宫），以与雅典的大学相抗衡。公元前 285 年，托勒密二世继位，又派诗人卡林马卡司（Callimachus）征集亚里士多德及希伯来人的著作，建立了图书馆。他仿效他父亲邀请著名的诗人、学者、科学家、哲学家到亚历山大城来讲学与研究，使亚历山大城变成了地中海的文化与教育中心。托勒密三世曾下令规定凡属带到亚历山大城的每一卷书，皆应存入图书馆；应由图书馆制备抄本发交原书主人，而图书馆则保存原本。他曾向雅典借阅埃斯库罗斯、索福克勒斯及欧里庇得斯的手抄本，并预付相当于 9 万美元的现款做押金；他把原本留下来，把抄本送回去，并通知雅典没收他的钱以作为罚款。

在托勒密王朝的经营下，以图书馆与博物馆为核心的这所新大学便在王宫附近建立起来。其中有一间大餐厅，供学者们用餐。另设有大讲堂、植物园、动物园、观象台、文化游乐场和文化沙龙，治学环境幽雅。更重要的是众多研究人员由王室供应优裕的生活物资，享受钻研自由。馆中住着四类学者：天文学家、作家、数学家与医生。这些学者都是希腊人，从国库中支领薪金。他们的职责是研究与教学。不但世界学者荟萃于此，各国渴望受到高等教育的青年也来到这里，到博物馆与图书馆就学于权威学者，学生人数最多时竟达到 14000 人。

二、学术研究

亚历山大博物馆与图书馆是世界上第一个由国家所设立以促进研究与教学的高等教育机构。这是古埃及学术的黄金年代，亚历山大成了希腊世界的智慧中心，取代了雅典的地位，并促进了学术的繁荣与人才的培养。故教育史专家称之为亚历山大大学。

亚历山大大学的学术研究主要集中在科学方面。如果说希腊文学在公元前 5 世纪达到其顶点，哲学于公元前 4 世纪极为昌盛，那么科学则于公元前 3 世纪发展到顶峰。亚历山大地处东西方交通要冲，其国际贸易促进了工商业的发展，又加上战争和建筑的需要，促进了科学技术的发展。这一时期，很多杰出的科学家和学者在数学、天文学、物理学、生物学、地理学、医学、历史学等方面取得了重要的成就。几何学家欧几里得曾在此执教，写成了著名的《几何原本》13 卷，其中第 1—6 卷论平面几何，第 7—9 卷论数的理论，第 10 卷论无理数，第 11—13 卷论立体几何，奠定了古典几何学的基础。欧几里得从未想到把各项不同的定理发明权归于自己，而是认为自己继承了前人成果。欧几里得所著《锥线论》业已失传。阿波罗尼奥斯追随欧几里得研读多年，写成了 8 本书及 387 条定理，以探讨一平面与一圆锥体交截时所产生的曲线性质。他为其中三种曲线（第四种为圆）订立了沿用至今的名称——抛物线、椭圆及双曲线。他的发现使投射物的理论得以产生，并促进了机械学、航海术与天文学的进步。物理学家阿基米德青年时代来到亚历山大接受教育，作为学生和研究者，在物理学方面有许多发现，如杠杆原理、浮力定理等。喜帕恰斯（Hipparchus）于公元前 160—前 127 年，在罗德岛和亚历山大学习和研究，在前人天文学成果的基础上，他提出了地球中心论。他的体系为亚历山大大学的另一位学者所阐发，这样地球中心论就成了天文学的权威理论，直到 16 世纪哥白尼的出现。解剖学家希罗菲勒（Herophilus）于公元前 185 年左右来亚历山大学习，解剖了人的眼睛，提出了视网膜与视神经的理论，并发现了血液循环。生理学家伊拉西塔特（Erasistratus）求学于雅典，也曾来到亚历山大大学学习与研究。地理学家斯特拉波所撰写的 17 卷《地理学》一书在希腊化时代及以后相当长的一段时间内，是欧洲学校地理教学的主要内容。并且，他是第一个提到中国的西方地理学家。历史学家波利比奥斯通过旅行、实地调查和同撰写历史的学者们交谈，获得了大量一手材料，在此基础上写成了《历史》一书。另一位历史学家狄奥多罗斯则利用亚历山大图书馆的丰富藏书，历时 30 年，编就了一套自远古至当时的关于希腊和其他民族的通史——40 卷的"历史文库"。

亚历山大大学虽在科学上卓有建树，但在哲学与文学方面却没有独创性，主要是为保存希腊的哲学、文学和艺术作品做出了贡献。学者们将毕生的精力花费在书籍的收集、整理、研究与注释工作上，像阿里斯多芬和阿里斯塔克两位著名的学者，曾对荷马史诗和其他的希腊诗作做了细致的研究。阿里斯塔克的评注达 800 卷，他还在建立文法方面做出了贡献。普罗泰戈拉、柏拉图和亚里士多德在文法方面做过许多的研究，但直到阿里斯塔克，才把词分为名词(包括形容词)、动词、分词、代词、冠词、副词、介词和连词 8 大类，文法科学体系才以这种形式确定下来。

当时的诗歌艺术也十分发达。其中博学诗有卡林马卡司的《圣诗》，史诗有罗第阿斯(Radius)的《阿康纳谛卡司》和米可夫兰(Lycophron)的《亚历山大里亚》，训诫诗有阿拉图(Aratus)的《现象》和《气象征兆》，田园诗有提奥克立塔(Theocritus)的《渔人梦》。

三、图书馆

托勒密王朝建设图书馆作为博物馆的一部分，对教学与研究实有极大的贡献。托勒密一世开始建造此馆，托勒密二世予以完成，并在郊区增设了一座小型的图书馆。托勒密二世统治的末期，藏书量达到 53.2 万卷，大约等于现在的 10 万册。图书馆馆长是国家的最高职位之一，并兼有教导王储的责任。诗人兼学者的凯利马科斯(Callimachus)将全部藏书分类，写成长达 120 卷的目录。当时有大批抄写人员制作复制本，而学者则将这些资料分成不同的类别。

亚历山大图书馆在建立之初(公元前 3 世纪)，收藏了当时无可匹敌的大量图书。经常光顾亚历山大博物馆的学者和文人所从事的脑力劳动的一个形式，即是将这里的藏书变为他们的研究对象和手段本身，以书籍为中介来汇集知识，编制清单、表册、文库。他们提取书籍中的信息——词语、引文、叙述性资料、天文观察、道路测量等，把它们从文本中摘录出来，经过再加工汇集成新的文本。

于是，百科全书的计划通过多系列的技术活动开始形成，这些技术活动完成了文本资料的特殊制作。词语和资料的汇集，无限开放的目录，世界地图或世界历史，凡此种种无不成为整合的手段，提供了一种不同的知识，以及不同于经过汇编和重组的各组成要素本义的意义。我们不妨把亚历山大的世界称为"古代百科全书学说工厂"：汇集知识，建立使知识得以在广泛的信息社团中流通的纽带，合理地对之进行整理，通过对比进行选择和完整的收藏，以及由此而产生实物、词汇和书籍积累所固有的知识效果。

亚历山大图书馆馆长都是大名鼎鼎的学者，在目录学、语言学方面尤有贡献。以下是历任馆长名单：[①]

姓　名	专　长	任职时间
法勒伦的狄米特利乌斯 Demetrius of Phalerond	哲学家、政治家	前 290—前 282
以弗所的芝诺德图斯 Zenodotus of Ephesos	语言学家	前 282—前 260
昔勒尼的卡里马科斯 Callimachus of Cyrene	文学家、目录学家	前 260—前 240
罗德岛的阿波罗尼乌斯 Apollonius of Rhodes	诗人、语法学家	前 240—前 230

---

① 陈恒：《失落的文明：古希腊》，144~145 页，上海，华东师范大学出版社，2001。

续表

姓　　名	专　　长	任职时间
昔勒尼的埃拉托色尼 Eratosthenes of Cyrene	天文、地理、数学、哲学、语法等方面的学者	前 230—前 195
拜占庭的阿里斯托芬 Aristophanes of Byzantium	语法学家、文献学家、辞典编纂学家	前 195—前 180
编纂者阿波罗尼乌斯 Apollonius of Eidograph	语法学家	前 180—前 160
萨莫色雷斯的阿里斯塔克 Aristarchus of Sammothrace	文献学家	前 160—前 145

这一名单清楚地表明：第一，亚历山大图书馆具有十分广泛的国际性，历任馆长均是来自希腊化世界各地的学者；第二，从他们任职的时间可以看出，这个图书馆的黄金时代是公元前 3 世纪至公元前 2 世纪的前半期，前后约 150 年；第三，图书馆的馆长，除埃拉托色尼外，都是人文学者。

然而，亚历山大博物馆和图书馆最终惨遭破坏。一般认为，第一次灾难发生在公元前 47 年恺撒发动的亚历山大战役，他放火烧毁了停在港口内的船只，以防落入敌人之手。大火延烧到图书馆，但也有人认为没有烧到图书馆，只烧毁了一些书店。又传，公元前 41 年，罗马统帅马可·安东尼从帕加马图书馆把大约 20 万卷书拨给了以美貌著称的克里奥帕特拉，作为恺撒破坏亚历山大图书馆的补偿。公元 273 年，罗马皇帝奥雷利安再次占领埃及，烧毁了亚历山大图书馆的大部分藏书。后来，公元 390 年基督教暴徒又破坏了它。实际上，在公元 200 年以后，人们就很少提到这个图书馆了。新崛起的阿拉伯人在 641 年征服埃及时，给予亚历山大图书馆以最后的打击。残留的书籍被阿拉伯征服者奥马尔下令焚毁，其理由是："这些书的内容或者是古兰经里已有的，那样的话我们不需要去读它们；或者它们的内容是违反古兰经的，那样的话我们不该去读它们。"①因此，在亚历山大里亚的澡堂(大约4000个)里接连几个月用书籍做燃料。

---

① 陈恒：《失落的文明：古希腊》，146页，上海，华东师范大学出版社，2001。

第五章

古希腊教育思想的萌芽与形成

教育思想是人类认识发展的产物。人类的认识经历了不同的阶段，只有发展到一定阶段，才能产生教育思想。在教育思想尚未从哲学中分离出来的古代世界，哲学的历史与教育思想的历史实际是同一过程的两个不同方面，二者具有内在的一致性。古代希腊神话和荷马史诗及赫西俄德诗篇中虽有关于教育的记载，但其基本上是对教育经验的叙述，而未能从理论概念层面探讨教育问题，更没有提出关于教育的基本问题。这种经验的描述与现象的记载，还不能称之为教育思想。希腊教育思想的起源与萌芽，是与哲学的兴起密切相关的。在古代希腊自然哲学学派，特别是毕达哥拉斯学派、爱利亚学派的哲学中，出现了希腊教育思想的萌芽。但在公元前5世纪前，自然哲学家只有关于教育问题的个别论述，没有较为系统的关注和研究。只是从公元前5世纪开始，希腊世界，特别是雅典所发生的巨大政治、社会、文化变迁导致了希腊哲学形态的变化，即由自然哲学发展到社会政治哲学，才出现了智者以及苏格拉底等人的较为系统的教育思想。总的来看，希腊教育思想所探讨的基本问题，希腊教育思想的基本范畴、命题，在智者派的教育思想中都已有所涉及。但是，智者派的教育思想虽在形式上相对完整，但并未系统化。从智者派的教育思想到柏拉图和亚里士多德的体系化教育思想之间，需要一个过渡的中间环节，这个过渡是由苏格拉底完成的。

第一节 古希腊教育思想的萌芽与确立

一、自然哲学与古希腊教育思想的萌芽

黑格尔认为，当思想对思想本身进行反思的时候，哲学便开始了。公元前6世纪是古希腊民族开始反思的时代，反思的对象主要是古代神话及其所反映的思想观念。事实上，即使是希腊神话也为理性主义与哲学思想的产生提供了条件。在早期希腊神话中，神也是这个宇宙的一部分，也需要经过不断地斗争才能生存，而且神也受制于命运的捉弄，无法逃脱古老的预言，每代主神都被比自己更有力量的儿子所击败和取代，这个预言代代相传，代代也得到实现。由此，从根本上讲，希腊的神不是造世主，他们也生于这个世界。那么在他们的故事里，谁又是安排者呢？就如同那个古老的预言，它又起自何方，谁给出的承诺，谁又负责收回，不死的神灵也无法知晓。这无法解释的部分，就为以后希腊哲学的诞生、理性的觉醒预备了绝佳的问题。此外，希腊从来不是一个统一的国度，每个城邦都有自己的起源神话和崇敬的英雄，大体上他们接受着奥林匹斯山诸神的体系，但总会自己改造一番，彼此内容并不统一。这也就使得本来神圣的宗教信仰，变得有些随意。希腊人一方面相信神灵主宰了世界和人类命运，另一方面又陷入互相矛盾的故事，这样的局面，亦为理性的发展预备了宽松的思想土壤。[1]

而自公元前6世纪起，希腊人不满足于对世界的感性和想象化的认识，他们逐步反思传统的神话认识方式，并开始对世界的本质进行探讨。自然哲

---

[1] 吴诗玉、涂鸣华编著：《古希腊神话的现代解读：理性与神性》，2页，上海，上海交通大学出版社，2014。

学的出发点是对本原的探讨与认识。从米利都学派开始，希腊自然哲学家们面对变化的自然世界，抛弃了传统的神话解释，思考着在这变化无常的"多"的背后，是否存在着恒常不变的"一"呢？这样，一切出于它，一切最终又归于它的"一"，亦即世界的本体，首次被米利都学派提了出来。

几乎与米利都哲学家同时代的毕达哥拉斯及其学派把米利都学派哲学家的思想向抽象化方向推进了一大步，第一次从具体的现实世界抽象出一种具有感性特征的数来，并把它作为世界的本原。较之米利都学派的物质性本原，毕达哥拉斯学派的数不仅更需抽象的理性来把握，更为重要的是，它说明在这个多变的世界中有一种秩序存在，人们需要不断地学习、探求以认识宇宙中完善的秩序。自从秩序被引入世界，人的理性活动就有了指向目标。

此后的希腊思想家就在先哲开辟的理性主义道路上孜孜不息地寻求隐藏在变幻现象世界背后的本原和秩序，开启了古代希腊理性主义的历史长河。

自然哲学兴起不仅标志着哲学代替神话，成为希腊文化的基本内容，而且标志着希腊民族已经从最初的对客观世界的感性的、直观的猜测，过渡到理性的和本质的把握；标志着希腊民族的认识能力得到了根本性的提高。这是希腊文化发展的根本所在。自然哲学的兴起，同时也清晰地表明，作为希腊文化基本取向的理性主义形成了。理性主义既是哲学发展的结果，又是希腊文化和哲学发展的基本原因。

虽然希腊自然哲学家关注的主要是自然现象及其规律，人、社会、政治、道德和教育问题并不是他们注意的焦点。但是，他们探索自然世界所运用的思维方式，却逐步成为希腊民族的思维方式，成为希腊人认识一切事物的认知方式，同时也成为古典时代希腊思想家系统探讨政治、伦理和教育问题的思想方式，即从教育的本原出发考察教育问题，探讨教育现象背后的起支配作用的"逻各斯"。当苏格拉底、柏拉图和亚里士多德等人系统阐述各自的教育思想时，他们首先是从人的"本原"（即人性）和国家的"本原"（即正义）出发，并由此入手考察教育和教学问题。而在他们做这种思考时，他们实际上已涉及了教育的"本原"问题。正因为希腊思想家认识教育现象的特殊的思想方式，才产生了博大精深的教育学说，并由此奠定了希腊在西方教育思想历史发展中的崇高地位。希腊教育思想对西方教育影响之深远是众所周知的，在相当大的程度上，应当归功于他们的思想方式。因为关注于教育的"本原"，避免了具体的时间和空间条件的局限，因而有可能提出具有普遍意义的思想。[1]

自然哲学家们所倡导的理性主义，同样是希腊教育思想发展的重要动力。无论是在哲学上持感觉主义的智者，还是反对感觉主义的苏格拉底和柏拉图等人，在教育观方面事实上都坚持了理性主义的思想取向。他们同样反对权威，反对迷信，注重智慧的发展，强调教育的世俗性（即教育为个人和城邦的幸福，而不是神灵）。希腊思想家们的这种坚定不移的理性主义，保证了他们对教育"本原"问题的探讨。事实上，这二者也是相互联系、相互促进的。没有理性主义，就不会有对教育"本原"的探讨；反之，没有这种对"本原"的探索，理性主义就会成为非常空洞的教条。

二、毕达哥拉斯及其学派的教育思想

古风时代既是希腊教育制度的形成时期，也是希腊教育思想的发生时期。在这个时期中，出现了希腊最早的关于教育问题的论述，产生了希腊最早的教育思想家，毕达哥拉斯是其中的主要代表人物。

毕达哥拉斯是古希腊毕达哥拉斯学派的创始人，被黑格尔称为古希腊"第一个教师"。他的故乡在萨摩斯岛，与米利都、爱非斯等地隔海相望。毕达哥拉斯年轻时仰慕泰勒斯，曾到过米利都，希望就学于泰勒斯。"后者感到自己年事已高，已无法亲自教导毕达哥拉斯，从而把他介绍给自己的学生阿那克

---

[1]　G. Boas, *Rationalism in Greek Philosophy*, Balimore, Johns Hopkins Press, 1961, p.45.

西曼德，并劝他像自己一样到埃及游学。"①公元前 540 年，毕达哥拉斯到埃及游学，前后有 10 年左右，学习和掌握了埃及的语言文字，当过埃及的僧侣，洞悉埃及的宗教思想和制度。后来，他"被波斯国王卡谟彼西（Cambysis，前529—前521 年在位）由埃及虏往巴比伦等地，在那里又居留了 5 年左右，和当地的僧侣们有过交往。大体上可以这样认为，毕达哥拉斯在埃及、巴比伦等地居住达 15 年左右，因此非常熟悉当地的宗教思想和僧侣制度，接受了一系列带有宗教和图腾意义的禁忌（如禁止吃豆、吃肉等），以及一切生物血脉相通和灵魂转世等迷信观念，吸收了当地算术、几何学和天文学等方面的优秀成果"②。公元前 525 年左右，毕达哥拉斯返回故乡，并到过希腊本土及克里特岛等地游历，考察法律和政治制度等。他最后选择移居希腊在意大利南部建立的殖民城邦克罗顿，并在这里"逐步建立起政治、宗教、哲学和科学研究相结合的盟会组织"，他的学生有 300 人。③ 毕达哥拉斯及其学派在古希腊哲学、数学、天文学、谐音学、教育思想与教育实践的发展方面做出了巨大的贡献，这是他们善于继承希腊自身文化传统并吸取和借鉴埃及、巴比伦的文化教育成就与历史经验的结果。

毕达哥拉斯没有留下著作。从后人有关毕达哥拉斯的论述中，至少可以确信三点：他接受了希腊宗教思想中的轮回学说；他积极地从事在那个时代的希腊引起巨大兴趣的科学研究；他建立了一个复杂的团体，其成员的生活受一定的宗教和道德原则的约束，这个团体还积极从事着政治、学术研究和教育活动。黑格尔把毕达哥拉斯称作希腊"第一个民众教师"，亚里士多德认为他是第一个试图讲道德的人。无论怎样评价，都说明毕达哥拉斯在希腊教育发展中所占的重要地位。

---

① 叶秀山、傅乐安编：《西方著名哲学家评传》第 1 卷，50 页，济南，山东人民出版社，1984。
② 同上书，52 页。
③ 同上书，54 页。

毕达哥拉斯及其学派的理论的基本核心是，高度重视数学，把数学当作万物的本原，并主张灵魂不死、灵魂轮回。这些理论直接影响了他本人及其弟子关于教育的主张。

毕达哥拉斯认为，个人接受教育的唯一目的是净化灵魂。毕达哥拉斯及其学派在政治、教育活动中，并没有把培养门徒成为诗人、医生或统治者等具体目标作为重心。他们更多的是力图影响人们的思想和行为，成为人们精神上的指导，指导人们按照和谐的数的要求，培养遵循良好社会秩序的公民，根据自己的贡献各司其职，从而保持完美的社会秩序。

那么，什么样的教育内容有助于达到净化灵魂的目的呢？毕达哥拉斯及其门徒们认为，知识是以数学为基础的，只有通过数，事物的本性才能被认识。也就是说，只有当事物中的数学关系被认识后，人们才能正确地认识事物本身。正是从数中产生出几何图形，然后再从几何图形中产生了物。虽然毕达哥拉斯最著名的科学发现是几何学中的毕达哥拉斯定理，但在当时他们对算术的重视却是远远高于几何学的。除算术和几何外，他们还重视学习音乐、天文。

毕达哥拉斯及其学派在古代希腊教育史上占有重要地位。他们极力推崇并进行了大量研究的算术、几何、天文、音乐，以后一直成为希腊学校最为基本的教学科目，并且一直沿用了一千多年。毕达哥拉斯及其学派在教育史上最大的贡献在于他们将秩序引入世界，引入科学研究，从而为人的学习、探究树立了目标。自此以后，希腊人的思想活动都把寻求有关世界完美秩序、维持自然秩序和社会秩序作为自身的目的。理性主义由此成为希腊文化和教育思想的主流。

三、智者派的教育思想

(一)智者派的产生

所谓"智者"(sophists，又称诡辩家)，在荷马时代，是指某种精神方面的能力和技巧，以及拥有这些能力和技巧的人。在荷马史诗中，造船工、战船驭手、航船舵手、占星术者、雕刻匠等，都被称作"智者"。以后，各行各业具有专门知识和技艺的人，如诗人、音乐家、医生、自然哲学家等，也被称为"智者"。随着"智者"词义的延伸，具有治国能力的人同样被当作智者。

到了公元前5世纪后期，sophists(智者)一词获得了特殊的含义，它是指以普罗泰戈拉为代表的一批教授辩论术和其他知识，并收取学费的职业教师。文化史和教育史所研究的主要是这种意义上的智者。

智者通常划分为早期智者和晚期智者。早期智者的主要代表有：普罗泰戈拉、高尔吉亚、普罗狄克斯(Prodicus)、希庇阿斯(Hippias)、安提丰(Antiphon)和克里底亚(Critias)等。晚期智者的主要代表包括：卡利克勒(Callicles)、波卢斯(Polus)、普罗塔库斯(Protarchus)、塞尼亚得(Xeniades)等。

智者派产生于希腊奴隶主民主政治制度的鼎盛时期，它深刻反映了时代的要求。由于奴隶主民主政治的发展，希腊城邦的政治结构和社会组织日益复杂，原有的政治知识已经不能适应城邦政治发展的客观要求。在这种新形势下，发展一种新的政治知识以及与此相关的道德知识，便成为城邦政治的必然要求。与这种变化相联系的是，希腊世界中原有的传授政治知识的方式也面临着极大的挑战。在智者兴起之前，希腊人的政治知识教育的方式或是游吟诗人在公众面前朗诵自己的作品，或是观看戏剧演出，或是通过直接参加公民大会等政治活动，并没有一种较为专门的传授政治知识的形式，也不存在较为"专业化"的传授政治知识的教师。而当政治知识由于政治本身的复杂化变得更为丰富和广泛之时，原有的教育方式显然不能适应政治知识变化的要求。智者的出现，正是适应了这样一种社会的客观要求。①

　　智者派共同的思想特征是：相对主义、个人主义、感觉主义和怀疑主义。在智者看来，一切知识、真理和道德都是相对的，都有赖于具体的感知者。在一个人看来是真的，就是他所说的真。没有客观真理，只有主观意见。普罗泰戈拉指出："事物对于你就是它向你呈现的样子，对于我就是它向我呈现的样子。"由此，他提出："人是万物的尺度，是存在者存在的尺度，也是不存在者不存在的尺度。"②

(二)智者派的教育思想与教育实践

　　普罗泰戈拉等人认为教育的目的就是教人学会从事政治活动的知识和本领。对于智者这种以培养政治家为目的的教育，黑格尔做了精辟的分析。他说，智者们的教育，"既是哲学教育，也是演说教育，教人治理一个民族，或者通过观念，以便使一件事情能够办得通……此外他们还有着最普通的实践目的，就是给予政治家一种预备教育，以便在希腊从事一般的职业性政治活动"③。这种教育的一个中心问题是要使人有智慧：也就是说要使人有政治眼光，有能力来适应政治斗争的需要。智者之所以对希腊教育产生巨大的影响，就在于他们知道什么是希腊教育最需要的。智者的这种思想在当时是很重要的。既然治理城邦的才能和品德可以通过教育和训练获得，那么广大门第和身份不高的自由民就可以通过教育获得政治技艺和才能来参与政治活动；反之，出身显贵的豪门贵族如果没有经过教育和训练来获得政治技艺和才能，同样有理由将他们淘汰。这场争论从思想上看是一场传统与反传统的斗争，从教育上来看，则反映了智者们对教育在国家发展中作用的看法。他们确实

---

① G.B.Kerferd, *The Sophistic Movement*, Cambridge, Cambridge University Press, 1981, p.40.

② 北京大学哲学系外国哲学史教研室编译：《西方哲学原著选读》上卷，55 页，北京，商务印书馆，1982。

③ [德]黑格尔：《哲学史讲演录》第 2 卷，贺麟、王太庆译，9～10 页，北京，商务印书馆，1960。

为希腊社会和教育的发展做出了重要的贡献。

根据上述主要教育观念，智者们把修辞学、文法和论辩术作为他们的主要教学科目。

在修辞学方面，最有建树和影响的智者是高尔吉亚。高尔吉亚的修辞理论，目前已无任何资料，但他的两篇修辞学范文《为帕拉墨得斯辩护》和《海伦颂》保存了下来。这两篇文章对于了解当时希腊修辞学教学的情况很有意义。在《海伦颂》中，高尔吉亚通过多方面的论证，从道德上为海伦的行为进行辩护，力图改变希腊人的传统偏见。但它的主要作用实际上却是表现语言、雄辩的力量。

智者们在研究修辞学的同时，也开始重视用各种文法规则来规范自己的语言，他们研究了写作中的语法问题及正确使用名称问题。为了在演讲和辩论中正确有效地使用语言，揭露对方用词不当的错误，智者们又深入研究了正确使用名称的问题，即"正名"。"正名"是由普罗泰戈拉首创的，但成就最多、影响最大的智者是普罗狄克斯。普罗狄克斯的这个研究方法就是：从两个或几个相近的词中找出它们的共同含义，同时又找出它们的细微差别。苏格拉底和柏拉图等也常使用这种方法来讨论问题，这对后来希腊文的发展起了很大作用。

智者们所教的论辩术，就是对某些具体观点加以论证，提出正面理由和反面理由来辩难，使弱的论证变为强有力的论证。在智者以前，希腊哲学家通常只注意揭示认识对象中所包含的矛盾，而智者则进一步探索人的思维本身以及表达思维的语言中的矛盾。这对人的思维和语言的发展起了重要的推动作用。

但这种以个人愿望、有用、有利为原则的论辩术，也可以被人用来为任何不正当的行为辩护，可以为恶行找到理由。一切东西只要符合自己的愿望就是真的，这显然否认了真理的客观性。有无道理，不在于是否与事实相符合，也不在于是否经得起实践的检验，而在于雄辩的力量，在于语言和修辞的力量，这也是后来智者成为诡辩者，遭人反感的主要原因，也是智者运动衰落的根本原因。

智者们摆脱早期哲学家只在狭小范围内传授本派哲学，批评别家思想的做法，他们既在本地施教，也将学生带到雅典求学，有的还四处讲学，发表演说。普罗泰戈拉曾往返于阿布德拉、雅典、西西里等地讲学、演说；高尔吉亚则从西西里到雅典，又到帖撒利、玻俄提亚等处活动。高尔吉亚和希庇亚等人还常在奥林匹亚赛会上穿上节日紫袍，发表自己最新著作并回答各种问题。他们对学生有时只做一次或几次讲座，有时则进行长期系统的教学。他们既有事先准备的书面发言，又有临时即席讲话；他们的讲授方式也很灵活，有个别传授、集体讨论、允许随意提问等方式。

（三）智者派的特点与历史贡献

智者派在西方教育发展史上具有一定的影响。但在很长时间里，由于受到苏格拉底、柏拉图、亚里士多德等人贬低智者的影响，人们一直把智者看作只起破坏作用的诡辩学派，普罗泰戈拉则成了诡辩派的罪魁祸首。一直到19世纪，德国哲学家黑格尔对智者做出公正评价后，智者在古代希腊文化教育发展中所起的历史作用才重新得到肯定。

智者运动在历史上有着多方面的贡献。从哲学上看，智者运动标志着古希腊旧的自然哲学的终结，哲学从对外在的自然现象的研究转向了对人本身的探索，开始着重探讨有关公民的现实生活的种种问题。哲学由此突破了以往学派的圈子，走向公众，成为公众的事务，成为与现实生活密切相关的思想活动。

在思想文化上，智者的个人主义实际上起到了思想启蒙的作用。由于人，尤其是个人被当作是判断一切真假、善恶、美丑的标准，人不仅成为世界的中心，而且成为认识、思维的中心。人的主体作用被放到了一个前所未有的高度。从这个意义上讲，智者的个人主义实际上是最早的人文主义。

在政治上，智者适应了奴隶主民主政治和社会生活的客观需要，以"前三艺"（即文法、修辞学和辩证法）教导青年，培养他们雄辩的才能与政治知识，这对于民主政治的发展发挥了重要作用。同时既拓展了学术研究的领域，又扩大了教育内容的范围。西方教育史上沿用长达千年之久的"七艺"中的前三艺（即文法、修辞学和辩证法），正是由智者首先确定下来的。

智者是最早的职业教师，他们是以收费而不是以门第为标准授徒，因而扩大了教育对象的范围，从而促进了希腊社会的流动。智者最关心的是道德问题和政治问题，并把系统的道德知识和政治知识作为主要的教育内容，这样，不仅丰富了教育内容，而且提供了一种新型的教育——政治家或统治者的预备教育。这种教育产生于奴隶主民主政治发展的鼎盛时期。智者派的教育活动顺应了时代的要求，并使这种教育得以确立。不仅如此，随着奴隶主民主政治的衰落，这种教育不但没有失去其存在的价值，反而日益成为人们关注的重大问题。

第二节　苏格拉底的教育思想

一、生平与教育活动

苏格拉底是希腊哲学家。他的父亲是雕刻匠，母亲是助产士。他出生和成长在雅典帝国的鼎盛时期，当时的雅典是"全希腊的学校"，在浓厚的文化氛围中，苏格拉底受到良好的教育。他曾向阿尔刻劳学习过自然哲学，也向不少的智者大师如普罗泰戈拉等求教过，同他们讨论各种问题，这对他研究人与社会，学会思考和辩论的艺术有很大作用。青年时期的苏格拉底与当时雅典的学者名流已有较多交往。在交往中，他才智崭露，声名渐起。

在他 30 多岁时，爆发了伯罗奔尼撒战争。作为雅典城邦的公民，苏格拉底亲身参加过三次战役。在作战中，他英勇果敢，吃苦耐劳，冒着生命危险在战场上拯救落难战友，表现了为城邦不惜献身的爱国精神。

长达 27 年的伯罗奔尼撒战争是希腊社会历史的转折点，是雅典城邦由强盛走向衰落的关键。战争使全希腊的政治、社会秩序陷入了极度混乱。霸主们公开宣扬血与火的杀伐，声称弱肉强食就是"正义"和"公道"。斯巴达打着"解放希腊，帮助诸邦摆脱雅典统治"的旗号，雅典则喊着"为帝国利益而战"，实际上双方都赤裸裸地奉行霸权政治原则。政治动乱又使希腊人精神世界发生了极大的混乱和危机，人性普遍堕落，希腊的传统道德陷于崩溃。

面对处于灾难和衰落中的祖国，作为热爱雅典城邦的公民，作为一位远见卓识的思想家，苏格拉底不仅用自己的身体，更用自己的头脑——用深刻的哲学思想和教育实践，企图挽大厦于将倾。他认为，造成雅典所面临的巨大危机的根源是道德和人性的堕落。因此，拯救社会的根本出路，就在于改善灵魂和人的本性，引导人们认识和追求道德的善，由此才能重振道德、改善政治以复兴雅典乃至全希腊。关于这一点，他在自白中说得非常明白：

雅典人啊！我尊敬你们并且热爱你们，但我将宁可服从神而不服从你们，而且只要我还有生命和气力，我就不会停止哲学的实践和教诲，劝勉我所遇到的你们之中的每个人，照我的方式对他说：你，我的朋友，伟大、强盛和智慧的雅典城邦的一个公民，你只专注于积累大量钱财和猎取声誉，却毫不关心和留意于智慧、真理和灵魂的最大改善，难道不以为羞耻吗？如果这人说：是啊，可我是注意的呀！这时我就不离开他，也不让他走开，而要来回地盘问他；如果我发现他并无美德，只是口头上说他有，我就要责备他忽视了最宝贵的东西，倒把无价值的东西看得非常重要。我要把这些话反复地对我所遇到的每一个人去讲，不管他年青或年老，是公民还是外邦人，但是特别是对你们这些公民们说，因为你们是我的同胞。要知道这是神的命令，我相信，在我们国家里再没有什么比我对神的服务是更大的好事了。因为我所做的事情只是到处去劝说你们，不论老少，不要只考虑你们个人和财产，首要的事是要关心灵魂的最大改善。我告诉你们，金钱不能带来美德，而只有美德才会带来金钱和其他一切好事，包括公共的和私人的好事。这就是我的教义。①

这就是苏格拉底所自觉认识到的自身使命，他把它理解为神赋予他的神圣使命，引导他在城邦内到处找人谈话，讨论问题，启迪理智，改善人的灵魂。这种使命和对这种使命的自觉认识，是他的生活与哲学的全部宗旨所在，成为其哲学的出发点和核心。这使得他的哲学并不是一种迂腐的道德规劝，而是一种对时代精神的反思与批判。他曾把自己比作神特意赐给雅典的一只"牛虻"，刺激、惊醒日趋懒惰的、像一匹硕大又喂养得很好的马的雅典，使它从昏睡中醒来而重新奋发。

面对雅典日益深重的社会危机和道德危机，苏格拉底认识到，当前最重要、最迫切的问题，是怎样教育青年成为一个好的公民。苏格拉底从 30 岁开始，一生的大部分时间都在从事教育工作，把主要精力放在教育公众上，特别是对青年的教育上，历时近 40 年。苏格拉底一生虽然从未创办过有固定校舍的学校，但他却是一个真正的、希腊传统意义上的民众教师。

苏格拉底以造就有德行、有智慧的治国人才为己任。他重视教育的作用，认为教育事业"对于人类有最大好处"②。苏格拉底曾自谓"我一生从没有过宁

① 杨适：《哲学的童年》，415~416 页，北京，中国社会科学出版社，1987。
② ［古希腊］色诺芬：《回忆苏格拉底》，吴永泉译，193 页，北京，商务印书馆，1984。

静的生活，我从不关心大多数人所关心的事情：诸如赚钱，建立舒适的家庭，谋求高官厚禄等；也没有参与如政治、秘密结社、结党等在我们城邦从未间断过的政治活动"①，而是将全部时间和精力放在教育事业上。

在长期的教育工作过程中，苏格拉底的教学没有特定的对象，更没有固定的场所。他的门人中既有贵族派，也有民主派；有本邦人，也有外邦人；有政治家，也有将军。从青年到老人，从富者到穷人，无论是普通的农民，还是手工业者，都是他的教育对象。他教无定所，体育馆、广场、街坊、商店成了自然的教室。苏格拉底说："我愿同样回答富人和穷人提出的问题，任何人只要愿意听我谈话和回答我的问题，我都乐于奉陪。"②比如，尤泰鲁斯就是一个"不得不亲手劳动来维持自己的生活"③的雇工。画师帕拉西阿斯、雕刻匠克雷多、制造胸甲的皮斯提阿斯都成为他的教育对象。在这一点上，苏格拉底的主张有些类似于我国古代教育家孔子的"有教无类"。他和人谈话时，常常目光炯炯似能穿透一切，使人感到一种超人的才智和内在的精神美。柏拉图在《会饮篇》中描述他善豪饮，当众人喝得醺然酩酊时，他仍能清醒地侃侃而谈，但他日常生活极为节制，绝少饮酒。他以自制、节俭、刻苦追求学问和诲人不倦为生活准则，鄙视智者以出售知识为生财之道。当时雅典贪婪敛财、奢侈靡逸之风日甚，苏格拉底却以其俭朴、刚健、正直、英勇的人格，在雅典公众面前树立了一种道德楷模，使他的教义更具感召力。

苏格拉底对希腊未来有高度的责任感，他把城邦的希望寄托在青年人身上，希望他们受到良好的教育，成为有德行、有知识的人。苏格拉底热爱青年，并善于对青年人的资质和品行进行鉴别。他通常通过他们学会所注意事物的速度，他们对于所学的事物的记忆能力，以及他们对于学习一切有助于

---

① [古希腊]柏拉图：《苏格拉底的最后日子——柏拉图对话集》，余灵灵、罗林平译，72 页，上海，生活·读书·新知三联书店上海分店，1988。

② 同上书，66 页。

③ [古希腊]色诺芬：《回忆苏格拉底》，吴永泉译，78 页，北京，商务印书馆，1984。

管理好家务、庄园、城邦和成功地处理人类事务的知识的渴慕程度来判断青年人的才能和品质。针对青年人身上存在的不同情况和特点，苏格拉底教育青年的方法是不一样的。对那些自以为禀赋好而轻视学习的人，他就教导他们：越是禀赋好的人越需要受教育。他认为烈性而桀骜不驯的良种马，如果在小的时候加以驯服，就会成为最有用、最骁勇的千里马，但如果不加以驯服，则始终是难以驾驭的驽材而已。苏格拉底认为，青年人受到好的教育就能成为优良有用的人，如果受的教育不好，他们的意志越坚强，就越容易犯错误，甚至走上犯罪的道路。他以猎犬为喻，品种最优良的、最经得住疲劳的、最善于袭击野物的猎犬，如果经过良好的训练，就会最适于狩猎，而且最有用处；但如果不经训练，就会变得无用、狂暴，而且最不服使唤。教育培养青年也是这样，苏格拉底指出，禀赋最优良的、精力最旺盛的、最可能有所成就的人，如果经过教育而学会了他们应当怎样做人的话，就能成为最优良的、最有用的人，因为他们能够做出极多、极大的业绩来；但是，如果没有受过教育而不学无术的话，那他们就会成为最不好、最有害的人，因为由于不知应该选择做什么，而且由于狂傲激烈、禀性倔强、难受约束，就会做出很多很大的坏事来。

苏格拉底和当时活跃在雅典的智者派虽有表面上相似的地方，但与他们又有很大的不同。智者派教人要收取学费，他却分文不取，把教育人视为自己应尽的义务。他是一位不收酬金的义务教育家、知识的无私奉献者。色诺芬回忆说："尽管他接待了许多希望听他讲学的人，其中有本国公众也有外国人，但他从来没有因为讲学而向任何人索取过报酬，而是以其丰富的学识毫不吝惜地向所有的人施教。"①对受教育者他不仅不收取报酬，有时还愿意最大限度地奖励、资助那些愿领受他的教义的人们。从教学内容上来看，智者派侧重于雄辩术、文法和修辞，苏格拉底的教育学内容重视道德、智慧和治

---

① ［古希腊］色诺芬：《回忆苏格拉底》，吴永泉译，20 页，北京，商务印书馆，1984。

国才能的培养，目的在于教人怎样做人。

苏格拉底这只"牛虻"企图用他的哲学和道德原则来改造希腊人的思维和精神生活。这种独特的精神与当时雅典人所奉行的政治及生活规则产生了严重冲突。苏格拉底认为，从政必须以正义为准则，雅典之所以陷入无穷的动乱和灾难之中，都是因为人们只追逐金钱地位，丧失了美德之心和善。所以不管什么人、什么政体，只要言行不合正义，都会遭到他的批评。苏格拉底对民主政体和贵族政治都持独立不倚和批评的态度，招致了当权者的仇视。他虽逃脱了三十僭主的迫害，却在民主制恢复时遭到了杀身之祸。

公元前 399 年，他以"引进新神"和"败坏青年"的罪名被控告。苏格拉底恪守自己的哲学使命和原则，在法庭上他不畏惧，不求饶，侃侃而谈，申辩自己的所作所为是正当的。他不仅严正地为自己辩护，而且继续针砭雅典时弊。被宣判死刑后，他的朋友和学生劝说并帮助他越狱逃走，被他坚决拒绝，因为他认为他和国家之间有神圣的契约，自己应遵守雅典的法律，这是他不能违背的。所以他视死如归，在临终前仍同朋友们讨论哲学问题，后饮鸩就刑，用自己的生命和哲学实践捍卫了自己的使命和人格。"分手的时候到了，我去死，你们去活，谁的去路好，唯有神知道。"这句话历经两千多年，今天读来仍令人潸然泪下。

对于苏格拉底之死，历来大多数哲学家认为这是雅典人做的一件伤天害理的事情。连三十僭主都不敢向他下毒手，而在民主制恢复后居然将其害死。从历史上看，苏格拉底的思想和活动及其造成的社会影响是同当时雅典社会传统的政治、宗教、道德观相冲突的。他用"认识你自己"代替神谕，提倡理性原则及人的自我意识，批判雅典传统的社会道德和政治规则，这些都威胁到维系雅典城邦的政治、伦理和宗教原则，因此他被判罪是必然的。黑格尔以深刻的历史洞察力，论述了苏格拉底的悲剧性质，黑格尔指出：

他的遭遇并非只是他本人的浪漫遭遇，而是雅典的悲剧，希腊的悲剧，它不过是借此事件，借苏格拉底表现出来而已。这里有两种力量在相互对抗。一种力量是神圣的法律，是朴素的习俗，——与意志相一致的美德、宗教，——要求人们在其规律中自由地、高尚地、合乎伦理地生活，我们用抽象的方式可以把它称为客观的自由……另一个原则同样是意识的神圣法律，知识的法律（主观的自由）；这是那令人识别善恶的知识之树上的果实，它来自自身的知识也就是理性，——这是往后一切时代的哲学的普遍原则。①

上述黑格尔的看法，一反前人对苏格拉底之死事件的单纯道德评价，而做了较为深刻而富有启发性的历史评价，是比较公允的。当代美国新闻工作者 I. F. 斯东在 70 岁高龄之后，穷 10 年之劳，写出了《苏格拉底的审判》一书，斯东提出了自己的观点：他认为苏格拉底之死在于他的学说与雅典民主政体的矛盾，而矛盾体现在三个哲学的根本问题上，即人类社会群体的性质、什么是美德和知识、个人与政治的关系。在这些根本问题上，苏格拉底与大多数雅典同胞乃至古代希腊人都有着巨大的分歧。

应该说，苏格拉底的哲学和道德思想旨在维护雅典奴隶主阶级的长远利益，基本上符合古代希腊奴隶社会的基本要求。伯罗奔尼撒战争后，雅典公民早已被战争、政变和政客争权夺利弄得晕头转向、意乱神迷，已不能体察"牛虻"的使命和善意。苏格拉底被他所苦苦眷恋的城邦处死，这不仅是苏格拉底个人的悲剧，也是整个雅典和希腊的悲剧。

苏格拉底没有任何著作，他的思想在与别人的对话中表达。今人主要通过他的两个学生——色诺芬和柏拉图的著作来了解他的生平和思想。色诺芬

---

① ［德］黑格尔：《哲学史讲演录》第 2 卷，贺麟、王太庆译，44~45 页，北京，商务印书馆，1960。

是历史学家，在《家政篇》《辩护词》《宴会集》和《回忆录》中记录了苏格拉底的言行。柏拉图的对话多以苏格拉底为主角，但一般认为，只是他的早期对话才基本上反映苏格拉底的思想，其中《申辩篇》《克力同篇》《尤息弗罗篇》《拉刻斯篇》四篇对话，记录了苏格拉底在审判期间的对话。

二、哲学的变革及其对教育思想史的意义

在苏格拉底以前，哲学家们所探索的主要是宇宙的本原问题。苏格拉底早年也曾潜心研究自然哲学，但他最终得出的结论却是：哲学不能单纯研究自然，更应该研究人事。

苏格拉底认为，哲学家们对世界本原问题的探讨，是一个错误的目标，"选择这些思想对象的人是愚蠢的"，因为"这些问题是人根本不能解决的"。他指出，那些研究世界本原问题的人的观点只能引起争论和混乱，得不到确定的结果，并且他们也不具备这种研究的能力。苏格拉底把哲学当作一门实用的技艺，认为学习技艺的目的在于能够用其所学为社会服务。他批评那些专心致志地研究自然的人毫无目的，并不能改变社会现实，他对自然哲学家们的工作表示怀疑："那些研究天上事物的人，当他们发现万物是凭着什么规律实现的以后，也希望能够制造出风、雨、不同的节令以及他们自己可能向往的任何东西来，还是他们并没有这类的希望，而是仅以知道这一类事物是怎样发生的为满足呢？"①色诺芬回忆，苏格拉底经常到处找人谈话，他不像大多数其他的哲学家那样争论事物的本性是什么，猜测智者们称之为世界的那个东西是怎样产生的，天上的每一件事物是由必然的规律造成的，而是努力指出，选择这种思考对象的人是愚蠢的。他常常劈头就问他们，是不是认为自己对人事已经知道得很透彻，所以进而钻研那样一些沉思的题目，或者质问他们完全不管人事，只对天上的事情加以猜测，是不是认为自己在做本

① ［古希腊］色诺芬：《回忆苏格拉底》，吴永泉译，4~5页，北京，商务印书馆，1984。

分的工作。

苏格拉底认为哲学应该研究有用的人事问题，诸如虔诚、适当、正义、坚韧、懦怯、勇敢等德性的定义，国家及治国的道理，政治家的风度，统治者的品质等。他认为："凡精通这些问题的人就是有价值配受尊重的人，至于那些不懂这些问题的人，可以正当地把他们看为并不比奴隶强多少。"①

苏格拉底认为哲学的任务首先是研究人本身，尤其是处在社会面临剧烈动荡之际，人们更加有责任来研究人事，因此他提出了"认识你自己"。苏格拉底借用德尔菲神庙的这句格言作为哲学所要解决的主要问题，从而扭转了希腊哲学的方向。他认为自然哲学家在研究世界本原时，并没有首先审视自己的心灵。而苏格拉底主张人的心灵内部已经包含着一些与世界本原相符合的原则，人们应首先在心灵中寻找这些内在原则，然后再根据这些内在原则来规定外部世界。

苏格拉底之前的智者派就已经开始注意研究人和人事了。普罗泰戈拉说："人是万物的尺度。"但智者的理论是以感性、欲望为基础的相对主义和经验主义。在智者看来，人是凭感觉来衡量一切的，人是凭欲望来行动的，人仅仅是具有感觉和欲望的人。苏格拉底认为智者们并没有真正认识人自己，因为人之所以为人，不仅仅是由于他有感觉、欲望和情感等，更重要的在于人有灵魂、有理性，追求善，而真正的善乃是灵魂中道德的善、纯粹的善。苏格拉底在批判智者的同时，把对人的研究提到了新的高度，严肃地把"认识你自己"的命题放到了哲学面前。他认为对于人来说，认识到自己的本质在于善，致力于自己灵魂的净化，才是他们最紧要的事情。因此，黑格尔指出："智者们说，人是万物的尺度，这还是不确定的，其中还包含着人的特殊的规定；人要把自己当作目的，这里面还包含着特殊的东西。在苏格拉底那里，我们也发现人是尺度，不过是作为思维的人：如果将这一点以客观的方式来表达，

---

① ［古希腊］色诺芬：《回忆苏格拉底》，吴永泉译，5 页，北京，商务印书馆，1984。

它就是美，就是善。"①

苏格拉底深深眷恋着养育他的城邦——雅典，色诺芬的《回忆录》中记述了苏格拉底和小伯里克利的谈话。后者讲到城邦竞争中滋长了大量罪恶，公民"经常怀着恐惧的心情，深怕有忍受不了的灾祸降临城邦"，苏格拉底却满怀信心地说："决不要以为雅典人已经病入膏肓，不可救药了。"②但与此同时，苏格拉底并不满足于昔日的道德规范，因为他已经亲眼看到，种种的不正义正是在雅典人以往视为光荣正义的事情里发生的。他发现，雅典人以前自以为知道了什么是真正的美德与善，但其实并不理解它们，把它们与一些实用的目的、个人的野心——如追逐金钱、地位等相混淆。在这点上，就连那些伟大的政治家也是如此；因此人们常常把不义当作了正义。同时他也发现，那些自称为智慧教师的智者其实也不知道什么是真正的善和美德，他们只知道人人都有自己的真理，这样也就没有什么真理可言。因此，他认为要拯救雅典，首先必须弄清楚什么是真正的善和美德，分清正义和不义，进而改善人的灵魂，重建道德价值。

色诺芬在《回忆苏格拉底》中说："他（苏格拉底——引者注）时常就一些关于人类的问题作一些辩论，考究什么事是敬虔的，什么事是不敬虔的；什么是适当的，什么是不适当的；什么是正义的，什么是非正义的；什么是精神健全的，什么是精神不健全的；什么是坚韧，什么是懦怯；什么是国家，什么是政治家的风度；什么是统治人民的政府，以及善于统治人民的人应当具有什么品格；还有一些别的问题。"③从柏拉图的早期对话和色诺芬的回忆录中都可以看到，苏格拉底首要关注的是伦理道德问题，但他总是上升到哲学高度，对人的本性做深刻反思，并且运用他的哲学和道德原则去探讨政治、

---

① ［德］黑格尔：《哲学史讲演录》第 2 卷，贺麟、王太庆译，62 页，北京，商务印书馆，1960。

② ［古希腊］色诺芬：《回忆苏格拉底》，吴永泉译，102 页，北京，商务印书馆，1984。

③ 同上书，5 页。

人生和知识领域的问题，企图通过改造希腊人的全部思维和精神生活，以克服社会的全面危机。所以出路在于引导人们认识什么是真正的善、什么是真正的美德、什么是真正的知识，以改善人们的灵魂，恢复雅典昔日的光荣。

正是在哲学转变和社会现实的双重要求下，苏格拉底强调要认识普遍的、共同的本质，探求真知，为此他按照德尔斐神庙的古老神谕，提出了"认识你自己"的命题。他所说的"认识你自己"，就是让人们知道自己是无知的，只有承认自己是无知的，才能放弃原有的经验性的、感性的东西，去发现理性的知识，发现事物的概念，认识真理。只有达到了真理性的认识，人的行为才能是正确的。一切错误的行为和罪恶的行为，都是无知的结果。同时，苏格拉底所说的"认识你自己"，也是强调共同的、普遍的善。面对当时雅典的政治危机和道德危机，苏格拉底批评智者以个人感觉作为真理和正义的标准，因为每个人的感觉是不同的。建立在个人感觉之上的所谓真知，只是一种相对主义和主观主义的东西，结果必定是否定真理本身。苏格拉底认为要拯救国家，必须确立一个真正的、普遍的善的观念。

苏格拉底的哲学，是一种"道德哲学""伦理哲学"。他把研究道德作为哲学的主要任务。他的道德哲学的一个主要命题就是：美德即知识。苏格拉底把美德与知识等同起来，实际上是寻求一种普遍的道德观念，来反对相对主义和经验主义的道德观，以克服当时雅典的道德危机。德性的知识就像几何一样，人们遵循几何学知识测地造房，同样，人们要遵从伦理学知识为人处世。学了几何学可变成几何学家，同样，学了伦理学可变成有德之士。人们探讨德性，就是要获得道德的一般定义和普遍本质，即获得普遍的、永恒的知识。从道德哲学观点出发，苏格拉底把道德修养作为教育的根本目的，提出了维护奴隶主贵族统治的道德观念，主张培养人们具备公正、节制、勇敢、智慧等优秀道德品质。而这些美德既然是知识，就可以由教育得来，在苏格拉底看来，美德是可教的，即德行可教。在西方教育史上，苏格拉底最早提出了知识和道德的关系，以及教育在培养德行中的作用。

从道德哲学出发，面对危机日益深重的祖国，苏格拉底认为当时社会问题中最主要的是如何教育青年具有美德和善的观念，成为一个好的公民。苏格拉底告诫青年们，幸福不在于财富，而在于知识。对于那些以财富自夸，认为不需要受教育，财富会成就他们的心愿，使他们受到人们尊敬的人，苏格拉底就热情地教导他们说："只有愚人才会自以为不用学习就能够分辨什么是有益的和什么是有害的事情。也只有愚人才会认为，尽管不能分辨好歹，单凭财富就可以取得自己所向往的并能做出对自己有利的事情。只有呆子才会认为，尽管不能做出对自己有利的事情，但这也就是做得不错了，而且也就是为自己的一生作了美好的或充分的准备了。只有呆子才会认为，尽管自己一无所知，但由于有财富就会被认为是个有才德的人，或者尽管没有才德，却会受到人们的尊敬。"①

苏格拉底所实现的哲学的变革，在希腊教育思想的发展进程中，具有极为重要的意义。这是因为，由于哲学家的目光从自然转向社会、人类生活以及人类自身，与人密切相关的教育问题才有可能得到关注，从而引起思考。另一方面，在苏格拉底的思想逻辑中，政治问题、哲学问题和道德问题是相互联系的，正是这种联系，才使教育问题真正进入思想家的视野，并作为一个基本问题被提了出来。苏格拉底是否自觉地把教育问题作为思考的对象，由于缺乏足够的史料，还难以断定。但可以肯定的是，正是由于对政治、道德问题及其相互关系的系统探讨，才使苏格拉底有可能同样系统地思索教育问题，从而形成希腊最早的较为系统的教育理论。再一方面，哲学的变革为希腊教育思想的发展提供了强大的动力。希腊教育思想的成型和鼎盛，出现在雅典由盛而衰的转变过程中，其原因在于，正是在这个时期，希腊哲学、伦理学和政治学的巨大发展，为教育认识提供了足够丰富的思想材料。

---

① [古希腊]色诺芬：《回忆苏格拉底》，吴永泉译，139页，北京，商务印书馆，1984。

二、论政治家的培养

苏格拉底生活在雅典由盛而衰的转变关头，他深刻地意识到了希腊社会发展的内在矛盾。他既反对斯巴达式的寡头制，也反对当时雅典式的极端民主制，他主张政治专业化，使治理城邦的大权掌握在一部分有专业政治知识且品质高尚的人手中，而不是把权力分散在没有政治知识的普通公民手中。

苏格拉底认为，政治是专门知识，政治家应该是智德兼备的专家。色诺芬的《回忆苏格拉底》中记叙了苏格拉底对雅典当时政坛的评论。苏格拉底批判雅典的领导人素质低劣，人人都可以通过抽签的方法获得职位，整个政府由叫人害羞的擀毡工人、补鞋匠、铜匠、农民、批发商、在市场上斤斤计较贱买贵卖的人们组成，他们既未考虑过也没有从事过管理事务。"用豆子拈阄的办法来选举国家的领导人是非常愚蠢的，没有人愿意用豆子拈阄的办法雇用一个舵手、或建筑师、或奏笛子的人、或任何其他行业的人，而在这些事上如果做错了的话，其危害是要比在管理国务方面发生错误轻得多的。"①苏格拉底极力主张，应全力培养和鼓励那些真正有才干、熟悉政务的人去从事政治，坚信只有好的舵手才能把雅典这条迷失方向的船领出困境，逃离厄运。他进而指出：治理城邦是"最伟大的工作"，"最美妙的本领和最伟大的技艺"，治理国家的政治家应具有"帝王之才"。政治技艺绝不是一种自然禀赋，"如果说，没有多大价值的工艺不必经过有本领的师傅的指导就会自己精通这一见解是荒谬的，那末，把像治理城邦这样伟大的工作，认为人们自然而然地做出来，那就更加荒谬了"②。同时，他又以赛米斯托克勒斯(Themistocles)的例子说明，政治家的本领不可能通过和那些自称知识渊博的智者交往而获得。

那么，政治家应如何获得这些治理国家的本领呢？他强调政治家本身应

① ［古希腊］色诺芬：《回忆苏格拉底》，吴永泉译，8页，北京，商务印书馆，1984。
② 同上书，141页。

受良好的教育与训练，刻苦学习本领，尤其是美德方面的知识。在与绰号"美男子"的尤苏戴莫斯（Euthydemus）对话时，苏格拉底劝告年轻的政治家首先要勤奋学习，获得广博知识，培养美德。他说：那些想学竖琴、笛子、骑马，或其他类似事情的人们，总是刻苦训练，而且不单纯靠自己，还请教那些精通此道的师傅们，对于他们想学的技艺，总是勤学苦练。"然而，在那些立志做成功的具有演讲和实践才能的政治家的人们中间，却有些人以为不必经过准备和钻研，就可以自动地突然间取得这些成就。其实很显然，后者比前者更难成功，因为尽管有许多人从事后一种工作，但成功的却很少。因此，很明显后者需要更为巨大的艰苦的努力。"[①]

在苏格拉底看来，像其他任何行业一样，政治也是一门技术，它需要天赋，更需要学习实践。无论出身如何，所有希望从事政治行业的人，都必须努力学习各种有关政治的知识。在色诺芬的回忆中，苏格拉底用质问的方法，引导非常希望得到政府职位的青年格老孔（Glaucon）不得不承认自己完全没有担任所想职位的必要知识。他告诫跃跃欲试从政的柏拉图的弟弟格老孔：从政前首先要学习，学习国防军事、税务财政、农业经济等多方面的知识，会理家才能治国，一个统治者对于国家事务如果没有精确的知识，他就不可能对国家有好处，也不可能使自己有光荣。苏格拉底总结说："格老孔，要当心，你一心想要出名，可不要弄得适得其反啊！难道你看不出，去说或做自己还不懂的事情是多么危险吗？……在所有的事上，凡受到尊敬和赞扬的人都是那些知识最广博的人，而那些受人的谴责和轻视的人都是那些最无知的人。如果你真想在城邦获得盛名并受到人的赞扬，就应当努力对你所想要做的事求得最广泛的知识，因为如果你能在这方面胜过别人，那末，当你着手处理城邦事务的时候，你会很容易地获得你所向往的就不足奇怪了。"[②]

---

① ［古希腊］色诺芬：《回忆苏格拉底》，吴永泉译，142 页，北京，商务印书馆，1984。
② 同上书，109~110 页。

苏格拉底经常劝勉那些热望担任公职的人学习必要的业务。他说："青年人，一个人想在城邦里担负将领的责任而忽略学习业务的机会，实在是件可耻的事情，这样的人应该受到的城邦的惩罚，远比一个没有学过雕刻而竟想签订合同为城邦雕像的人所应受的惩罚为多。因为在战争的危急时期，整个城邦都被交在将领的手中，如果他成功，整个城邦将会获得很大益处，如果他失败，整个城邦将蒙受极大的损失。因此，一个希望被选派担任这样职务的人，如果忽略学习这样的业务，又怎能不受到应有的惩罚呢？"①他指出，一个学会了弹七弦琴的人，尽管他还没有使用这个乐器，就已是一个七弦琴师；一个学会了医疗术的人，尽管他没有开业，就已是一个医生；然而，对一个缺乏相当知识的人来说，即使全世界的人都选他做将领，他也不能因此是一个将领。

在《回忆苏格拉底》中，色诺芬讲述了一个故事：身经百战、历经艰辛，甚至还在战争中负了许多伤的尼各马希代斯（Nicomachides）埋怨雅典人，说自己虽富有作战经验，雅典人却没有选他为将领，反倒选了一个没有作战经验的安提斯泰尼斯（Antisthenes）。苏格拉底用领导歌舞团和领导军队的过程做了类比，说明安提斯泰尼斯虽然没有率领过军队，却可能具备一个成功的将领所必备的资格。苏格拉底提出，不管一个人领导什么，只要他知道自己所要学的是什么，而且能够达到这个要求，他就是一个好领导，不管他领导的是一个歌舞团也好，是一个家庭、城邦或军队也好。管理个人事情和管理公众事务只是在大小方面有差异而在本质上是相似的，凡是知道怎样用人的人，无论是个人事情还是公众事务都能管理好，而那些不知道用人的人在两方面都要失败。

苏格拉底培养政治家的思想反映了当时古希腊政治专业化、知识化的历

---

① ［古希腊］色诺芬：《回忆苏格拉底》，吴永泉译，84~85 页，北京，商务印书馆，1984。

史趋势，他把政治看作一门与其他行业不同的，并非人人都能掌握的专业技术。他反对熟悉某一特殊技艺的人对其他行业指手画脚，并把这种态度迁移到政治问题上。正因为如此，他在《普罗泰戈拉篇》中说："公民大众在诸如建筑、造船等问题上要请教专家，那些没有专业知识和经验的人往往要被轰下台；但到了政府事务时，他们却准备听取任何人的意见，无论他是建筑师、铁匠、商人、船人，还是穷人或者富人，出身好的人或不好的人。"言下之意，苏格拉底对雅典公民人人都可以在公民大会上讨论各种重大问题，并拥有同样重要的投票权的做法表示反对。苏格拉底反复劝告他那些想做政治家的学生，一个统治者对国家事务如果没有精确的知识，他就既不可能对国家有好处，也不可能给自己带来光荣。他强调在政治问题上，一个人必须有真才实学，否则后果不堪设想。苏格拉底劝诫他的学生不要夸耀，凡是想要有所表现的人，就应当努力让自己真正成为他所想要表现的那样的人。如果自己不是那样的人，而冒充为那样的人，一定会给自己带来麻烦和讪笑，而且还可能给国家带来耻辱和损害。他举了一个例子来说明这一道理：一个本不善于吹笛的人却要吹嘘自己善于吹笛，这个恶劣的吹笛家和狂妄的吹牛家在花费了很大一笔资财之后，不仅毫无收获，而且还给自己带来耻辱，使自己的生活沉重、无用和可笑。苏格拉底进而指出，政治家应有治国本领，让那些吹牛的政客来治理城邦是非常危险的，这就像"一个没有必要的知识的人而被任命去驾驶一条船或带领一支军队，他只会给那些他所不愿毁灭的人带来毁灭，同时使他自己蒙受羞辱和痛苦"①。

色诺芬说，苏格拉底还以同样的方式证明，一个本不是富有、勇敢或有力量的人，而表现成这样的人，是毫无用处的。他称那些用说服的方法向别人借得银钱或财物而不肯归还的人是个不小的骗子，但他认为最大的骗子乃是那些本来没有资格却用欺骗的方法使人相信他们有治国才能的人。他十分

---

① ［古希腊］色诺芬：《回忆苏格拉底》，吴永泉译，39 页，北京，商务印书馆，1984。

严肃地说："人们把他们所不能胜任的任务加在他们身上，当他们辜负了人们的期望的时候，人们对他们是不会容情的。"①

苏格拉底曾和小伯里克利谈论使雅典人恢复他们古代精神和雄心壮志的方法。他指出，应该用先人的丰功伟业使他们受到激励。在过去，没有一个民族像雅典人那样为他们祖先的丰功伟绩而感到自豪；很多人受到激励和鼓舞，培养了刚毅、果敢和为祖国甘冒一切危险而不辞的精神。然而雅典在取得卓越成就之后，由于疏忽大意而变得落后了。要恢复雅典原有的辉煌，政治家们不应只靠花言巧语来煽动民众，而必须有真才实学。苏格拉底在同小伯里克利的对话中谈到，对于竖琴演奏者、合唱演员、舞蹈演员、摔跤家或角斗家，一个不具备必要知识的人是不可能企图指挥他们的，凡能指挥这些人的人都能说出他们所擅长的这种技能是跟谁学来的；而我们的大多数将领并没有经过事先的学习。苏格拉底在同尤苏戴莫斯的对话中，批评了雅典人对于政治专业知识学习的忽视："雅典人啊！我从来没有向任何人学过什么，即使我听到过什么人在言论和行动方面有所擅长，我也从未找过他们谈谈；我从来没有打算从那些知识渊博的人们中间请谁来做我的老师；恰恰相反，我一直是在避免向任何人学习，甚至也避免给人以任何学习的印象。尽管如此，我却要按照我随便想到的，向你们提出忠告。"②接着，苏格拉底把这段话与那些并没有学过医术，却要求城邦派他们担任医药工作的人做了类比。他说，这些人会以这些词句开始自己的求职演说："雅典人啊，我从来没有向任何人学过医术，也没有找过任何医生做我的老师；因为我一直在避免向任何医生学习，甚至也避免给人一种学习的印象。尽管如此，我还是求你们派给我一个医生的职务，因为我将试着在以你们为试验品的过程中进行学

①　[古希腊]色诺芬：《回忆苏格拉底》，吴永泉译，39 页，北京，商务印书馆，1984。
②　同上书，141 页。

习。"①苏格拉底的无情讽刺使得所有在座的人都哄笑了起来。应该说，苏格拉底的这些话虽有戏谑之意，但绝不是无的放矢的泛泛之谈，而是对雅典民主政治的深刻反思。

苏格拉底作为热爱雅典城邦的公民，作为奴隶主阶级中有远见卓识的思想家，他敏锐地觉察到伯罗奔尼撒战争已造成希腊城邦社会及其精神生活的解体。苏格拉底从精神道德和社会政治方面做了深刻的反思。他反对那种人人当家作主的雅典式极端民主制，要求把城邦事务的管理大权交给对政治确有真正才能的政治家，这样才能建立一个理想国家。苏格拉底对伯里克利时代末期以来的雅典民主制的蜕变是很不满的，他批评用豆子拈阄的办法将不懂政治的人选出来管理国家有极大的危害性，但是他并不全盘反对民主制，而且明确反对僭主制政体，对由斯巴达势力支配的雅典三十僭主专政十分厌恶。他既反对贵族寡头政治，也抨击政客利用民主制度操政弄权："君王和统治者并不是那些拥有大权、持王笏的人，也不是那些由群众选举出来的人，也不是那些中了签的人，也不是那些用暴力或者凭欺骗手法取得政权的人，而是那些懂得怎样统治的人。"②他的理想是贤人统治，但不是波斯帝国的专制皇帝，而是由德才兼备的贤人执掌权力，以法治邦。因此，苏格拉底是要培养和造就有专门知识和德行的人。

整个雅典古典时代的教育的根本问题，就是如何培养适合于时代需要的政治领袖人物。在这个问题上，又分成两个派别：一派是继承智者传统、以伊索克拉底为代表的修辞教育论者，其培养目标是演说家；另一派就是苏格拉底所倡导的以培养政治家为目标的哲学教育论者。苏格拉底喜欢和青年交往，他在雅典的街头巷尾、竞技场所高谈阔论时，周围常常簇拥着许多青年子弟，如何教育青年并培养他们的美德是他的谈话主题。他想用他的哲学塑

---

① [古希腊]色诺芬：《回忆苏格拉底》，吴永泉译，141页，北京，商务印书馆，1984。
② 同上书，118页。

造青年一代，在他们身上寄托他的理想。当智者安提丰问他自己为什么不从政时，他坦白地剖明心迹："安提丰，是我独自一人参与政事，还是我专心致志培养尽可能多的人参与政事，使我能够对政治起更大的作用呢?"①因此，不参政的苏格拉底实际上深深地介入了政治，他的活动起了现实的政治影响，他将复兴雅典的理想寄托在青年一代身上，他对青年的影响日益增大，自然触犯了那些不学无术、无德无能的政治权贵，招致他被指控"败坏青年"，以致被判死刑。

三、道德教育哲学

苏格拉底不仅是一个政治思想家，也是一位道德改革家。他建立人的哲学，着眼于探讨人的道德本性。他认为社会道德秩序的稳定是城邦兴盛的基础，道德沦丧是城邦政治危机的根源；改善灵魂、匡正道德是振邦兴国的根本。因此，与培养合格领导者以拯救雅典密切相关的，是他要求全体公民改造道德生活，呼吁雅典同胞进行自我反省，寻求一种真正有价值的生活。苏格拉底认为，智者的相对主义的感觉论只能助长个人利己主义和享乐主义，是造成雅典危机的思想根源。因而，他强调普遍的知识与价值，贬低感觉，要以理性去探讨伦理观念和道德价值，确定普遍的绝对的善。他在古代希腊首次建立了一种理性主义的道德哲学。

(一)美德即知识

美德即知识，这是苏格拉底道德理论和道德教育哲学的一个基本命题，它表明美德的本性是知识，人的理智本性和道德本性是同一的。

在希腊文中，"arête"这个词的含义相当广泛，不仅指人的优秀品质，也指任何事物的优点、长处和美好的本性。苏格拉底将生活中人所表现的所有优秀品质，如正义、自制、智慧、勇敢、友爱等都称为人的"arête"，一般将

---

① [古希腊]色诺芬:《回忆苏格拉底》，吴永泉译，38 页，北京，商务印书馆，1984。

它译为"美德"。"美德即知识"是苏格拉底道德教育哲学的主旋律。色诺芬在《回忆录》中记载："苏格拉底还说，正义和一切其他德行都是智慧。因为正义的事和一切道德的行为都是美而好的；凡认识这些事的人决不会愿意选择别的事情；凡不认识这些事的人也决不可能把它们付诸实践；即使他们试着去做，也是要失败的。所以，智慧的人总是做美而好的事情，愚昧的人则不可能做美而好的事，即使他们试着去做，也是要失败的。既然正义和其他美而好的事都是道德的行为，很显然，正义的事和其他一切道德的行为，就都是智慧。"①苏格拉底并且将这种"美德即知识"的理论具体运用于实际生活中，他说："在农业方面是那些善于种田的人，在医学方面是那些精通医道的人，在政治方面是那些好的政治家们；至于那些不能把事情做好的人，既没有任何用处，也不会为神所钟爱。"②

苏格拉底曾和希庇阿斯讨论什么是正义的问题。苏格拉底认为"守法就是正义"，并且说明他所说的法就是"城邦的律法"，即公民们一致制定的协议，规定他们应该做什么和不应该做什么。③ 在他看来，法就是普遍正义，是指导城邦生活的最高准则。苏格拉底在被判处死刑后，朋友们都劝他越狱求生。但他声称自己从不放弃原则，总是根据理智决定是否接受朋友的建议。苏格拉底说：人皆非有意作恶，以错对错的报复绝不可取，这是一条人生原则。自己如果越狱逃跑就是对雅典城邦做了毁法败邦的报复，是摒弃了自己对城邦的道德承诺，违背了正义的生活原则。

苏格拉底认为自制是一切美德的基础，"自制是人的一个光荣而有价值的美德"④。自制之所以重要，是因为智慧是最大的善，不自制就使人远离智慧，缺乏健全理智，沉溺于某些快乐，于是本来能分辨好坏的感觉迟钝了，

---

① ［古希腊］色诺芬：《回忆苏格拉底》，吴永泉译，117 页，北京，商务印书馆，1984。
② 同上书，119~120 页。
③ 同上书，164 页。
④ 同上书，32 页。

不择善而从恶，不做有益的事而做有害的事。苏格拉底并不否认人需要快乐，但是他反对享乐主义道德观将快乐说成是满足物欲和情欲。他指出：不自制给人带来的唯一东西就是所谓快乐，但这并不是真正的快乐，唯有自制才能给人以最大的真快乐。因为在苏格拉底看来，理智是最大的美德，自制表现为以理智克服欲望，使欲望以适度的方式得到满足。"一个不能自制的人和最愚蠢的牲畜有什么分别呢？那不重视最美好的事情，只是竭尽全力追求最大快感的人，和最愚笨的牲畜有什么不同呢？只有能自制的人才会重视实际生活中最美好的事情，对事物进行甄别，并且通过言语和行为，选择好的，避免坏的。"①

苏格拉底认为，勇敢不是天生的品质，而是一种需要经过教育获得知识才能培养起来的美德。勇敢和知识密不可分。不能简单地说勇敢就是对可怕而危险的事情无所畏惧；如果对这类事情的性质无知而无所畏惧，这不是勇敢而是鲁莽。在大难临头时必须有知识、有智谋、善于应付、临危不惧，这才是真正的勇敢。勇敢无疑是一种高尚的品德，但只有和智慧结合的坚韧才是高尚的，愚昧的坚韧只不过是顽固，是有害的恶。勇敢出自智慧，人的勇敢是要通过勤学苦练才能培养起来的。这样，苏格拉底就将勇敢与知识、智慧联系起来了。

交友是当时希腊社会生活的重要内容，苏格拉底对此很重视，他教导人们要懂得友爱和友谊的价值，要懂得怎样交友择友。他自称不像别人那样喜欢声色犬马，"我所喜欢的乃是有价值的朋友"。他认为友爱的本性是善，善和恶不能并存，因为坏人和坏人、坏人和善人之间没有真正的友爱，友爱只存在于高尚善良的人们中间。苏格拉底又认为：任何人都不爱无知无用之人，如果对事物没有知识就会将事情弄糟，失去别人的爱，甚至父母的爱，只能处处受制于人；如果你获得知识，显得有用与善良，所有人都会对你友爱。

---

① ［古希腊］色诺芬：《回忆苏格拉底》，吴永泉译，173 页，北京，商务印书馆，1984。

苏格拉底以此说明友爱这种美德同知识与智慧是紧密相联的。

苏格拉底还从"美德即知识"出发，提出美德是统一的，反对智者把人的美德相分离的观点。普罗泰戈拉认为美德就如同人脸上的鼻子、嘴那样的部分，它们的功能是彼此不同的，所以有些人勇敢而不公正，有些人正义而不智慧。实际上，普罗泰戈拉陷入了道德上的相对主义，将美德相互割裂，认为对立的美德可以共存于一体，善也是相对的，既可对人有益，也可对人有害。在普罗泰戈拉看来，道德是相对的，没有普遍绝对的标准，因此不能构成确定完整的道德人格。苏格拉底针锋相对地提出了美德的有机整体性和道德价值的普遍确定性。他并不否认多种行为美德之间的差异，但更强调它们的有机联系即它们有同一性，那就是它们的理智本性，苏格拉底对古希腊的几种主要美德——正义、自制、勇敢等加以分析，认为它们有共同性，都和知识相联系，都受智慧的支配。这种本质上的同一性使各种美德内在联结，不能孤立存在，构成美德的整体性。苏格拉底主张，美德是一个统一的整体，智慧、知识和美的本性使各种美德成为有机联系的整体。美德的整体先于部分，也优于部分，人的美德不可能被分割成各个部分，人的道德人格必定是完整的。

(二)美德可教

在同普罗泰戈拉的对话中，苏格拉底指出，从雅典公民大会的情况看，政治技艺似乎是不可教的，公民大众讨论建筑、造船时请教建筑和造船的专家，而讨论政治事务时，如果请某人作为专家来施教，只会招致轻蔑和哄笑，被嘘出会场。苏格拉底说他本不相信美德可教，请博才多学的普罗泰戈拉为他释疑。

普罗泰戈拉讲了一个神创造人和人类社会进化的故事来回答这个问题。混沌初开，神用火和土做成了人，普罗米修斯为人类偷来了火，并产生了百工技艺，但由于人没有政治技艺而相互伤害。宙斯害怕人类因此会毁灭，便命厄庇墨透斯给人带来相互尊重和正义的美德，并且使每个人平等具有这种美德，城邦得以制定法律才有秩序、友谊和团结。按照普罗泰戈拉的社会进化论，人类早期处于自然状态，没有道德和法律；互相尊重和正义虽然是由宙斯带给人的，但由于人人具有这种本领，制定道德和法律，才进入文明社会。道德和法律是人约定而成的。普罗泰戈拉认为，既然美德不是天生的（physis），也不是自发产生的，而是约定的（nomos），它就是可教的。同时，美德的传授也受天赋的影响，如一个享有盛誉的奏笛天才并不一定能使他的儿子成为奏笛高手，因为每个人的天赋能力是不同的，自然禀赋只能影响教学美德的程度。所以美德是可教的；至于有的人能教好，有的人不能教好，则是由于各人的天赋和努力程度不同。

普罗泰戈拉认为道德和法律是约定俗成的，"人是万物的尺度"，因此不同的城邦就可以有不同的道德和法律，道德没有绝对的标准，善恶好坏的标准在于个人的感受和体验，这样又使道德成为不可教的。在同普罗泰戈拉的对话中，在道德的本性问题上，苏格拉底提出了两种道德观。智者主张不是人拥有的知识支配人的行为，而是激情、快乐、痛苦、恐惧等情感支配人的行为；他们将知识看作屈从于情感的奴隶，甚至可以被情感抛到一边。苏格拉底则主张知识是最能支配人的行为的美好东西，因为它能使人辨别善恶。苏格拉底并不否认道德生活中有快乐与痛苦等情感的表现，但它们是复杂的，面对各种现实的和可能的快乐与痛苦，人需要对道德行为做出选择。人在选择时必须对它们做出测度衡量，这种测度本身就是知识，只有知识才能保证得出正确的选择，保证我们获得善的生活，使恶的生活得到拯救，因此恰恰是知识支配快乐和痛苦等情感。有些人明知恶而故犯，明知善而不为，并不是因为情感统治了知识，而是因为在测度快乐和痛苦做选择时缺乏正确知识，做了错误的选择，是一种严重的无知。所谓情感支配乃是纯粹无知的结果，只有智慧才是人行为的主宰。明知恶而故犯，不过是人在道德行为的选择中因无知而犯恶罢了。

根据以上分析，苏格拉底论证各种美德有共同性，即都源于知识，是由知识支配的，而不是由情感支配的。苏格拉底和普罗泰戈拉的全部辩论得出一个戏剧性的结果，双方的论点都走向了自己的反面。苏格拉底开始时说美德是不可教的，现在却相反证明所有美德都是知识，证明美德是可教的。而普罗泰戈拉说美德是可教的，现在美德却成了非知识性的东西，这样就使它们完全不可教了。其原因在于苏格拉底认为道德应该有共同的、客观的、绝对的价值标准，美德出自人共有的理智本性，是一种知识，知识必然是可教的，善恶是非只能由知识来判断，知识出于理性，理性乃人的天性，是 physis，所以美德必然是普遍的、绝对的和可教的。

（三）善是人生的最高目的

善是苏格拉底的最高哲学范畴，它既有本体论意义也有道德意义。他认为善是人生的最高目的，苏格拉底曾说，善是我们一切行为的目的，其他一切事情都是为了善而进行的。这里所说的其他事情是指快乐、理性、自制等。善也是全部社会生活的目的，治理城邦的目的就是要使城邦和公民们尽可能从善。在苏格拉底看来，善是一切行为的目的，也是最高的道德价值。苏格拉底所说的"善"究竟是什么？希腊文"agathon"这个词原本有好、优越、合理、有益等含义，英文译为"good"，中文译为善。但"agathon"的含义比中文"善"的含义要宽泛得多。

在色诺芬和柏拉图的记载中，苏格拉底谈到善时往往是和有益、有用等联系在一起的。苏格拉底常说："对于任何人有益的东西，对他来说，就是善了。"[1]他强调关于善的知识比其他各种知识都重要，如果没有这种知识作指导，医学未必使人健康，制鞋、纺织等技艺未必能生产好的鞋子和衣服，领航员未必能保证航海安全。总之，如果缺乏善的知识，一切事情都做不好。

---

① [古希腊]色诺芬：《回忆苏格拉底》，吴永泉译，178 页，北京，商务印书馆，1984。

苏格拉底认为，善是"一种关于人的利益的学问"。不过，他所认识的功利和智者的不同。他反对满足个人情感和欲望需要的功利观，认为这种利益是表面的、短暂的和变化的，不是真正的利益。他要求人们辨别和追求真正最高的利益，这种最高的利益应当是满足灵魂需要的，而不是满足肉体需要的利益，所以最高的善是与知识、真理相一致的。

苏格拉底指出，灵魂和身体的善都表现为和谐、有秩序，但这只有通过知识训练才能达到。他说："任何事物的美德，无论实现在身体、灵魂或其他任何生物中，都不是只凭任意偶然性。而能最好地得到的，只能由通过适合于每一事物的秩序和条理才能得到。任何事物的美德都是一种有规则有秩序的安排，所以正是这种适合于该事物的秩序的出现才能使任何事物成为善的。"①善通过正义、秩序和技艺知识植根于身体和灵魂之中；自制的人才具有正义、勇敢、虔诚的真正的善。苏格拉底也将善和自由、自制联系起来。色诺芬在《回忆录》记载了苏格拉底对尤苏戴莫斯的教导。苏格拉底指出，自由对于个人和城邦都是高贵而且美好的财产，能够做最好的事情即从事善就是自由，反之，受到阻碍不能从事善也就是没有自由。他认为凡是不能自制的人也就是没有自由的人。那些不能自制的人不仅受阻不能去做最好的事，还被迫去做最无耻的事。苏格拉底并且将自由的善与自制、智慧联系起来。他说："智慧就是最大的善，你岂不认为，不能自制就使智慧和人远离，并驱使人走向相反的方向吗？"由于"不能自制使人对于快乐留连忘返，常常使那些本来能分辨好坏的人感觉迟钝，以致他们不但不去选择较好的事，反而选择较坏的事"；所以"健全理智和不能自制两者的行为是恰好相反的"。② 这样，苏格拉底将道德自由归结到健全的理智，将自由、理智和"善"联系在一起。人根据智慧，遵循理智，能够自制，就能做最好的事情，从而实现善。苏格

---

① 汪子嵩等：《希腊哲学史》第2卷，444页，北京，人民出版社，1993。
② ［古希腊］色诺芬：《回忆苏格拉底》，吴永泉译，171页，北京，商务印书馆，1984。

拉底认为，人的一切合理行为都是为了从善，善是人生的最高目的。人为了达到善，必须寻求能明察事物本性和原因的知识技艺，进而才能得到真正的快乐，这即是美德和幸福。人不能只从个人经验出发，沉溺于日常事务，在满足欲望中获取快乐，以为这就是善。要是唆使城邦及其公众在满足私欲中寻求快乐和幸福，一味追求强权，效法僭主，滥用权力，只能走向歧途，恶果累累。苏格拉底指责当时的统治者不注意使公民的灵魂从善，却热衷于建造船舰、军港、卫城等设施，因此他们对社会危机是负有责任的。同时，苏格拉底认为智者也应负责任，智者自诩为使公民从善的教师，却唆使人们一味追求欲望的快乐，使他们追求错误的生活目的，变得骄纵、贪婪，陷入不正义和邪恶，毒化了人们的灵魂。苏格拉底大声疾呼：雅典属于最伟大的城邦，雅典人是以智慧和强盛闻名于世的。可是他们现在却专心致志于获得钱财，猎取荣誉，而不关心智慧、真理和灵魂的完善。因此，苏格拉底认为，治理城邦的首要任务应该是改善公民的灵魂，给他们知识教养，使他们过理性的生活。改善公民灵魂，这是真正的政治技艺，是政治家的真正职责。

（四）知识观

苏格拉底认为，人通过理性灵魂所获得的知识，不同于感觉，不同于流行的意见，而是一种普遍的、必然的真理。只有通过理性，人才能够得到确定不移的绝对的知识，这是苏格拉底思想的重要方面。从人类认识史的进程看，早期希腊自然哲学家的知识主要是通过对自然界的直观认识得来的。与此相应，他们对人的认识也还比较粗浅，较多自发探讨人的感知能力及其生理基础，对人的理性的自觉反思则较薄弱。只有爱利亚学派的巴门尼德将思想和感觉、真理和意见区别开来，开始将理性思维提到首要的地位。在这方面，苏格拉底和柏拉图继承和发展了巴门尼德的传统，但是他们是在一个新的背景下提出这个问题的，那就是反对智者的感觉论。当时的智者以教授知识自诩，但是他们的相对主义感觉论不可能形成一种确定的知识，相反却造成了思想上的混乱。苏格拉底认为智者的"人是万物的尺度"的理论将是非、善恶的标准都混淆了，是造成社会上各种罪恶的原因；他认为，智者虽然自称是教授和传播知识的，但是他们所授的知识根本不是知识。因此苏格拉底必须提出一个确定的"知识"概念来和智者相抗衡。

在苏格拉底以前的哲学家主要是自然哲学家，他们的知识主要都是由对自然现象的直观中得来的，所以他们讲的知识都是运动变化的方面，这是苏格拉底不能认可的。因为这样的知识不能作为判断真理的标准。苏格拉底说，我们要寻求的是那真正的美，并不是容貌美好，因为这些东西是会变化的，现在是这样以后又会变成那样。真正存在的问题是在同一状态下的，永远也不会运动变化，运动变化的东西是任何人都不能知道的，因为当你接触它时，它已经改变了性质。如果万物都在变动，没有确定不变的东西，那便根本不可能有知识，因为知识本身没有改变它才是知识。如果这种变化继续下去，便不会有任何知识，这样既没有能知的人，也没有被知的东西。苏格拉底明确提出：感觉只能是流动变化的认识，不能得到确定的知识，只有常驻的绝对的认识才是真正的知识，知识作为知识应该有一种绝对的永恒的本质。他还说，如果没有这样的知识，便没有知识的主体和被知的对象；但是知识的主体和被知的对象如绝对的善、美等总是绝对存在的，因此应该肯定有这种知识的存在。这里所说的知识的主体和被知的对象并不是一般的认识主体和认识对象，而是有苏格拉底所指的确定含义的；他明确地说知识的对象是绝对的美、绝对的善，也就是他所说的普遍的定义、本性或本质。能够达到这种认识的当然只能是灵魂中的理性。

苏格拉底坚持认为，只有人的理性才能掌握知识，也只有确定的知识才使人懂得真理，辨别真知和谬误。苏格拉底以人为知识的主要对象，而人由身体和灵魂构成，他相应地提出学科知识的分类：关于人的身体有两门学科即体育和医学；关于人的灵魂的技艺统称政治，有两门学科即立法和正义（道德）。体育和医学、立法和道德之间都是紧密联系相互渗透的，立法和体育相应，道德相应于医学。同时，他还指出生活中有一些同这些学科表面相似的冒牌技艺，如烹调师自称是最懂营养健康的专家，如果真是这样的话，医生就无所事事了；同样，智者的修辞术也是冒牌的技艺。他批评智者的修辞术并不能揭示关于事物的真理以及什么是正确和错误、高尚和卑下、正义和非正义，实质上只是一种奉承人的雕虫小技。即使同政治活动的某些方面有表面相似，也只是一种恶劣的相似。这样的修辞术只能使人们产生某些信念，以貌似有理实则无理的辩论使人轻信某种意见，并不能在公众集会上教给人们知识和真理，让他们区分正确和错误。苏格拉底主张，知识是靠理性获得的真理，能使人辨别正确和错误，有客观的标准，能引导人从善，合乎正义。在苏格拉底看来，"善"是万物的真正的最后的目的。对于人来说，最重要的知识就是能区别认识什么是善和什么是恶，什么是好的和什么是坏的。苏格拉底强调理性的作用，倡导"善的目的论"的思想，这种思想在西方思想史上占有重要地位。

"善的知识"属于一般的知识，各种具体知识都和一般的知识有关，用苏格拉底的话说，它们都是受一般知识支配的；苏格拉底认为一般的知识高于具体的知识，医生和工匠虽有具体的知识，却不一定具备一般的知识。他指出，在人们具有的各种具体的知识以外，还有更高抽象层次的一般的知识，也就是关于"善的知识"。

"知识即美德"有其积极意义。苏格拉底把美德和知识等同起来，通过知识的客观性、普遍性与确定性推论出道德的普遍性与确定性，以此来反对"道德就是情感、欲望"和"任何事物都有两种正相反的说法"的相对主义原则，以及"强权就是正义"的政治非道德原则，确立了道德的共同性，为道德规定了一个可行的不变标准，这就是善。苏格拉底提出知识即美德，明确肯定了理性知识在人的道德行为中的决定性作用，建立起了一种理性主义的道德哲学，赋予道德价值以客观性、确定性和普遍规范性，意在维护希腊民族在历史上已形成的传统美德。既然美德即知识，知识是可教的，美德也是可教的，知识的可教性蕴含着美德的可教性。但是，德性的可教性似乎否认了苏格拉底关于善是灵魂的内在原则的说法：根据前者，德性是通过教育而获得的后天习性；根据后者，德性是不假外物而存在于内心之中的天然本性。苏格拉底认识到向善的本性和后天教育对于德性同样重要。比如，他说："勇敢是自然的东西，由灵魂适当地培育出来。"①另一方面，勇敢又是关于可怕与不可怕的知识。这样，苏格拉底关于勇敢的对话提出了勇敢不可教与勇敢可教两种不同的观点。苏格拉底指出"学习"本身就是一个矛盾，"任何人既不可能学习他知道的东西，也不可能学习他不知道的东西。他不能学习知道的东西，因为他已经知道了这个东西；他不能学习不知道的东西，因为他不能不知道在学习什么"②。

"德性就是知识"这句话也包含着一个"苏格拉底式的悖论"。这个悖论并不同道德的可教性相矛盾。因为在苏格拉底看来，在人开始学习时，人的灵魂里已经存在着关于德性的原则，只是由于受到蒙蔽而没有被人们觉悟，学习的目的就是认识自己灵魂之内的已有德性，关注以前尚未被学会的本性。所以，肯定德性是灵魂的本性与肯定美德的可教性并不矛盾。

在苏格拉底看来，知识和美德是人人皆有的天赋本性，有些人缺乏美德只是由于感觉的迷误而扭曲了人的理智本性，美德的可教性和自然性在学习的过程中达到统一。苏格拉底认为，美德是天生的，但人的美德的形成却有赖于后天教育与培养。"正如一个人的身体生来就比另一个人的身体强壮，能够经得住劳苦一样，一个人的灵魂也可能天生得比另一个人的灵魂在对付危

---

① 赵敦华：《西方哲学通史》第 1 卷，88 页，北京，北京大学出版社，1996。
② 同上。

险方面更为坚强。"①不过他又认为："人的一切天生的气质，在胆量方面，都是可以通过学习和锻炼而得到提高的。"②因此，"很显然，无论是天资比较聪明的人或是天资比较鲁钝的人，如果他们决心得到值得称道的成就，都必须勤学苦练才行"③。苏格拉底承认人的天赋存在差异，但不论天赋好的还是天赋差的人，都必须受到适宜的教育，才能真正成为一个有德性的、有智慧的人。后来的亚里士多德也受到了他的影响，认为道德虽出于天性却仍需要训练。但亚里士多德更强调道德的教育和训练，既继承了苏格拉底的这一思想，同时又批判地发展了他的思想。

通过知识教育和道德陶冶可以恢复人的道德本性，使城邦社会生活确立在严格的理性道德价值的基础之上，这正是苏格拉底道德教育哲学的使命和宗旨所在。

苏格拉底的"知识即美德"，也是一种知行合一论，强调道德实践。这与当时雅典的社会风气有关，当时的雅典是希腊政治文化的中心，许多"诡辩学家"自以为具有人生和自然的全部学问，到处招摇过市，评头论足。他们从这个希腊城市漫游到那个希腊城市，一方面作为其本邦公民的使者，一方面向广大听众显示自己的才华。他们享有很高的声誉，而且收入甚巨。但尽管如此，他们却遭到了公众中一部分人的嫉妒和厌恨。因为，每当一个公民可以在陪审法庭上为自己辩护的时候，他们却把一切使用普通武器的特技传授给买得起的有钱人，恍如一群没有经过训练的决斗者中，他们就是耍刀弄枪的教师爷或职业性的剑客。在这种情况下，苏格拉底提出知德统一，强调言行一致，是有其现实意义的。可以说，苏格拉底本人的道德实践就是对"美德即知识"的最好诠释。他多次有生的选择：他可以交付一笔赎金，换取生命，他

---

① [古希腊]色诺芬：《回忆苏格拉底》，吴永泉译，116 页，北京，商务印书馆，1984。
② 同上。
③ 同上。

的朋友也愿意代他交付赎金；他还可以把妻子和孩子带上法庭求情，用妇孺之情感化陪审团；在临刑前夕，朋友们又为他安排好了出逃的道路。但他认为，这些行为都是与法律相抵触的不正义的行为，他在知道什么是正义之后就不能再做不正义的事。他宁可承受不正义的惩罚，也不愿做不正义的事。因为人们对他不正义的惩罚乃是出于无知，而他若做不正义的事便是出于有意。他为"德性就是知识""无人自愿作恶"的道理付出了生命的代价。

但苏格拉底的"美德即知识"，主张"真知必行"，否定了"知"与"行"的矛盾。按照他的理解，一个人有道德，必须具有关于道德行为的知识。如果没有道德行为的知识，就不可能做出符合道德要求的行为。这就引出苏格拉底的"无人有意作恶"的论断，苏格拉底在《普罗泰戈拉篇》中曾说：没有人趋恶或自认为是恶的，避善趋恶是违反人之本性的。有些人明知恶而故犯，明知善而不为，做了错误的选择，是一种严重的无知。在他看来，既然由于无知才为恶，因此可以推断：无人自愿为恶，明知恶而自为的说法不能成立。如果一个人不得不在善恶之间做出选择，那么他能选择小的恶时，他不会去选择大的恶。面临战争的危险，人们只是由于危险观念的不同就可以区分出懦夫与勇士。懦夫拒绝作战，做了错误的估计；勇士乐于作战，是因为他们对快乐和痛苦做了正确的估计。苏格拉底认为，勇敢就是知识，怯懦就是无知。苏格拉底还提出了"有意为恶优于无意为恶"的观点，认为自觉说谎骗人，犯错误乃至伤害人，都比不自觉做出错误的行为好。他还列举了一系列实例论证：有能力跑得快而故意跑得慢的人优于没有能力只能跑得慢的人，故意乔装跛脚的人优于真正跛脚的人，因此人们都愿意要有能力也曾有意犯过错误的奴隶，不愿要没有能力而屡犯错误做傻事的奴隶。这个论点也是从"美德即知识"这一基本原则推出来的。

应该讲，苏格拉底把知和行完全等同起来，把由知到行的关系看作一种必然的决定性关系，是带有片面性的。亚里士多德后来对"美德即知识"这一命题做了深刻的分析，他承认作为智慧的知识对于德性是不可缺少的，但除了知识之外，还需要意志和激情，才能促进人们按照德性行动。亚里士多德批评苏格拉底否定了灵魂中的非理性部分，无视意志和情感在形成美德中的作用。知识对形成美德，规范道德行为无疑起主导作用，苏格拉底以此批判智者主张个人的情感欲望支配一切行为，这是对的。但是人的意志和情感也是形成道德品格的重要因素。苏格拉底排斥灵魂中的非理性部分，否定一切意志和情感的价值，将美德只归结为理论知识，是片面的。

四、精神助产术

注重对人的理性思维做自觉的反思，这是苏格拉底哲学的一个显著特点。他寻求的普遍性定义以及他的辩证的对话，都要求用比较严格的逻辑规范和清晰的语言来表述。为了追求真正的善，弄清什么是美德等概念，苏格拉底到处同人谈话，并在这种谈话中发展出"精神助产术"的教学方法。例如，他从不说自己对美德有一个什么看法和定义，而总以承认自己无知的态度，向那些被认为或自认为有智慧的人求教，请他们说出什么是正义、勇敢、友爱和美德等。在他的对话者提出了一种定义之后，苏格拉底就举出一些事例，揭露这个定义在运用于这些事例时显得不恰当或不充分，于是对方只得承认自己的定义不当或有错误，并不得不提出新的定义。苏格拉底则盘根究底，继续从各方面来揭示这些定义仍然是不适当的，这样讨论就会不断升华；同时迫使对方承认自己对于美德是什么并没有弄清楚，即承认自己是无知的，对此还需做进一步的研究。

苏格拉底认为他的方法就是通过同人谈话，通过提出问题、回答问题，反复诘难来寻求普遍的定义。它通过揭示对话者观点或提出的定义中的自相矛盾，启发他一步一步地明白自己本来是无知的，应该反省以求新知。他实际上是在问答中不断揭露对方的矛盾，使对方承认错误并不断修正错误，从而引导他们逐步认识真理。

第一，苏格拉底将自己的对话方法称之为"助产术"，这种"精神助产术"同一般的实际助产术有着类似之处。按照苏格拉底的看法，关于最一般的美德、正义、善等知识和定义，并非人们主观的观念，而是客观存在的绝对知识和神的知识，是人们投胎出生前灵魂所具有的本性和知识。所以它本来存在于人们的心灵里，犹如胎儿在母腹里一样，但它同感性的个别事物混杂在一起。苏格拉底通过谈话启发人的理性灵魂，把感官及肉体的杂质清除，这样真正的知识就显现出来了、回忆起来了，就像一个胎儿从母腹里产出来一样。那么，苏格拉底的方法的作用也就像助产婆帮助胎儿出生那样。苏格拉底的母亲是一位助产婆，他以助产术来形象地比喻自己的方法，"我的助产的艺术在许多方面像她们的，不同的是我注意的不是女人而是男人，我要照顾的是他们进行思考的灵魂而不是他们的身体。人们常责备我，问别人问题而我并没有才智对讨论主题有所断定，这是对的——神让我当一名助产婆，并没有要我生孩子"①。苏格拉底将自己的方法称为"精神助产术"，因为它同助产术的确有关系。

按照雅典风俗，仍能怀孕生育的妇女不允许给人接生。苏格拉底承认自己无知，对讨论的问题并无现成的定论，自己是一个探索者而不是教导别人的全能者。据说，德尔斐神庙祭司传下神谕说，没有人比苏格拉底更有智慧。自知没有全能智慧的苏格拉底为了验证神谕，开始考查被人们称作有智慧的人的智慧。他先后与政治家、诗人和工匠交谈。他发现政治家自以为是，实际上却一无所知。他还发现诗人写诗并不凭智慧，而凭灵感。最后，他又发现工匠因为自己手艺好，就自以为在别的重大问题上也有智慧，这个缺点淹没了他们的智慧。别人没有智慧都自以为有智慧，苏格拉底自己有智慧却认为自己无知。当然苏格拉底式的无知只是一种态度，他并没有把自己的知识

①　转引自杨适：《哲学的童年》，455～456页，北京，中国社会科学出版社，1987。

和见解变成定论，而只把它们当作对话的催化剂。同时，苏格拉底把对自己的成见和定论的否定比作临产前的阵痛，这也是每一个获得真理的人必经的阵痛。苏格拉底认为，每个人的灵魂都蕴含有真理，但人们未加考察便接受的偏见和谬误，蒙蔽了真理。对话的结果是对话者在自己的内心中发现真理，正如产妇从自己体内产生新的生命一样。苏格拉底式的对话教导人们如何去认识真理，但并不教给人们什么是真理，正如助产士的任务是帮助产妇生育，但她自己并不生育。

第二，关于矛盾，也就是相反和对立的问题，是古希腊哲学从一开始就被哲学家所关注的一个重要问题。自从泰勒斯提出水是万物的本原，紧接着阿那克西曼德就认为泰勒斯的说法中有矛盾，因为水是冷和湿的，从它中间怎么能产生出热和干的事物呢？最早提出物的本原是一对对相反的对立面的是毕达哥拉斯学派的哲学家；赫拉克利特第一个将矛盾对立和事物的运动联系起来，指出正是由于矛盾和对立，事物才不断运动变化；芝诺不仅看到了一和多、运动和静止、有限和无限等的相互矛盾，而且看到多、运动、有限本身也包含着矛盾。芝诺推翻对方的论证就达到了他的目的，而苏格拉底推翻对方的结论仅仅是他的一种手段，他要达到的目的在于要探求更高的认识普遍本质的真理；并且其关键在于引起对方思想中的自我矛盾，这样对方的思想发展就不是外力强加的，而是他自己思想的必然的生动发展了。

苏格拉底的反诘运用了智者的矛盾法：或从对方提出的答案中推导出荒谬的结论，或论证与之相反的意见亦可成立，或用事实反驳对方的理由。矛盾法的运用使对话充满了怀疑和批判的精神，但却未导致智者们的相对主义立场。苏格拉底动摇对方固有的成见的目的是促使他们更加接近真理，他从未动摇他们追求确定真理的信念。矛盾法在苏格拉底看来并不是智慧，它只是达到智慧的手段，是为真理的目的服务的工具。

第三，希腊文"dialektikos"（辩证法）这个词的前缀 dia 是"通过"的意思，

lek 的词根 lego 就是"说话"的意思，所以辩证法的最初含义是"通过说话、谈话"。苏格拉底所使用的对话方法也就是"辩证法"，它不是简单地提出问题和回答问题，而是在回答中揭露矛盾和认识矛盾。苏格拉底的辩证法贯穿着一种分析理性的精神，即在论辩的思维矛盾中注重对概念的逻辑分析，注重合乎逻辑的推理和论证。他使用的是归纳论证和寻求一般定义的认识方法和逻辑方法。它是从考察具体事物出发，从现象、个别和特殊出发，通过诘难，揭示出那种把一般定义归结为个别、特殊的东西的看法是不妥的、矛盾的，从而引导人们的认识逐步排除一般定义中那些与共性不相干、不相符的特殊成分，向本质和普遍性前进，最后达到一个最一般的定义，这就是从个别、特殊到普遍、一般的定义方式。苏格拉底认为定义是寻求知识和真理的一种必不可少的基本途径。他认为知识并不同于日常经验或意见，它能说明事物的本质或原因，因此，寻求揭示事物本质的定义是人们获取知识的根本手段，有重要的实用价值。

第四，苏格拉底使用这种方法也是为了反对当时智者的论辩术。智者的论辩术承认两个相反的命题都是真的，或无所谓真或假，又认为两个相反的命题并不是等值的，仍有好坏、强弱之分，他们论辩的目的就是如何使弱的论证变为强的论证，战胜听众，赢得听众的赞同。在矛盾论证的两个方面中，他们往往选取其中一个他们认为有利的方面，为之辩护，因此智者的论辩术不以追求客观真理为目的，往往成为诡辩。

苏格拉底反对智者的相对主义，不承认真理有其特殊的主观性，而是主张有普遍的绝对的真理。他揭露智者的论证只承认有特殊的个别的普遍性，而否认普遍的一般的主观性，智者教人学习，不是教人从无知到有知，而是教人在论辩中玩弄词语。苏格拉底认为揭露对方的矛盾并不是否认矛盾，而是让对方认识自己的矛盾，承认自己的错误，通过不断地认识矛盾去寻求普遍的绝对的真理。

苏格拉底认为美德可教，启迪人的智慧和美德是严肃而认真的事情，智慧和知识好比资金，必须学会正确使用它才会有价值，苏格拉底运用谈话法就是为了使人们正确学习和使用知识，用它正确地指导人的行为，实践美德，过有价值的生活。所以苏格拉底自称他的方法是一种精神助产术，是帮助对方产生真正思想的孩子——绝对的真理。

第五，苏格拉底的精神助产术在教学中的具体运用，就是一种讲座和辩论的方法。这里的关键就是承认自己的无知。苏格拉底式的无知是真诚的态度，没有真诚的无知，便没有对知识的真诚探索，这种态度是实施苏格拉底对话的关键环节。承认自己是无知的学习者，这样便能在对话中提出问题，探索答案，而不是去单纯解答问题，把学习变成不断探索新知识的过程。承认自己无知的态度使对话者双方处于同等的地位。苏格拉底式的对话不是教师的训导，更不是智者的炫耀，而是双方共同探讨。这不是预先设定一个原则，然后自圆其说地为之辩护；也不是先提出一个答案，然后千方百计地把对方引向这个答案。在使用这种方法时，苏格拉底并不直接向学生传授各种具体知识，而是通过问答、交谈或辩论的方法来得出他认为是正确的答案，即普遍真理。苏格拉底虽然提出了这个伟大的目标，但如何达到这个目标，却仍困难重重。因为从揭露认识中的矛盾一步一步上升到认识普遍的真理，是一个无限复杂的过程，其中有本体论的问题，有认识论的问题，还有逻辑的问题，等等，直至今日也只能说人类还是处在这种认识的不断深化的过程中。

这种方法要求师生共同探讨，互为促进，共同寻求正确的答案。其有助于激发学生积极思考、判断和寻找正确答案的积极性。所以，学生的思维相当活跃。但是，精神助产术这种方法并不适用于一般的教育教学。因为中小学教学，甚至包括大学低年级的教学，其基本目标都是为了向学生传授知识，进而发展他们的智力与能力。学生的知识根本达不到与教师进行对话的水平，教学主要是要求教师运用传授法等教学方法向学生传授知识，使学生掌握基本概念与基本原理。"精神助产术"这种讨论式的教学方法可以在中小学教学中使用，但不能作为主导方法，只能是传授法等教学方法的辅助与补充。到了大学高年级和研究生阶段，学生对于基本概念、基本原理有了深入理解，他们已具有较高的理论水平，能够与教师进行深入探讨，因此可以使用这种方法。但是，在使用这种方法时，教师一定要求学生事先认真准备，仔细阅读大量文献资料；如果没有准备，其对话对问题的探讨很难深化，不易于提高学生的理论水平，学生的思想不是更清晰而是更混乱了。

五、贡献与影响

如何培养政治家、美德即知识、精神助产术这三个方面是相互联系、密不可分的，构成了苏格拉底教育思想的主体。在雅典从强盛到衰落的转折时期，希腊社会所面临的基本问题就是如何保持社会的稳定。苏格拉底认识到，政治的稳定首先涉及领导人的品质，由此进一步引发出政治家培养的问题。如果说前一个问题主要与政治学相关，那么，后一个问题则主要与教育相联系。苏格拉底关于如何培养政治家的论述，深刻揭示了教育与政治，亦即教育与城邦、教育与国家的关系，这不仅触及了当时希腊政治现实与教育实践的核心问题，而且对柏拉图等人的思想影响很大。柏拉图进一步发展了苏格拉底的思想，更为系统地论述了政治家培养的必要性。苏格拉底主张使政治知识化、专业化，而柏拉图则进一步主张应该由哲学家统治国家。政治家掌握了知识，是否就是有了统治的美德？针对这一问题，苏格拉底明确提出了美德即知识，强调智慧即美德，无知即罪恶。从这一观点出发，他进一步推论：因为美德即知识、智慧，而知识是可以通过传授、学习而获得的，因此，通过学习知识就可获得美德。在这个意义上，美德是可教的，是后天获得的。在苏格拉底的时代，提出知德统一、德行可教的主张，是有很大意义的。因为希腊在长期的贵族统治下，形成了一种观念，认为贵族是"最好的人"，也就是最有道德的人。苏格拉底提出知德统一、美德可教，实际上否定了这种道德天赋的观念，否定了贵族阶级对道德的垄断，为民主政治的建立做了理论上的辩护。

苏格拉底的知德统一论，是柏拉图教育理论的一个重要出发点。在柏拉图所设想的理想国家中，社会成员的等级与其说取决于他们的先天素质，不如说与他们所受的教育有关。由金子构成的人之所以应当成为国家的统治者，首先取决于他们受到了最完备的教育，掌握了一切高深的学问，具有最高的善。军人、劳动者的地位也同样是由他们的受教育程度和品质所决定的。这样，柏拉图不仅全面接受了苏格拉底"美德即知识"的观点，而且把知识与道德的关系推进到了一个"一一对应"的极端，而德行的等级完全是由受教育程度决定的。

从教育思想的发展来看，知德统一论同样具有重大的意义。由于强调知识与道德的内在联系，因而肯定了教学与道德教育之间的直接相关。同时，由于认识到道德的知识基础，也就为道德教育的实践找到了一条重要途径。知德统一的主张在希腊以后的教育思想的各个历史时期一直起着重要作用。从中世纪后期到20世纪中叶，通过传授一定的知识科目对下一代进行道德教育，一直是教育理论和实践中占主导地位的主张，而这个主张的理论基础就是知德统一论。用教育学的术语讲，亦即赫尔巴特所提出的教育性教学原则，这一原则就使苏格拉底知德统一的伦理学观点转变为真正的教育原则，从而把教育、教学有机地结合在一起，使教育能全面、系统地渗透到教学之中，从而既保证了教学的实施，又确保了教育目的与社会期望的实现。

用什么方法来教育学生获取知识？苏格拉底提出了精神助产术。苏格拉底的方法本质是一种归纳法，也是一种思维训练的方法。这种方法是与苏格拉底对道德问题的关注及对人的心理或认识的见解密切相关的。因此，这种方法通常用于道德教诲之中。美国教育史家孟禄（P. Monroe）曾精辟分析了苏格拉底方法的意义。他指出，苏格拉底方法具有多方面的意义。从哲学上看，这种方法是一个概念形成的过程。从教育上看，这种方法是获得知识、真理的过程。从逻辑上看，它是从具体到一般的过程。从心理学上看，它是从感觉形成观念的过程。从科学上看，它是从现象的多样性中抽象出普遍原理的过程。① 可以说，苏格拉底关于精神助产术的论述，是西方教育思想史上最早的学习理论或教学理论。

苏格拉底的精神助产术虽然提出了使人获取知识的方法，但人的知识究竟是从哪里来的，他并没有解决这个问题，知识究竟是先验地存在于人的大脑中，还是人通过后天实践活动获得的；教育的本质是内发，还是外获；教育的方法究竟是启发，还是灌输，对于这些问题，在教育思想史上争论了两千多年，直至今天，也还没有一个圆满的答案。

苏格拉底教育思想的意义，一方面是对古典时代雅典社会、政治和教育状况的深入反思，就此而言，他为后人留下了一份宝贵的思想遗产。通过他的思想，后人可以了解古典时代希腊人对教育问题思考的基本状况。更为重要的是，苏格拉底在思考一个特定时间和空间条件下的政治、道德和教育状况时，却提出了一系列具有普遍意义的问题。后来的历史表明，这些问题并不是希腊民族所特有的，而是广泛的和普遍的。苏格拉底的睿智不仅在于他直接引发了柏拉图和亚里士多德的思考，而且长久地影响着不同时代和不同民族对教育的探索。

---

① P. Monroe, *A text-book in the History of Education*, New York, Macmillan Publishers Limited, 1905, pp.126-127.

第六章

古希腊教育思想的体系化：
柏拉图的教育思想

　　从毕达哥拉斯等人开始对教育问题进行初步探索到苏格拉底时代，经过近两个世纪的发展，希腊教育思想已经达到了一个相当的高度。这种发展既表现为希腊人对教育问题认识的范围不断拓展，而且也表现为认识的日益系统化。如果说，毕达哥拉斯等人只涉及教育中局部的、个别的问题，他们的认识就其表现形式而言，基本上是零星的、不完整的；那么，到苏格拉底时代，这种情况已经发生了很大的变化。在苏格拉底的教育思想中，一种整体的、多方面的认识以及一种较为系统的认识表达形式已经出现。虽然后人只能从柏拉图的若干篇对话中了解苏格拉底的教育思想（在这个意义上，他的思想形式似乎仍是片段的），但从大量对话中依然可以看到，与他的前人相比，苏格拉底所关注的问题在范围上已经大大拓展，他的认识所达到的深度和高度更是大大地超越了前人。尤其重要的是，通过概括诸如"知德统一""德行可教"等命题，苏格拉底使希腊人对教育的认识大大地抽象化、系统化了。

　　但只是到柏拉图写作《理想国》等著作时，希腊教育思想的这种系统化、体系化的趋势，才真正地作为一种现实出现了。柏拉图教育理论的形成，标志着希腊教育思想体系化时期的到来。

第一节　柏拉图的生平和教育活动

柏拉图是古代希腊伟大的思想家、哲学家、教育家。他出生于雅典的名门望族，本名亚里斯托克利斯，柏拉图是他的绰号，意为"大块头"。至于他为何有此绰号，有人说是由于他前额宽广，有人说是由于他谈论广博，还有人说是由于他体格丰美。由于家庭和雅典的传统，他在青少年时期受到良好的教育，热衷于文学创作，写过赞美酒神狄俄尼索斯的颂诗和其他抒情诗。

柏拉图大约 20 岁时成为苏格拉底的学生。第欧根尼·拉尔修记载了一个传说：有一天晚上苏格拉底梦见一只小天鹅飞来停在他的膝盖上，发出嘹亮而又美妙的鸣声后就冲天而去，第二天人们将柏拉图介绍给他，苏格拉底就把柏拉图看作他梦见的那只小天鹅。这个故事说明苏格拉底和柏拉图的师生关系是不同寻常的，苏格拉底很器重柏拉图，柏拉图也十分尊重苏格拉底。这次会见是柏拉图一生中的重大转折，他放弃了自己的诗歌追求，献身于哲学的理性事业，并为此贡献了毕生精力。

公元前 399 年，苏格拉底被处死。这件事给柏拉图留下了终生难忘的记忆。他开始认识到，只有用哲学指导国家，哲学家成为统治者时，国家统治才能走向正义。从此他把哲学和政治联系起来，用哲学指导政治，在现实的世界上建立理想的城邦，这是他毕生追求的理想。虽然以后柏拉图在实践中经历了多次挫折，但他并没有放弃按照哲学来治理城邦的理想。他一生虽以主要精力来研究哲学，越来越少参加政治实践，但却以思想影响着城邦统治者。

在苏格拉底去世之后，柏拉图开始了他的游历生涯，从公元前 399 年离开雅典，他相继到麦加拉、埃及、居勒尼、南意大利和西西里等地游历，到公元前 387 年告一段落，前后长达 12 年。在麦加拉，麦加拉学派坚持普遍、一般而否认具体事物的观点对柏拉图的影响很大。埃及高度发展的官僚政治制度，僧侣牢牢地控制着全国的文化教育，世代相传的等级森严的固定职业分工，以及埃及人在天文学、数学等方面的成就都影响了柏拉图，这在他的《理想国》以及其他对话里提出的政治、教育理论和制度中多有所反映。柏拉图到了北非的居勒尼，在那里他结识了几何学家、也是居勒尼学派的代表人物塞奥多洛（Theodorus），从他那里学习几何学。后来，柏拉图又来到了南意大利，访问了毕达哥拉斯学派的活动中心塔壬同，结识了作为当地政治领袖和哲学家的阿启泰（Archytas）。塔壬同推行的温和民主政治，阿启泰的政治业绩以及他受人民爱戴的情况都给柏拉图留下了深刻的印象，成为他追求的哲学家和政治家相结合的一个雏形。

这次游历对柏拉图的思想影响很大，柏拉图在游历中考察了各地的政治、法律和宗教等制度，研究了天文学、数学、音乐等理论以及各种哲学流派的学说。正是在这样广博的知识基础上，柏拉图形成了他自己的学说。也正是这次游历推动他建立学园，传播他的哲学思想和政治见解，培养人才，以期实现他的理想。

公元前387年柏拉图在南意大利时，曾被邀请到叙拉古统治者狄奥尼修（Dionysius）一世的宫廷。他劝说狄奥尼修一世采用新的政治制度，但遭反对。柏拉图被狄奥尼修一世卖为奴隶，幸亏友人出资赎出，将他送回雅典。公元前367年，狄奥尼修二世即位后，柏拉图的好友、叙拉古的首席大臣狄翁写信给柏拉图，邀请他重返叙拉古。柏拉图为了实现自己的理想，再次来到叙拉古，但却遭软禁。后在阿启泰的帮助下回到雅典。公元前362年狄奥尼修二世敦促柏拉图重返叙拉古，柏拉图以65岁高龄第三次渡海去西西里，但仍见弃于宫廷。公元前360年，柏拉图重返雅典，最后结束了西西里之行。

公元前357年，狄翁发动政变，夺取了叙拉古的政权。作为柏拉图的忠实信徒，狄翁既不采取僭主政制，又不采取民主制度，而实行贵族政制，但由于政治、经济困境而最终失败。三次西西里之行的失败，特别是狄翁之死给柏拉图留下了难以医治的创伤。柏拉图一直对狄翁寄予厚望，知道他热爱哲学又具有政治实践能力，希望在他身上实现自己的政治理想。狄翁的失败将柏拉图"哲学王"的理想彻底粉碎，柏拉图的政治理想发生了大转折，从《理想国》的"人治"转到最后《法律篇》的"法治"。

在政治事业屡遭失败的同时，柏拉图的教育事业却获得成功。公元前 387 年自西西里返回雅典之后，他在以希腊英雄阿卡德米命名的运动场附近创立学园，这是西方最早的高等教育机构，后世的高等学术机构（academy）因此得名。

柏拉图的学园和当时希腊的政治有密切关系，它为许多城邦的政治家提供政治咨询并帮助他们立法。柏拉图自己不但参与叙拉古的政治活动，由于他的名望也参与了其他城邦的政治活动。第欧根尼·拉尔修记载说：帕菲勒（Pamphile，罗马尼禄时代的历史学家）在《回忆录》中曾记录，阿卡狄亚人和底比斯人建立美伽洛波利城邦时曾请柏拉图为他们立法，但当他发现他们的所有权不平等时便拒绝了。他还讲了一个故事：柏拉图曾为卡伯里亚（Carbrias）（死于公元前 356 年，曾两次领导雅典军队打败斯巴达的职业军人）辩护。卡伯里亚受审讯时雅典没有任何其他人出来为他辩护，当柏拉图陪同卡伯里亚走向卫城时，告发人克洛彼卢威胁他说："你是要去为他辩护吗，难道你不知道苏格拉底服的毒酒正在等待着你？"柏拉图回答说："正像为祖国服务时我临危不惧，现在为了尽朋友的责任我也将同样如此。"①

学园不仅是培训统治者的一个基地，而且为希腊世界的那些已经获得政治权力的政治家们提供实际的指导。根据古代作家普鲁塔克等人在有关著作中的记载，当马其顿国王佩尔狄卡二世在公元前 4 世纪 60 年代要求学园派一名顾问时，柏拉图派去欧佛赖俄。他告诫宫廷团体要"研究几何和从事哲学思

---

① 汪子嵩等：《希腊哲学史》第 2 卷，612 页，北京，人民出版社，1993。

考"，并说服佩尔狄卡二世，在青年王子菲利领导下设置一个专门组织；以至于在菲利登基后，斯彪西波(继柏拉图出任学园领导)提醒菲利，他的掌权要归功于柏拉图。此外，他还派科里库和厄剌斯托到小亚细亚的阿索斯，与阿塔纽约斯的统治者赫尔弥亚(Hermeias)建立密切关系；柏拉图还为他们当政治顾问，促使赫尔弥亚把他的僭主政体改变成为比较合法的政府；赫尔弥亚也积极支持柏拉图的朋友和学生狄翁组织武装力量，推翻狄奥尼修二世在叙拉古的统治。柏拉图还相继派他的学生阿里斯托倪穆、福尔弥俄、梅涅得穆到阿卡狄安厄勒安斯、皮尔海安改革当地的政体；派欧多克索、亚里士多德为他们自己出生的城市克尼杜斯和斯塔癸剌制定过政制、法律。就是柏拉图本人，也不止一次受到昔尼勒等地的邀请去制定政制(他拒绝了)。后来亚历山大大帝也曾向学园的第三领袖色诺克拉底就王权问题进行咨询；并曾派柏拉图生前的一名学生德琉斯，到亚洲的希腊居民中去进行工作。色诺克拉底本人当时就备受雅典公民的尊敬，于公元前 322 年作为雅典的使节，会见亚历山大死后统治雅典的马其顿总督安提帕特(Antipater)。① 这些事实说明：柏拉图在学园内以培养未来的哲学家为己任，希望他们在将来的政治现实中实现他的理想。柏拉图贡献毕生精力的学园，是他实现自己"哲学王"思想的直接阵地。一个现实的雅典帝国消失了，但一个体现着柏拉图理想和追求的精神王国在它的废墟上诞生了。在一定程度上可以说，柏拉图的"哲学王"的思想正是他这种实践活动的反映，而非一种纯粹的乌托邦。

哲学构成国家的基础，哲学家掌握国家统治权，由此引出一个重要的课题，即如何培养哲学家。柏拉图虽然提出过不同等级的人的灵魂中所具有的美德是不同的，但他更为关注的是哲学家的后天培养。在柏拉图那里，教育成为实现理想国、培养统治者的根本手段。柏拉图认为，单纯凭借立法，而不主要依靠教育，要想实现理想国是根本不可能的。

---

① 范明生：《柏拉图哲学述评》，23~24 页，上海，上海人民出版社，1984。

因此，国家的头等大事就是教育。在《法律篇》中他也强调指出：立法者应把教育当作头等大事，要重视负责教育事务的官吏的选拔，把它看成是国家最高职务中的最重要职务，由全体公民中最优秀的年高德昭的公民担任。未来的统治者，虽天赋甚高，但要经过严格的教育培养，使他们从低级的感性认识，上升到高级的理性认识，直到凭借辩证法的训练把握最高的"善的相"，而"善的相"也就是理想国的原型，只有认识掌握了这种至高无上的"善的相"，被教育之人才能成为真正的哲学家，以此来缔造和治理国家。正因为如此，柏拉图不仅于公元前 387 年创立了学园，致力于培养未来的哲学家，而且在《理想国》和《法律篇》中，以斯巴达和雅典教育为蓝本，精心设计了一个完整的、以培养哲学家为最高目的的教育计划，柏拉图的教育思想体系就是围绕培养哲学家这个中心而提出的。

晚年的柏拉图不仅在雅典，而且在整个希腊世界享有崇高声誉。公元前 347 年，80 岁高龄的柏拉图在参加一次婚礼的宴会上无疾而终，葬于耗费了他大半生心血的学园里，所有的学生都参加了他的葬礼。当时，柏拉图在人们心目中的地位，可以用他最有才华的学生亚里士多德的悼词来说明：

> 巍巍盛德，莫之能名。光风霁月，涵育贞明。
> 有诵其文，有瞻其行。乐此盛世，善以缮生。①

古代文献中记载的柏拉图著作，现在都可见到，甚至还可见到一些不见于古代文献的柏拉图著作。现存的柏拉图对话有 40 余篇，其中 28 篇被确定为真品或可信度很高的作品。现存的 13 封信中，有 4 封为真品。柏拉图的对话有很高的文学鉴赏价值，对话人物性格鲜明，场景生动，充满情趣，严密

---

① 吴寿彭：《亚里士多德传》，见《社会科学战线》编辑部编：《哲学史论丛》，434 页，吉林，吉林人民出版社，1980。

的论证配以优美的语言，达到了哲学与文学、逻辑与修辞的高度统一。各个历史时期的柏拉图研究专家对柏拉图对话的写作时间的意见尚不统一。我国学者汪子嵩等根据西方学者康福德和格里思的见解，将柏拉图的对话分为三期。①

（1）早期对话：《申辩篇》《克里托篇》《拉凯斯篇》《吕西斯篇》《卡尔米德篇》《欧绪弗洛篇》《大希庇亚篇》《小希庇亚篇》《普罗泰戈拉篇》《高尔吉亚篇》《伊安篇》。这些对话基本上属于"苏格拉底的对话"。

（2）中期对话：《欧绪德谟篇》《美涅克塞努篇》《克拉底鲁篇》《美诺篇》《斐多篇》《会饮篇》《国家篇》《斐德罗篇》。这个时期柏拉图已经摆脱了苏格拉底的影响，建立起了自己的哲学体系相论。

（3）后期对话：《巴门尼德篇》《泰阿泰德篇》《智者篇》《政治家篇》《斐莱布篇》《蒂迈欧篇》《克里底亚篇》《法律篇》。这个时期柏拉图的思想已与中期对话中的思想有所不同。

柏拉图的思想是对以前希腊哲学，包括早期自然哲学、智者以及苏格拉底思想的创造性发展。特别是苏格拉底的人格和思想对他影响很大。柏拉图对话的主角多为苏格拉底，他说："过去和将来都不会有柏拉图写的著作，现在以他署名的作品都属于苏格拉底、被美化与恢复了本来面目的苏格拉底。"②这些话固然出自哲学家的伟大谦虚，但也反映出苏格拉底对他影响之深。

第二节　相和相论

柏拉图创立了一个庞大的哲学体系，一般称为相和相论。"idea"和"eidos"，国内哲学界过去一般译作"理念"。但柏拉图研究专家陈康、王太庆、

① 汪子嵩等：《希腊哲学史》第2卷，641页，北京，人民出版社，1993。
② 赵敦华：《西方哲学通史》第1卷，104页，北京，北京大学出版社，1996。

汪子嵩等先生认为这种翻译并不准确，主张译为相和相论。现在一般的英文翻译和著作也大多将柏拉图的"idea"和"edios"译为"form"；将他的理论称为"theory of forms"，而不像以前那样称为"theory of ideas"。

柏拉图的相论是他整个哲学体系的核心，内容复杂，体系庞大。毕达哥拉斯学派的数论和巴门尼德的存在理论是柏拉图相论的重要思想来源。但对其影响最大的还是苏格拉底的思想。苏格拉底在探求美德的普遍定义时主张，表达某种美德的概念必须是确定不变的，自身具有同一性、不容掺杂相对立的东西，没有内在的矛盾。这就有了"相"的思想雏形。柏拉图的相论直接继承了苏格拉底的思想。但正如亚里士多德所指出的，苏格拉底专注于伦理问题而忽视了整体的自然世界，柏拉图则从寻求伦理定义扩充到寻求普遍的万物的"相"，形成了他的相论。

柏拉图所谓的"相"，实际上是指一类个别事物的共同性。他认为一类事物之所以成为一类事物，是因为它们分有一个同名的"相"。例如，他在《斐多篇》中说，任何具体的美的东西都是变动的、相对的，只有"美的相"才是永恒不变的绝对的美，是决定一切美的事物的原因。那么，柏拉图的"相"具有什么特征，与具体事物又有何区别？

（1）单一性。"相"是单一的、同一的，不是组合而成的；而具体事物是组合或混合而成的，不是单一的、同一的。这个"一"具有双重含义：一是一类同名的东西只有一个单一的"相"，一是这个"相"不是组合而成，而是不可分的"一"。同时，柏拉图又肯定不同类型的事物有相应的不同类型的相，就是说他又承认了"相"的多数性。这种众多的相的思想，一方面是受了毕达哥拉斯学派的影响，另一方面也是受了原子论的影响，因为原子作为万物的本原也是多数的。

（2）永恒性。"相"是永恒的，不朽的；具体事物不是永恒的，是要毁灭的。如具体存在的床是各式各样的，可新可旧的，可毁或不可毁的，"相的床"，也即所谓"床的存在"，却是始终如一、永恒不变的。

（3）纯粹性。"相"是纯粹的、完全的、绝对的；具体事物是不纯粹的。柏拉图在《斐多篇》讨论什么是美时说，"如果有人向我说，一件东西之所以美，是因为它有美丽的颜色、形状之美，我是根本不听的，因为这一切把我闹糊涂了。我只是简单、干脆、甚至愚笨地认定一点：一件东西之所以美，是由于美本身出现在它上面。"[1]在柏拉图看来，美的具体事物的美都是相对的、不纯粹的、不完全的，无论它们怎样美，也有不够完美的地方，即有不美的成分存在。而"美的相"则是绝对纯粹的美，它不包含一点儿丑。

（4）超感性。具体事物是感觉的对象，"相"却只有思想（努斯、理性）才能掌握，是知识的对象。他说："作为多个的东西，是我们所能看见的，而不是思想的对象，但是相则只能是思想的对象，是不能被看见的。"[2]

（5）客观性。柏拉图认为，可见世界的各种具体事物虽然是可感知的，但却是虚幻的，不真实的；而"相"虽然是不可感知的，但却是真实的存在。正如柏拉图所说，各种事物有它们自己的牢固的存在，这种存在不是相对于我们的东西，也不会由于我们想象的力量而动摇不定，而是和各种具体事物自身以及它们自己固有的本性有关。总之，柏拉图认为，和多变的、相对的、感性的事物相比，相乃是永恒的、绝对的存在。现实的具体事物是虚幻的，相才是真实的，是世界万物的本原。但是，柏拉图又认为，相和可见世界的具体事物是有联系的。对此，柏拉图提出了摹仿说、分有说和工匠说。

所谓摹仿说，就是认为，相是事物的原型，事物是相的摹本，事物得以存在，是由于摹仿了相。例如，现实的桌子和床都是同名的相的仿造品。现实的国家也是国家的相的仿造品。它是摹仿了相的国家的本质现实，但是不

---

[1] 北京大学哲学系外国哲学史教研室编译：《西方哲学原著选读》上卷，73页，北京，商务印书馆，1982。

[2] 北京大学哲学系外国哲学史教研室编译：《古希腊罗马哲学》，179页，北京，商务印书馆，1982。

可能完全达到理想国家的要求。分有说认为个别事物的存在，乃是分有了相的存在。例如，美的花、美的画、美的人，它们之所以是美的，就是因为它们分有了"美的相"。柏拉图说：一个东西之所以是美的，乃是因为美本身出现于它，或者为它所"分有"。柏拉图所说的事物分有"相"，不一定是事物占有"相"。相是绝对的、纯粹的，事物则是有相对性和不纯粹性，因此相对于事物来说，是一个可以分有，而不可以达到的对象。柏拉图的工匠说与摹仿说相似，是说工匠造床是以"相的床"为原型的，画家作画是以"相的画"为蓝图的。工匠说和摹仿说的不同之处在于，在相同的个别事物之间增加了一个制造者。这个制造者的出现，为他的神创造世界的理论提供了依据。

柏拉图相论的提出，重点在于探讨作为世界本原的相和个别事物的关系问题。他提到了个别与一般、个性与共性的关系问题，认为共性是事物的一种普遍的性质和事物的原型，是事物内在的东西，因而是理性把握的对象。犬儒学派的第欧根尼曾对柏拉图的相论提出批评。他说，我的确看到一张桌子、一个杯子，但是并没有看到作为"相"的桌子和"相"的杯子。柏拉图回答道，你说得对，因为你的确具有一般人用来看桌子和杯子的眼睛，但你却没有看桌子的本质和杯子的本质的精神。柏拉图在这里强调的是，只有用理性才能认识事物的普遍本质。

柏拉图后期相论的发展，主要表现在《巴门尼德篇》和《智者篇》中。在《巴门尼德篇》中，柏拉图对自己的前期相论进行了反思。这主要表现在两个方面：第一，柏拉图的相原是为每一类事物确定一个同名的"相"，但由于他的相论具有目的论性质，只承认正价值的东西如美、善的"相"，而否认负价值的东西如丑、恶的"相"。到后期，柏拉图开始以广泛的存在论取代目的论观点，承认负价值的"相"的存在。第二，柏拉图原来认为相和具体事物是对立的，但如果说"相"和具体事物是两个分离的世界，那不但具体事物不能分有"相"，而且这种"相"也最终不能为人们所认识。所以，柏拉图开始承认具体事物和"相"并不是截然对立的,感性知识和理性知识也是相联系的。

在《智者篇》中,柏拉图提出了"通种论"。他从《巴门尼德篇》曾讨论的十几对相反的范畴中选取了三对——存在和非存在、动和静、同和异,认为它们是可以普遍应用的"种",并用逻辑论证它们之间的关系。这就是"通种论"。"存在"和"非存在"本是巴门尼德提出的,他认为只有"存在"是存在的,不能说"非存在"存在,这样就将"存在"和"非存在"割裂了。柏拉图开始认识到"非存在"并不是绝对的无,也是一种存在。所以,他提出"存在"和"非存在"不是绝对对立的,它们可以相互联系,在某种意义上"存在"是"非存在","非存在"也是"存在",它们的对立是相对的。他接受了赫拉克利特的思想,认为只有能运动、有生命、有思想的存在才是完善的,并认为静中有动,动中有静,从而破除了动和静的绝对对立。可以看出,柏拉图已经开始修正他原来的两个世界对立的思想了。

随着柏拉图相论的变化,他的其他方面的学说也有了相应的变化。在认识论上,他打破了理性和感性的绝对对立,看到感觉、记忆和理性相结合才能认识真理;在伦理学上,他将智慧和快乐的绝对对立打破了,认为美应该是智慧和快乐的结合;在国家学说方面,他看到了哲学王的理论和实际的严重脱节,从而认识到"法治"的作用。

第三节 建立公共教育制度

一、国家的头等大事

柏拉图继承和发展了苏格拉底关于教育和政治问题的思想观点,把教育看作建设国家的首要之举。柏拉图在公元前 377 年前后写下的《理想国》,可以说是一部系统论述教育与政治问题的巨著。在这部书里,柏拉图一开始讨论"正义"（justice）的问题，阐明什么是正义，及其与理想国家的关系，进而论述教育与个人和国家的关系，认为根本的问题是需要有良好的公共教育制度做保证。在他晚年所写的《法律篇》里，柏拉图重申了教育的重要性。在讨论政府官员的任命时，柏拉图认为虽然立法是重要的，但如果执行法律的官吏不合适，有好的法律也没有用处，反而会造成损害。选举人也很重要，他们必须受过良好的教育，才能够做出正确的判断，选出合适的官吏。选举法律的保卫者是重要的。城邦先选三百人，从中再选一百人，最后选出三十七人。而这其中最重要的是选举管理青年人教育的官吏，这个职务在城邦官职中是最伟大的。因为人是文明的动物，如果接受好的教育他便是动物中最神圣的；如果教育不好他可能成为最野蛮的动物。社会的幸福，直接依赖提供给后代子孙的教育的性质，因此教育的管理者和监督者，应是社会中最优秀最杰出的人物。他必须是一个 50 多岁的有子女的人，并且应该由其余的行政官员投票从"法律的保卫者"中选举产生，任期五年。① "教育部长"（commis-sioner of education）因此是柏拉图理想国家里的"总理"。

《法律篇》规定了学校的兴建。在城邦市区内的三个地方兴建向一切人开放的体育馆和学校，在城市郊外和农村地区建立练习骑术的学校，还要有三个空旷的地方作为练习射箭和掷标枪的场所。《法律篇》对专职教师也做了明确规定。教师必须为外邦人，国家支付给他们工资，在学校里兴建教师宿舍。

《法律篇》中提出了强迫教育。所有公民的孩子到一定年龄都必须接受学校教育，这不应听任他们的父母。这适用于男孩，同样也适用于女孩。因为，柏拉图认为女子和男子一样可以参加各种活动，在担负国家职务方面不分男女，同样可以成为候选人。在当时的希腊，女子可以分担男子的劳动，虽然在雅典她们只是坐在室内，看管储藏室以及纺纱和织布。在斯巴达，女孩子

---

① ［古希腊］柏拉图：《法律篇（第二版）》，张智仁、何勤华译，176～177 页，北京，商务印书馆，2016。

学习角力，却不做家务事。既然男女都担负一定的社会职责，故女子应当受到同男子一样的教育。女子和男子的唯一区别，就是女子的体质较弱，所以在战场上可做辅助性的较轻的工作。但在军事教育方面，女子应与男子相同，要培养女子勇于作战的能力，要使她们和男子一样在体育场接受体育锻炼。她们甚至必须学会骑射，否则将要使国家丧失在必要的时候指望她们担负另一半公民的服务的权力。①

在柏拉图的理想国里，第一等级的哲学家管理国家，第二等级的军人保卫国家，第三等级的生产阶级供养国家，三者各司其职、各尽其责，互不越位，是为正义。为了证明这一点，柏拉图又借苏格拉底之口吞吞吐吐地讲了一个著名的"高贵的假说"。苏格拉底说："首先说服统治者们自己和军队，其次说服城邦的其他人：我们给他们教育和培养，其实他们一切如在梦中。实际上他们是在地球深处被孕育被陶铸成的，他们的武器和装备也是在那里制造的；地球是他们的母亲，把他们抚养大了，送他们到世界上来……他们虽然一土所生，彼此都是兄弟，但是老天铸造他们的时候，在有些人的身上加入了黄金，这些人因而是最可宝贵的，是统治者。在辅助者（军人）的身上加入了白银。在农民以及其他技工身上加入了铁和铜。但是又由于同属一类，虽则父子天赋相承，有时不免金父生银子，银父生金子，错综变化，不一而足。所以上天给统治者的命令最重要的就是要他们做后代的好护卫者，要他们极端注意在后代灵魂深处所混合的究竟是哪一种金属。如果他们的孩子心灵里混入了一些废铜烂铁，他们决不能稍存姑息，应当把他们放到恰如其分的位置上去，安置于农民工人之间；如果农民工人的后辈中间发现其天赋中有金有银者，他们就要重视他，把他提升到护卫者或辅助者中间去。须知，神谕曾经说过'铜铁当道，国破家亡'，你看你有没有办法使他们相信这个荒

① ［古希腊］柏拉图：《法律篇（第二版）》，张智仁、何勤华译，220～223页，北京，商务印书馆，2016。

唐的故事？"①

　　一些研究者从这段话出发，推测柏拉图是个"遗传决定论者"或"血统论者"，其实这是对柏拉图的误读。在柏拉图的理想国中，虽然柏拉图认为统治者是金子铸成的，具有智慧的美德，军人是用银子铸成的，具有勇敢的美德，而生产阶级是用铜和铁铸造的，具有节制的美德。但是，柏拉图并没有将他们固定化，而是主张按照先天的能力来安排他们的位置，统治者和军人的子女有可能成为工人农民，而生产阶级的子女也有可能成为统治者和军人。在理想国里，共产共妻，根据法律，禁止男女监护者一起住在单位的家庭内，妻子应该是所有男子共有的。同样，儿童也应该是共有的，父母不应该认识子女，子女也不应该知道父母。在父母与子女互不知道的情况下，又怎能知道谁是未来的统治者、军人和生产阶级？不是遗传决定论，那么依靠什么来选拔统治者、军人和生产阶级呢？柏拉图在理想国中，设计了一个严格而又公平的教育筛选制度来决定各个公民的命运，奠定了社会分工的基础。应该说，在柏拉图的理想国中，是依靠教育而不是靠血统或其他因素来决定每个公民的未来。正因为如此，柏拉图极端重视教育在培养统治者中的作用。试想一下，如果成为统治者的主要条件并不是个人的能力，而是门第、血统等先天因素，那么，教育在培养统治者的过程中并不起主导作用，而且由于先天决定，能够成为未来统治者的人已经事先知道。这样，统治者的教育不可能在国家生活中引起普遍的关注。但在柏拉图的理想国中，却恰恰相反，教育被列为国家的头等大事，教育在选拔和培养未来的统治者中起关键作用。

　　虽然理想国中的教育以培养哲学王为主要目的，但为了达到这一目的，柏拉图设计了一个完整的公民教育制度，其内容如下：柏拉图强调教育应是终身进行的，统治阶级应注意优生，最优秀的男女相互婚配，生育子女越多

---

① ［古希腊］柏拉图：《理想国》，郭斌和、张竹明译，128～129 页，北京，商务印书馆，1986。

越好；劣种的男女相互婚配，生育子女越少越好。前者所生的儿童，要妥善地抚养教育；后者所生的儿童，应当抛弃；即使原属优秀的男女，偶尔生出劣种的孩子，也要抛弃。柏拉图强调优生。他主张成年男女公民之间，不存在固定的婚姻关系和性关系。柏拉图是把男女婚姻关系按优生学原则，建立在养育最佳下一代公民的需要之上的。他主张应使婚配成为高尚的事业，其目的是生育优秀的后代。任何个人无婚配自主权，权力属于统治者，他们为成人选择配偶。其中，勇敢的军人，在战争中战绩卓越的，除应得到种种荣誉外，还享有更多的和女子交往、结合的自由，以便为国家生育更多的优良后代。柏拉图还对男女婚龄做了严格的规定，男子为25—55岁，女子为20—40岁。因为这个时期，是男女在精神上、体质上最旺盛的时期。凡不符规定婚龄和健康标准而结合生养的子女，则是非法的，国家不予抚养。即使合法生育的子女，从一开始就要由政府官员进行检查，只允许健康的婴儿被养育，不良孱弱的则被抛弃。他认为只有这样，才能确保国民的素质一代胜过一代。0—6岁，为幼儿教育阶段，儿童主要通过游戏学习，并适当地接受宗教教育；6—18岁接受普通教育，主要是学习音乐以陶冶心灵，进行体育运动以锻炼身体，以上阶段，为国家全体公民都享受的教育。在完成普通教育之后，选择一部分人继续接受教育，成为未来的哲学家或军人，大部分则不再接受教育，成为生产阶级的一员。从18—20岁主要是进行军事训练，除继续受音乐教育外，还应该学习初步的科学知识，这是一个军人所必需的。从20—30岁，选拔少数人学习算术、平面几何、立体几何、天文学、谐音学等高级课程，为掌握辩证法，成为哲学王做准备；从30—35岁，再挑选合适的人完整地学习辩证法；从35—50岁为实践时期，掌握了辩证法的哲学家在最高的统治地位上为公众服务；到50岁时真正的哲学家已经认识了"善的相"，他们既可以从事哲学研究，在轮到他们时也可以统治城邦。等他们培养出继承人可以接替他们时，便可以辞去一切职务，安享晚年了。

二、教育规划与体系

《法律篇》包含着柏拉图更重要而详细的普及教育的规划。这些原则在《理想国》中已有许多论述，但《法律篇》在处理上要详细得多，而且在某些方面，要求的水平在提高。柏拉图指出，在男子和女子结婚后，他们必须认识到养育好的后代献给城邦是他们应尽的义务。并且设立一个由当局任命的妇女委员会，在这方面监督已婚夫妇的行为，并规劝他们。男子应在 30 岁至 35 岁之间结婚，女子则在 16 岁至 20 岁之间。这个委员会将在已婚男女结婚后 10 年内全面控制他们，并且根据优生学和伦理学的观点履行其职责。倘若婚后 10 年内仍无子女，他们将依据公正的条件安排离婚。倘有破坏婚姻忠诚的行为，如果严重到不能听之任之的话，一律严惩不贷。

柏拉图重视胎教。产妇必须注意身体的健康和训练。她们应当多做运动，但这种运动必须是轻柔的，不能骑马或乘船。所吃的食物应是新鲜的、有营养的，有液体，也有固体食物。孩子出生地点应在乡下，最好是在神庙旁，并且确保护士在他能够走路之前给他有益的运动和空气，尤其不允许他由于过早走路而伤害自己。婴儿应尽可能接近于仿佛他在大海上那样生活，应该把他左右拨弄，上下摆动，给他唱歌。这是发展勇敢和坚定性格的开端。而且必须注意使婴儿保持心平气和，因为躁动不安或容易发怒是不良道德的开端。3 岁或 3 岁以后，孩子开始游戏。3—6 岁，每天被送到各种神殿，在当局任命的妇女指导下玩耍。这些妇女应该性格温和、富有知识，通过讲故事、寓言等形式对儿童进行教育。这实际上是公办托儿所、幼儿园的雏形。6 岁后开始学习功课，男女儿童都学习骑马、射箭、投标枪、掷铁饼，但分开进行。教给他们使用武器，并注意训练左右手并用。这个时期，开始用体操和"音乐"训练儿童的身心。体操可分为两个学科——舞蹈和角力。穿戴盔甲的舞蹈，是为以后军事教育做准备并提供一种良好的初步训练。10—13 岁开始学习识字、书写、阅读，写字不要求写得流利而迅速。13—16 岁可以学习七弦琴的演奏。不允许敏捷的男孩努力前进得太快，也不允许迟钝的落后。这一时期让男孩子广泛阅读是不好的，对散文读物要严加选择，注意让他们阅读论述道德和法律的健康作品。在这之后，还有只有少数年轻人非常精通的"知识分解"——算术、几何学和天文学，但是大家必须"在确实需要时"学到它们。①

三、幼儿教育

幼儿教育的主要任务，在柏拉图看来，就是对儿童进行道德的熏陶，以形成良好的道德品质。他认为，人皆有行善的天赋，弃恶从善是人的本性，而个人是否能这样做，关键在于个人是否有识别善恶的能力。一个人能知善，他肯定会行善；一个人知恶，他肯定会避恶。成年公民应对幼儿进行教育和训练，把关于善的知识的种子播种在他们幼小的心灵中，使之成为道德高尚的人。

讲故事是对儿童进行教育的良好形式。柏拉图主张对故事内容要进行选择，把那些振奋精神、鼓舞斗志、积极向上的作品奉献给孩子，而取缔那些描绘神怪离奇、死难恐怖以及不合乎道德要求的故事，使他们知道敬神、敬父母，并且相互友爱。为什么要这样呢？因为柏拉图认为模仿是人的天赋本性，"从小到老一生连续模仿，最后成为习惯，习惯成为第二天性，在一举一动，言谈思想方法上都受到影响"②。教育者应让他们从小开始模仿忠诚、勇敢、虔敬、节制的英雄的言行，成为良好的公民。反之，那些损害神和英雄的行为、与贤人勇士道德标准不相符合的故事，则应严加防止儿童去仿效，如果儿童去模仿这些，就会变成残暴、凶狠、自私、胆怯或狂妄的人。柏拉

---

① [古希腊]柏拉图:《法律篇(第二版)》，张智仁、何勤华译，237页，北京，商务印书馆，2016。

② [古希腊]柏拉图:《理想国》，郭斌和、张竹明译，98页，北京，商务印书馆，1986。

图一再告诫人们："先入为主，早年接受的见解总是根深蒂固不容易更改的。"①

柏拉图十分重视游戏在幼儿教育中的地位。他认为，3—6岁的儿童本性是喜欢做游戏的，但游戏不仅仅是玩耍和娱乐，更是对儿童进行道德教育的重要形式。柏拉图强调要对儿童的游戏严格控制，使他们在相同的条件下，按照相同的规则，玩相同的游戏，从相同的玩具中获得同样的快乐；这样他们的性格就可以相同地固定下来。因此，游戏的内容和方法要符合法律的精神，有利于国家的安定，"我们的孩子必须参加符合法律精神的正当游戏。因为，如果游戏是不符合法律的游戏，孩子们也会成为违反法律的孩子，他们就不可能成为品行端正的守法公民了"②。因此，柏拉图建议游戏活动要尽量适合儿童的年龄特点，简单、易行、自然，同时要有一定的规则和程序，防止出现违反纪律的现象，通过游戏逐渐培养孩子的勇敢、聪慧、严肃和守法精神。

《法律篇》更详细介绍了埃及人"寓学习于游戏"方面的经验。埃及人创造了算术游戏，让儿童分配苹果和花环，接受分配的人时多时少。另一种游戏是分配杯盏之类的容器，有的是金质、银质和铜质的混合在一起，有的则分开。他们让儿童玩调配军队和远征的游戏，以发展他们的智力。他们让儿童玩做家务的游戏，以学会自理。还运用游戏方法教儿童测量长度、宽度和深度，这是学习几何知识的准备。柏拉图同样也把游戏同国家的稳定联系起来。他认为，在一般的国家里，没有人察觉到儿童的游戏同国家的稳定是否有关系。他指出，如果给儿童安排相同的游戏，使用同样的游戏方式，使其爱好相同的玩具，那么国家的庄严的制度就会保持稳定并不致被破坏。反之，如果游戏时常被破坏，有新的变化，特别是年轻人喜欢新奇的创造，不觉得他

---

① ［古希腊］柏拉图：《理想国》，郭斌和、张竹明译，73页，北京，商务印书馆，1986。
② 同上书，140页。

们有共同的爱好，"我们可以老实地说，这是一个国家最大的危机了；因为凡是改变游戏的实在是暗中改变年轻人的生活方式，使他们喜新厌旧。我敢说这样的言论与思想对于任何国家的危害是最大的"①。

柏拉图在《法律篇》里提出对儿童的管理应有严厉的态度。因为3—6岁，儿童的本性是需要游戏的。但是要克服他的顽固执拗的性情，要惩罚他。但人们不该暴怒地惩罚他们，或者激怒他们，惩罚要合乎规则。儿童的管理，必须置于教师的控制之下。成年人应给儿童树立榜样，带头遵守类似的规则。在管理儿童时，乳母们注意让孩子们行为适当且有秩序，乳母们和她们的所有的同伴由法律的保卫者每年从她们中间委派的几人之中选拔一人管理督率，按时巡察和整顿每一个团。这几个人是由具有管理婚姻大权的妇人们从每一族里任命的，年龄相当。她被任命以后，要每天到寺庙里行使职责，取得公民们的帮助，去责罚一切违反规则的人。如果有人对责罚有抗辩，就把他送到城邦的典狱司那里；如果没有抗辩，就让他自己惩罚自己。如果儿童做错了事，任何发现他们做错事的人都可施加惩罚。如果有谁不惩罚他，这个放过他的人就要受到教育监督者的责罚。

四、学校教育

6—18岁为普通学校教育阶段。在这个阶段，课程是音乐和体育，用音乐陶冶精神，用体育锻炼身体。这个阶段的教育主要是为选拔国家的军人做准备。

古希腊的音乐教育，除了现在所理解的音乐外，还包括诗歌、文学等。从公元前7世纪一直到柏拉图时代，神话、史诗以及悲剧、喜剧开始发展起来，那时荷马和赫西俄德的史诗是辉煌的代表作。他们在几百年中教育了希腊人，对希腊社会起过重大作用，受到人民的尊重。诗人被认为是"教育家"

---

① 张法琨选编：《古希腊教育论著选》，211页，北京，人民教育出版社，1994。

"第一批哲人""智慧的祖宗和创造者"。到公元前 6 世纪哲学兴起，有些哲学家如塞诺芬尼指责荷马和赫西俄德，说他们将偷盗、奸淫等人间丑行加到神身上，强调要用神圣的歌词和纯洁的语言去崇敬神灵，但不要歌颂泰坦诸神、巨人或半人半兽的怪物的斗争。文艺是娱乐还是教育的问题已经提出来了。阿里斯托芬在喜剧《蛙》中描写两大悲剧诗人埃斯库罗斯和欧里庇得斯在冥界争首席诗人的位置，冥王请酒神狄俄尼索斯裁判。酒神认为理想主义者埃斯库罗斯继承了荷马的优良传统，人物性格反映了希腊人的英雄品质，可以培养观众的勇敢、正义、节制等美德，从而被召到阴间去教育雅典人；而现实主义者欧里庇得斯描写的都是希腊人的丑行，他所描绘的人物充满激情、狡猾、凶狠、花言巧语和钩心斗角，难免会对观众产生坏的影响。因此，冥王裁决，只能由另一位悲剧诗人索福克勒斯代理冥界首席诗人。由此可见，文艺的教育功能和社会功能，已成为希腊人的一个重要问题。

作为古希腊的思想家，柏拉图非常了解诗歌对人的深刻影响。在古希腊人的心目中，诗人（尤其是荷马和赫西俄德）是他们从孩提时代起就懂得尊敬和爱慕的"偶像"。诗人是民族文化的传人，是民众信服的老师。诗歌则是民众学习的起点、认知世界的依据、解释生活的参考、做人的指南。诗的神圣和它的教育功能使诗人获得了"民众之师"的美誉。奥菲俄斯曾教授举办宗教仪式的程序，劝阻杀戮；慕赛俄斯曾传送神谕，行医治病；赫西俄德告诫农夫如何生活；特别是荷马史诗的影响尤甚。受过教育的希腊人都熟悉荷马史诗，许多人（包括柏拉图和亚里士多德）能随口摘引或"援引荷马"，还有的能大段背诵，甚至能背诵整部作品。荷马史诗既是文学，又是历史；既是阅读的课本，又是古代的"学问大全"。荷马成为诗和诗人的代名词。

不过，是不是教师是一回事，能否胜任教师的工作，则是另一回事。柏拉图一直怀疑诗人的教化功能，谴责诗人的伦理道德观念，否定诗人的神学观。在《理想国》中，柏拉图批判了诗和诗人，并且把诗人赶出理想国。为什么？具体分析，柏拉图主要有以下几点考虑。

第一，诗歌不具备本体的意义，不是热衷于摹仿人的行动和事件。诗不是一种具有真实本体意义的创造，诗人制作的形象和幻影一样处于一个极低的认知层次上。柏拉图认为，包括诗在内的各种艺术都是"摹仿"或"摹仿艺术"，而从事摹仿的人，则都是制作仿制品的摹仿家。在《理想国》里，柏拉图区分了神工、工匠和画家的作品，并指出制作的活动是个环接摹仿和逐次离异的过程。画家"生产"的作品被认为是对真理的两度离异。不过，画家的"产品"尚有某种实体，是一种看得见、摸得着的东西。相比之下，诗人制作的形象，甚至比不上画家的"产品"。诗人只注意表面现象，反对任何形式的"深入"，不重视思考，从不谈论研究的方法。荷马说过，诗是长了翅膀的语言，而在柏拉图看来，诗的翅膀（即语言）尽管灵巧，但它至多只能在人间飞翔，到不了"天界"。在《蒂迈欧篇》里，柏拉图写道："并非我想贬低他们"，诗人是一个摹仿的部族，至多只能轻松地指导自己经历过的生活，仅限于受过教育的范畴，在此之外，他们将难以通过行动，更不能通过话语，进行充分的表达。

第二，诗人不具备主动的求知精神，不能正确认识自我，也不懂得什么是真正的知识。柏拉图认为，诗人扮演了和智者一样的角色。他们不懂装懂，自以为是，不仅贻害自己，而且误导他人。诗人传承世代传唱的故事，不假思索，以为那是颠扑不破的真理。他们缺乏正确认识世界的积极心态，不具备求知的本领，没有意识到文字与知识的区别。在《申辩篇》里，苏格拉底在询问过政治家并发现他们貌似知之、实则不知以后，转而求助于"博学"的诗人，包括悲剧作者、抒情诗人和其他诗家。他以诗人们最得意的诗作中的问题请教，要他们指点迷津，以期增长自己的知识。然而，结果却令他大失所望，诗人们对作品的诠释甚至赶不上任何一位旁观者的见解。苏格拉底于是恍然大悟：诗人们以为只要戴上诗的花冠，就理所当然地成了通古博今、无所不知的全才，但事实却是与之相反。全希腊最好的吟诵诗人、著名的荷马史诗诵唱者伊安居然无法权威地解释诗艺问题，对作品的技巧和说唱的内容"一无所知"。柏拉图论证"诗人""无知"的做法无疑从一个侧面表明了他对诗人的教师地位的怀疑。

第三，诗人歪曲了神明的形象。柏拉图和苏格拉底都是颇为虔诚的信神的公民。相信神的存在，在柏拉图看来，就是坚信知识的形成不仅只是得力于人的智慧和创造，而且体现了神的意愿和英明。在柏拉图所处的时代，神的生活已不再像荷马和赫西俄德所描绘的那样充满仇恨。宙斯雄踞天庭，率管众神；众神各司其职，和睦相处。神应是"善"的化身，神的活动应该成为人的"样板"。神学还是道德规范的指导原则，它不仅是伦理学的延伸，而且也是审视伦理意义的最高标准。诗人应赞颂神的伟大，帮助人们树立正确的神学观。但是，包括荷马、赫西俄德和悲剧诗人们的作品，远离存在，内容无非是暗示祸福无常，诬蔑神和英雄们，这些内容对把青年培养成为有正义、虔敬、勇敢等美德的公民，是非常不利的。因此，在理想国中，除掉颂神的和赞美好人的诗歌外，不准其他一切诗歌闯入国境。因为这些诗人们不仅不认识真理，而且还捏造谎言，诬蔑神灵。柏拉图说，不让年轻人相信他们的胡言乱语。如荷马描写女神和佩莱斯的儿子阿克琼斯，由最有智慧的神灵抚养成人，但他却内心卑鄙贪婪，蔑视神灵。赫西俄德叙述天神乌拉诺斯（Uranus）配了地神，生下十八个儿子。这十八个儿子力大无比。天神惧怕他们，便把他们打入地牢。其中一个儿子名叫克洛诺斯（Cronus）的，把父亲推翻并割掉其生殖器，自己做了天神。柏拉图认为神是单一的，神就是善，不可能产生恶，也不可能会变恶。而诗人们却对神做不真实的描写，迎合人灵魂中低劣的部分。青年人如果学习他们，就会成为残暴、自私、胆怯的人。

柏拉图认为描写神是为了教育人，描写神的世界是为了塑造人的世界。他谴责诗人们不客观的描述。地府的恐怖、斯图克斯河水的湍急、《伊利亚特》和《奥德赛》中的令人悚然的描写，使听者为之心惊，闻者为之丧胆。诗人们描述了一幅可怕的死亡情景，用不真实的渲染煽动消极的情绪。此外，柏拉图告诫诗人不要"摹仿"有失神明身份或不体面的事情。比如，不要描写宙斯悲叹赫克托尔和爱子萨耳裴冬面临的死亡，因为这样做不符合神明不应和不会动情失态的事实。

第四，诗和诗人只是满足人的低级感受，而不能关照人的灵魂。柏拉图认为，关照人的灵魂是政治家的头等大事，也是教育的首要目的。但是，诗却增大了欲念的强度，削弱了理性的力量，破坏了心理的平衡。诗使理性的潜在"对手"变成了现实的"敌人"，使一种非理性的存在变成了反理性的存在。诗歌开辟了一个不同于日常生活的艺术场景，它使人们忘记了克制，抛弃了理智，让心中的激情放任自流。"当我们听荷马或某一悲剧诗人模仿某一英雄受苦，长时间地悲叹或吟唱，捶打自己的胸膛，你知道，这时即使是我们中的最优秀人物也会喜欢它，同情地热切地听着，听入了迷的。"①人们会因此变得多愁善感，失去男子汉的刚烈和保卫城邦的决心。这同样适用于喜剧，在观看喜剧中学会油嘴滑舌，放纵了自己的说笑本能，成为一个爱插科打诨的人。因此，柏拉图指出，诗和诗人的"作用在于激励、培育和加强心灵的低贱部分毁坏理性部分，就像在一个城邦里把政治权力交给坏人，让他们去危害好人一样"②。

教育应从儿童抓起，儿童的心灵纯洁，先入为主的印象极为重要。诗人有责任教育孩子，培养孩子们敬神的美德，仰慕英雄的情感，关心城邦的事务，具有自我克制的毅力和理智的头脑。但现实中的诗人却把愉悦公众作为唯一目的，以此沽名钓誉，并未担负起"民众之师"的职责。在古希腊，诗与哲学都是教育的工具，诗和哲学的抗争是抢着参与，并有效地规导公民的认

---

① [古希腊]柏拉图：《理想国》，郭斌和、张竹明译，405 页，北京，商务印书馆，1986。
② 同上书，404 页。

知倾向与道德意识的发言权和仲裁权的斗争。① 由于诗与哲学的格格不入，柏拉图断然决定驱逐诗和诗人，只有颂神诗和赞美诗例外。②

柏拉图认识到，对儿童的教育又离不开诗和诗人。如何处理二者之间的矛盾？他提出要运用国家机器的检查手段，严格挑选诗歌。在《法律篇》中，检审官由年逾 50 岁的公民担任，负责从现有的作品中挑选合宜的诗歌。诗可以抒情，可以叙事，歌颂神和英雄并不是诗可以描述的唯一内容，但是，不管诗人写什么，他决不能违反法律的规定，"他无权把诗作私自交给某个公民，不管此人是谁。他必须把作品呈交专门的检审官和法律的司掌者，征得他们的同意。事实上，我们已在送出的制定音乐法和监督教育的官员中任命了一批这样的检审官"③。柏拉图把德行作为选录诗人的第一标准："他不应该只是通晓文字、谙熟音乐的诗人，而从未做过高尚和卓著的事情。相反，人们应该唱诵那些个编诗者的作品，他们人品可靠，行为高尚，受到公众的尊敬，哪怕诗才差些，作品缺乏音乐和魅力。"④喜剧诗人，无论是在短长格诗和抒情的段子里，都不准用言词和动作贬低和嘲弄公民。如果有人破坏此法，主持节目活动的官员要严令他在一天之内离开国境。编写讽刺剧作要以善意的取笑为主，不能出于恶意，发泄对他人的忌恨和仇视。在内容与形式方面，喜剧与悲剧不同，但二者却都担负着教育公民的责任。总之，城邦的管理者应挑选优秀诗人的作品，让孩子们诵读。这类诗歌包含合乎道德规范的教诲、众多的故事和颂神的描述；这些诗歌讲述古时贤杰的业绩，读后能激励孩子们向这些贤杰学习，渴望像他们一样做人。

① W. Jaeger, *Paideia: The Ideals of Greek Culture Volume Ⅱ—Search of the Divine Centre*, Ofxord, Ofxord University Press, 1976, p.214.

② [古希腊]柏拉图：《理想国》，郭斌和、张竹明译，406~409 页，北京，商务印书馆，1986。

③ [古希腊]柏拉图：《法律篇(第二版)》，张智仁、何勤华译，217 页，北京，商务印书馆，2016。

④ 同上书，247~248 页。

柏拉图认为，音乐教育比其他教育都重要，因为音乐的节奏和曲调有强烈的力量浸入人心灵的最深处，如果教育方式适当，音乐能滋润人的心灵，美化人的心灵；如果没有这种适合的教育，心灵就会因此而变丑。旋律和曲调的协和、庄严和优美能使卫国者精神和谐、举止有礼、仪态优美。反之，如果音乐教育不合适，则违反人的本性，使人的行为受到坏的影响，影响人们之间的相互关系，甚至扰乱法律，直至颠覆国家的全部机构。

在古希腊，音乐的含义比现在要宽泛得多。音乐是古希腊人对儿童实施教育的主要手段，它的重要性远远超过今天孩子们所熟悉的音乐课。古希腊音乐，若以地域或曲调的风格划分，可分为四类：（1）伊俄尼亚调；（2）弗鲁吉亚调；（3）鲁底亚调；（4）多里亚调。柏拉图指责伊俄尼亚调、鲁底亚调"松弛""酥软"，倾向于瓦解卫士的斗志，故应逐出理想国，而多里亚调和弗鲁吉亚调则饱含阳刚之气，显示雄壮军威，能较好地表现言行的完美、和谐与统一，故可留用。柏拉图重视音乐在青年人教育中的地位与作用。他相信音乐教育是最庄严的事，诗乐、宇宙和人的灵魂是一个不可分割的整体，人与自然可以通过有节奏感的音乐找到连接点。好的音乐可以愉悦人的心胸，陶冶人的情怀，教育年轻一代公民。但他又提出，"愉悦"并不等于"好"，评审音乐的优劣，除了观察它的结构、内容和表现形式外，最重要的是看它的知识品位和道德内涵；任何动作或音调，只要有助于心灵或身体的善，不管是与善本身，还是与它的某种形象有关——都是好的，而那些与不好相关的则恰恰相反。① 在《法律篇》里，柏拉图提出了评审音乐作品的三条标准：（1）正确性；（2）实用性；（3）愉悦性。但不能脱离正确性去谈愉悦，不能脱离神学原则和道德标准提供"快感"。②

---

① ［古希腊］柏拉图：《法律篇（第二版）》，张智仁、何勤华译，42~48 页，北京，商务印书馆，2016。

② 同上书，61~64 页。

优秀的音乐，可以促使人形成完美的性格，养成良好的行为习惯。这不仅是城邦的管理者和保卫者所必须具备的素质，而且也是全体公民应努力达到的要求。在公元前 4 世纪，音乐在课程中占有相当大的比重。柏拉图赞赏斯巴达人的诗乐哲学，对他们的检审手段和恪守传统的做法颇感兴趣，认为音乐要庄重、简单、自然，要讲究节奏与和谐。音乐的有规律的节奏运动给人以匀称、舒适的感觉，因此有助于心灵的调养，增强人的自我约束能力；与节奏一样，和谐协调心灵的运动，帮助人提高抵御不规则和脏杂的"入侵"，增强心智的活力。杂乱无序的音乐会导致心智的混乱，非理性占据人的灵魂，无益于国家的稳定。当时的斯巴达人不允许乐人对传统诗乐做任何改变，担心一发不可收，动摇国之根本。柏拉图对此抱有同感，坚信音乐是国家意志的体现，曲调的不合时宜的变动会导致国家法律的改变。

柏拉图认为，音乐教育至关重要，其目的在于改造人性和培育美德，培养人有节制地、和谐地爱好美好和有秩序的事物。如果像现在的诗歌艺术那样，充满对神和英雄的诬蔑，还有其他绘画、雕刻作品以及建筑等体现邪恶、放荡、卑鄙的精神，护卫者从小就接触罪恶的形象，耳濡目染，不知不觉间在心灵中便会铸成大错。柏拉图强调必须寻找艺术巨匠，用其大才大德，开辟一条道路，使年轻人由此而进，如入健康之乡；眼睛所看到的，耳朵所听到的，这样的艺术作品应随处可见；使他们如沐春风如沾化雨，潜移默化，不知不觉间受到熏陶，使优美和理性融合为一。

一个保卫者所需的和谐稳健的性格不能单靠音乐和艺术教育获得，还需有身体的训练。年轻的保卫者应被训练获得高标准的灵活运动能力，尤其应该经受一种使他们为参战做好准备的训练，为年轻的保卫者所提供的身体训练的目的在于造就完好的身体健康。不需要有精致的食物、良好的饮食和讲究的糖果点心。吃饭要简单，睡眠要适度，要戒除酗酒。"复杂的音乐产生放纵；复杂的食品产生疾病。至于朴质的音乐文艺则能产生心灵方面的节制，朴质的体育锻炼产生身体的健康。"①年轻人必须为他们在战事中肯定会碰到的艰难境况做好准备，而不要养成自我放纵的习惯和病弱之躯。

柏拉图所讲的简单而灵活的体育主要是为战斗做准备的体育锻炼。训练青少年像警犬那样终宵不眠；视觉和听觉都极端敏锐；各种饮水食物都能咽下；面对烈日骄阳风暴都能泰然处之。为了履行好保卫者的职责，即使作为孩子，当军事战斗发生时，他们也应该被带去观看，以通过观察弄清楚他们在社会中的位置的实际情形。

柏拉图还指出，医生和法官的作用应该是在它已然存在的地方促进和维护健康，而不是试图在它不存在的地方造就它。城邦法律的医疗规定和司法制度"都对那些天赋健全的公民的身体和心灵抱有好意；而对那些身体不健全的，城邦就让其死去；那些心灵天赋邪恶且又不可救药的人，城邦就毫不姑息将之处死"②。

音乐教育要与体育相结合。柏拉图认为只接受音乐教育，就会精神不振，成为懦夫；而专门从事体育者也只能使身体发达、脑力迟钝，成为不学无术之人。所以二者不可偏废。但柏拉图又提出，"因为我觉得凭一个好的身体，不一定就能造就好的心灵好的品格。相反，有了好的心灵和品格就能使天赋的体质达到最好"③。音乐和体育服务于人的两个部分，即心灵和身体，用音乐照顾心灵，体育照料身体。体育可使人健美，但人体美不如心灵美高尚，因为身体不如心灵高贵，心灵是身体的主宰。所以，体育又要服从于以陶冶心灵为目的的音乐教育。柏拉图特别强调，体育要锻炼身体，但也要培育好的精神，体育教育的目的不是使人粗暴野蛮，而是使人的激情和理智达到和谐。在普通教育的基础上，青年人接受两年军事训练，他们从十几岁至二十

---

① [古希腊]柏拉图：《理想国》，郭斌和、张竹明译，113 页，北京，商务印书馆，1986。
② 同上书，120 页。
③ 同上书，111 页。

岁除继续接受音乐教育外，还应学习初步的科学知识。一般青年到了 20 岁，学业就算基本结束了。他们中的部分人要投入军营，成为一名军人。少数优秀的青年将继续深造。

成长中的孩子应该被体现和表达秩序、和谐与美的社会包围着。在这种氛围中，感受本身变成了道德和理智教育的一种途径。年轻人对秩序、和谐和平衡的兴趣得到培养。一种得到培养的对美的欣赏，本身在道德上就具有教育意义。善和美是一个东西。基于真理、秩序与和谐的教育不只鼓励增进道德行为、审美欣赏和理性思考，它还为年轻的保卫者提供一种能力，这种能力能够辨别那使另一个人作为朋友值得追求的身体、道德和理智的美的那些特质。真正的爱是以一种自我控制和有教养的方式去爱有秩序的东西和美的东西。这完全可以把自己表现于身体影响中，但它决不能堕落到性放纵上。性的放纵将导致过度的官能感受，将导致疯狂的享乐主义，这完全有悖于对青年人的教育。在《法律篇》中，柏拉图也指出，纯良的"爱情"是一回事，肉欲的性爱是另一回事；压抑后者决不会妨碍培养前者。真正的爱的基础是对美的爱，这种对美的爱也是教育的目的。

第四节　哲学王的教育

一、"哲学王"思想的提出

(一)哲学家的本性

在古希腊，哲学一向被认为是智慧之学，而且是一切智慧之中的"最高智慧"，哲学家就是具有"最高智慧"的人。哲学最初便是以"爱智慧"的面目出现的，而哲学家也就是以最富于智慧的形象普遍受到人们的敬仰。到了苏格拉底，他为了使自己和智者相区别，就不再称自己是具有智慧的，也不愿意人们把他看作最有智慧的人，而只认为自己是智慧的爱好者和追求者。

苏格拉底反对称他为最有智慧之人，这并不是出于谦逊，真的认为自己无知，而是出于对智慧本质的重新理解。苏格拉底推崇的是那种具有普遍性和原则性的根本知识，他认为只有这样的知识才配称智慧，而只有真正达到和掌握这种知识的人，才能称为哲学家。柏拉图继承并发展了苏格拉底的这一思想。按照柏拉图的观点，真正的哲学家在于洞悉"相"的本性，并且能够把它运用到国家的治理中去。哲学家的本性就是"永远酷爱那种能让他们看到永恒的不受产生与灭亡过程影响的实体的知识"①。哲学家是爱好智慧的人，他不是爱好智慧的某一部分，而是爱好全部智慧；但这并不意味着他对任何学问都要有所涉猎，那种对任何事情都好奇的人并不是真正的哲学家，只有那些热忱于寻求真理的人才是哲学家，"哲学家是能把握永恒不变事物的人，而那些做不到这一点，被千差万别事物的多样性搞得迷失了方向的人就不是哲学家"②。

在柏拉图看来，哲学家要掌握知识，必须具有良好的天赋。而"具有良好的记性，敏于理解，豁达大度，温文尔雅，爱好和亲近真理，正义、勇敢和节制"③，这种天赋并不是人人都具有的，只有少数人才具有。哲学家是节制的，而且不贪图享乐，他并不像大多数人那样热心追求物质享受和肉体的快乐，而是关注自己灵魂的改善和自身心灵的快乐。人越是追求真知，越不受肉体的污染，不受饮食男女等欲望和喜怒哀乐等情绪的影响；灵魂越是能离开这些罪恶，便越能进入那个神圣的、不朽的智慧世界，人的灵魂便可以获得自由。哲学家是心胸坦荡、眼界广阔之人，能观察和研究所有时代的一切存在，胆怯和狭隘不属于真正哲学家的天性。哲学家具有良好的记性、敏于

---

① [古希腊]柏拉图：《理想国》，郭斌和、张竹明译，230页，北京，商务印书馆，1986。
② 同上书，228页。
③ 同上书，233页。

理解，热爱真知。哲学家还是性格和谐之人，既不贪财又不偏窄，既不自夸又不胆怯，具有天然有分寸而温雅的心灵，能够本能地导向每一事物的"相"。

柏拉图认为，作为哲学家，他的灵魂必须具有最高的美德——智慧的美德。必须经受住各种困苦的考验，百折不挠，喜欢一切意义上的劳苦。只有经受住各种考验，他们才能完成最重要的学习，掌握"善的相"。哲学家必须具有正义的美德。柏拉图认为，正义包含了全部最基本的美德。当各个等级的人都能忠实履行自己应尽的义务，履行自己所处社会地位所要求的职责时，社会便实现了正义。但正义的本质不仅在于社会职能和关系的外部调节，更重要的还在于人内在的精神状态和品质。对于哲学家而言，正义就是充分认识到自己的天职，按照善的要求去行动，从而引导国家走向善。因此，柏拉图主张哲学家从政，哲学家应过两种生活，即哲学生活和政治生活。哲学家需具备统治艺术。柏拉图把政治知识和艺术看作编织国家之布的才能。他说："统治的艺术就是用真正的编织方法，把刚毅和智慧之士的德行结合起来，使他们志同道合、和睦团结地共同生活，从而编织出最壮丽、最豪华的国家之布。"①柏拉图认为掌握"善的相"的哲学家不应只停留在哲学生活中，还应深入到充满艰难与危险的政治生活中。他说，哲学家不是为了城邦中任何一个阶级的特殊幸福，而是为了城邦的整体幸福，柏拉图这样劝告哲学家：

"哲学家生在别的国家中有理由拒不参加辛苦的政治工作，因为他们完全是自发地产生的，不是政府有意识地培养造就的；一切自力更生不是被培养而产生的人才不欠任何人的情，因而没有热切要报答培育之恩的心情，那是正当的。但是我们已经培养了你们——既为你们自己也为城邦的其他公民——做蜂房中的蜂王和领袖；你们受到了比别人更好更完全的教育，有更大的能力参加两种生活（哲学生活和政治生活——译者注）。因此你们每个人在轮值时必须下去和其他人同住，习惯于观看模糊影像。须知，一经习惯，

---

① ［苏联］涅尔谢相茨：《古希腊政治学说》，蔡拓译，145页，北京，商务印书馆，1991。

你就会比他们看得清楚不知多少倍的，就能辨别各种不同的影子，并且知道影子所反映的东西的，因为你已经看见过美者、正义者和善者的真实。因此我们的国家将被我们和你们清醒地管理着，而不是像如今的大多数国家那样昏昏然地管理着，被那些为影子而互相殴斗，为权力——被当作最大的善者——而相互争吵的人统治着。事实是：在凡是被定为统治者的人最不热心权力的城邦里必定有最善最稳定的管理，凡有与此相反的统治者的城邦里其管理必定是最恶的。"①哲学家虽成为统治者，掌握了权力，却不贪图享乐，这是"因为，事实上……只有当你能为你们未来的统治者找到一种比统治国家更善的生活时，你才可能有一个管理得好的国家。因为，只有在这种国家里才能有真正富有的人来统治。当然他们不是富有黄金，而是富有幸福所必需的那种善的和智慧的生活。如果未来的统治者是一些个人福利匮乏的穷人，那么，当他们投身公务时，他们想到的就是要从中攫取自己的好处，如果国家由这种人统治，就不会有好的管理。因为，当统治权成了争夺对象时，这种自相残杀的争夺往往同时既毁了国家也毁了统治者自己"②。哲学家喜爱真正的哲学生活，而轻视政治权力。让不爱权力的人掌握权力，这正是柏拉图"哲学王"思想的精髓所在。

柏拉图认为，哲学家掌握最高知识，是具有统治才能的人，但在当时希腊人的心目中，哲学家却被认为是怪物，是无用之人，这是因为那些自称为哲学家的智者给哲学带来了坏的名声。哲学家的本性如果得到好的教育培养，便可以发芽成才；如果遇到坏的教育，会变得比谁都坏。败坏青年的是智者和诡辩家，他们在公共场所蛊惑青年，将他们喜欢的称为"善"，将他们不喜欢的称为"恶"。他们向那些具有哲学家本性的青年献媚，诱惑他们走上歧途；出身高贵、富有财产的年青人野心被煽动起来，妄自尊大，便不可能继续研

---

① [古希腊]柏拉图：《理想国》，郭斌和、张竹明译，280 页，北京，商务印书馆，1986。
② 同上书，281 页。

究哲学。另外一些不具备天赋的人却闯入了哲学的神殿，他们不能研究哲学而只能制造诡辩去败坏哲学。这样，剩下来配得上研究哲学的人微乎其微了。他们或是出身高贵又受过良好教育，灵魂没有受到腐蚀，依然在真正地研究哲学；或是一个伟大的灵魂生于一个狭小城邦，他们不屑于关注这个小国的事情；少数人或许由于天赋优秀，脱离了他们所藐视的其他技艺，改学哲学。这极少数的哲学家像一个人落入了野兽群中一样，既不愿意参与作恶，又不能单枪匹马地对抗所有野兽，只能脱离现实保持沉默，但求自己躲开祸端。

这种现实使柏拉图认识到："只有在某种必然性碰巧迫使当前被称为无用的那些极少数的未腐败的哲学家，出来主管城邦（无论他们出于自愿与否），并使得公众服从他们管理时，或者，只有在正当权的那些人的儿子、国王的儿子或当权者本人、国王本人，受到神的感化，真正爱上了哲学时，无论城市、国家还是个人才能达到完善。"①所以，柏拉图提出，只有在合适的国度里，哲学家才能充分成长，而当前所有的政治制度都是不适于哲学家成长的。"哲学如果能找到如它本身一样最善的政治制度，那时可以看得很明白，哲学确实是神物。"②因此，必须创造理想的政治制度让哲学家真正发挥作用，这也说明了为什么柏拉图要提出理想国的原因。

（二）理想的国家呼唤哲学家

柏拉图不仅是一位哲学家，同时也是一位决心献身于政治的人物。在《理想国》中，柏拉图指出，在他所提出的理想政治制度之外，现实存在的政治制度有四种。第一种是荣誉政制。这是一种善恶混杂的政治制度，统治者不是有智慧的人，而是单纯而勇敢的人，特点是争强好胜、贪图荣誉，类似于斯巴达的政制。统治者的性格特征是比较自信而崇尚武力，爱权力和荣誉，但缺乏文化，他们是依靠武功获得权力的。第二种是由少数富人掌握统治权的

---

① ［古希腊］柏拉图：《理想国》，郭斌和、张竹明译，251 页，北京，商务印书馆，1986。
② 同上书，248 页。

寡头政制。统治者的性格特征是贪婪，贪财的欲望是他们的神圣原则，理性和激情都得服从它，理性用来计算如何赚钱，激情用来赞美财富和富人。第三种是民主政制。在这种政体中，城邦的每个公民都有同等的权利担任公职，官员通常由抽签决定。和这种民主制相应的个人性格特征是：他们都过于放纵自己的欲望，不受理性约束，视傲慢为有礼，放纵为自由，浪费为慷慨，无耻为勇敢，完全沉溺于不必要的欲望之中。他们的生活没有秩序和节制，想干什么就干什么，却以为这就是自由和幸福。柏拉图将这样的人叫作民主的人。第四种是专制暴君、独裁者当政的僭主政体。统治者的个人性格特征是属于兽性和野性的欲望占了上风的类型，其最优秀的理性部分受到奴役，这种人在疯狂的欲望驱使下，成为暴君。以上这四种政体都是在当时希腊世界实际存在或曾经存在过的。与这些政制相对立的是，由哲学家担任统治者的理想国家，即贤人政制（aristocracy）。

柏拉图认为，任何个人都不能独立生活，人们需要结合在一起，组成城邦。城邦首先要有食物、住房和衣服，因此要有农民、瓦匠和纺织工人，还需要有商人，有老板及卖苦力的人。这些只求满足于物质需要的城邦还是初级的，他称为"猪的城邦"。作为城邦，还应有医生，有各种艺术家，有保卫城邦和人民财产的军人、卫士，以及统治者。柏拉图提出，理想的国家由三个不同的阶级组成：统治阶级、卫士阶级和生产阶级。与此相应的是，一个理想的国家应具有正义、智慧、勇敢、节制四种美德。少数统治者具有智慧的美德，具有治理整个国家的知识。卫士阶级具有勇敢的美德，但这种勇敢不是兽类或奴隶的那种凶猛，而是由教育培养而成的。生产阶级具有节制的美德，服从统治者的管理。但节制和智慧、勇敢不同，并不专属于某个阶级，而是国家中全体人民包括统治者和被统治者都应具有的美德。只有这样，国家才能和谐一致。而正义并不是在智慧、勇敢和节制之外、与它们并列的另一种美德，而是在这三者之上，是比它们更高一个层次的、对它们普遍适用的美德。柏拉图认为国家的正义就是各人做自己分内的事情而不去干涉别人，依靠各自拥有的智慧、自制和勇敢为国家做出贡献，这就是正义的国家，也就是柏拉图理想的国家。

正如理想的国家有三个不同的阶级，个人的灵魂也由三个不同的部分组成，即理智、激情和欲望。理智起领导作用，激情服从它，是它的助手。欲望是贪得无厌的，必须受到理智和激情的控制。人的灵魂中的这三部分和谐相处，各自起自己的作用，理智起领导作用，激情和欲望服从而不违反它，灵魂能够自己主宰自己，这样的人便是正义的人。

（三）古希腊的政治现实与柏拉图的实践

培养政治家或统治者，是古希腊教育的主要任务。在斯巴达和雅典等城邦中实行的教育，从本质上看，就是以培养未来的统治者为基本宗旨。特别是从公元前 5 世纪开始，雅典奴隶主民主政治的兴盛产生了政治家培养的必要性，普通公民获得了前所未有的参政、从政机会，而要参政、从政就必须在公众面前讲演、辩论。讲演和辩论又需要一定的知识、智慧和政治常识。智者的教育活动迎合了这一现实需要。正如黑格尔所言的，智者的教育是一种教人认识权力，从而获得权力和运用权力的教育，即培养政治家的教育。

苏格拉底亲身经历了雅典奴隶主民主政治由极盛到衰败的转变，他认为城邦衰落、民主制变质的根源在于统治者并不懂得如何治理国家，甚至缺乏必要的政治常识。苏格拉底认为，与其他技艺一样，政治也是一门专门的技艺，需要专门的知识和能力。因而苏格拉底把培养政治家看成是他教育的主要任务。可以说，苏格拉底比智者更明确、深刻地认识到了培养政治家的必要性和重要性。

柏拉图进一步发展了苏格拉底的思想，更为系统地论证了政治家培养的必要性。苏格拉底主张使政治知识化、专业化，而柏拉图则进一步主张应由哲学家统治国家。在 74 岁高龄时写给朋友的第七封信中，柏拉图追溯了自己这种思想形成的过程，他写道：

　　我年青的时候，也有跟其他许多人相同的经历，我希望自己成年后立即参与政治生活。但当这样的时机到来时，政治形势却发生下列变化。

　　那时存在的政府，为大多数人所不满，于是发生了革命。革命是由 51 个人领导的，其中 11 名在城邦，10 名在比雷埃夫斯港，——这些地方都需要管理市场、处理市政问题。"三十寡头"的统治建立了，成为最玩忽职守的统治者。这里面有许多人是我的亲戚和朋友。他们也确实立即邀请我与他们共事，觉得这似乎十分相适宜。由于年轻，我那时的感受并无惊人之处。我相信他们是城邦的管理者，会领导城邦摆脱不正义的生活方式而享受正义的生活。所以，我非常热切地关注着他们，注视着他们的行动。但我看到的是，时间不长，他们就搞得怨声载道，使人人都怀念前期，觉得那是黄金时代。更有甚者，他们竟敢陷害我的老朋友苏格拉底……

　　我思考着这些事情，思考着这些人治理城邦的方式，思考着他们的法律及习俗。越是思考这些，年龄越是增长，我越觉得正确管理城邦事务之难。没有忠实的朋友和可靠的伙伴，做任何事业也不能成功。由于我们的城邦已不再按祖先制定的原则和制度来统治，要进行公正地治理实在不是易事。而要很快获得另外的新朋友也根本不可能。除此以外，成文法和习惯皆被败坏，世风日下。因此，尽管我一开始极度热心于从事政治活动，但一旦想到所有这些事情，看到它们如何以惊人速度向四面八方急速恶化，我变得头晕目眩，迷茫不知所从。尽管我继续考虑着用何种方式可以改善这些事情及整个政治，但一涉及政治行动，我却不断地等待合适的时机。直到最后，看看所有现存的城邦，我意识到它们都处于极坏的统治下，它们的法律已经败坏到无可救药的地步，除非来一场剧烈的变动和极大的运气，我不得不宣告，必须颂扬正确的哲学，通过它，一个人可以认识到公众生活和私人生活中的各种正义的形式。因而，除非真正的哲学家获得政治权力，或者城邦中拥有权力的人，由于某种奇迹，变成了真正的哲学家，否则，人类中的罪恶将永远不会停止。①

　　这就是柏拉图为之终生奋斗的"哲学王"理想，柏拉图的理想国就是这一理想的生动阐释和具体展示。在柏拉图那里，哲学已不像早期希腊哲学那样只是对自然界的沉思，而是涉及整个人类生活，"哲学是人的本质。他随处表示了他对哲学尊严之最崇高的看法：惟有哲学才是人应当寻求的东西，他对哲学具有最深刻的情感和最坚决的意识，而对于一切别的东西都表示轻视"②。柏拉图把哲学当作"上帝所赐予人类的礼物，从来没有、也永不会再有比哲学更伟大的东西"③。哲学是以最高的善为对象，它是整个世界遵循的最高原则，因而哲学乃是治理国家的最高学问，掌握了哲学的人具有最高智慧，能够洞悉最高的"善的相"，理应成为国家的统治者，按照"善"的原则建立理想的国家。对于这个见解，黑格尔曾做过精辟的分析，他说："说统治者应该是哲学家，说国家的统治权应该交给哲学家手中，这似乎未免有点妄自尊大。不过为了判断这话是否正确，我们最好记着柏拉图意义的哲学及当时对于哲学的了解，即把什么算作哲学……我们知道，柏拉图这里所了解的哲学，是与对超感官世界的意识，亦即我们所谓宗教意识混合在一起的；哲学

---

　　① 苗力田主编：《古希腊哲学》，236～238 页，北京，中国人民大学出版社，1989。

　　② ［德］黑格尔：《哲学史讲演录》第 2 卷，贺麟、王太庆译，172 页，北京，商务印书馆，1960。

　　③ 同上书，172 页。

是对自为的真理和正义的意识，是对国家的普遍目的的意识和对这种普遍目的的有效性的意识……由此得到的结果就是：当柏拉图说哲学家应该管理国家时，他的意思是根据普遍原则来决定整个情况……这样的原则构成政府和权力的实质。"①

二、教育的目的——促进灵魂转向

柏拉图认为，哲学王的培养，就是通过教育促进他们的灵魂转向，即从以可见世界为对象的意见状态，转向或上升到以可知世界为对象的知识状态。也就是指使受教育者的心灵状态从最低等级的想象，逐步上升到信念、理智，最后达到理性等级，把握最高的"善的相"，进入纯真至美至善的可知世界的这样一个灵魂的转向或上升过程。哲学王的培养过程就是这样一个灵魂的转向或上升过程，柏拉图所谓哲学王的教育就是一种促进灵魂转向或上升的艺术。柏拉图说："我们必须认为，知识和学习的性质不是像有些人主张的那样，那些人在说到教育时，以为知识仿佛不是包含在灵魂之内而仿佛是被放进灵魂之内，就如把视觉放进瞎了的眼睛里面那样……理性教导说，每个人在他的灵魂内都潜伏着一种内在的性能，他本身具有借以学习的官能。譬如说，人的眼睛不能够由黑暗转向光明，除非随着他的整个身体转过来，同样地，我们的整个灵魂必须掉转方向，离开那变动着的现象世界；灵魂必须转向真实存在，直到他能够经受得住阳光，能够观看真实存在之明朗和光明。不过我们说，这个真实存在的就是善。认识真实存在的艺术就是教育的艺术，也就是用什么方式可以使这一转向来得最容易、最有成效，并不是把视觉放进（弄进）人里面，而乃是使视觉发挥其作用，因为他已经有了视觉，不过没有适当地转向自身，因为他没看见他所应该看见的对象。灵魂的其他美德与

① [德]黑格尔：《哲学史讲演录》第 2 卷，贺麟、王太庆译，174~176 页，北京，商务印书馆，1960。

肉体比较接近；它们不是先在于灵魂里，乃是通过练习和习惯得来的；反之，思维作为神性(美德)决不会失掉它的力量，它之变好变坏只是由于转向的方式。"①为了详细论述灵魂转向，柏拉图又对他所提出的可见世界与可知世界做了进一步的划分，认为存在和认识两个系列都可以分为四个阶段。如果我们用一条线代表它们，将线划分为不相等的两段，一段是可见的，另一段是可知的，对其中每一段都按相同的比例各划为两小段，表示出来即是：

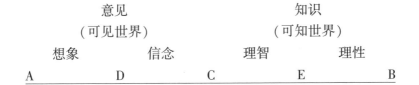

划一条直线 AB，按实在性和真理性的程度，先分成两大段 AC 和 CB，AC 代表可见世界及其认识，CB 代表可知世界及其认识，由于后者无论在实在性和真理性的程度上都超过前者，所以在划分线段时，CB>AC；接着再根据清楚与不清楚的程度，按 AC 和 CB 的比例，再将 AC 线段分成 AD 和 DC，分别代表可见世界的影像及其认识和实物及其认识；将 CB 线段分成 CE 和 EB，分别代表可知世界的理智和理性的对象及其认识。这样，根据实在性和真理性的不同的程度，灵魂状态也就有高低不同的四个等级。也就是说，受教育者必须从最低的灵魂等级(阶段)上升到最高的灵魂等级(阶段)，灵魂转向的教育过程始告完成。第四等级是想象(eirasia，英译 imaging 或 illusion)(AD)，其对象是影像，如影子或水平面或别的平面上反映出来的东西。第三等级是信念(pistis，英译 belief 或 faith)(DC)，其对象是影像所像的实物，包括人在内的动植物、各种自然物和人造物。第二等级是理智(dianoia，英译 understanding 或 thinking)(CE)，处于由第三到第一等级的居间等级，是数理

---

① 范明生：《柏拉图哲学述评》，94~95 页，上海，上海人民出版社，1984。

学科的研究对象。第一等级是理性（noesis，英译 reason 或 intelligence）（EB），是哲学研究的范围，和它对应的认识对象是"善的相"。

这样，柏拉图就将灵魂即认识的能力分为四个阶段，最高的是理性，其次是理智，再次是信念，最低的是想象；它们各自的对象即存在方面也有相应的四个阶段："善的相"、数理对象、具体事物、影像。①

柏拉图为了让读者明白他的思想，在《理想国》第七卷又做了一个洞穴的比喻，以生动的实例说明存在和认识的四个阶段。这是一个意味深长的故事②：有一群人世世代代居住在一个洞穴里，他们从出生时起就被铁链锁在固定地点，犹如囚徒，甚至连脖子也被锁住，不能回头或环顾，只能面壁直视眼前的场景。在他们的身后，有一堆火，在火与囚徒之间有一堵矮墙，墙后有人举着各种各样的木偶走过，火光将这些木偶投影在囚徒面对的洞壁上，形成多样的、变动着的影像。囚徒们的一生都犹如在看皮影戏，他们不能相互观望，不知道自己的模样，也不能回头看到造成影像的实物，他们都以为眼前晃动的影像就是真实的事物，用不同的名字称呼它们，仿佛这些影像就是真实的人、动物和植物。囚徒们已经习惯了这种生活，他们并不感到悲惨，也没有挣脱锁链的念头。但是，有一个囚徒偶然挣脱了锁链，他移动脚步，回过头来，生平第一次看到眩目的光亮，火光会使他感到刺眼的痛楚，使他看不清原先已经习以为常的形象。经过一段时间的适应，他终于能够分清影像和木偶，明白木偶比影像更真实，影像是火造成的投影。他不顾刺目的难受，逼近火光，走向洞口。后来有人把他从陡峭的洞口拉出洞外。当他第一次看到阳光下的真实事物时，再次眼花缭乱，甚于初见火光时所受的痛苦。他只能慢慢适应阳光的照耀，先看阴影，再看水中的映像，进而看事物本身，抬头看天上的月亮和星辰，最后直接观察太阳，知道太阳是造成岁月和季节

① 汪子嵩等：《希腊哲学史》第 2 卷，798 页，北京，人民出版社，1993。
② ［古希腊］柏拉图：《理想国》，郭斌和、张竹明译，272～276 页，北京，商务印书馆，1986。

的原因，主宰着世间万物。这个解放了的囚徒，当他回想往事时，他在庆幸自己的解放的同时怜悯他的囚徒同胞。按照他自己的意愿，宁愿在外面作贫困的主人，也不愿回到洞穴里当高级囚徒。但是，为了解放他的同胞，他还是义无反顾地回到洞穴里。他的失败是不可避免的。他从光明处来到黑暗处，已不能适应晃动的影像。别人会因为他看不清影像而嘲笑他，说他在外面弄坏了眼睛不合算。没有人相信他在外面看到的东西，他不得不在法庭和其他场合同他们论争幻觉和真理、影像和原型的区分，因此激起众怒，恨不得把他处死。

洞喻和线喻之间存在着密切的对应关系。可见世界，相当于洞穴世界；可知世界，相当于洞外世界。第四等级的影像，是想象的对象，相当于洞壁上木偶的影像；第三等级的具体事物，是信念的对象，相当于洞穴中的木偶或器物；第二等级的数理学科，是理智的对象，相当于洞外世界的太阳等的影像；第一等级的"善的相"，是理性的对象，相当于洞外世界的太阳等本身。① 获得知识的渐进过程相当于借助"影像"和"具体事物"基础上的数理学科和逐步上升的辩证法，最后认识到作为万物本原和最高原则的"善的相"。下面，我们具体分析认识过程的四个阶段。

（一）第四等级（AD）：想象和具体事物的影像

柏拉图认为这是最低等级的认识。最低级的心灵状态是想象，它的认识对象是生物、自然物和人工制品，也就是一切可感事物的阴影或摹本；或者是生物等有形可感事物在水里或光滑物体上反射出来的影像，用柏拉图自己的话来说，这些可感事物的影像即"第三张床"。第一张床是床的本位、理念的床，第二张床是以理念的床为模型的摹本，而第三张床——影像的床则是摹本的摹本，如画家所画的床。灵魂的这种状态，乃是后面所述"洞喻"中被囚禁的囚徒的灵魂状态。他们终身被囚洞中，看到的只是器物或木偶的投影。

---

① 范明生：《柏拉图哲学述评》，105 页，上海，上海人民出版社，1984。

他们的心灵是歪曲的，离理念的真实还隔着三层。所以它存在的真实性最低，认识的清晰性最低，自然地，价值等级也最低。

(二)第三等级(DC)：信念和具体事物

灵魂转向的第二阶段是：从影像上升到影像的原物，即感官面对的有形事物。柏拉图说，这一部分表示实际的东西，即"我们周围的动物以及一切自然物和全部人造物"①。对于这些东西来说，前面那一部分的影像只是对它的摹仿。它相当于洞喻中那个被释放的囚徒，越过矮墙和通路后，看到了在燃烧的火光照耀下投到洞壁上的影像的原物，开始时他感到头晕目眩，经过一段时间之后，就习惯于看影像的原物了，这时，他的心灵状态就从第四等级的想象状态转向信念状态，从想象、偏见、激情中摆脱出来，直接转向可感事物。

就第三等级的认识对象本身来说，柏拉图认为：这些具体的器物，木偶、人、马、床等，都是特殊的，都还是理想的人、马、床(即人、马、床的理念)的不完善的摹本；因而心灵的这种认识还停留在意见、信念的状态，还没有获得人、马、床这些特殊事物的本质，即相的认识。

(三)第二等级(CE)：理智和数理学科

在柏拉图看来，理智虽然可以归入可知世界中，但如果仔细探讨，却发现它是处于可见世界与可知世界的居间世界；从认识的心灵状态来讲，是处于感性认识与理性认识之间。但却接近于理性认识，数理学科是进一步学习辩证法的基础，只有通过研习数理学科，获得理智的认识，才能进一步学习辩证法，上升到认识"善的相"。它相当于洞穴中的囚徒被拉出洞外去看真正的太阳，但他感到眼花缭乱，对于真实的存在看不清楚，需要一个适应与逐渐习惯的过程。

(四)第一等级(EB)：理性和"善的相"

柏拉图认为，到第二等级为止的理智，尚未完全实现灵魂转向，只有通

① ［古希腊］柏拉图：《理想国》，郭斌和、张竹明译，268页，北京，商务印书馆，1986。

过辩证法，上升到最高的以"善的相"为对象的理性等级时，才能成功地完成灵魂转向，成为真正意义上的哲学家。它相当于洞穴中的囚徒，在来到洞外经过一定时间的适应，终于看到了太阳本身，只有到这时候他才真正认识到太阳主宰着可见世界中的一切，它是万物的终极原因。

概括而言，灵魂转向是从想象、信念到理智、理性的上升过程，是从认识具体事物到认识数理学科，直至最后认识"善的相"的认识过程，也是充分发挥心灵潜在的认识能力的过程。这一学说是柏拉图制定教育课程，从而培养哲学王的认识论基础。我国学者范明生高度评价了这一学说，指出：它既是个体又是整个人类的认识从低级到高级的发展过程，它又代表着不同类型的人的认识特征：第三等级信念，相当于普通人的认识特征；第二等级理智，相当于数理学家的认识特征；第一等级理性，相当于哲学家的认识特征。同时，它又代表不同类型的哲学学派：第四等级想象，相当于以智者派普罗泰戈拉为代表的相对主义的主观唯心主义；第三等级的信念，相当于以赫拉克利特，特别是以德谟克利特为代表的唯物主义；第二等级的理智，相当于毕达哥拉斯学派中的数理学派；第一等级的理性，相当于巴门尼德、苏格拉底和柏拉图等人的理性主义。①

柏拉图把世界分为可见世界和可知世界。严格来说，柏拉图只承认可知世界的两类认识(理智和理性，特别是后者)是真正的知识，而可见世界，包括感性事物自身都只不过是可知世界的影子或"摹本"，是不真实的，只能形成意见。在这里，洞喻是线喻的形象表达，线喻则是洞喻的理论阐释。

在他的洞喻中，"至善的相"被看作照亮一切而自身不被照亮者。而要达到这一境界，心灵必须经过一系列的转向，从影子到物，到火光，再到洞穴外的物，最后转向太阳。灵魂的转向与个人从意见、现象之中获得解放的道路是同一条道路。应该说，这个故事描绘的是一幅反映人类实际状况的严峻

---

① 范明生：《柏拉图哲学述评》，128 页，上海，上海人民出版社，1984。

局面。柏拉图事实上通过对于洞穴中的囚徒处境的描绘深刻地表达了那种对于人的局限性的认识，这是一种总是为事物的假象所蒙蔽而看不到事物真相的人类知识处境。人只有从这种处境中解放出来，才能获得真正的知识。价值标准实际上是体现了理想。按照理想去改变生活世界，也是理性的意义所在。理想的作用在于：从消极的方面讲，它有批判的价值；从积极的方面说，它有指导的意义。前者使我们不满足于现状，对我们的所作所为保持一种理性批判的姿态，因而不断思变，改造自我。后者使我们有所追求，引导我们为实现理想不断努力。在希腊哲学家眼里，未经反省的生活是没有意义的生活，因为这时人们常常只是按照本能和传统在行事，很少觉察周围的谬误，更不探究生活的意义，恰如洞穴中的芸芸众生。教育的任务就是告诉大家：人是具有理性的，能够运用反省的理性去审查自我。认识世界和认识自己的最高目标就是认识理性，并且按照理性来改造世界、安排自己的一生。

灵魂转向学说是柏拉图制定教育课程，从而培养哲学王的认识论基础。

三、课程体系

柏拉图所说的灵魂转向就是使人从专注于现实可见世界的种种具体可变事物转而去认识真正的存在，一直达到最高的"善的相"。这种灵魂转向并不是城邦中每一个人都能做到的，只有国家的统治者——哲学王才能认识"善的相"，并按照这种价值观将国家安排得最好。柏拉图认为，这种心灵转向只有通过教育才能实现，因此，按照心灵转向的不同阶段，设置了各阶段的课程，目的是培养哲学王，促成他们的心灵转向。

柏拉图设置的课程在体育和音乐这两门初等教育课程之上，还有五门课程：算术、平面几何、立体几何、天文学、谐音学。按照这个次序将灵魂从可见世界逐步上升到可知世界，最后达到辩证法——哲学。

（一）数理学科

1. 算术

柏拉图把算术看作"一切技术的、思想的和科学的知识都要用到的，它是大家都必须努力学习的最重要的东西之一"①，军人必须学习它，以它统帅军队，哲学家也应该学习它，因为算术是脱离可见世界而把握真理的工具。柏拉图认为，计算能提高我们的思维水平，例如有三个手指：小指、无名指和中指，它们每一个看去都是一个指头，无须靠思想去考虑。但如果谈到粗细大小，视觉便会觉得它既大且小，同样触觉会觉得它既粗又细，既软又硬，这类矛盾的问题促使灵魂去研究它们，这就要求助于计算的能力。首先要考虑那是一个还是两个，如果感觉到的是两个，是彼此不同的，它们每一个是一个，可是合在一起便是两个，理智要将它们分开来考虑。视觉看到大和小，但它们是合在一起而不分开的，所以会得到模糊的印象。计算则采取相反的方式将它们分开，首先弄清楚什么是大，什么是小。将可见事物和可知的对象区分开来，这便需要计算。感觉对象是矛盾混合的，作为理性能将它们区分开来，这便需要计算。计算是由可见世界向可知世界前进的第一步。

柏拉图认为学习算术的更重要的目的是引导灵魂转向而不是追求实用，认为这门学科能把灵魂引导到真理。所以算术能使灵魂通过纯粹思想去认识真理自身，那些天性擅长算术的人学习其他课程也比较快，算术可以使迟钝的心灵变得敏捷起来。因此，柏拉图说：算术有资格被用法律规定下来，"我们应该劝说那些将要在城邦里身居要津的人学习算术，而且要他们不是马马虎虎地学，是深入下去学，直到用自己的纯粹理性看到了数的本质，要他们学习算术不是为了做买卖，仿佛在准备做商人或小贩似的，而是为了用于战争以及便于将灵魂从变化世界转向真理和实在"②。

---

① ［古希腊］柏拉图：《理想国》，郭斌和、张竹明译，283页，北京，商务印书馆，1986。
② 同上书，288页。

2. 平面几何

学习几何学虽然在军事上也有用处，如安营扎寨、排列队形等，但这些实用功能只是附带的，柏拉图认为几何学中大部分高深的知识的作用是帮助人们认识"善的相"。有人说"画方""作图"等都仿佛是为了实用，但实际上却是为了追求纯粹的永恒存在的知识。几何学的对象是永恒物，而不是某种有时产生和有时灭亡的事物。几何学能使灵魂认识真实的存在，"大概能把灵魂引向真理，并且或许能使哲学家的灵魂转向上面，而不是转向下面"①。这里柏拉图并没有谈到几何学的具体内容，只是谈到几何学的真正对象是永恒不变的知识，属于理智阶段，是灵魂转向中必须学习的课程。

3. 立体几何

柏拉图提出在学习平面几何之后、天文学之前，应该加上立体几何作为第三门课程，不然便是从平面直接进到圆周运动的立体了，应该先从二维进到三维。立体几何是平面几何向天文学的过渡，它涉及的是长、宽、高三维空间的立体，是平面几何和天文学之间的桥梁。当时，立体几何并没有得到很大发展，柏拉图认为原因有两个：一是学习它很困难，没有一个城邦认为值得重视而学习它；二是学习它需要有人指导，而当时很难找到这样的老师，即使找到了也没有人肯虚心学习。

4. 天文学

天文学是讨论运动中的立体事物的学科。由于它的对象远在高空，一般人认为研究这门学科就能引导心灵离开低处的事物去看高处的事物了，即迫使灵魂向上看。柏拉图无情讽刺了这种流俗的浅薄见解，指出当时学习天文学的人并不是真正在学习天文学；因为他们只注意到天体美的外观，还停留在"可见世界"中。他嘲弄道："如果有人想研究可见事物，无论是张开嘴巴向上望还是眨巴着眼睛向下看，我都不会认为他是在真正学习（因为任何这类的

---

① ［古希腊］柏拉图：《理想国》，郭斌和、张竹明译，291页，北京，商务印书馆，1986。

事物都不可能包含有真正的知识），我也不会认为他的灵魂是在向上看。即使他仰卧着学习（在陆上或海上），我还是认为他是在向下看。"因为"除了研究实在和不可见者外我想不出任何别的学习能使灵魂的视力向上。"①柏拉图主张研究天文学应像研究几何学那样，运用灵魂的理智去提出和解决问题，而不必去管天空中那些可见的事物。因为"看上面的东西"并不是引导人去看天上的事物，那些事物虽在天上却还属于可见的世界，它们还不是真实的存在。当天文学家看到天体星球的运动时，他们赞美天体的完美构造，但要从中研究星球的昼夜之间，日夜和月、年之间，以及其他星球和太阳、月亮以及它们彼此之间的永恒不变的比例关系，却是荒谬的。柏拉图认为，天体星球本身是属于可见世界的，因此天体星球运动的比例关系并不是永恒不变的。真实的东西乃是这些天空中的星体所承载的真正的数和图形中的快慢运动，以及它们彼此之间的相互关系，这些东西只能用理智去把握，眼睛是看不到的。天文学应研究天体星球后面的不可见者，即真实者，亦即那些只有凭借理智才能把握的纯数和纯粹图形。

5. 谐音学

谐音学和天文学是姐妹学科，天文学是研究眼睛看到的运动，而谐音学是研究耳朵听到的运动。谐音学是毕达哥拉斯学派首创的，但柏拉图认为不必向他们去征询意见，即不让学生追随毕达哥拉斯学派去研究那些不完善的高音和低音，免得浪费时间去计量这些音调的高低。他批评一般谐音家只研究音调之间的数的比例关系，以寻求到事物运动的数的比例关系为满足，而不去进一步探讨这些比例关系中哪些是本来和谐一致的，哪些不是，以及它们为什么是和谐一致的，即合乎善和美的。真正的哲学家还要进一步研究这些比例关系中哪一些是真正的和谐，还要追问为什么它们是真正的和谐，直到往上推到美和善，即认识到最后原理，才达到学习的目的，同时也就达到

---

① ［古希腊］柏拉图：《理想国》，郭斌和、张竹明译，294 页，北京，商务印书馆，1986。

对象自身的目的。

柏拉图认为，学习者还必须认真研究这些学科彼此间的相互关系，以及将这些学科结合在一起所需要的一个总的认识，才能达到目的，不白费气力。因为学习这些课程仅仅是一个基础，是进一步学习辩证法的准备。

柏拉图之所以将这五门数理学科按"算术—平面几何—立体几何—天文学—谐音学"的次序排列，并非出于偶然，而是因为柏拉图认为学习的先后应当保持同一次序。陈康先生认为，柏拉图这样排列，并不是依据各门学科距哲学的远近而定，即柏拉图以算术的对象距感觉对象最近，距哲学的对象最远；几何学的对象次之，天文学的对象又次之；谐音学的对象距哲学的对象最近，距感觉对象最远。他是根据各门学科的学习难易而定的。凡是以结构较复杂的为对象的学科皆以结构较简单的为对象的学科为基础。如天文学以立体几何为基础，因为天文学的对象比立体几何的对象复杂，前者是运动中的立体，后者是单纯的立体，否则天文学应当排在立体几何之前，而不是在它之后。①

(二)辩证法及其与数理学科的关系

柏拉图认为，如果一个人不能对自己的观点做出逻辑的论证，便不能说他已经有了知识，即辩证法知识。如果一个人不依靠感觉的帮助，能用辩证法通过推理以求认识事物的本质，并最终把握善本身，他便达到理性世界的顶峰。这个过程就是辩证法。正如洞穴比喻中的囚徒被解放出来，从阴影转向投射阴影的影像再转向火光，然后从洞穴中上升到阳光下，最后终于认识了真正的太阳，这整个程序便是引导灵魂转向上升到善的过程。只有辩证法这种研究方法，能够不用假设而一直上升到第一原理本身，通过纯思辨而认识可知世界，认识到"善的相"。理性在进行这种活动时，决不凭借任何感觉，而只靠理性，从这一个"相"到那一个"相"，并且最终归结到"善的相"，柏拉

---

① 汪子嵩、王太庆编：《陈康：论希腊哲学》，67~68 页，北京，商务印书馆，1990。

图把"这个思想的过程"叫作辩证法。柏拉图认为，辩证法是在别的课程之上的基石，整个学习过程到辩证法就完成了。

掌握了辩证法，心灵转向的目的也就实现了，培养哲学王的教育也就完成了，只有掌握辩证法的人，才容许他们来统治国家，决裁大事。他又补充说：一个人要能将以前学过的各门课程总起来看，看到它们之间的相互联系以及它们和实在的联系，这样知识才能融于心灵中。能不能将事物联系起来看，这是有没有天赋辩证能力的主要试金石。柏拉图特别强调辩证法便是能将看到的事物相互联系起来，有一个总的看法。

对于究竟什么是辩证法？柏拉图并没有给出明确的答案。英国学者 A. E. 泰勒认为，柏拉图所讲的辩证法不求助于感觉所得到的东西，这个过程不是上升到"万有的起点"和又从那里下降的双重过程，全是"从形式到形式，并终止于形式"那样地前进，辩证法甚至会摧毁数理学科的假设。① 我国的范明生把柏拉图的辩证法概括为六个方面，第一，柏拉图认为辩证法不是诡辩术；第二，柏拉图把辩证法理解为论证相论的重要手段；第三，柏拉图把辩证法理解为问答法——"理智助产术"；第四，柏拉图把辩证法理解为假设法或二律背反；第五，柏拉图把辩证法理解为分析和综合；第六，柏拉图把辩证法理解为理念、范畴的矛盾运动的法则，即对立统一的原理。②

柏拉图认为，辩证法要高于数理学科。数理学科还不是真正的知识。因为它们的前提假设是某些并不知道的东西，因而它的结论和中间步骤也是并不真正知道的东西；它是从假设出发推出结果，而对假设本身却不加以解释。所以，柏拉图认为，这些并不是真正意义上的知识。以上五门课程本身也像做梦似的只能认识到真理的影子，因为它们并不能完全脱离感觉，虽然它们

① ［英］A. E. 泰勒：《柏拉图——生平及其著作》，谢随知等译，413 页，济南，山东人民出版社，1990。

② 范明生：《柏拉图哲学述评》，267~276 页，上海，上海人民出版社，1984。

是达到真理的必要途径，但却还不是真理。而辩证法虽也从一些假设出发，但却不是向下推求它们的结果，而是向上寻求假设赖以成立的根据，以达到"善的相"。

数理学科的研究对象是处于具体事物和"相"之间的居间者。柏拉图指出，数理学家所思考的，并不是实际的、个别的、可感的几何图形（如圆形、正方形、三角形等），而是研究圆形本身（圆形的相）、正方形本身（正方形的相）、三角形本身（三角形的相）。概括而言，就是以图形为手段，去思考可感事物的"相"。也就是说，数理学家的心灵特征是处于信念与理性之间的理智等级。他们虽利用可感图形去思考抽象的图形，但还没有上升到完美无缺的相的地步。而辩证法完全超出了可感事物，是从形式到形式进行研究，研究对象是最高原则的"善的相"，研究者的心灵处于纯理性状态。

但是，辩证法与数理学科之间又存在着不可分割的关系。在柏拉图的教育设想中，数理学科是军人和哲学王所必修的，军人学习意在实用，而哲学王学习意在为进一步研究辩证法做准备。辩证法完全摆脱具体事物，这样在感觉和理性之间就出现了一道鸿沟，数理学科正好起着沟通的桥梁作用，否则心灵转向是无法实现的。所以，柏拉图说，只有具有辩证能力的人才能真正完成灵魂转向，也只有按照以上所说的课程进行训练的人才能做到这一点，因为除此之外没有别的道路可以达到这个目的。从柏拉图的有关论述来看，我们写在纸上的数字、图形以及公理、命题、推理、演算等都是可以看到的，是感觉经验的对象。尽管我们画的正方形或圆形不是真正的绝对的正方形或圆形，但是它们代表的却是真正的不变的必然的东西。这样，几何学既和感觉又和理性相联系，起着沟通和纽带的居间作用：一方面，当凭借可感图形研究纯粹的图形时，研究者的心灵就由感觉转向理智；另一方面，当不凭借假设，眼光向上看，不再由假设以推求结果时，研究者的心灵就由理智转向理性。所以，数理学科是沟通具体事物与辩证法不可缺少的环节，帮助完成这个转变过程，只有这样，研究者才能从感觉转向理性，达到最高的终极的"善的相"。

四、教育的方法——学习就是回忆

以其灵魂学说为基础，柏拉图系统阐明了以"学习就是回忆"为核心的认识论。

（一）灵魂学说

柏拉图首先提出了灵魂的三重区分与灵魂不朽。在《理想国》中，柏拉图提出了灵魂的三重性，认为灵魂包含理性、激情和欲望三个"部分"。这里所谓的"部分"，并不能理解为是灵魂的各个组成部分或内容，而仅仅是一个比喻的说法，表明同一灵魂的不同活动方式、机能或原理。灵魂的三个"部分"具有各自的功能：理性是灵魂中最高贵的，是人和动物区别的根本标志，是不朽的，是人与神共有的（下文所讨论的灵魂不朽中的灵魂也是专指这部分）。而其他两部分则有生有灭，是人和动物共同具有的。理性灵魂体现于理想国的哲学家身上，相当于智慧的美德。灵魂中的激情"部分"，体现在理想国的护国者身上，相当于勇敢的美德。激情高于欲望，激情虽然也被赋予动物，但只有人的激情才是理性的天然同盟。欲望是灵魂中的最低级"部分"，它表现为感性的需要，体现在第三等级——被统治者身上，相当于节制的美德。欲望当指肉体欲望，理性的欲望被称为爱欲，这是对善和真理的追求。肉体的欲望或服从理性而成为一种美德，或背离理性而造成邪恶。柏拉图在《斐德罗篇》里用一个"灵魂马车"的比喻来说灵魂三"部分"之间的关系，人类灵魂的御车人驾驭着两匹马，一匹驯良，代表着激情，它爱好自制、荣誉和谦虚，要驾驭它不需要鞭策，只需劝导就行；另外的那匹马十分顽劣，代表着欲望，而御车人即代表着人的理性。当御车人看到他所爱的对象时，整个灵魂充满了欲望，那匹良马知道羞耻不贸然行动，而那匹劣马却要带着主人去追求快乐。这个比喻说明了灵魂内部的冲突，只有理性战胜欲望，才能去认识"相"。柏拉图对灵魂所做的三重区分并不影响他讲的灵魂统一性。他认为，灵魂的本性是理性，激情和欲望都应服从于理性；欲望背离理性而沉溺于肉体享乐，是违反灵魂本性的。当他不加区别地使用灵魂一词时，是指合乎本性的灵魂，即理性灵魂。只有在分析灵魂与身体、道德和政治活动的对应关系时，他才区分灵魂的不同"部分"，不把灵魂与理性相等同。

柏拉图认为，正如世界可分为可见世界与可知世界，人也可分为肉体与灵魂两部分。人的肉体是有生有灭的，而灵魂则是不朽的。在《蒂迈欧篇》中，柏拉图指出，天上的诸神是创造者造的，它们完全出于创造者的意志，所以是不朽的、永恒的；而人则是由创造者和诸神一起创造而来的，在人之中有一部分属于理性，是创造者亲自播种的，是不朽的神圣统治力量。只是人的灵魂中的理性纯洁性较差，因为外面的火、气、土、水闯入了人的灵魂，而形成欲望和情感，所以，人的灵魂中除了理性外，还有感觉、情欲等。但只有理性是不朽的，人的肉体是诸神从外部世界借来的火、气、水、土这些物质元素组成的，并不是永恒的。柏拉图在《斐多篇》中提出，为什么哲学家乐于死亡，而一般人对此不能理解呢？柏拉图认为，灵魂和肉体混杂在一起是不纯粹的，只有纯粹的理性才能获得真理。而死亡是肉体和灵魂的分离，灵魂只有在人死后，才和肉体有彻底的分离，灵魂才能得到净化和自由，才能认识真理的存在。所以柏拉图提出，灵魂是不朽的，哲学家不会害怕死亡。

柏拉图在《斐德罗篇》中也论证了灵魂不朽的问题。他说："凡是灵魂都是不朽的，因为永远运动的东西是不朽的……由他物引起运动的都可以说是无灵魂的，只有由自己内在运动的才是有灵魂的，因为这是灵魂的本性。"[①]柏拉图认为，运动是灵魂的本性，灵魂是自己运动的，所以它不会停止运动。它是一切运动事物的本原——起源、原因或第一原理。它永远不会停止，所

---

① 汪子嵩等：《希腊哲学史》第 2 卷，827～828 页，北京，人民出版社，1993。

以灵魂是不朽的，如果它停止运动，整个宇宙以及一切生成的东西将不再存在，而且也没有别的东西能使它们再运动起来，再产生出来。灵魂不朽说和柏拉图的认识论是密切相关的。柏拉图认为，知识是不朽的灵魂所固有的，即知识是先验的，所以学习不过是对灵魂中固有知识的回忆而已，而不是把灵魂中没有的知识硬塞进人的灵魂中。因此，教育是启发，而不是灌输。

（二）学习就是回忆

在"灵魂回忆说"的基础上，柏拉图在《美诺篇》中提出了"学习就是回忆"的观点。"既然灵魂是不朽的，可以不断重生，它已经在这个世界以及别的世界中获得一切事情的知识；所以它能回想起先前已经知道的有关美德和别的事物的知识，这是不必惊奇的。整个自然是同类的，灵魂已经学习到一切事物，所以当人回想起某一件东西——通常便叫做学习——时，便没有理由怀疑他不能发现所有别的东西，只要他有足够的勇气去寻求；因此寻求与学习不是别的，不过就是回忆（anamnesis）。"①

在《美诺篇》中，柏拉图借苏格拉底之口，证明他的"学习就是回忆"学说。在对话中，苏格拉底通过运用精神助产术，促使美诺的一个童奴回忆起自己灵魂中固有的毕达哥拉斯定理，即勾股定理的内容。这个童奴原来从未受过包括几何学在内的任何数学教育，但是通过苏格拉底恰到好处的提问，即"精神助产术"，不断纠正童奴急忙做出的种种错误回答，最后终于如愿以偿，使之回忆起了灵魂中固有的高度抽象的毕达哥拉斯定理。这是柏拉图"学习就是回忆"理论中最为经典的事例。

在《斐多篇》中，柏拉图认为："回忆就是说当一个人回想某一事物时他必然在某个时候已经先知道了这个事物，回忆是以被回忆的内容早已存在为前提的。"②他举例说：当一个人看到另一个过去认识的人所弹的琴时，他会立

---

① 　汪子嵩等：《希腊哲学史》第 2 卷，678 页，北京，人民出版社，1993。

② 　同上书，705 页。

刻想到这张琴的主人的"相"来；如果某人有贝克和西米亚两个朋友，当他看到西米亚时便会想起贝克；回忆更经常发生在我们已经有一段时间没有看到从而已经忘却的时候，当看到一匹马或一张琴的图像时会想起马或琴的主人来，而且看到西米亚的"相"时会想起西米亚本人来。

柏拉图特别强调：所有这些回忆都是由相似的（西米亚和西米亚的画像）或不相似的（人和琴）对象引起的，不论是完全相似或部分相似。柏拉图在这里所讲回忆的这个具体事物和引起回忆的那个具体事物是两个不同的事物，从而也是不同知识的对象。

《美诺篇》和《斐多篇》中的"回忆说"，虽然回忆的主体都是灵魂，而回忆的对象却不同。在《美诺篇》中，回忆的是几何图形，启发回忆的是边长为二尺的正方形，要回忆的是面积为其二倍的另一个正方形，这二者之间的关系是逻辑上的前提和结论的关系，也是教学上的根据和结果的关系。而《斐多篇》回忆的事物却不是数学和逻辑的关系，而是个别的相似和不相似之间的关系。另外，《美诺篇》中的"回忆说"讲的是数学推理，否定了感觉的作用。而《斐多篇》中的"回忆说"却承认了感觉在认识过程中的作用。N. 古莱认为："可感事物在这里起了'提醒者'的作用，由可感事物回忆起原型，从而获得'相'的知识。"[1]罗斯也认为，柏拉图认为人不是由感觉得到"相"的知识，"相"的知识早已在人的灵魂里，不过我们已经忘记，感觉起了启发的作用，促使我们回忆起"相"。[2]

在《斐莱布篇》里，柏拉图谈到了记忆和回忆的区别。他认为：灵魂和肉体结合在一起感受到的经验在灵魂中保存下来的就是记忆；而灵魂和肉体分开，单独唤醒了记忆中的经验或学习到的知识便是回忆；或者是灵魂已经失掉了感觉的记忆或它曾学习过的某些东西，现在由灵魂单独（不和肉体相结

---

[1] 汪子嵩等：《希腊哲学史》第 2 卷，707 页，北京，人民出版社，1993。

[2] 同上书，707 页。

合)恢复了才是回忆。

柏拉图在《斐德罗篇》中又指出：只有哲学家才能回忆起"相"。因为只有哲学家的灵魂在天上已经认识了真正的存在，进入肉体后又能够孜孜不倦地寻求真理，才能回忆到真正的存在——"相"，大多数人的灵魂不能做到这一点。

在认识论上，柏拉图的回忆说发展了苏格拉底的精神助产术。苏格拉底说他自己并没有知识，他只能用问答的方法帮助别人，将他们心上已经孕育的知识接生出来。但是人心中的知识从哪来的？苏格拉底没有解决这个问题。柏拉图提出：知识不是后天获得的，也不是灵魂自发产生的，而是灵魂中固有的。柏拉图的回忆说认为知识并不是从外部灌入人的灵魂中，人们对外部世界的感觉经验只能起推动灵魂回忆的作用，并不是真正的知识来源。教育的作用在于触动、提示和唤醒知识，使之明白地昭示出来。所以，教育的作用在于启发人灵魂中固有的知识，而不是把外部世界的知识与经验灌输到人的灵魂中。

柏拉图的"回忆说"旨在解决这样一个难题：一个人既不能知道他所知道的东西，也不能知道他不知道的东西。他不会寻求他所知道的东西，因为他既然已经知道它，就无须再探寻；他也不会寻求他不知道的东西，因为他甚至连他要寻找的东西是什么都不知道。"回忆说"的关键在于肯定一个人可以学习他所想知道的东西，但对"知道"的意思进行了分析：知识包含于灵魂之中，已经是被知道的东西；被知道的东西不一定是被关注的东西，拥有知识的灵魂不一定知道它的拥有。"回忆""寻求"都是灵魂对自身的关注，是对既有知识的认识。

柏拉图所说的灵魂的转向就是灵魂的回忆。因为一切知识其实早已潜藏于人的内心，人们对知识的认识并不是认识外在于他们的对象，而是向自身内部的追寻，即"回忆"。这个回忆的过程是一个从"意见"到"理性"，从低级向高级上升的过程。依此看来，柏拉图所说的灵魂转向实际上是要使人的灵魂的每一部分协调一致，听从理性部分的指挥，只有这样，灵魂本身的"视力"才可从可见世界上升到可知世界，从而灵魂转向它本真的状态，这就是灵魂的回忆。这一过程既是认识过程同时也是道德的净化和升华。"善本身"是可知世界的唯一原则。善又可以分为一系列等级：外在的善（财产）要服从于肉体的善，肉体的善要服从于精神的善，精神的善要服从于理性的善。在这个善的"金字塔"上，理性处于顶峰。从较低一级的善向较高一级的善的跃升贯彻了灵魂转向的原理。所以，柏拉图在《非利斯篇》中指出，在我们面前，确切地说，是在司酒官面前流淌着两股水流，其中一股是可以与蜜糖相媲美的快乐之泉流，另一股则是智慧的泉流，它使人清醒，而且一点酒也没有掺杂，就像凛冽而有益于健康的清水。这就需要我们尽善尽美地把这两股水掺杂在一起。

柏拉图的"学习就是回忆"在西方教育史上有着广泛而深刻的影响。我们不能一概把其视为唯心主义先验论加以排斥或批判，而看不到其合理成分。柏拉图虽然认为一般、共相，即理性认识是不朽的灵魂所固有的，是人们在出生以前就已经获得的知识，而且认为人们出生时由于种种原因把它们遗忘了。而要复得它们，即需要学习，而学习的过程，就是回忆的过程。这一理论的合理内核有以下三点：

一是以颠倒的方式强调了认识是一个由感性上升到理性的辩证过程，并没有否定感觉在人类认识过程中的地位和作用。在柏拉图看来，学习的过程固然是一个回忆的过程，但对灵魂固有而生下来却忘掉了的绝对美、善的知识的回忆，并不是凭空完成的，它需要感觉经验的介入，它需要一个过程。对此，他曾在《斐多篇》中做了具体的论述：如果人们在出生前获得了知识，在出生时已把它忘掉的话，那么人们可以而且也只有通过感觉才能复得它们。用他自己的话说："除非通过看、摸或者其他感觉，我们不会也不可能得到它的知识。"[1]另外，柏拉图还指出，人们凭借视觉、听觉或其他感官感觉到一

---

[1] 苗力田主编：《古希腊哲学》，265 页，北京，中国人民大学出版社，1989。

种可感的东西，就可以在人们的灵魂中唤起另一种已经忘掉了的，但却是和这种可感事物联系在一起的东西，即共相、理念、理性认识。因此，柏拉图所说的回忆，又可简单地概括为由一种事物想起另一个事物。

如果说，在《斐多篇》中柏拉图关于认识过程，即对理念知识的回忆的论述重点在于强调离不开感官，必须通过感觉经验的话，那么，他在《会饮篇》中关于对美、善本身的讨论，则重点强调了对美本身的认识是一个过程。柏拉图认为，要达到统摄一切的美以及美本身的认识，必须经过四个步骤：第一步，"先从世间个别美的事物，逐渐提升到最高境界的美，好像升梯，逐渐上升，从一个美形体到两个美形体，从两个美形体到全部美形体"；第二步，"从全部美形体到美的行为制度"；第三步，"从美的行为制度再到美的学问知识"；最后，"再从各种美的学问知识一直到只以美本身为对象的学问，彻悟美的本体"。① 可见，柏拉图关于美本身的回忆过程，正是从具体的可感事物出发，经过一步步抽象和深化，由个别具体可感事物上升到一般普遍概念，最后上升到绝对理念的过程。

同时，柏拉图关于认识过程的理论则进一步表明，他所谓的回忆，并非像以往人们所说的那样是一个"闭目塞听"，与可感世界毫无联系的过程。事实上，在柏拉图那里，认识理念的过程必须有感觉的参与，感觉经验起到了提醒和启示的作用，正是它促使灵魂回忆起那些先前已经认识而又忘记了的理念。诚然，在此柏拉图并不认为感觉所起的作用是为思想提供资料、素材，或者并不认为对理念的认识源自经验，因而与唯物主义，尤其是辩证唯物主义相去甚远，但他认为感觉能提供一种唤起思想进行回忆的刺激，这也不失为对感觉在认识中作用的一种肯定。

二是提出以"相"为回忆的对象，从现象到本质，以求实现认识的目的。

---

① ［古希腊］柏拉图：《文艺对话集》，朱光潜译，271～272 页，北京，人民文学出版社，1963。

柏拉图的回忆说否定了认识的对象是处于运动变化中的具体可感事物，而是恒动不变的"相"。"相"也只能寓于个别事物之中。就人的认识而言，它开始于感觉，但由此获得的仅仅是对个别事物的认识，而人的认识目的是把握共相和一般。也就是说，认识的最终目标不是穷尽个别的具体事物，停留在事物的表面，而是透过形形色色的个别事物和具体现象，达到对事物的本质认识。柏拉图的回忆说主体只有由一般、理性认识过渡到普遍的、本质的、稳定的、永恒的，进而要求人们不要被表面迷惑，这对人类认识的发展起到了积极作用。

三是肯定了人的主体性在认识中的作用。柏拉图认为一般、共相的知识是不朽的灵魂所固有的，但在投生为人时，由于受到惊吓和肉体的遮蔽，便将已有的知识忘掉了。但是，现实中的人可以通过启发，逐步地将那些知识回忆起来。这种回忆不是外求，而是内铄，是对自身的追求，重要的是要有内心灵魂的认识性的冲动。

但这种知识上升的过程，除了要有外部事物的触发和启示之外，更重要的是要有内心灵魂的认识性的冲动，因为回忆是要"用力"的。人心有一种惰性，老想在走向真理的半途中停下来，甚至倒退回去，对真理的追求伴随着痛苦①；然而，只要有正确的引导，人们循序渐进、从易到难，是可以凭自己的努力达到最高的知识即"辩证法"的层次的。到了这一步，人的灵魂就回忆起自己曾在理念世界中周游，于是仰望那最高的"善的理念"，心中产生一种"理性的迷狂"，"急于"高飞远举，可是心有余而力不足，像一个小鸟一样，昂首向高处凝望，把下界一切置之度外"。② 柏拉图将这种灵魂的追求比喻为爱情和生殖力③，即一种自发的本能冲动，这种看法是与他对灵魂（Nous）的

---

① [古希腊]柏拉图：《理想国》，郭斌和、张竹明译，273～274 页，北京，商务印书馆，1986。

② [古希腊]柏拉图：《文艺对话集》，朱光潜译，125 页，北京，人民文学出版社，1963。

③ 同上书，269～270 页。

本质定义紧密相关的，这就是自发性或自动性："凡是灵魂都是不朽的——因为凡是永远自动的都是不朽的"，"这种自动性就是灵魂的本质和定义"。①绝对的自动性，对真理的自发的爱(类似于性爱冲动)，自我回复(回忆)，永恒不朽——这些就是灵魂即努斯的根本性质。可见，纯粹的逻各斯正是努斯不断努力追求的结果，这种追求有痛苦，但灵魂宁愿承担这种痛苦，因为它"宁愿忍受任何苦楚也不愿再过囚徒生活"②。

第五节　贡献与影响

《理想国》是柏拉图的代表作，也是一部探讨教育问题的著作。法国著名的启蒙思想家卢梭曾宣称："《理想国》不是一部关于政治学的著作，而是迄今撰写的有关教育的最好论文。"③以耶格尔为代表，近现代西方有些学者也十分重视柏拉图的教育思想。耶格尔在他的巨著《潘迪亚：希腊文化的理想》中将教育看作希腊文化的理想，将国家主要看作一种教育力量。解释学大师伽达默尔曾将柏拉图的理想国称之为"柏拉图的教育城邦"，"关于城邦的实际结构或其制度的学说实际上并不是这部早期著作的核心。这里所关心的对象甚至不是城邦的公正法律，它们真正关心的是城邦的正确教育，有关公民的权利和义务的教育。而从根本上说，它就是哲学教育"④。从西方教育思想的发展来看，在柏拉图之前，教育学是被包含在政治学、哲学体系之中的，无论是毕达哥拉斯、塞诺芬尼，还是智者、苏格拉底，只是在论述哲学、政治学

---

① [古希腊]柏拉图：《文艺对话集》，朱光潜译，119页，北京，人民文学出版社，1963。
② [古希腊]柏拉图：《理想国》，郭斌和、张竹明译，275页，北京，商务印书馆，1986。
③ [法]卢梭：《爱弥儿：论教育》上卷，李平沤译，11页，北京，商务印书馆，1978。
④ [德]H－G. 伽达默尔：《伽达默尔论柏拉图》，81页，余纪元译，北京，光明日报出版社，1992。

问题时，谈到了教育。而柏拉图却在《理想国》中对教育问题进行了深入、细致的探讨，并在他长期学园教育实践的基础上，提出了以灵魂转向为目标的哲学王教育思想，制订了足以代表古希腊科学研究最高成果的课程体系。这样，柏拉图就在西方第一个提出了初步的教育学体系。这是柏拉图对西方教育思想发展的伟大贡献。柏拉图的教育思想虽吸收了当时希腊城邦，特别是斯巴达、雅典的教育经验，但又不拘泥于这些经验内容，而是在他的相论和认识论的指导下，对教育问题进行了认真、深刻的反思，提出了指向于未来的理论体系；同时，柏拉图的教育思想又与古希腊的社会现实密切相关，他把教育与政治相结合，认为教育对于实现理想的政治制度有重大作用，特别是对于培养最高统治者作用更大，因此他认为教育的最高目标就是培养哲学王。更难能可贵的是，柏拉图把哲学王的培养过程看作教育的选拔过程，因此他提出了公民教育制度，开始让全体公民皆受教育，在此基础上选择有聪明才智之士进一步深造。

柏拉图哲学王教育的教育过程和教育内容价值也很大。灵魂转向说是从想象、信念向理智、理性的上升过程，也是一个发挥心灵潜在能力的过程。尽管柏拉图是一个客观唯心主义的先验论者，但在探讨教育过程时，他一再强调指出这种认识上的心灵转向的进展，不是自发的过程，它需要高度发挥认识主体的能动性，要经过漫长和艰辛的学习、训练。灵魂转向说反对知识外来，但并不像回忆说那样主张灵魂中有先验的知识，而是认为灵魂本身具有一种认识的能力，灵魂转向是灵魂固有的认识能力的提高。教育并不是将灵魂中原本没有的知识灌输到人的灵魂中，而只是引导这种固有的能力能够掌握固有的方向，使它从黑暗走向光明，从变化的世界走向真实的世界，最终认识"善的相"。由此，柏拉图否认教育是知识的灌注，而主张教育乃是起启发作用。

第七章

古希腊教育思想的集大成：
亚里士多德的教育思想

在继承并批判柏拉图哲学和教育思想的基础上，亚里士多德提出了系统、完整，代表古代希腊教育思想最高水平的教育理论体系，主要包括他提出的城邦教育论、自然教育论、和谐教育论和自由教育论。这些教育理论的建立标志着古代希腊的教育思想正式从哲学体系中独立出来，形成了自己的理论体系、逻辑体系和话语体系。同时，亚里士多德的教育理论体系建立在坚实的理论基础上，论述了教育的基本问题，是古代希腊教育思想的集大成。亚里士多德的教育思想深刻影响了西欧中世纪的教育。亚里士多德之后，随着伊壁鸠鲁和斯多葛学派的兴起，伦理学成为学者思考的中心议题。在这种情况下，教育思想的内容和形式发生了根本性转变。

第一节　亚里士多德的学术研究与教育实践

亚里士多德出生于希腊北部马其顿的斯塔吉拉城。由于他的一生大部分时光是在雅典度过的，因此，人们往往将他的名字与雅典联系在一起。其父是马其顿国王的御医，其母出生于富有的家庭。公元前 367 年，他在 18 岁时，进入柏拉图创办的阿卡德米学园学习，直至柏拉图去世，前后长达 19 年。柏拉图的思想对亚里士多德影响很大，不过亚里士多德后来在许多问题上背离老师而另辟蹊径，与柏拉图在一些重大观点上的分歧越来越明显。公元前 347 年柏拉图去世后，亚里士多德离开学园到外地游历，并开始了自己的独立著述工作。

公元前 343 年，亚里士多德应马其顿国王腓力浦二世之邀，担任年轻的王子亚历山大的老师。腓力浦二世在给亚里士多德的信中说："我有一个儿子，但我感谢神灵赐予我儿子，还不若我感谢他们让他生于你的年代。我希望你的关怀和智慧使他配上我，并无负于他未来的王国。"①亚里士多德不负所望，对亚历山大的教育取得成功，师生间建立了较为深厚的友谊。法国教育家雷考布·伯克哈德认为，正是通过对亚历山大进行教育，亚里士多德才对历史产生了深远影响。皮特·巴姆这样描述了他们两人的相遇：亚里士多德以其思想构筑了一个足以囊括西方科学达两千年之久的广阔大厦，他通过向亚历山大灌输的思想，创立了使西方价值观念体系得以形成的必要条件，假如不是亚历山大，我们一定不会知道亚里士多德的名字，同样，没有亚里士多德，亚历山大也就不会成为我们所敬仰的亚历山大。亚历山大究竟从亚里士多德那里接受了哪些教育，今天我们知晓的并不多，只知道亚里士多德曾为亚历山大写了一部附有注释的《伊利亚特》，亚历山大在征战途中一直随身携带着。亚里士多德经常与他讨论统治者的责任和治国艺术，曾为其撰写《君主国》和《殖民地》。亚里士多德还有可能向年轻的亚历山大介绍了自然科学知识。

关于亚里士多德教育方法的特殊性。黑格尔曾说过："对于亚历山大，亚里士多德不采用近代一般的浅薄的教育王子的方法来教育他，关于这一点，

①　[德]黑格尔：《哲学史讲演录》第 2 卷，贺麟、王太庆译，272～273 页，北京，商务印书馆，1960。

只要看看亚里士多德的诚恳认真，就可以很自然地意料到，亚里士多德是知道什么是真理，什么是真的文化教养的。"①亚里士多德不注重形式，而是实实在在地把知识传授给了学生，亚历山大在实现伟大事业的过程中体会到老师所教的真理，终生感激老师的培育之恩。例如，亚历山大重建了被战争摧毁了的亚里士多德的故乡斯塔吉拉；由于亚里士多德的说情，亚历山大免除了反马其顿的领袖德谟斯提尼的死刑，也由于亚里士多德的阻拦，亚历山大才放弃了火烧希腊"圣地"德尔菲城及其神庙的行动；据说，亚历山大一直记着他率兵出征时亚里士多德告诫他"防止对希腊人与野蛮人一视同仁"的话，"用领导者的姿态对待希腊人，以主子的姿态对待外邦人"。因此，在他们师生的关系上，我们宁肯选择黑格尔的说法。黑格尔说："在人类历史上，当一个亚历山大的老师，显然是一种光辉的命运；在这个宫廷里，亚里士多德充分享受了腓力及王后奥林比娅的恩宠和尊敬。亚里士多德的这个学生后来如何，已是众所熟知的事；至于他的教育结果怎样，则亚历山大的精神和事业的伟大以及他对他的先生的持久的友谊，就是对亚里士多德的最好的鉴定——如果亚里士多德需要这样的鉴定书的话，这些事实为他的教育的精神作了见证。"②

第二节 亚里士多德教育思想的理论基础

亚里士多德在古希腊哲学、自然哲学和科学发展的基础上，对众多知识门类进行了认真而独立的研究，从而建立了一个古希腊思想史上最庞大的知

---

① [德]黑格尔：《哲学史讲演录》第 2 卷，贺麟、王太庆译，273 页，北京，商务印书馆，1960。

② 同上。

识体系。他的教育思想正是以这个理论体系为基础的。下面，我们将与其教育思想有关的哲学、政治学、伦理学及其与柏拉图思想的差异进行简单介绍。

"吾爱吾师，吾尤爱真理"是亚里士多德的名言。亚里士多德既继承又发展了柏拉图的理论体系。柏拉图的理论体系的核心是相论，基本倾向是贬低现实事物和感性知识，追求脱离现实世界的绝对不变的本体和理念的知识体系。亚里士多德的"第一哲学"即所谓"形而上学"是在批判柏拉图相论的基础上建立起来的。首先，亚里士多德认为柏拉图的理念是永恒的，没有产生和消灭，没有运动变化。那么，作为理念所产生的个别事物应该是不动的。其次，按柏拉图的相论，人有人的理念，因为许多个别的人都有他们共同的性质，也就有一个共同的人的理念。但在许多个别的人和这个人的理念之间又有共同的本质，所以应该有第三个人的理念，若再找共同点，还有将第四、第五以至无穷的共同本质和理念。总之，亚里士多德指出，相论的根本错误在于将一般与个别相分离，即将理念视为可脱离个别事物而独立存在的实体。亚里士多德在批判柏拉图相论的过程中，认识到柏拉图没有将实质与性质、数量、关系、动作等区分开来，以至于分不清哪一些才真正有理念。他说，如果按照那个使人们相信理念的假定，就会没有实体的理念。所以，亚里士多德将实体与属性区分开来。

亚里士多德的认识论也是与柏拉图的相论相对立的。他虽然重视理性认识，但也十分重视感性认识的作用。他认为，认识是一个逐步深化的过程。认识须从感觉开始，感觉乃是客观外在的事物通过感官的媒介引起的一种变化。人们的认识通过感觉印象进一步发展，便是想象，如果这种感觉印象继续保存起来，叫记忆。如果过去的印象能有秩序、有纪律地重新唤起，而不是盲目地浮现在心中的，须是记忆。亚里士多德认为，认识必须由个别上升到一般，才能达到真正的智慧，上升到理性认识的高度。理性灵魂的内容从感觉中得来，仍是外部世界的反映。这两种从外部世界获得的认识的不同点在于，感性获得事物的数目、大小、形状、运动和景致等个别方面的知识；而理性指的则是一般的、真理性的知识。

一、四因说

亚里士多德认为，柏拉图的相论不能说明事物的存在和运动变化，因为理念是与个别事物相分离的。而要说明事物的存在，必须在现实事物之内寻找原因。他认为，第一哲学研究的是"第一本原和根本原因"，要说明事物的存在，必须在现实事物之内找原因。他说，事物是由四个原因形成的，有了这四个原因，事物才能产生、变化和发展。这四个原因是：质料因，即事物构成的根基；形式因，即事物何以是的原因；动力因，即运动自何处来；目的因，即事物何所为的原因。

质料因就是构成事物的"最初本质"，是事物形成的原因，如铜像的铜、银碗的银等。形式因是指事物的"模型""事物的基本定义"，是某种事物之所以是此种事物的根本条件。动力因是一切事物变化发展的动力，是一切生成的事物的生命原则。目的因是事物变化所追求的目标和运动发展的终点，也就奠定了事物产生是为了什么目的。如散步是为了健康，床是为了睡眠，等等。在亚里士多德看来，一事物的发展变化，一旦具有了自己的本质，同时也就获得了一定的形式而表现出事物的存在，所以动力因、目的因都可归结为形式因，这样纯粹形式不但具有自己本身的意义，而且赋予了它们动力和目的的本性。如一棵橡树，种子是长成橡树的质料因；长成橡树则是它的形式，而长成这样的橡树则是种子的目的；正是在长成这样的橡树的目的吸引下，橡树才长成这样的橡树，因而才成为动力因。因此，橡树的"形式"既是橡树的"目的因"，也是它的"动力因"。这样，他就把四因归纳为二因，即质料因和形式因。

亚里士多德认为，任何事物都是"形式"和"质料"的结合，就一个个体而言，质料和形式是不能分离的。绝没有无质料的形式，也没有无形式的质料。凡存在的个体，必定是质料和形式的结合，把形式当作可以离开质料而独立存在的东西，就会导致柏拉图的错误。柏拉图认为，只有相才是最真实的实体，而感性事物不过是对相的不完全的摹仿而已。在亚里士多德看来，柏拉图正好颠倒了相和感性事物的关系，因为与真实的实体相分离的相离开了质料，就根本无法存在。亚里士多德也认为，质料是消极被动的，形式才是积极主动的，是运动的源泉，二者是支配与被支配的关系，质料甚至还对形式起阻碍作用。任何事物的自然属性与其说在于其质料，不如说在于其形式。

二、"潜能和现实"说

亚里士多德用"潜能"和"现实"这一对范畴，来说明形式和质料的关系。简单来说，潜能和现实，是事物存在的两种方式。潜能是指具体事物中处于潜在状态的一种能力，它还没有获得现实；现实是存在着的事物自身或实现了自己本质或目的的事物。亚里士多德认为，潜能变为现实，或者说潜能得到了实现，也就是事物完成了，达到了它自身的目的。这种目的的完成或已达到，他称之为"隐德莱希"。因此，现实是一种达到了"目的"的活动，而没有达到目的的活动则只是运动，运动是由潜能向现实转化的中间过程。潜在的事物一旦达到了自己的目的，也就意味着获得了自己的形式本质。因此，形式是现实，而那尚未获得自己形式的质料则只是潜能。他提出，质料与形式的关系就是潜能与现实的关系，质料的形式化，或者说从质料到形式的过渡，须是从潜在的东西发展成为现实的东西的过程。

亚里士多德认为，事物的生成变化不是从无到有，而是从潜在的有到现实的有。它不只是一种潜能，也不只是一种现实，而是从质料到形式，从潜能到现实的过渡。质料是形式的潜在，形式是质料的潜在性的实现。最后要达到的目的已潜在于起点之中，形式已潜在于质料之中，质料追求形式使其实现，达到目的，潜在的形式成为现实，形成了具体的个别事物。因此，质料与形式的关系可以说是发展中的关系。这是对辩证法的贡献。

但是，亚里士多德在形式质料说中的混乱，使他不能正确理解潜能和现实的关系。在他看来，作为质料的潜能是消极的、被动的，而作为形式的现实则是积极的、主动的，运动就是现实（形式）吸引潜能（质料）向自己转化的过程。因而，从根本上说，现实先于潜能。他还从潜能与现实的相对性思想出发，推论出"绝对潜能"（纯质料）和"绝对现实"（纯形式）的存在，认为"绝对现实"就是"永恒不动的定律"，即"神"。可见，亚里士多德在潜能和现实的问题上，割裂了二者的辩证关系，最后陷入了形而上学的唯心论。

三、灵魂论

亚里士多德的著作《论灵魂》讨论的主要问题是所有的生命活动的形式及其生理功能。灵魂的本质是什么？在亚里士多德看来，灵魂既不是如德谟克利特所说的精细原子，不是毕达哥拉斯学派的数目之和谐，也不是柏拉图所谓的独立于身体之外的东西。亚里士多德认为："灵魂是一个潜在地具有生命的躯体的完全现实性。"①这个定义一方面肯定了灵魂是非物质性的东西，另一方面也提示灵魂和躯体之间的相互关系。他认为灵魂只有和躯体相结合才能发挥其作用。他把灵魂看作形式，把躯体看作质料。作为一种现实的生命实体，灵魂根本就不能脱离躯体而独立存在。他形象地把灵魂比喻为"蜡烛"，认为灵魂进行思维活动时，思维对象在心灵上留下了痕迹，好比刻于蜡版上那样。

亚里士多德认为，灵魂是有高低等级差别的，不同的灵魂按其等级可依次分为三类：(1)营养灵魂或植物灵魂；(2)感觉灵魂或动物灵魂；(3)理性灵魂或人类灵魂。他认为，不同等级的灵魂，其作用也不同，较高级的灵魂

① 苗力田主编：《古希腊哲学》，480 页，北京，中国人民大学出版社，1989。

包含有较低级灵魂的作用，但不能归结为低级灵魂的作用；低级灵魂则不具有高级灵魂的作用。营养灵魂是最低级的灵魂形式，它具有吸收营养和繁殖的作用。感觉灵魂是动物所具有的比较高级的灵魂形式，它具有三个方面的能力，即感觉能力、欲望能力和运动能力。理性灵魂是最高级的灵魂形式，这是人类的灵魂形式。人类灵魂自身同时还具有营养灵魂和感觉灵魂的作用。因此，在人类灵魂中，达到了营养灵魂、感觉灵魂和理性灵魂三者的统一。人类灵魂的作用是理性和思维能力，人类灵魂比其他灵魂有更大的优越性。由此，亚里士多德下了一个著名的定义：人是有理性的动物。

亚里士多德认为，人的理性灵魂分为被动理性与能动理性两种。前者是以外界事物为对象，在感觉知觉记忆的基础上发展起来的。这一部分理性要随着身体的死亡而消失。但是，能动理性并不都是在感觉记忆的基础上发展起来的，因而不是以外界事物为对象，而是以理性本身为对象。这种能动理性是永恒的、不朽的，并不随身体的死亡而消逝，所以也称之为"神的理性"。这样就把能动理性与他的神学联系起来。

亚里士多德竭力提高理性而贬低感性。他认为感觉只能认识个别或特殊的事物，只能告诉我们"是什么"；而理性则是关于一般的概念的知识，它能告诉我们"为什么"。所以，感性认识是一种卑贱的知识，理性认识则高贵得多。由此他认为，纯技术的知识比纯理论的知识卑贱得多，理论知识高于技术知识，知识的理论价值高于实用价值。只有依靠能动的理性、纯粹的思辨而达到的知识才是"最高尚的""神圣的"知识。在古希腊时期，这种知识就是哲学。因为哲学的目的不是实用，哲学是为求知而求知的学科。因此，亚里士多德虽重视感性的作用，但他是更重视理性作用的唯理主义者。

四、政治学

亚里士多德十分重视社会政治问题的研究，提出了较为系统的社会政治学说和伦理学说。他有一句名言："人天生是一种政治动物。"由此出发，他较为系统地阐述了关于国家政治的学说。他认为，国家或城邦的产生是出于自然，而不是出于某种外力强制。从时间上讲，国家起源于家庭，因为先有建立在夫妻和主奴关系基础上的家庭，然后才由家庭结合为村庄，由村庄结合而为国家。但是，从性质上看，国家并非家庭和村庄的机械总和，国家高于个人、家庭、村庄。个人只有在国家中，才能发挥其能力，实现他自己。社会生活是人类生存的目的，人的幸福在于过一种团体的生活。一个人如果脱离国家或社会，那么，他或者是野兽，或者是神，就不成其为人。但另一方面，社会与国家的目的又在于培养人使之成为良好的公民，即成为有责任的人。国家的职责不只在于维护法律和秩序、抵御外敌的侵略，它的更高、更重要的职责在于使公民幸福地生活。为了公民的幸福生活，国家至少应有下列一些功能。第一，国家必须保持适当疆域，以便提供足够的资源，满足公民的生活需要。国土不能太小，否则将缺乏生活必需的自然资源，但也不能太大，否则过剩的资源将产生挥霍浪费的生活方式。第二，国家必须维持社会等级制度。农民和工匠等生产者虽然是必要的社会成员，但不应有公民权。只有能够保卫国家的武士才是真正意义上的公民。公民是一生履行国家职责的人。他们在青年时是武士，中年时是统治者，老年时是祭司。公民在城郊或军事要塞附近拥有一块土地，雇佣农民耕地。第三，国家的一项重要功能是教育。教育应从体育和德育开始，从小就培养年轻一代的道德习惯，铸造健全体魄。

亚里士多德认为，要缓和两极对立，协调社会各阶级的关系，必须有一种两极之间的平衡力量，这种力量就是中产阶级，因为"中产阶级（小康之家）比任何其他阶级都较为稳定"①。因为中产阶级拥有适度的财产，不贪图别人的东西，不谋害别人，恪守"中道"。他们的生活状况使他们最容易遵循合理

---

① ［古希腊］亚里士多德：《政治学》，吴寿彭译，206 页，北京，商务印书馆，1965。

的原则；他们最能服从政府，最不会逃避对国家应尽的责任，也不会有什么野心，中产阶级最具中庸的美德，最能顺从理性而不趋向极端。因此，由中产阶级支配的国家在政体上能够避免极端政权，在财产上能够防止两极分化，在政治上能够调和阶级对立，在道德上能够入德成善，使公民们各得其所、和衷共济，以达到阶级调和、社会安全、人人幸福、国富民强的目的。从这种宗旨出发，亚里士多德对各种政体进行了评述。他把政体的形式做了分类，认为大体上有三种是好的或正常的政体，那就是君主政体、贵族政体和共和政体。有三种是坏的或不正常的政体，那就是僭主政体、寡头政体和民主政体。在三种好的政体中，君主制比贵族制好；贵族制比共和制好；而在三种坏的政体中，僭主制比寡头制坏，寡头制比民主制坏。值得注意的是，亚里士多德并不以统治者人数的多少决定政体的优劣，他认为统治者的德性才是决定因素，如一个人统治的政体，如果统治者贤明，则为君主制；如果统治者邪恶，则为暴君制。暴君制由君主制蜕变而来。同样，贵族制可能蜕变为寡头制，共和制则可能蜕变为民主制。

将亚里士多德的国家理论与柏拉图的相比较，可以看出，尽管这两位哲学家都一致认为国家的宗旨是教育公民，他们组成一个建立在连续原则基础上的社会，但他们仍有明显的差别。柏拉图以相论为基础，他所设想的理想国是另一个世界的产物，并且主张建立由少数奴隶主统治的国家，教育的最高目的就是培养"哲学王"。而亚里士多德主张由中产阶级执政的政体。实际上，这还是奴隶主阶级的政权，只不过统治的基础扩大了。亚里士多德也主张按照道德理念去铸造现世生活，给广大公民以自由平等的受教育权，而不仅仅是为了培养少数几个人。与柏拉图培养"哲学王"的精英主义教育相比，亚里士多德的教育多了几分民主主义色彩。

五、伦理学

亚里士多德认为，人们无论做什么事情，都是为了追求一个目的，这个目的就是善和至善。他说："一切技术，一切科学，同样，一切活动和研究都被认为是以某种善为目的的，善是一切事物所追求的目的。"不过，不同的事物所追求的目的不同，而人追求的目的乃是善或至善，是一切事物所追求的最高目的，至善自身是无目的的，它不是为目的而存在的。而善是人们在行动过程中可以实现的目标。由此，他指责柏拉图的"善"的理念不过是一种空洞的形式而已，因为这种"善"的理念本身是超经验的，它和人的行为没有任何关系。因此，这种独立存在的善本身是人根本无法达到的，对每一个生物来说，善在于它的活动的完善；因此对于人来说，正像亚里士多德所解释的那样，善只在于人所特有的活动的完善，这就是理性活动，而与它的功能协调的理性活动就是善行。

在亚里士多德看来，人既是理性动物，同时也是政治动物，作为理性动物的人的美德就是知德，作为政治动物的人的美德就是行德。行是建立在"实践智慧"的基础上的，而知须是建立在"理性智慧"基础上的。他认为，行德还不能使人达到最高的幸福，如果说行德使人成为"良好的公民"，那么知德则使人成为一个极"完善的人"。"知德"是指脱离行动的思，为求知而求知，为研究学术而研究学术的纯思辨的活动。亚里士多德认为，这种理性的沉思活动是悠闲自在纯粹持久的，不以本身以外的任何目的为目的，它是所有善行中最愉快的，代表人的最完满的幸福。

亚里士多德认为，正确的行为，必须遵循恰当的理性原则，这是判断某一行为道德价值的最根本的标准，这种理性原则就是中庸（中道）。他认为，人的行为，无论是过度或不及，都是败坏人的德性，唯有适度才能造就德性。"凡行为有三种倾向，其中两种是恶，即过度和不及，另一种是德性，即恪守中道。""德性应以中道为目的。""过度和不及乃是恶行的贪污，适度则是德性的特征。"①适度是过度与不及的中道，适度和过度与不及的距离是相等的，

---

① 周辅成：《西方伦理学名著选辑》上卷，301 页，北京，商务印书馆，1987。

但是，这种中道并不像数学中的等差中项那么严格，它只是一种相对的中道。在生活中，适度就是一种恰到好处的行为，既不过度，也不能不及。他举例说，无论是勇敢，还是节制等德性，只要过度或不及，都可能酿成恶果。例如，一个人行为退缩不前，不能应付事物的变化，就会成为一个懦夫；同时，如果一个人无所畏惧，敢冒一切危险，就会成为一个莽人。对于节制来说，如果一个人毫无节制，纵情恣乐，就会成为一个放浪形骸的人；但如果像一个乡巴佬一样，逃避一切快乐，就会变得麻木不仁。

可见，在亚里士多德那里，德性是以理性为指导的，它比其他任何技艺更高级、更优越，因此对于人的情绪和行为而言，遵守中庸不仅是可能的，而且是必要的。为了达到道德上的至善，人们就应该把自己的情绪和行为控制在一定范围之内。否则，过度与不及都会引起美德的恶行转化。

中庸有其特定的适用范围。亚里士多德指出："并不是一切行为、一切感情都有适中。例如，恶意、无耻、嫉妒等感情，奸淫、偷盗、谋杀等行为，以及其他这一类的感情或行为，本身就含有恶性，本身就是恶，就应当谴责，并非仅仅由于过度与不及而被谴责。"①他又说："在不公正的、怯懦的、放荡的行为里寻求适度、过度与不及都是错误；因为如果这些行为里也有适度或过度与不及，那就是在过度与不及里有适度，在过度里又有过度，不及里又有不及了。"所以，在过度与不及里，不能有适度；在适度里不能有过度与不及。② 可见，在亚里士多德那里，中庸决不可滥加施用，对于恶的、不正当的情感和行为，它们的恶性质，不在于是否以适当的时候，用适当的态度施于适当的人，而是只要做了就必然是恶的。

---

① 周辅成：《西方伦理学名著选辑》上卷，297~298 页，北京，商务印书馆，1987。
② 同上书，298 页。

第三节 城邦教育论

亚里士多德认为人类不同于其他动物的特征就在于他的社会性，"人类自然是趋向于城邦生活的动物"，或者说，人天生是一个政治动物，也就是按本性要求必须过城邦生活的动物。在人类发展史上，虽然经历了家庭、村社到城邦（即国家）的漫长发展历程，但真正体现人类本性的只能是城邦。因为在家庭和村社阶段，人还不是真正完善的人，只有在城邦里，人的本性才能得以实现。城邦是最高和最广泛的社会团体。虽然家庭和村社都以善为目的，而城邦的目的是"至善"，是公民优良的生活。只有在城邦中，人才能实现自己的本性，成为真正意义上的人。个人的价值依赖于城邦。城邦的目的是促进人的美好优良的生活，离开了城邦，人就无法完善自身。公民只有在城邦生活中，在为城邦服务与献身中，才能完善自己的本性。城邦是公民生活的总体，其目的是公民的优良生活，所以公民生活的各个方面都包括在城邦生活中，说不上私人的领域。与柏拉图一样，他将公民的家庭、婚姻、子女抚育、教育、娱乐等，都赋予政治意义，纳入城邦事务的范围。

城邦国家的公民与我们今天所谈的公民有较大差别。就自身而言，他们追求正义，即有自治能力、专心公共事务；就国家而言，城邦承认并维护他们的政治自由。据说当时的公民醉心于公共问题，他们彼此之间以谈论私事为耻。古希腊的公民属于职业政治家，但从经济来源上看，他们又不是职业政治家，因为他们并不依赖于政治活动谋生，他们大都具有殷实的家产。亚里士多德认为公民问题不是一个孤立的问题，而是理解城邦和政体本质的一个窗口。在他看来，完整的公民概念包括了形式和实质两个要素。形式也就是资格，任何人要想成为公民，他就必须符合城邦国家关于公民资格的有关规定。其中，有关财富和出身的规定特别重要。就财富而言，一方面，由于公民必须投身公共事务，因此必须有保证生活的经济基础；另一方面，财富可使公民们在战时自我武装，而出身则可以保证公民的品德和他们对国家的忠诚，所谓实质要件则是指公民不仅能够参与而且事实上正在参与政治。在亚里士多德的心目中，能够参加统治职能的人才是公民。全称的公民是凡是参加司法事务和政治机构的人们。换句话说，公民是那些有权参加议事和审判职能的人们。因为这两个机构是城邦最高权力所寄托的地方。有权参加这两个机构才是真正的公民。而城邦是许多公民各以其不同职能参加而合成的一个有机的独立体系。也就是说，只有享受平等政治权利才是公民，只有由这样的公民组成的政治团体才是城邦。

亚里士多德是在批判柏拉图的理想国中开始阐述他关于优良城邦和教育问题的。亚里士多德认为柏拉图主张废弃家庭和私有财产，使一切财物和妻子完全充公，力求城邦的划一是荒谬的。因为人的私心并不因为私产制度废除而消失，公产团体中将发生更多的财产纠纷。至于妻子公育使人人成为公父和公子，父子之情出于生物本能，政治法度终究不能泯灭自然本性。城邦是许多公民的集体，公产既不能消除人类恶性，也不能保持城邦稳定，唯有教育才能使它成为团体而达到统一。在评论法勒亚的法制时，亚里士多德指出，要使公民弃恶向善，以法制维持其财产定额，毋宁以教育提高其道德标准。法勒亚法制过分重视物质因素。故亚里士多德十分重视教育在国家政治生活中的作用，视之为城邦之首要任务。他认为，城邦的指针应引向善德，城邦国家不只是一个政治现实，同时还有超现实的意义，即促进善德。立法家应制定措施，通过教育，使城邦中参与政事的公民皆有善德。全体公民皆对城邦负责，故都应成为善人。一个城邦的公民都是善人，城邦才能成为善邦。所谓善人，是指无论为统治者，为君王，或为被统治者，必须归于一种至善的美德，即节制、正义、勇毅、理性。理性是统治者专有之美德，而节制是被统治者专备之美德。统治者的道德品质应力求完善，他的职位是最高的权威，故应"理性"，至于其他被统治者各奉其自然的职务，他所需的品德，在很大程度上只要适应各人的职务而已。对于奴隶，主人也需加以教导，培养他们应有的品德，并且奴隶较之儿童，更需要加以教导。儿童尚未成熟，不必过分追究儿时的品德，但应留意在父亲师长的教育之中所表现出的品德。妇女与男子在生理、心理方面有差异，所持有的品德也不尽相同，例如勇毅，男子以敢于领导为勇毅，而女子以乐于顺从为勇毅，其他品德也是这样。

从"城邦只是同等人们之间的社会组织"出发，亚里士多德反对柏拉图对统治阶级的教育所做的绝对划分，而主张对全体公民做同一的教育和训练。下面这段话，足可代表其观点："考虑到一切政治组织总是由统治者和被统治者两相合成，我们就要论究两者应该终身有别，还是应该混为一体。教育制度须符合上述问题的抉择而制定不同的措施。我们可以想像，在某种情况下，统治者和被统治者一经区分，应使终身有别，邦内如果在同级中有超群拔萃的人们，他们的体格和智虑几乎像诸神和英雄，那么统治阶级自将与他们的臣民判然相异。但这样的设想，世上终不可遇；我们在实际生活中，迄今未见到有如斯居拉克斯所说印度诸王及其臣民身心两俱显然有别的情况。因此我们应该选取统治者和被统治者更番迭代的政体……根据自然的安排，我们议拟把全体种属相同的一个公民集团分为两个年龄高低不同的编组，自然所作青壮和老人的分别恰正符合政体中统治者和被统治者的分别。青年们都不会妄自认为才德胜于前辈不甘受人治理；他们如果明知自己到达适当年岁就要接替统治的职司，就更加不必怨望了。这样，统治者和被统治者在当时而言，固然是编组不同的人们，但就先后而言，二者仍是同组的人们。对于他们的教育也是这样：从一个观点看来，二者应当受到相同的教育；从另一个观点看来，就应当相异。"①

在亚里士多德所设计的理想城邦中，战士阶层、议事人员和神职人

---

① ［古希腊］亚里士多德：《政治学》，吴寿彭译，385~386 页，北京，商务印书馆，1965。

员——青壮年、老年还是享有公民权的，也享有教育权。亚里士多德理想城邦中的公民是要轮流统治的。一个好公民应该知道作为统治者，怎样治理自由的公民，而作为公民之一又能知道怎样接受他人的统治。具体来说，就是公民内部平等，实行"轮流统治"，实行自治，大家既是统治者，又是被统治者。但每个公民在国家中的地位则以其才德为依据。不过，亚里士多德把公民资格限制在很小的范围，他认为从事"贱业"的工匠和商贩，忙于种田的农民，他们无暇从事政治活动，其工作又有碍善德的培养，易养成奴性，故不应享有公民权，也不能有受教育权。不过，亚里士多德似乎为商人规定了某种职业训练，因为他屡次提到良好的学徒训练时期对于任一行业的正当实践都具有重要性。在某种条件下，他甚至规定了奴隶教育的方式：当人们获得了奴隶时，有必要对其中注定会从事自由职业的人提供教育。对女孩的教育仍是一个未解决的问题。在亚里士多德看来，妇女肯定不能与男子平等。妇女的天性注定了她们必须服从，因而没有自由。她们身体上和道德上的德性都与男子不同。然而，个人和社会要同样努力培养男女儿童的每一种品德。亚里士多德似乎也有对女孩实行公共教育的理想。这种教育的指导方向应是培养诸如"美丽而高贵，贞洁而又勤劳无贪"的品质。

亚里士多德认为，城邦应有统一的教育制度，"既然一城邦就[所有的公民]全体而言，共同趋向于一个目的，那么，全体公民显然也应该遵循同一教育体系，而规划这种体系当然是公民的职责"[1]。亚里士多德和他的老师柏拉图一样，都是主张国家统一创办学校教育的，教育应由国家来掌管。在他看来，国家的重要职责之一在于创建统一的教育制度，而公民要接受这种教育，他反对把教育作为家庭和私人事务。所以，他说："按照当今的情况，教育作为各家的私事，父亲各自照顾其子女，各授以自己认为有益的教诲，这样在实际上是不适宜的。教育(训练)所要达到的目的既然为全邦所共同，则大家

---

① ［古希腊］亚里士多德：《政治学》，吴寿彭译，406 页，北京，商务印书馆，1965。

就该采取一致的教育(训练)方案。"①

　　他明确指出，国家应大力创办与管理教育，因为教育对国家的兴衰至关重要，少年的教育应为立法家最关心的事业，"邦国如果忽视教育，其政制必将毁损"②。为此，他这样写道："教育应该订有规程(法制)以及教育应该由城邦办理这两点已经明白论定。"③为了保障教育的施行，亚里士多德提出了"教育应由法律规定"的主张，其目的在于把教育纳入国家法制的轨道。他明确提出，儿童和需要教育的各种年龄的人都应受到训练，为把城邦治理好，需通过法律的规定，要求全邦公民受教育。并且特别提到了妇女和儿童的受教育问题，妇孺的善良与否的确有关城邦的优劣；妇女占全邦人口的半数；而儿童则不久就要成长为公民。

　　亚里士多德在谈到教育与政治的关系时提出的另一个重要问题是，教育应成为对人们进行"法治的工具"，儿童教育和公民教育应符合于其政体所依据的精神宗旨。他说，国家的法律是根据理性来制定的，而各种法律的具体内容必须使全体公民理解，只有这样，才能使公民遵循法律的要求去处理事务，社会秩序才能安定。这对于巩固统治和顺利开展社会民主生活是十分重要的。他把城邦实施"法治"与进行的公共教育联系起来。他说："一个城邦应常常教导公民能适应本邦政治体系[及其生活方式]。"④他认为在保全政体的诸种方法中，"最重大的一端还是按照政体(宪法)的精神实施公民教育"⑤。如果忽视了这一点，那么城邦的统治必然失去稳定，"即使是完善的法制，而且为全体公民所赞同，要是公民们的情操尚未经习俗和教化熏陶而符合于政体的基本精神(宗旨)——要是城邦订立了平民法制，而公民却缺乏平民情绪，

---

① ［古希腊］亚里士多德：《政治学》，吴寿彭译，406~407 页，北京，商务印书馆，1965。
② 同上书，406 页。
③ 同上书，407 页。
④ 同上书，406 页。
⑤ 同上书，275 页。

或城邦订立了寡头法治而公民却缺乏寡头情绪——这终究是不行的"①。亚里士多德提出，必须按照政体的宗旨和精神来实行公民教育，"所谓按照政体的精神教育公民，并不是说要公民们学习寡头党人或平民党人的本领。应该培养公民的言行，使他们在其中生活的政体，不论是平民政体或者是寡头政体，都能因为这类言行的普及于全邦而收到长治久安的结果"②。

教育要培养良好公民，其直接而实际的目的是保障城邦的幸福。亚里士多德认为，就个人、家庭与国家的三者关系而言，个人、家庭与国家是一种部分与整体的关系，个人、家庭是部分，国家是整体，而整体优于、高于部分。因此，国家、社会的利益比个人、家庭的利益更为重要。亚里士多德认为，人的幸福，依赖于灵魂固有的美德或优点，而这是在社会关系中获得的。显然，为了个人的幸福和城邦的幸福，教育必须要求个人承担起符合其公民身份的实际义务。因此，每个公民要适应社会，要学会控制情绪，变得有节制，勇敢、宽宏大量、公正。但他又认为，为国家培养良好的、有教养的公民虽然是教育的目的，但并不是唯一目的，也不是最高目的。在亚里士多德看来，教育还应促进人的天性的发展，为青年们的美好生活做准备，使人们正确享受闲暇并进行思辨，这才是教育真正的目的。因为，国家和个人的目的是一致的，即都在于追求和获得幸福。可见，亚里士多德虽强调教育为城邦统治服务，但却没有忽视与为个人服务相协调。下面，我们主要探讨亚里士多德是如何论述教育促进个人发展的思想。

---

① [古希腊]亚里士多德：《政治学》，吴寿彭译，275 页，北京，商务印书馆，1965。
② 同上。

第四节　自然教育论

在西方教育思想史上，教育的自然适应性原则，是一个十分重要的问题，也是历代教育思想家、教育理论家所普遍关注的问题。然而，最早提出并要求教育要顺应人本身自然发展原则的是古希腊大思想家亚里士多德。他说："认识到儿童的生活是合动植物与人类生活而成的，必然要依据其自然的发达以为教育，则可更明显地提倡一种教育上的自然主义运动了。"①

亚里士多德主要从人的灵魂自然发展的思想出发，描述了人的自然发展与教育的关系。在他看来，人的灵魂由植物性部分（身体部分）、动物性部分（非理性部分）和理性部分三部分构成。在人的发展过程中"就创生的程序而言，躯体先于灵魂，灵魂的非理性部分先于理性部分，情欲的一切象征，例如愤怒、爱恶和欲望，人们从开始其生命的历程，便显现于孩提；而辩解和思想的机能则按照常例，必须等待其长成，岁月既增，然后日渐发展：这些可以见证身心发育的程序。于是我们的结论就应该是：首先要注意儿童的身体，挨次而留心他们的情欲境界，然后才及于他们的灵魂。可是，恰如对于身体的维护，必须以有造于以灵魂为目的，训导他们的情欲，也必须以有益于思想为目的。"②这就是亚里士多德依据人的身心发展规律而提出的循序渐进的教育程序：①婚姻和育人以健康和天赋（本能）为主，重视体格教育；②儿童和青年，以情欲和习惯为主，重视行为教育；③青年至成人以思辨和理性为主，重视哲学教育。只有遵守这种教育程序，才可普遍造诣于全部诸美德。

亚里士多德在《政治学》中阐明了教育应根据儿童的自然发展来确定教育

---

① 薛文蔚：《自然主义与教育》，2 页，上海，商务印书馆，1933。
② ［古希腊］亚里士多德：《政治学》，吴寿彭译，395 页，北京，商务印书馆，1965。

年龄分期，并且要求教育根据儿童的年龄特征对他们进行教育。他强调说：一个人生了就是人，而不是其他动物，并且其身心必定是具有某种特性。教育的目的及其作用，有如一般的艺术原来就是在效法自然，并对自然任何缺漏加以殷勤的补缀而已。教师在教育与教学中只有遵循这种特性，才能取得良好的教育效果，他把新生一代从出生到 21 岁的生活、学习和锻炼划分为三个时期，即 0—7 岁为第一个时期，7—14 岁为第二个时期，14—21 岁为第三个时期。

一、幼儿教育

亚里士多德认为，人的第一时期的幼儿教育又可以分为儿童出生前的胎教、0—5 岁的婴幼儿教育和 5—7 岁的儿童教育三个阶段。

亚里士多德从他的灵魂学说的观点出发，论证了胎儿教育的重要性。他认为，每个人身上都有理性灵魂和非理性灵魂，而非理性灵魂中的植物部分（植物灵魂），专管人的生理机能，负责身体的营养、发展和生长等方面的事项。而身体的生理机能，在生命最初时期就已经开始。亚里士多德还从生物学、解剖学、医学的观点出发，谈了胎教的问题，他说：父母应用怎样的机制才于子女将来的体格最为有益？从"中庸"理论出发，介于运动家和虚弱者之间的体格最为适当。因为运动家的体格不一定比虚弱的人，更适于一个公民的生活或健康。接着，要注意的便是有关婚姻的问题——公民们应在什么年龄结婚，何人宜于结婚？就此问题制定法规时，立法者应考虑到男女双方及其寿命之长短。他们的生殖能力可能在何时终止，双方的体力不相悬殊。即便如此，还有一个父母生育时期的最佳选择问题。亚里士多德认为：太年老的人犹如太年轻的人所生的儿童身心都有缺陷，那么，这个限度应当是智力旺盛之年，随之要考虑的是孕妇的保健问题。对此，亚里士多德也提出了比较详尽的建议。他说：孕妇应自己保重，她们应当从事运动，要有富于营养的食物。每日步行到一神庙礼拜生育之神。另外，孕妇在心理上也应保持安定和宁静。这是因为新生儿的天性多得之于其母，有如植物得之于土壤一样。

亚里士多德提出如此类似优生、优育、胎儿保健的见解是难能可贵的。当然其中也存在武断与不妥之处，例如他认为结婚年龄女的 18 岁，男的 37 岁，而智力旺盛之年均在 50 岁，显然是不科学的。

0—5 岁婴幼儿阶段的教育，应顺其自然，以孩子的身体发育为主。对此，亚里士多德要求人们给他们良好的营养和适当的锻炼。他强调婴幼儿的食物以含乳成分最多的最好，而含酒精的则越少越好。婴幼儿的体育活动也很有必要，成人可以协助他们做一些适于婴幼儿所能掌握的动作进行活动，主张对婴幼儿进行忍受寒冷的锻炼，其理由是：这样做有助于婴幼儿的健康，并能使他们坚强，适于兵役。他同时指出，婴幼儿的锻炼要"适其量"，应该是循序渐进的，防止他们过度疲劳。亚里士多德反对让幼儿进行课业学习或强迫其劳作，以防止妨碍他们的身心发展，但赞成幼儿应有充足的活动，以免肢体不灵。他认为，可以用游戏这种娱乐方式，因为儿童游戏既不流于卑鄙，又不致劳累，也不内含萎靡的情调。教师与父母要对幼儿的游戏进行指导，妥为布置，力求使幼儿的游戏活动能成为幼儿对"自由民"的事业的模仿。

儿童 5—7 岁阶段的教育，按亚里士多德的意见，应以良好习惯的培养为主要任务。为达到这一要求，要防止不良的恶习。所以，立法家的首要职责应当在全邦杜绝一切秽亵的语言。同时，还应该杜绝秽亵的图画展览和戏剧展览，务必使儿童隔离于任何下流的事物，凡能引致邪恶的恶毒性情的各种表演都应加以慎防，勿令耳濡目染。亚里士多德认为，决定儿童道德品质的构成有三个因素：一是天性；二是习惯；三是理智。其中习惯是最为重要的。良好习惯的形成就是在日常言行活动中，让他们最先遇到美好的东西，经常接触好人好事，并让他们身体力行，反复练习。久而久之，良好的道德品质也就自然形成，"习惯成自然"这句谚语，在西方即渊源于亚里士多德。

二、少年儿童时期的教育

7—14 岁，属于儿童发展的第二阶段。亚里士多德认为，这是一个学习、受教育的最关键时期，是奠定坚实基础的时期。为使其动物灵魂部分得到良好发展，这一时期要把情感道德教育放在第一位，同时要求体、德、智、美诸方面得到和谐发展，更要求接受良好的文雅教育，为将来过好理性生活、过好理智的闲暇生活做准备。

亚里士多德认为，对 7—14 岁的儿童进行教学的任务是，让他们掌握读、写、算的实用知识与技能，并且要求对他们进行体操训练与音乐教育。由于这个时期儿童已经在国家所创办的学校里，接受体、德、智、美和谐发展的教育，所以亚里士多德以让儿童学习"实用之学"的思想为知识，主张让儿童学习有实用价值的知识。那么，什么是有实用价值的知识呢？在亚里士多德看来，并非所有"实用之学"都要学习，而是学习那些对于从事政务与增强健康及阅读书写有用的知识，而勿使儿童沉溺于艺人的精湛而染上工匠的卑陋，他认为，这里无须把一切实用的科目全部吸收。业务应该分为适宜于和不适宜于自由与操作的两类：授给儿童的实用知识就应该以这个分类为依据，勿形成工匠的卑陋的习性。并指出，那些有害于人们身体的工艺或技术，以及一切受人雇佣、赚取金钱，并堕坏意志的活计，是儿童所不应去学习的。

亚里士多德从其灵魂学说出发，对于体育与智育的关系与排列顺序，他认为首先应特别注意儿童的身体的发育，加强体操学习。他说："在教育儿童时，我们当然应该先把功夫用在他们习惯的方面，然后再及于理性方面，我们必须首先训练其身体，然后启发其理智。"[①]而在体育训练中，他反对斯巴达以严酷训练培养公民勇猛精神的方法，倡导雅典式的"健美"的和谐发展的体育，并且认识到体育训练必须和儿童的年龄相吻合，过度的体育锻炼只能是有害于儿童身心健康。他说："在发情年龄以前的儿童应教育轻便的体操

---

① ［古希腊］亚里士多德：《政治学》，吴寿彭译，413 页，北京，商务印书馆，1965。

（竞技）；凡是有碍于生理发育的强烈运动和严格的饮食限制都不适宜。"①只有到了 18 岁的青年才适宜于从事剧烈运动并接受严格的饮食规则。亚里士多德也提出，让少年就学于体育教师和竞技教师；体育教师将培养他们身体所应有的正常习惯，竞技教师将授以各种角赛的技能。

在智力教育问题上，亚里士多德除了让儿童学习读、写、算的普通知识外，主要是让儿童学习音乐。他认为，7—14 岁儿童的心灵，最易于接受音乐教育。音乐令人愉快，有娱乐作用进而陶冶性情，操修心灵。亚里士多德提出既然能陶冶人的性情和修养人的心灵，那么音乐就应该列入教育科目并教授给少年们，"而且音乐教育的确适合于少年们的真趣，当年龄幼小时，儿童们都不愿意接受辛酸而引不起快乐的事物，至于音乐则在基本上就内含甜蜜而怡悦的性质。又，音乐的曲调和韵律令人愉悦，而且渗透灵魂；所以许多思想家把灵魂结合于乐调；有些人就直说灵魂本是一支乐调，另一些人则认为灵魂内含有乐调的质素"②。

就音乐课程而言，亚里士多德认为当以养成欣赏能力为己任，无须力求擅长；音乐课不要教学生们学习在职业性竞赛中所表演的那些节目，更不能教学生们尝试竞赛中以怪异相炫耀的种种表演。他说："我们所订的课程固然不该仅仅使少年粗识某些动物和几乎所有奴隶以及小儿都能领会的音乐为限，却也只须达到对高尚的歌词和韵律能够欣赏的程度。③ 在乐器的选择方面，凡授予学生们的乐器应当是对于音乐方面以及其他学术方面能够助长聪明、增进理解的乐器。

亚里士多德认为，乐调和韵律可分为三类：（1）培养品德；（2）鼓励行动；（3）激发热情。其效用也分为三点：（1）教育；（2）引发情感；（3）操修心

①　[古希腊]亚里士多德：《政治学》，吴寿彭译，415 页，北京，商务印书馆，1965。
②　同上书，423～424 页。
③　同上书，426 页。

灵。对于不同的场合、不同的人们要求不同的效果,当各自选取不同的乐调和韵律,少年教育"选取各自歌词和乐调应当以培养品德为主",宜取中和庄敬的杜里调;弗里基调凄凉激越,终非正音;吕第亚调轻柔,对儿童是有益的。总之,在亚里士多德看来,音乐教育应符合三个标准,即中庸标准、可能标准和适当标准。

从儿童身心发展的阶段来看,第二时期是对儿童实施体、德、智、美和谐发展教育的重要时期,亚里士多德十分重视这一时期的教育,既反映了他作为思想家、教育家对当时古希腊教育实践的概括总结和理论升华,也反映出他亲自从事教育工作的体验,亚里士多德的教育见解时至今日仍给人们启发之处的原因就在于此。

三、第三阶段的教育

关于亚里士多德这个时期教育论述的著作均已失传,他在这一时期教育活动的具体情况,没有确切的历史资料,故在这个问题上我们不可能谈得很详细。我们只能在亚里士多德关于第一、第二阶段的教育见解的基础上,把其教育思想连贯起来,特别是亚里士多德教育思想的发展脉络和教育实践活动的特点,进行较为合理的推测、判断。

依据亚里士多德灵魂学的论点,第三阶段是要把理性灵魂的培养放在最重要的位置。因此这一时期的教育重点就是发展理性,发展智慧。从此出发,一切教育措施,都必须紧紧围绕这一中心运转,使发展理性灵魂的工作能够顺利开展起来。因而必须把哲学学习放在首要位置。为了配合哲学的学习,必须开设一些基础的课程。考虑到当时的学科发展情况,这些基础性学科中,像数学、物理、自然、天文、音乐理论是有可能包括进去的。亚里士多德要求学习一些"实用之学",并要求公民善于"参战",所以他提倡阅读、书写、算术、体育,也是极有可能的。而为让此"自由民"能更好地享受"闲暇",音乐、文学、诗学、绘画是要学习的。似乎可以这样说，亚里士多德在吕克昂学园的教学实践，正是他第三阶段学校教育理论的具体实践。从培养目标、学校性质和课程设置等方面推断，也许可以判断出亚里士多德关于第三年龄阶段的教育思想。不过，这些推断并无旁证证实。

第五节　和谐教育论

亚里士多德的灵魂学说是其和谐教育论的理论基础。在亚里士多德以前，几乎所有的希腊哲学家都对人的灵魂问题进行了某种探讨。但是，由于人自身问题的复杂性和不确定性，因而，对于灵魂问题的探讨比对自然物质世界的思考更为艰难。赫拉克利特曾感叹道："灵魂的边界你是找不出来的，你即使走遍了每一条大道也找不出，因为灵魂的根源是那么深。"①

希腊人对灵魂的探索经历了一个漫长的过程，在《荷马史诗》中，灵魂是神注入人身中的某种力量；米利都学派的自然哲学研究打破了这种神话，哲学家们从具体的物质如"数""水""原子"等所象征的宇宙法则，来解释灵魂。换句话来说，灵魂就是我们意识到的宇宙、理性或宇宙法则，就是人赖以安身立命的东西。苏格拉底、柏拉图更是把灵魂的改善提到了人生第一要义的地位。他们对灵魂问题的思考，在亚里士多德那里得到了进一步拓展。亚里士多德认为，人的灵魂，就是使人之为人的东西。在《伦理学》中，亚里士多德认为，政治家的宗旨就是促进人类的美德。人类善德重在灵魂方面，政治家研究灵魂之学，就像医生研究身体之学一样必要。而立法者作为政治家的导师，必须首先对灵魂有透彻的了解，然后才能告诉政治家筹措什么样的法

---

① ［古希腊］赫拉克利特：《赫拉克利特著作残篇》，T.M. 罗宾森英译/译注，楚荷中译，42 页，桂林，广西师范大学出版社，2007。

律和教育，以保证所有的公民个个成为善人。

亚里士多德的灵魂学说，是与其"质料形式说"相对应的。他认为"形式"与"质料"是统一的，不可分的，"质料"是物质基础，"形式"只是人们给物体的称谓。联系到人身上，亚里士多德认为，人由身体(肉体)和灵魂两个不可分离的部分构成，身体和灵魂既是两种东西，又是和谐统一的。他认为，灵魂既不是质料，也不是个体，而是形式："是潜在的具有生命的自然物件形式"，是我们据以生活、感觉、运动或认识的根本东西，所以是某种定义和形式，而不是质料和个体。而灵魂是有生命物体的第一现实性，灵魂同物体是不可分的，离开现实的物体，灵魂就不可能存在，就像没有腿就不能走路一样。"所以没有必要追究躯体和灵魂是不是统一，正如没有必要去追究蜡块和蜡块上的烙印是不是一样，个别事物的质料和以它为质料的个别事物是否同一一样。"①

灵魂是使生命与非生命区分开的本质，所有生物都有灵魂，并非人所独有。那么，作为生物，人与其他生命的区别何在？人的灵魂的独特本质是什么？亚里士多德并没有简单回答这些问题，他指出，灵魂的各级能力由低到高排列：生长—感觉—思维。各种能力的发挥构成了"物性生活""感性生活""理性生活"，即植物、动物和人。各种能力在不同生活层次中的排列关系可概括为：

(1)生长：植物；

(2)生长、感性：动物；

(3)生长、感性、理智：人。

按照亚里士多德的说法，每高一级的灵魂形态都先天地包含着低一级灵魂的能力。就人而言，思维需要想象，想象需要知觉，而感官知觉又不可能离开营养而存在。于是在人这里，植物灵魂、动物灵魂和理性灵魂集于一身，

---

① 苗力田主编：《古希腊哲学》，481页，北京，中国人民大学出版社，1989。

构成了一个完整而有序的等级系统。对此，苏联教育史家麦丁斯基在他的《世界教育史》中做过分析。他指出，亚里士多德把灵魂分为三部分：①表现在营养和繁殖上的植物灵魂；②超越各种植物的特征而表现在感官愿望上的动物灵魂；③超越多种动植物的特征而表现在思维和认识上的理性灵魂。人的动物部分的灵魂因为服从于理性的缘故，所以也称之为意志灵魂。①

亚里士多德认为，上述三部分灵魂恰恰顺应三方面的教育，如下所示：

心理学(灵魂各部分)	教育学(教育学各部分)
理性的	智育
动物的(意志的)	德育
植物的	体育

历史地看，希腊人虽然早就在智育、德育、体育这几个方面进行了长期的实践，但在亚里士多德以前，还没有哪位思想家对灵魂及其教育进行过如此明确的划分。柏拉图虽然制定了一个灵魂转向的教育过程及其课程体系，但他仅仅把人的心理分成理性和非理性的两部分。通过对人的灵魂构成的分析，亚里士多德第一次确立了人类教育的四个基本范畴，并强调把体育、德育和智育及美育紧密联系起来，使人的各部分灵魂都得到发展。亚里士多德的这种和谐发展的思想，是他教育思想的重要特征。

众所周知，在古希腊，和谐观念并不是亚里士多德首先提出的。早在毕达哥拉斯学派那里，"和谐"就已成为一个重要的哲学和教育准则。但他们所谓的"和谐"，主要是指天体的和谐。毕达哥拉斯认为，有一种天籁，当人全神贯注于听觉和心灵，就能听出天体激发出来的和声；当人沉浸于这游动的宇宙的谐音之中，就可达到一种天人合一的和谐境界。在柏拉图那里，"和

---

① ［苏联］麦丁斯基：《世界教育史(改订本)》，叶文雄译，33 页，北京，五十年代出版社，1953。

谐"就是"正义"。柏拉图认为，人分三等，大家各司其职，互不越位，社会便得到安宁、和谐，这种"和谐"是社会的"和谐"。只有到了亚里士多德，希腊人才把外在和谐转向内在和谐，并对这种人的内在和谐进行了系统深入的研究，和谐教育思想才有了自己坚实的理论基础。

一、体育

体育是亚里士多德和谐教育思想的一项重要内容。这一方面和他主张为奴隶制城邦培养劳动者、军人、高级官吏的思想相关联，同时，也和当时整个希腊各城邦普遍重视体育的社会时尚有关。在亚里士多德看来，体育的目的与任务，主要可分为实用和理智训练两方面。体育的实用目的是指，受过体育锻炼和军事训练的人，身体健壮，能够担负起社会职业分工范围内的各项具体任务。亚里士多德特别强调公民具有作战能力。所以他认为，对儿童进行体育锻炼，使他们具有强健的体魄在军事上具有重大意义。这种思想显然与当时雅典海上争夺霸权相关，同时也与奴隶主阶级为了维护自己的统治，采用暴力手段镇压奴隶反抗有关。因此，必须加强青少年的体育锻炼，培养他们具有崇武精神和坚强意志。因为在征战中，得胜的应该是高尚雄强的心怀，只有真正勇毅的人们才能正视危难而毫无畏缩。

为了培养这种品格，必须对儿童进行体育理性训练。这是因为，仅仅培养人们具有勇敢精神就如驱策少年从事野蛮的活动，而不给予确实必要的教练，他们就一定趋于鄙陋。体育理性训练的目的，比体育的实用任务要深入一步，即从表面的实用价值深入到内在的精神愉悦。在亚里士多德看来，体育训练和体育锻炼绝不能仅仅停留于身强力壮，而必须提出进一步的更高的要求。他所要求培养的人不但身体强壮，而且，身体的发育协调均衡；在精神面貌上，应当是端庄大方，果敢进取；在道德品质方面，态度坚韧、刚毅，具有勇敢向上的精神。也就是说，体育不仅促进人身体的发展，而且应促进人的心智、道德水平的全面提高，引导人接近最高精神境界，接近善本身。亚里士多德把这种深入于人的内在灵魂的美称为理性享受。这也是他所说的体育的理性价值。亚里士多德反对那种只重视儿童身体锻炼，而不重视儿童内在理性发展的体育训练。他说："……专门培养少年们的运动员习性和本领，完成这种训练实际上常常对他们身体的发育和姿态多有损害。"①亚里士多德也注意到了体育训练必须与儿童的年龄相适应，"在发情年龄以前的儿童应教以轻便的体操（竞技）；凡有碍生理发育的剧烈运动和严格的饮食限制都不适宜"②。他认为，儿童早期的过度锻炼会对儿童发展留下恶劣影响，"早期教练中的剧烈运动实际上损耗了儿童选手们的体魄……到了十八岁的青年才适宜于从事剧烈运动并接受严格的饮食规则"③。

二、智育

智育是亚里士多德和谐发展教育思想的重要组成部分。在智育方面，亚里士多德不同于柏拉图，他更重视感官作用及经验，同时也重视理性的作用。

在有关智育的探讨中，亚里士多德首先讨论了人的天赋问题。亚里士多德指出："如果说人生下来就有这种知识，那是奇怪的事：因为这意味着我们具有了比证明更精确的知识却没有注意它。但另一方面，如果我们不是事先就具有它而是获得的，那么，要是没有先前的知识基础，我们又如何认识和学到它呢？这里不可能的，所以我们既不能生而具有这种知识，也不能完全没有这种知识的发展状态就获得它。因此我们必定具有某些能力，在精确性上没有达到更高的程度。"④

亚里士多德这里所说的"先前的知识基础"，实际上是个体借以获得知识

---

① ［古希腊］亚里士多德：《政治学》，吴寿彭译，413 页，北京，商务印书馆，1965。
② 同上书，415 页。
③ 同上书，415 页。
④ 杨适：《哲学的童年》，756 页，北京，中国社会科学出版社，1987。

的某些天赋能力，但它们并不"精确"，需要在实践中达到更高的程度。在亚里士多德看来，每个个体身上的这种天赋能力还只是一种"潜能"，由"潜能"变为"现实"，还有一个过程。在《论灵魂》中，亚里士多德对潜能和现实概念的区分说明了这一问题：

"对潜能和现实也应加以区分，直到现在我们还只是笼统地说到它们。如有知识的人，我们可以说一个人有知识，因为这个人是'有知识'的，是指他具有语法知识。这两者都具有一种能力，但方式不同。其一因为他是这样的一个种和质料；另一个是只要他愿意，他就能够运用他的语法知识，假如没有什么意外妨碍他。还有一种有知识的人，他已经现实地运用了他的知识，他是在严格意义上具有关于这个 A 的知识。而前两种人都是潜在地有知识，但是，其中一种人通过学习而转变，一次又一次地从相反品质改变过来，而另一种人则从仅仅具有感觉或语法知识而非现实活动，改变为另一种现实活动。"①在这个转化过程中，亚里士多德十分重视经验与感官的作用。英国学者乔纳逊·伯内斯(Jonathan Banners)在所著《亚里士多德》一书中对亚里士多德思想的经验主义成分极为重视，他说："在亚里士多德看来，知识的最终源泉是感官知觉……作为一个本体论者，亚里士多德的第一本体是日常的可感物体。柏拉图让抽象的理念在其本体论中起主导作用，从而认为照亮实在的探照灯是理性而不是知觉。亚里士多德把可感的个体放在舞台的中心，因而把感官知觉当作它的火把。"②

在亚里士多德看来，所有的动物都具有被称为感官知觉的区分事物的固有能力。感官知觉对于一切动物都是天生的，某些动物保存了知觉对象，某些则并非如此。没有保存知觉对象的事物，除了感官知觉外没有别的知识。

---

① 苗力田主编：《古希腊哲学》，489 页，北京，中国人民大学出版社，1989。
② [英]乔纳逊·伯内斯：《亚里士多德》，余继元译，115~116 页，北京，中国社会科学出版社，1989。

但是某些知觉者可能把知觉对象保留在它们的灵魂中；当这种事物多次发生时，就有了进一步的区别，有些动物便从保存的印象中获得一个总的说明，而其他动物则不。这样从感官知觉中便产生出我们所谓的记忆；从记忆中（当它经常跟同一事物相联而出现时）产生出经验；从经验中，或者从整个留居在灵魂的普遍中，产生出技能和知识的原则。

在《形而上学》一书的开头，亚里士多德也有类似的论述，意思是说，在感觉的基础上可以形成普遍性的经验或经验判断。亚里士多德充分肯定了感觉对于理性的重要作用，他说："离开了感觉我们既不可能学习也不可能解释任何事物，甚至在我们沉思时，我们也一定是在沉思着某种影像。"①感觉对科学认识提供了有待探究的事实，对于理智思维是一种诱导和刺激，是理智思维的重要辅助手段。

亚里士多德不同于柏拉图，在对待知识掌握的问题上，他强调感知与直观在人的认识中的作用。按照他们的看法，人要了解事物的本质，首先要从感知开始，但亚里士多德绝对没有忽视理性。如同他试图在本体论上弥合柏拉图的可感世界与可知世界之间的裂痕一样，在对感觉与理智之关系问题的规定和处理上也表现出了一些新的倾向，但是，他并未从根本上冲破柏拉图关于此问题的观念和看法。首先，亚里士多德认为感觉所掌握的对象是变化的和有生有灭的东西，人们并不能形成知识，因为知识应该是绝对的、无条件的真。所以，在这种意义上，感觉的对象即具体事物并不是科学认识的对象。②"科学地认识的东西不可改变，而可改变的东西既然处于考察之外，也就无法知道他们是存在还是不存在。"③其次，感觉所把握的总是特殊的具体的事物，所以，感觉以及基于感觉的经验也总是特殊的，而不是普遍的。但

---

① 苗力田主编：《亚里士多德全集》第3卷，83~84页，北京，中国人民大学出版社，1992。
② ［古希腊］亚里士多德：《形而上学》，吴寿彭译，154~155页，北京，商务印书馆，1959。
③ ［古希腊］亚里士多德：《尼各马科伦理学》，苗力田译，117页，北京，中国社会科学出版社，1990。

是，知识所涉及的只能是普遍的东西，因此，亚里士多德认为人们不可能通过感觉的途径获得科学知识①；因为感觉并不能揭示事物如此存在的原因。要想寻求和获得知识，我们必须依靠理智。再次，在《论灵魂》中，亚里士多德联系"形式"来分析感觉和理性思维，他说："感觉是撇开感觉对象的质料而接受其形式，正如蜡块，它所接受戒指的印迹而撇开铜或金，它所把握的是金或铜的印迹，而不是金或铜本身。"②关于理智，他认为"虽然它不能感觉，但能接受对象的形式，并潜在地和对象同一，但不是和对象自身同一，心灵（即nous，理智——引者注）和思维对象的关系与感觉能力和感觉对象的关系一样。"③在这里，感觉和理智所把握的都是对象的"形式"，但不是同一个东西。感觉所把握的"形式"是具体的和可感的，而理智所把握的"形式"则是不可感的和不具体的。同时，亚里士多德认为，感觉所接受的"形式"是特殊的和非本质的，而理智所接受的"形式"则是本质的和普遍的。

知识诚然是关于事实的知识，但对此不能陷入经验主义的理解。恩斯特·卡西尔认为："经验论者和实证论者总是主张，人类知识的最高任务就是给我们以事实而且只是事实而已。"在卡西尔看来，尽管"理论如果不以事实为基础确实就会是空中楼阁，但是，这并不是对可靠的科学方法这个问题的回答，相反，它本身就是问题"，因为科学知识赖以创建的"科学的事实"，"并不是在偶然的观察或仅仅在感性材料的收集下所给予的……那些曾经改变了科学史整个进程的科学事实，如果不是绝大多数，至少也是很大数量，都是在它们成为可观察事实以前就已经是假设的事实了"。④

从本性上说，知识是事实在人的意识中的反映，是事实通过意识的反映

---

① 苗力田主编：《亚里士多德全集》第 1 卷，305~306 页，北京，中国人民大学出版社，1990。
② 苗力田主编：《亚里士多德全集》第 3 卷，62 页，北京，中国人民大学出版社，1992。
③ 同上书，75 页。
④ ［德］恩斯特·卡西尔：《人论》，甘阳译，74 页，上海，上海译文出版社，1985。

所形成观念的存在方式。在这种观念的存在方式中，实在的事实转化为意识的事实（意识的内容）。这种转化是通过观念形式实现的，并不影响事实本身的客观存在。因此，知识总是以事实为根据、为内容，并且要经受事实的验证。但人获得知识不仅仅是感性直观地接受给予的个别事实。知识作为对事实的正确反映，内在地包含着对事实的解释和理解。而要解释和理解事实，仅仅停留于感性直观印象是远远不够的，必须深入地认识事实"为什么"。知识不仅表现在知道事实"是什么"，而且表现在知道事实"为什么"。只有知道事实的"为什么"，才能更深刻地理解事实"是什么"。越是知道事实的"为什么"，知识就越有力量。

亚里士多德早就强调，知识的任务就是要认识事物"为什么"的原因。"因为既然我们的事业是为了获取知识，而在发现每一事物的为什么，即把握它们的最初原因之前，是不应该认为自己已经认识了每一事物的。那么显然，我们就应该研究生成和灭亡以及所有的自然变化，并引向对它们本原的认识，以便解决我们的每个问题。"①亚里士多德把原因分为四种：质料、形式、动力、"何所为"，后三者又可以合为形式因。所以四因可以归结为质料和形式两因。质料是潜在的可能性，是被动的，因形式的不同而不同；形式是现实的，能动的，它是动力，也是"何所为"的表现和实现。所以认识事物的形式因，对于解释和理解事物的"为什么"是必要的。但是，亚里士多德肯定有一个最高形式作为事物的终极本原和终极原因，从而陷入了形而上学。

因此，亚里士多德认为智育的目标是追求高深的理性知识。根据感性与理性的划分，亚里士多德也相应提出了两种教育，即习惯教育和理性教育。亚里士多德的"习惯教育"不是自动重复的训练。习惯教育设计应该提到的三个概念：摹仿、经验和记忆。人喜欢摹仿；所有的艺术都是建立在对自然摹仿的基础上，而且摹仿也是课程和教育的一个基本根源。摹仿是人从童年时

---

① 苗力田主编：《亚里士多德全集》第 2 卷，37 页，北京，中国人民大学出版社，1991。

代就有的区别性特征：摹仿使他有别于动物，并使他获得最早的知识。但是，如果摹仿要服务于道德教育事业，一个好的榜样就非常必要了；如果没有一个好的榜样，就不可能有好的摹仿，这适合于一切领域。

理性教育是习惯教育的发展和持续。它的目的在于传授对原因的理解，教学就是指出一切事物的原因。理性教育与普遍事物有关，普遍事物超过经验。有经验的人知道一事物的存在，但他们不了解该事物存在的原因，而有学问的人懂得推理和原因。

理性教育以"辩证归纳"和演示法为学习方法。辩证归纳法沟通了从经验到知识的途径。实例就是特殊的经验。亚里士多德的"辩证归纳"教学法作为一种施教形式，是从实例到理解原因，就像科学研究那样。理论科学——数学、物理学和神学——的讲授主要用演示法。换句话说，不是立足于实例而是从普遍原理出发。理论科学是最高级的理性教育，而演绎法则是这种教育的手段。因此，在很大程度上，理性教育与科学方法或哲学推理相一致。

三、美育

亚里士多德很重视美育在人的和谐发展中的重大意义，尤其强调音乐教育对人的理性的培养和发展的巨大作用。古希腊时的美育，主要限于音乐教育。不过，亚里士多德所说的音乐却又包括了文学作品、诗文的诵读、欣赏和诵唱，它的外延比现代的范围更广，这些思想都来源于古希腊的教育实际。

亚里士多德认为，当时古希腊学校教育的四门学科(阅读和书写、体育、音乐、绘画)分为两类：一类是有用的学科，即"实用之学"；另一类是文雅的学科。而音乐是属于文雅学科的。他解释说：让儿童接受音乐课，既是教育，可以"净化"他们的心灵，又是娱乐，还可以使他们的理智得到享受，同时影响情操，有助于性格的塑造。特别是音乐的悲喜都切中人心，对青少年的情操与性格都有深远的影响。音乐本身正是一种"自由和高贵"的"文雅"学科。

它能使人愉快舒畅悠闲安逸，"形成高尚自由的心灵"，使理性得到发展，促使灵魂的"质料"的成分减少至最小限度，"形式"的成分增加至最大的限度，精神境界达到完美至善的地步，接近于"纯形式"——神。在亚里士多德看来，只有极少数理性灵魂得到充分发展跻身于最高境界的人，其心灵才是愉快舒畅而安逸的，其理性才是娴静、自由而高贵的。他认为，只有到这时候，音乐教育的理性任务，才完全得到实现，它的最大价值才真正得到体现。

尽管亚里士多德意识到"善"是一种客观存在，"善"不等于简单的愉悦，但他并没有涉及过"审视观念""审美意识""美育"等名词术语。在他看来，"美"是一个适用性极广的概念，"善"不仅可以反映处于运动中的事物（包括人的行为），而且还作用于不动的事物，体现在抽象的原理或理论里。亚里士多德认为，那些觉得数理科学不能揭示美或好的人全部错了，数理科学能在最高的层次上描述和显示这些性质。在《修辞学》里，亚里士多德指出了美与德性的关系。在《诗学》里，他阐述了摹仿与求知的关系，认为"通过对作品的观察"，人们可以学习东西。因此，亚里士多德认为艺术虽有一定的自由性，但决不可忽视其教导作用。

艺术不能，也不可能仅仅为了自身而存在，因为诗歌、音乐、绘画等必然与性格、品质、秉性等表示道德状态和取向的属性密切相关。文学和艺术可以反映人的思想风貌，表现人的道德情操。旋律和节奏能抒发人的道德感，反映了人们愤怒与顺从、勇毅与节制等性格特征的真相。乐曲的本性各异，听乐者聆受不同的乐调被激发出不同的感应，有些曲调使人忧郁，另一些曲调能令人凝神气和，另外一些流于柔靡的曲调，则使听者舒心缓意。亚里士多德认为音乐不可能脱离道德——相反，道德倾向"铸刻"在音乐之中，似乎是音乐固有的"组成部分"。即使没有歌词，旋律也有某种"道德性质"。

亚里士多德认为，音乐有三种功能，娱乐作用、陶冶性情与操修心灵。如果只是娱乐，则尽可听之而无须学习弹奏。音乐教育应以陶冶性情和操修心灵为宗旨。在音乐课程制订方面，以养成欣赏能力为主，勿求擅长。音乐教学不仅需要使儿童欣赏音乐，判别雅俗，具有评判能力，而且，不应该让少年们登台演出，这只是一种爱好而不求精通。否则，则有失自由教育的目标而流于乐师之流，如果养成乐师的习性则起初既不利于体育活动，久后也无益于学术研究，到了他们应该受军事训练和公民政治训练时更见其害。所以，音乐教学不要教学生们在职业性竞赛中所演奏的那些节目，也不让学生们尝试各种以炫耀为目的的表演。故音乐教育不应是专业训练。在公开演奏中，乐人的操作并不着意在自己身上的修养，而专心取悦于听众。所以登台演奏总是乐人的工作，不是自由人的本分。就乐器而言，宜习弦管，不宜习笛管。因为凡授予学生们的乐器应当对音乐方面以及其他学术方面能够主张聪明、增进理解的乐器。而笛声仅能激发情感而不能表现道德品质，并且当学生们使用这种乐器时不能歌唱或言语。故它只可吹奏于祭仪之中，借以引发从祀者的宗教情感，而在教育方面是不合适的。乐调和韵律可分为三类，培养品德、鼓励行动与激发热忱。其效用亦可分为三类，一类适用于教育，一类适用于消遣(因为它可以松弛神经，给人美的享受)，还有一类音乐则可像药物和疗法一样调理和净化人的身心。对于不同的场合、不同的人们要求不同的效果，当各选取不同的乐调和韵律。少年教育应培养品德，宜取中和庄毅的杜里调。弗里基调凄怆激越，使听者狂热，终非正音。吕第亚调轻柔，对儿童和老年人是有益的。

音乐可展示人的道德情操，绘画和诗歌也不例外。像音乐一样，绘画可以反映人的精神面貌，表现人的性格特征。波吕葛诺托善于描绘处于是非冲突中的人物，逼真地刻画他们的表情，他所创作的形象比一般人的好。亚里士多德鼓励青少年观察波吕葛诺托等擅长表现性格(或好的气质和精神面貌)的画家的作品，劝他们少接触鲍桑的画作。诗歌也不例外，诗的美好体现在它所描述的行动，在于它用艺术的手段集中和概括地展示了人对美好生活的追求和对自身局限的挑战。诗歌摹仿剧情的行动，表现的不是天然行为，而是"行动中的人"。他们不会无所作为，不会在所有的问题上保持中立，不会在矛盾和激烈的冲突中掩盖自己的道德倾向。亚里士多德在《诗学》里反复强调悲剧是对行动的摹仿的观点，并由此认知这种摹仿所包含的道德内涵。悲剧的作用是要通过使人惊异的剧情引发怜悯和恐惧，并使观众或读者在体验这些情感时得到升华。悲剧不宜描述十全十美的好人的行动，而应该表现人的生活以及他们对命运的抗争。死是痛苦的，但对一个品格高尚、生活幸福的人士来说，死亡意味着比常人失去更多值得留恋的东西。然而，他们会勇敢地面对死亡，因为此举壮美，烈士死得其所。功效的圆满实现意味着悲剧作为一种严肃艺术的审美功用的实现，意味着悲剧的目的的实现。

四、德育

　　古希腊思想家一般是从美德、至善与幸福等概念入手探讨道德问题，亚里士多德也不例外。我们知道，在古代希腊人那里，"arête"（汉译为美德或德性）这个词最初主要指一事物所具有的功能。眼睛能观，这就是眼睛的"美德"；耳朵能听，这就是耳朵的"美德"。所以，亚里士多德认为可以讨论一个人的"arête"，也可以讨论一把斧头、一个论点的"arête"。人的"arête"，即他拥有的实现相应活动的能力，以成为一个有用之人，成功之人。

　　亚里士多德正是从功能角度去研究人的美德、至善和幸福的。他说："人们都知道幸福是至善。需要解释清楚的是，幸福的真正性质是什么？我们以为要答复此问题，最好首先研究人的功能是什么？""然则人的功能是什么？""人的功能，它不仅是生命。因为甚至植物也有生命。我们所求解的，乃是人特有的功能。因此，生长养育的生命，不能算作人的特殊功能。其次，所谓感觉生命也不能算作人的特殊功能，因为这些，甚至马、牛，及一切动物也都具有。余下，即人的行为根据理性原则而具有理性生活。这种理性原则有两个部分，一是被动地服从理性指标的原理，一是主动地具有和行使理性能力的原理。因此，'理性生活'有两种意义。而我们必须指出的是，我们注意的是那种具有主动意义的生活。因为惟有这种意义的生活，才能与理性生活——名词的意义相符。"①

从上述可见，亚里士多德所说的人的"特殊功能"主要就是指能够过这种主动选择理性生活的能力。在他看来，人区别于动物的根本特点，亦即他的功能，就在于他具有理性。因此，理性的运用和发挥，就是人的幸福所在。幸福即心灵合于完全德行的活动。在理性的实践活动中，在通过理性对激情和欲望进行调解的过程中，人就充分发挥他真正的功能，并且达到了他为之存在的目的。这就是善行，这就是幸福。正是从这个意义上，他强调幸福就是有为的实践，幸福在于善行，在于合理的活动。

亚里士多德把美德分为理智美德和行为美德两种，前者可以通过学习获得，后者通过反复的训练习得。理智美德包括智慧、实践、系统知识等，行为美德则包括节制和慷慨等。理智美德为行为美德担当理论基础，但行为美德的获取必须通过人们反复的实践，针对具体的问题做出居中的选择。

在亚里士多德看来，人的一般幸福与行为美德相联系，因为它是人的具体品质和气质在现实活动中获得的幸福，依然具有情感的外在特征。而思辨活动则与"理智的美德"相联系，思辨活动使人自身得到满足、享受幸福，所以，最高幸福与理智的、思辨的、哲学的活动相一致。在它那里，理性即善，即神，而思辨即神的活动，它自满自足，无须依赖外在的任何东西，"一个思辨者除了他的思辨之外一无所需"②，外物的存在，反而是思辨的障碍，这就是最完备的幸福。"在人的活动中，与思辨最类似的，也是最幸福的。幸福和

---

① [古希腊]亚里士多德：《尼各马科伦理学》，苗力田译，15~16页，北京，中国社会科学出版社，1990。

② 同上书，226页。

思辨是并行相随的；思辨的能力愈大，那么享受的幸福愈多，幸福并不是偶然地相随着思辨，而是内在于思辨，因为思辨自身即是可贵的，所以说幸福二字是某种思辨。"①由此看来，思辨活动是最好的活动，它是人的智慧的自由活动，不依赖于个人之外的外部环境，具有独立性。思辨活动本身就是目的，人们为了智慧而热爱思辨活动，因而它的快乐和幸福是自足的幸福。当然，思辨活动需要闲暇，它在自身之外没有其他的目的追求，它有着本身固有的快乐，我们为了闲暇而忙碌，为了公平而战斗，这都是为了争取思辨活动所需要的闲暇，幸福存在于闲暇之中。如果一个人能够终身从事思辨活动，那么，他就能得到最完善的幸福。因为，对于一个人来讲，属于自身本有的东西，也就是最强大、最快乐、最幸福的东西。而合于理性的思辨活动正是人本身的活动，所以，人以理性为主宰的思辨活动就是最高的幸福。

关于美德的形成。他提出德成善者出于三端：天赋、习惯和理性。但是，他所说的"天赋"，并不是柏拉图所说的先天的理念知识，而是自然秉性方面的素质。同时，他更重视理性在德性形成中的指导性作用。下面这段话清楚地表达了他的观点："人们所由入德成善者出于三端。这三端为[出生所禀的]天赋、[日后养成的]习惯及[其内在的]理性。就天赋而言，我们这个城邦当然不取其他某些动物品种（禽兽），而专取人类——对人类，我们又愿取其身体和灵魂具有某些品质的族姓。人类的某些自然品质，起初对于社会是不发生作用的，积习变成天赋；人生的某些品质，及其成长，日夕熏染，或习于向善，或惯常从恶。人类以外有生命的物类大多顺应它们的天赋以活动于世界，其中只有少数动物能够在诞世之后稍稍有所习得。人类[除了天赋和习惯外]又有理性的生活；理性为人类所独有。人类对此三端必须求其相互间的和谐，方才可以乐生随性。[而理性尤为三者中的基调。]人们既知理性的重要，

① ［古希腊］亚里士多德：《尼各马科伦理学》，苗力田译，228 页，北京，中国社会科学出版社，1990。

所以三者之间要是不相和谐，宁可违背天赋和习惯，而依从理性，把理性作为行为的准则。我们在前面已经说道，在理想城邦中的公民应有怎样的天赋，方才合适于立法家施展其本领。公民们既都具备那样的素质，其余的种种就完全寄托于立法家所订立的教育方针。公民们可以由习惯的训练，养成一部分才德，另一部分则有赖于［理性方面的］启导。"①

亚里士多德对德性的认识，包含着他同苏格拉底、柏拉图的联系与分歧。按照苏格拉底、柏拉图的观念，知识即美德。亚里士多德一方面肯定了知识和理智对于人的美德的重要性，同时强调在生活实践中经过训练养成的习惯的重要性。在他看来，知识和理智对于人的德性是必要条件，但不是唯一条件，还必须要有实际的训练，养成在行为中正确选择的习惯，才能真正全面地完善道德。亚里士多德强调要把理智与美德结合起来，这与苏格拉底、柏拉图是有本质区别的。

亚里士多德认为美德不仅是一种道德知识，更重要的是一种道德行为。我们不仅要知道什么是正义和勇敢，更重要的要使我们成为正义、勇敢的人。而要做一个勇敢的人，当然最好能知道什么是正义和勇敢，但单纯知道并不一定能做到。亚里士多德批评苏格拉底只片面强调知识的重要性，将美德归纳为理论性知识，而忽视了道德行为。亚里士多德也批评苏格拉底的道德哲学否定了情感的作用。他指出理性知识对形成美德、规范道德行为无疑起主导作用，但是人的意志和欲望也是形成道德品性和情操的重要因素，正当的欲望、坚韧的意志、良好的习惯、高尚的情感、审美的激情等都能陶冶美德。而苏格拉底否认灵魂的非理性部分，排斥一切意志和情感的作用，是片面的。

在人的德性形成问题上，亚里士多德反对柏拉图的"回忆说"和"先天知识论"，强调人的德性是后天形成的。他认为："理智的德性，是由于训练而产

---

① ［古希腊］亚里士多德：《政治学》，吴寿彭译，384~385 页，北京，商务印书馆，1965。

生和增长的（所以必需时间和经验）；道德的德性则是习惯的结果。"①德性不是天赋的，但也不违背人的天性，自然赋予人获得德性的潜在能力，这种能力由习惯而完善起来。一方面，如果按照人的自然本性，按照生理的感觉和心理的反应，人的情感和行为就会过分或不及。这正像人们不经过教育和训练就不会射击，并且不能准确射中目标一样，人们不经过教育和训练，也不会自然而然地做出适合于中道要求的行为。另一方面，按照自然的状况，人本来就没有先天的美德，凡美德都是后天形成的。但是，人作为一个有理性的动物，却有接纳美德的特性，人有追求美德和实现美德的能力。所以，人能够通过教育和训练而使德性趋于完善。

亚里士多德强调德行可教，德性是人力所及的，可以通过自己的智力和训练而完善起来，它不像一些人力所不可及的自然现象是不可改变的。他认为道德训练过程就像人们学习技艺一样，是经过多次重复练习而学会的。一个人要想成为公正的人，就要做公正的行为；要想成为一个勇敢的和节制的人，就必须实行勇敢和节制行为；由于和别人交际，而后变成公正的或不公正的人；由于身处危险之中，感受恐惧和大胆，经过训练，而成为勇敢的或怯懦的人。亚里士多德的这些思想明显不同于柏拉图，表现出经验主义倾向。

亚里士多德在美德的形成问题上，特别强调社会实践和行为的训练，这可以说是他的伦理学的一个基本特点。在亚里士多德看来，美德与感觉不同，感觉的本能是与生俱来的，它不能发动道德的行为，这可以由动物之有感觉但没有道德行为这个事实得到证明。而美德则是与人的特殊功能相联系的，并且是在人的社会生活和反复训练中得到的。他说："人如果离世绝俗，就无法实现其善行，[勇敢、节制、正义、明哲]诸善德实际上就包含在社会的公

---

① ［古希腊］亚里士多德：《尼各马科伦理学》，苗力田译，25 页，北京，中国社会科学出版社，1990。

务和城邦的活动中。"①"德性则由于先做一个一个的简单行为，而后再形成的，这和技艺的获得一样。当我们学过一种技艺时，我们愿意去做这种技艺，于是去做。就由于这样去做，而学成了一种技艺。我们由于从事建筑而变成建筑师，由于演奏竖琴而变成竖琴演奏者。同样，由于实行公正，而变成公正的人，由于实行节制和勇敢而变为节制的、勇敢的人。"②"我们由于和别人交际，而后变成公正或不公正的人；由于身处危险之中，感受恐惧和大胆，经过这样的训练，即成为勇敢或怯懦的人……总而言之，同样的行为，产生同样的习惯和性格。"③他虽然承认天赋，提出入德成善出于三端：天赋、习惯和理性，但是，他所说的"天赋"，不是柏拉图的那种先天的理念知识，而是自然秉性方面的素质。这些自然素质最初对社会并不发生作用，只是由于后天的社会生活实践，在积习中形成一种品性。也就是说，人生而具有的某种素质，随着社会生活的发展，日夕熏染，或习于向善，或习于从恶，于是便形成某种类似自然造就的品性，所谓"习惯成自然"。正是在这个意义上，亚里士多德强调习惯是人的第二天性。在天赋和习惯两个方面，他强调后天的习惯，而不是"天性的惠赐"；人们成德达善的根本途径，在于社会的教育和训练，特别是要养成为善的行为习惯。

在《政治学》中，亚里士多德详细阐述了在美德形成过程中进行教育、训练的重要性和方法。他甚至具体地研究了语言、举止的道德要求问题。他认为，立法家的首要责任就是要在全国杜绝一切秽亵的语言、图画和戏剧表演。他说："人如果轻率地口出任何性质的恶言，他就离恶行不远了。对于儿童，应该特别谨慎，不使听到更不使口出任何恶言。凡不顾一切禁令，仍然发作秽亵的语言和举动，必须予以相应的惩罚。"④在行为训练中，亚里士多德还

---

① [古希腊]亚里士多德：《政治学》，吴寿彭译，345 页，北京，商务印书馆，1965。
② 周辅成：《西方伦理学名著选辑》上卷，292 页，北京，商务印书馆，1987。
③ 同上书，292 页。
④ [古希腊]亚里士多德：《政治学》，吴寿彭译，403 页，北京，商务印书馆，1965。

提醒人们注意所谓的"小节"。因为"小节"容易被忽视，而诸小恶积集，遂成大恶，终至犯罪。许多越轨犯法行为，就常常是因事情微小而不加注意造成的。亚里士多德对这个问题十分重视，把它提到关系奴隶制城邦国家的巩固的地位上。他说："应该培养公民的言行，使他们在其中生活的政体，不论是平民政体还是寡头政体，都能因为这类言行的普及于全邦而收到长治久安的效果。"①

亚里士多德强调行为习惯对品德形成的重要作用，但他并不是机械地看待天赋、习惯和理性三者的关系。如前所述，亚里士多德是重视人类的理性功能的。他认为人们要养成善德的习惯和品性，必须要有正当的理性作指导，求得天赋、习惯、理性三者的和谐统一。在这三者之间的关系上，他强调理性应该是主导，在一定的情况下，他认为理性更重要，其他两端必须服从理性。他说："三者之间要是不相和谐，宁可违背天赋和习惯，而依从理性，把理性作为行为的准则。"②所谓理性原则，就是要走中道原则，反对走极端。

亚里士多德认为，欲达幸福，必在发挥其功能；欲发挥其功能，必在运用理性，而合乎理性的要求即在于合乎中道。他说："我们首先必须注意，过度与不及，均足以败坏德行。试以我们可见的事情来说明我们所不可见的道理。例如关于体力和健康的情形：运动太少和太多，同样损伤体力，饮食过多与过少，同样损伤健康；惟有适度可以产生、增进、保持体力和健康。节制、勇敢以及其他的德性，也正是这样。一个畏首畏尾，退缩不前、永不能应事的人，可以变为懦夫；同时，一个无所畏惧、敢冒一切危险的人，则可以变为莽汉。一个纵情恣乐、毫无节制的人，会变成放荡的人；与一个乡下人一样，忌避一切快乐的人，会变为麻木不仁。所以过度与不及都损伤节制

---

① ［古希腊］亚里士多德：《政治学》，吴寿彭译，275 页，北京，商务印书馆，1965。
② 同上书，385 页。

和勇敢, 惟适度可以保全之。"①他在《政治学》中说:"倘使我们认为《伦理学》中所说的确属真实——(一)真正的幸福生活是免于烦累的善德善行, 而(二)善德就在行于中庸——则[适宜于大多数人的]最好的生活方式就应该是行于中庸, 行于每个人都能达到的中庸。"②这里所说的"中庸", 在亚里士多德的著作中, 又叫"中道"。所谓"中道", 就是"适度""适中""执中"的意思, 也就是"过犹不及"的中间境界。

亚里士多德认为, 在人类的情感和行为中, 存在着不及、过度和中间三种状态。他认为, 德性从本质上说就是中道, 寻求不及和过度二者之间的中间性, 是达到幸福的正确途径。亚里士多德具体分析了十余种德性, 对于他们的不及、中间和过度状态进行了全面研究。如怯懦—勇敢—鲁莽, 放荡—节制—麻木, 小气—大度—无度, 乖张—友谊—谄媚, 怀恨—义愤—嫉妒, 虚荣—自豪—卑贱, 等等。幸福的获得就体现在这些遵循中道原则的选择和行动之中。

亚里士多德以一个自然科学家的作风, 实际考察和分析了人的情感和行为, 及其在社会生活中的各种表现。例如:鲁莽、怯懦和勇敢, 放荡、麻木和节制, 挥霍、吝啬和乐施, 虚荣、卑贱和自豪, 乖张、谄媚和友谊, 怀恨、嫉妒和义愤, 无耻、忸怩和知耻等。他从这种分析中得出结论说:"凡行为共有三种倾向, 其中两种是过恶, 即过度和不及;另一种是德性, 即遵守中道。"③不仅如此, 他还进一步分析了行为的三种倾向之间的关系, 指出:"三者相互反对。其间, 两过恶是极端, 它们彼此相反, 但它们又都和中道的或适度的倾向相反。由于一半总是比小部分为多, 较大部分为少, 所以中庸的或适度的倾向(不论感情和行为都是这样), 比之不及的性情, 总是过度;比

---

① 周辅成:《西方伦理学名著选辑》上卷, 293~294 页, 北京, 商务印书馆, 1987。
② [古希腊]亚里士多德:《政治学》, 吴寿彭译, 204 页, 北京, 商务印书馆, 1965。
③ 周辅成:《西方伦理学名著选辑》上卷, 301 页, 北京, 商务印书馆, 1987。

之过度的性情，总是不及。例如勇敢的人和怯懦的人相比，似乎鲁莽，但和鲁莽的人相比则似乎怯懦；同样，节制的人和麻木的人相比，似乎放荡，但和放荡的人相比，则似乎麻木；乐施的人比吝啬的人似乎挥霍，但比挥霍的人则似乎吝啬。"①在这里，亚里士多德把选择中道看作主观和客观统一的过程。他不仅强调了中道有它的界限，是能够达到的，而且指出了认识这种界限是受人的主观状态影响的，因而按照中道控制情感和选择行为，也不是容易的事情。

亚里士多德所开创的"品德–习惯"转化方式与苏格拉底–柏拉图开创的"知识思辨–辩证法"转化方式成为西方德育思潮的两大传统，影响至今。亚里士多德承认人的天赋在品德形成中的作用，但天赋如何发展，则取决于后天的习惯与教化。因为他认为，潜能可分为两种，一种是非逻各斯的，它只能朝一个方向发展；另一种是逻各斯的，它有朝相反方向实现的可能。对此，后天的训练与教育可以决定到底是朝哪一个方向发展。所以，品德教育应从训练习惯与发展理性入手，而前者又应当在后者教导之下进行。但他讲的习惯训练并不是以机械重复造成良知，而是在习惯造就中，理性的指导已渗透其中，这就是"中道"原则。行为美德由习惯造就，需要行为训练；而理智美德由教学而产生和增长，需要用系统知识来培养理性，同时也需要经验。因为理智美德并不是关于普遍事务的，也有针对特殊事情的，即涉及行为。只有普遍知识与实践经验相结合，才能造就一个真正具有理性的人，一个善于判断好与坏、善于使自己和他人行动合于中道的人。②

---

① 周辅成：《西方伦理学名著选辑》上卷，301 页，北京，商务印书馆，1987。
② ［古希腊］亚里士多德：《尼各马科伦理学》，苗力田译，234 页，北京，中国社会科学出版社，1990。

第六节 自由教育论

正如前文所述，人的天性决定了人是政治动物。但人之所以为人，人之区别于一切存在的根本性质，在于它具有理性。理性是灵魂中最高贵、最神圣的部分。人只有运用、发展其理性，才能实现真正的自我。人的教育也应当以充分发展人的理性为根本目的。教育的这种目的高于其他目的，它使人超越具体的存在，走向神圣与不朽。旨在达到这种目的的教育，才是真正的自由人接受的教育。这种教育也就是自由教育。

一、自由教育展开的内部条件：理性、求知与惊奇

自由教育对于人本身提出了两个问题，即理性对于人的重要性，知识对于理性的重要性。理性与求知是否作为一种真实的潜能存在于我们内部，我们在认识方面是否就一定具有一种自由的品性，就一定做这样一种自由的运用，针对这一问题，亚里士多德是做了肯定的回答的。他用两句话高度概括了人接受自由教育的本性，即人是理性的动物，求知是所有人的本性。在人的本质观上，亚里士多德认为，理性和智慧是人之所以为人而区别于其他一切动物的重要标志，他提出"人是理性的动物"这个重要命题。他认为，对每一事物是本己的东西，自然就是最强大、最使其快乐的东西。对人来说这就是合乎理智的生命。如若人以理智为主宰，那么理智的生命就是最高的幸福。德国哲学家伽达默尔对这一命题的意义非常重视，他说：亚里士多德为人的本质下了一个经典性的定义，根据这个定义，人就是具有逻辑的生物。在西方文化传统中，这个定义成为一种规范的定义。它表明，人是具有理性的生

物，作为有理性的生物，人由于能够思维而同一切其他动物相区别。①

"人是理性的动物"这一命题，涉及两个相当重要的问题：手和人类智慧的关系以及语言和人类智慧的关系。首先，在手和人的智慧的关系上，阿那克萨戈拉认为人作为最有智慧的动物，其标志在于手能使用多种工具，是作为工具的工具。他认为人的智慧并不是与生俱来的，也不是上天恩赐的，而是人自己通过手的劳动所积淀所创生的。亚里士多德不同意阿那克萨戈拉的"人类有手才使自己成为最有智慧的动物"的观点。他认为在人的智慧形成的问题上，手不是原因，而是结果、标志。亚里士多德所注意的是手在制造和使用工具的过程中所体现的作为人所特有的理性、智慧以及人的理性对实践的指导作用。是否具有理性指导，这是人的生产实践和动物本能活动的根本区别所在。

其次，在语言同人的智慧的关系问题上，亚里士多德对语言和发音做了巧妙的区分，认为，发音可以表达感情，它为包括人在内的一切动物所共同拥有，但是人的超越和独特之处在于"人是唯一具有语言的动物"。语言不仅可以传情，而且可以达意——表达意义，可以辨别是非、善恶、美丑，从而使人趋利避害。他说：很显然，和蜜蜂以及所有其他群居动物比较起来，人更是一种政治动物。自然，就像我们常说的那样，不会做徒劳无益之事，人是唯一具有语言的动物。声音可以表达苦乐，其他动物也有声音（因为动物的本性就是感觉苦乐并相互表达苦乐），而语言则能表达利和弊以及诸如公正和不公正等；和其他动物比较起来，人的独特之处就在于，他具有善与恶、公正与不公正以及诸如此类的感觉；家庭和城邦乃是这类生物的结合体。②

---

① [德]加达默尔：《哲学解释学》，夏镇平、宋建平译，59页，上海，上海译文出版社，1994。同时参见王善超：《论亚里士多德关于人的本质的三个论断》，载《北京大学学报（哲学社会科学版）》，2000，(1)。

② 苗力田主编：《亚里士多德全集》第9卷，6~7页，北京，中国人民大学出版社，1994。

二、自由教育产生的外部条件：闲暇与自由

现代哲学家罗素曾写过一篇《闲暇颂》，指出对于文明的发生来说，闲暇是重要的，在过去，少数人的闲暇只有靠多数人的劳动来提供。而多数人的劳动价值不大，并不是因为劳动本身是有益的，而是因为闲暇是有益的。这种益处罗素讲了许多，古希腊的亚里士多德也高度强调闲暇的作用。他认为，只有当自由人无须为生计奔波、操劳，具有足够的闲暇时，才有可能不去从事各种"贱业"，因而损害心灵。也只有如此，自由人才可能在闲暇中从事真正的、崇高的沉思活动，为灵魂的目的而运用、发展理性。只有具有闲暇，才能使人的身体与心灵保持自由，使人作为自己的主人，这种自由是理性发展的基本要素，是接受自由教育不可缺少的条件。

亚里士多德认为，任何职业、技术和研究倘使得自由人的身体或思想不适合于德性的运用和实行，都应是工匠的活动。因此，凡是那些准备来使文明的身体败坏的技艺以及领取酬金的活计都可称为工匠的（banausos），因为它使我们的思想劳碌而卑劣。个人行为或研究目的可以有多样的差异；因为为自己或是为朋友或出于德性都不会是不自由的（aneletheron），然而同样的行为如果是为了外在的东西而做，那么就常常显得卑贱而具奴性。处处寻求实用是对自由大度胸怀的极大歪曲。在这里，"工匠的"一词就不仅仅指一种职业，而是指的一种生活态度或生活方式，这就是以谋生、图利为根本目的的生活方式。亚里士多德指出，这样的生活方式将使我们的身体破坏，思想劳碌。这里，"劳碌"一词askolon直译即为"无闲暇的"，它就是指的一种无自由的生活，因为只有在闲暇之中，我们的活动才可能真正摆脱物欲的束缚，成为自由的，而工匠繁重的谋生图利的活动却"处处寻求实用"，从而使人生成为一场苦役，他到哪里去寻找闲暇和自由呢？因此，亚里士多德在这里就明确指出了谋生活动，也就是那作为创制活动的技术所可能给人的身心带来的巨大危害，这就是，它最终将使我们失去自由，而成为卑贱和具有奴性的人。

正是基于这一原因，他才进一步指出，只有以自由作为根本的生活目的，谋生活动才可能是有意义的，否则，我们活着不知为什么活着，而生产不知为什么生产。他是通过"闲暇"和"劳碌"这两个相互对立的概念来阐述这一观点的。他认为，全部生活也被分为两部分：劳碌的和闲暇的，战争的与和平的，而在行为中一些是必需又实用的，一些则是美好的。对它们所做的选择必然是与根据灵魂的不同部分以及这些部分各自的行为所做的选择是一致的，战争是为了和平，而劳碌是为了闲暇，必需又实用的事物则是为了美好的事物。因此，一个留心观察的政治家应当根据这一切来立法，不仅要根据灵魂的部分以及这些部分的行为，而且尤其要根据那些更为优越的以及目的性的事物。同样关于生活他还须留意对不同事情的选择；因为公民们既应勤劳善战，更应致力于和平与闲暇；既应去做各种必需和有用的事情，更应从事美好的事情。"在这里，他就首先把我们的生活分成两个不同的部分，他称之为"劳碌的"和"闲暇的"，而这也就是我们刚才所说的谋生活动和自由生活。他指出，前者是必需又实用的，而后者是美好的，它更优越并且是目的性的东西。公民们既应勤劳善战，更应致力于和平与闲暇；既应去做各种必需的和有用的事情，更应从事美好的事情，从而，闲暇就是劳动的最终目的，只有在闲暇之中，我们辛勤的劳作才最终获得了报偿，否则，它将是毫无意义和价值的。由此，他认为，人的本性谋求的不仅是能够胜任劳碌，而且是能够安然享有闲暇。闲暇是全部人生的唯一本原。假如两者都是必需的，那么闲暇也比劳碌更为可取，并是后者的目的。在这里，对闲暇的追求就被明确确立为是人的本性，是人生的唯一本原。

接受自由教育，享受纯粹思辨，只有闲暇不够，还必须有自由。自由人就是当时的自由公民，这种自由人首先是身体自由，摆脱了他人支配和看管进行繁重的体力劳动的束缚，可以根据自己的兴趣、爱好以及能力选择职业。这种自由人不仅表现在身体上的自由，还表现在思想上的自由，可以自由地思考问题。在亚里士多德看来，自由人在体力上不再是为了伺候别人，在思想上也不再是为了接受别人的意志，而是为自己活着。自由人必须既有身体的自由又有意志的自由，二者缺一不可。一般说来，身体不自由，也不可能有意志的自由；仅有身体自由而没有思想自由，同样产生不了纯粹的学问。

自由人是产生自由学问的必备条件，有了自由就有了进行纯粹思辨、探索哲学的可能性。亚里士多德认为，希腊的奴隶主阶级属于自由人，他们中间就产生了一批哲学家。但在古埃及、古巴比伦的奴隶主阶级不是完全的自由人，他们的身体自由，但他们并没有思想自由，他们不被允许，也不需要独立思考。所以在那里无论如何不会产生自由学问——哲学。例如，埃及的祭司僧侣有的是闲暇，但他们的闲暇只能生产出数学、几何学、天文学、神学，永远产生不出哲学。亚里士多德说："数学之所以产生在埃及，就是因为埃及祭司有闲暇。"因为埃及的祭司虽然是统治者，但他们都充当神的代言人，自认为是神的使者。他们的确有充足的时间、丰厚的财富，但并没有思想自由，他们根本不敢提神以外的东西。所以，古埃及、古巴比伦的有闲阶层永远也不会产生出哲学。相比之下，古希腊的有闲阶层，他们拥有独立思考的权利，享有思想自由，可以对大自然、人类的奥秘进行探索，进行纯粹思辨，研究自由学问。

三、自由教育是自由人专享的教育

所谓自由人，希腊文的本义是指一个"成年人"，当一个男儿达到公民的年龄，便从他父亲的管理之下解放出来，自己有妻室，并且也成为父亲，这时，他已有独立的人格，可遂行自己的意志，担负公民的义务，也享有公民的权利，并管理着自己的奴隶，这些就是他的"自由"。希腊人所谓"自由"，具体是指两个方面，一是指在公共生活或政治生活领域，它指公民的自主与自治，可称为政治自由；二是指在私人生活或社会生活领域里，个人的选择和行为得到尊重和宽容，可称为个人自由。

在希腊城邦时代，自由是少数自由公民的特权。与奴隶相比，他们是自由人。法拉尔说："雅典人像其他希腊人一样，在与奴隶状态的比较中来理解他们的自由，政治自由意味着——心理和事实——使自己离开奴隶地位。雅典人的自治就始于梭伦解放那些被富人奴役的人。"①亚里士多德所说的自由人也是相对于当时的奴隶而言的，他认为，奴隶是有生命的工具，是以体力供应主人的日常需要。而自由人则是具有独立的人格，有权选择自己的生活，他们只服从法律。亚里士多德一再强调，城邦政治家的权威不同于家长、主人和君主的权威，政治家所治理的人是自由人，他们所掌握的权威为平等的自由人之间所付托的权威。亚里士多德也提到，自由体现于个人生活中，为人生应任情而行，对照奴隶们的不得按自己的意志生活，只有这样才可算自由。亚里士多德这里所讲的自由人，类似于霍布斯所说的："自由人一词根据这种公认的本义来说指的是在其力量和智慧所能办到的情况下，可以不受阻碍地做愿意做的事情的人。"②总之，在亚里士多德看来，自由人在体力上不再是为了伺候别人，在思想上也不再是为了接受别人的意志，而是为自己而活着。不过，亚里士多德也认为，每个人都应该对其他人负责，而不应当允许任何人只按照自己的好恶去行事。如果有的地方允许绝对自由，那么这些地方便没有任何东西能压制每个人身上与生俱来的邪恶。亚里士多德前面讲的自由是从哲学意义上讲的，这里是从社会意义上讲的，二者并不冲突。

雅典人与斯巴达人所享有的自由之差别是前者推行文雅教育，后者实行军事教育的重要原因。斯巴达人也享有公民权，但是他们一般都充当国家的螺丝钉，充当战争工具，过着呆板、划一、单调的生活，把军人纪律贯彻到

---

① C. Farrar, *The Origins of Democratic Thinking*, Cambridge, Cambrige University Press, 1988, p.7.

② ［英］霍布斯：《利维坦》，黎思复、黎廷弼译，163 页，北京，商务印书馆，1985。

社会生活各方面乃至细微之处。而雅典人则既能够服从法律的权威，又在许多生活方面能够独立自主，并且在表现独立自主的时候，能够特别地表现温文尔雅和多才多艺。他们有选择生活道路的自由，个性得到全面发展，将工作与娱乐、为国服务与个人志趣的发展结合起来。

四、自由教育以纯粹认知为对象

在对"求知是所有人的本性"命题展开讨论的过程中，亚里士多德将人的认识区分为不同的层次，借以把人与动物、不同的人彼此区分开。例如，在《形而上学》第一卷第一节中，他就把整个认识过程划分为感觉(aistheesis)、表象(phantasia)、经验(empeiria)、技术(tekhnee)、科学(episteemee)和智慧(sophia)六个阶段，前三个属于感性认识，后三个属于理性认识。而在《尼各马科伦理学》第六卷中他又对理性认识加以细分，分为科学、智慧和理智三个层次。这三个方面就是所谓的纯粹认识。

亚里士多德认为，感觉是一切动物所共有的，而对人而言，感觉首先是实践的，我们不仅运用感觉的感知功能来谋生，而且还通过感觉来具体地享受人生的某些快乐。经验是比感受更高的一个认识阶段，是指人们在日常生活中通过对同一事件的反复练习而形成的技能与认识。经验在本质上是一种个别性的认识，技术比经验高一个层次，因为知识理解更多地属于技术而非经验，并且我们断定有技术的人比起有经验的人更有智慧。其原因在于，经验是关于个别的认识，技术则是关于普遍的认识，有技术的人知道原因，有经验的人却不知道。但是，技术毕竟不同于科学，它的目的的实用性和具体性妨碍了它对事物做出更加深入的认识。

科学是对事物普遍而一般的本质的认识，它充分体现了纯粹认识的本性。实际上，各门科学本身也证明了这一点，因为各门科学所追求的就是事物普遍而一般的规律，而这也就是事物的本质。它是不可能改变的，在存在上也是永恒而唯一的。但是亚里士多德又进一步指出，在认识之中，在诸科学中，最为深刻、最为普遍的是智慧，因为"它是关于最初本质和原因的思辨知识"，它所认识的是最普遍、最困难的东西，是以最大的知识为自己的追求目标。智慧这个词，据认为来自光（poses），它通过基督教的经书，而获得了更高的神圣性。然而在希腊文献中并不神秘，人们把最完满的德性、最娴熟的技术、最精确的科学都称之为智慧，拥有这种德性的人称为智者。智慧不同于明智（phronesis），明智在经济生活中表现为精明，在政治生活中表现为练达，在社会生活中表现为世故，在军事战争中表现为谋略，在工程建设中表现为机巧，这只不过是实践智慧，并不是智慧。在亚里士多德看来，智慧有以下四个特征：第一，通晓一切；第二，知道最困难的东西；第三，能够明确阐明原因；第四，把求知、爱智看作目的。因而，关于智慧的知识就是哲学。从而，哲学在亚里士多德那里就不仅是一门学科，而在根本上是认识的一个最高级阶段，是对世界本原的思考。

科学是有证明的，证明必然从前提开始，科学有起点。人们必须相信它的存在，不具备这样的信念，科学就不能立足。所以科学、智慧都是探求真理，排除遮蔽的方式，都不涉及知识的本原和起点。科学的起点是理智的对象，理智则不必证明。亚里士多德在《尼各马科伦理学》第六卷中这样说："既然科学是关于普遍之物和必然之物的判断，而证明和各门科学都有其本原（因为科学是伴随着推理的），那么与科学本原相关的就既不可能是科学，也不可能是技术，也不可能是明智；因为可科学认识的东西是可证明的，而技术和明智则是关于可改变事物的。智慧与这两种东西都不相关，智慧的人以取得关于一些东西的证明为己任。如果我们借以来对不可改变或可改变的东西获得真理而不犯错误的，就是科学、明智、智慧和理智，其中前三者中没有一个能够做到这点（我是指明智、科学、智慧这三者），那么，只剩下理智是关于本原的。"①在这里，他就明确地指出了在我们所有的认识能力中唯有理智才能对知识的本原、终极的真理加以把握，它是不会犯错误的，而其他三种认识能力由于是从这一本原出发来进行各自的认识的，因而它们不可能对这一本原本身构成认识。理智是我们认识活动赖以进行的本原，它构成了我们最高的认识，为我们的认识定了最初前提和界限，各门科学正是在这一前提下来进行自己的认识活动的。这样看来，唯有理智才能对证明的前提和本原，从而也就是事物的本质进行无须推理、不经由归纳的把握，而这一切一经把握，就是绝对正确的，不可能出错。从而，它是最确切的认识，它构成了一切知识的前提，也构成了判断认识真理的标准。

五、自由教育以自由学科为主要内容

亚里士多德认为，哲学就是一种高度自由的学问，从事哲学探索是操持闲暇的主要品德。也正因如此，亚里士多德在《政治学》中反复论证闲暇为勤劳的目的，正如和平为战争的目的一样，个人和城邦都应具备操持闲暇的品德。他说："我曾经屡次申述，人类天赋具有求取勤劳服务同时又愿获得安闲的优良本性：这里我们当再一次重复确认我们生活的目的应是操持闲暇。勤劳和闲暇的确都是必需的，但这也是确实的，闲暇比勤劳更为高尚，而人生所以不惜繁忙，其目的正是在获致闲暇。那么，试问，闲暇的时刻，我们将何所作为？总不宜以游嬉消遣我们的闲暇。如果这样，则'游嬉'将成为人生（宗旨），这是不可能的。游嬉，在人生的作用中实际上都同勤劳相关联。——人们从事工作，在紧张和辛苦以后，就需要（弛懈）憩息；游嬉恰正使勤劳的人们获得了憩息。所以在我们的城邦中，游嬉和娱乐应规定在恰当的季节的时间进行，作为药剂，用以消除大家的疲劳。游嬉使紧张的（生命）

① ［古希腊］亚里士多德：《尼各马科伦理学》，苗力田译，121 页，北京，中国社会科学出版社，1990。

身心得到弛懈之感；由此引起轻舒愉快的情绪，这就导致了憩息。[闲暇都是为一回事：]闲暇自有其内在的愉悦与快乐和人生的幸福境界；这些内在的快乐，只有闲暇的人才能体会；如果一生勤劳，他就永远不能领会这样的快乐。人当繁忙时，老在追逐某些尚未完成的事业。但幸福实为人生的止境（终极），惟有安闲的快乐[出于自身，不靠外求]，才是完全没有痛苦的快乐。对于与幸福相谐和的快乐的本质，各人的认识各不相同。人们各以自己的品格（习性）估量快乐的本质，只有善德最大的人，感应最高尚的本原，才能有最高尚的快乐。"①

基于此，亚里士多德主张"须有某些课目是以教授和学习操持闲暇的理性活动；凡有关闲暇的课目都出于自主[而切合人生的目的]，这就实际上适合于教学的宗旨，至于那些使人从事勤劳（业务）的实用课目固然实属必须，而被外物所役，只可视为逐生达命的手段"②。这样，亚里士多德就把课程分为两种类型：作为逐生达命的手段的实用课程与作为操持闲暇的理性自由课程。一类是适宜于自由人学习的，一类是不适宜自由人学习的。他指出："任何职业，工技或学课凡可影响一个自由人的身体、灵魂或心理，使之降格而不复适合于善德的操修者，都属'卑陋'；所以那些有害于人们身体的工艺或技术，以及一切受人雇佣、赚取金钱、劳悴并堕坏意志的活计，我们就称为'卑陋的'行当。"③简言之，那些实用的，为获取钱财，或为某种实际功利的知识和技能，都不是适宜自由人学习的。只有那些有助于发展记性、切合人生目的的知识，才是自由人所应学习的。这种知识就是自由学科，如阅读、书写、音乐、哲学等。

亚里士多德当然意识到自由学科中的某些科目是有一定的实用性，但在

① [古希腊]亚里士多德：《政治学》，吴寿彭译，410页，北京，商务印书馆，1965。
② 同上书，411页。
③ 同上书，408页。

这些同时具有实用价值和自由价值的学科中，自由价值是第一的，在教育中一定要充分发挥其弘扬理性的方面。他说："某些为了实用而授与四年的课目，例如读写，也并不完全因为这只是切合实用的缘故；[无关实用的]其它许多知识也可凭所习的读写能力，从事进修。相似地，教授绘画的用意也未必完全为了要使人购置器物不致有误，或在各种交易中免得受骗；这毋宁是目的在养成他们对于物体和形象的审美观念和鉴别能力。事事必求使用是不合于豁达的胸襟和自由的精神的。"①

在所有自由学科中，亚里士多德所推崇的第一是哲学，第二是音乐。他在《政治学》中，用了大量的篇幅讨论音乐课程及其价值。他指出，音乐教育是一种性属自由、内含美德的教育。他说："我们的祖先把音乐作为教育的一门，其用意并不是说音乐为生活所必需——音乐绝不是一种必需品。他们也不以此拟于其他可供实用的课目，例如'读写'。读写（书算）可应用到许多方面：赚钱、管家、研究学术以及许多政治业务，无不有赖于这一功课。绘画也可作为实用课目的实例是练习了这种课目的人们较擅于鉴别各种工艺制品[在购买器物时可做较精明的选择]。音乐对于这些实务既全无效用，也不像体操那样有助于健康并能增进战斗力量——对这两者，音乐的影响是不明显的。音乐的价值就只在操持闲暇的理性活动。当初音乐的被列入教育课目，显然由于这个原因，这确实是自由人所以操修于安闲的一种本事。"②

亚里士多德对哲学这门课程的自由价值做了详尽阐述。他从哲学的起源这个角度论述了哲学是一门自由学问。亚里士多德在《形而上学》中说："人们开始哲理探索，都应起于对自然万物的惊异；他们先是惊异于种种迷惑的现象，逐渐积累一点一滴的解释，对一些较重大的问题，例如日月与星的运行以及宇宙之创生，作成说明。一个有所迷惑与惊异的人，每自愧愚蠢……他

---

① [古希腊]亚里士多德：《政治学》，吴寿彭译，412 页，北京，商务印书馆，1965。
② 同上书，411 页。

们探索哲理只是为想脱出愚蠢，显然，他们为求起而从事学术，并无任何实用目的。"①亚里士多德还以自由人做比喻，让人们认识哲学是一门自由的学问。他说："只因人本自由，为自己的生存而生存，不为别人的生存而生存，所以我们认取哲学为唯一的自由学术而深加探索，这正是为学术自身而成立的唯一学术。"②

亚里士多德认为，知识有两种，一种是具有实用目的的知识，一种是超越实用目的的知识。实用目的的知识也有原因和原理。一切关于具体事物，或者与人的生存活动相关联的事物的原因和原理，都是具有实用目的的知识，如天文学是为了农业和航海事业的发展，医学是为了人的健康，建筑学是为了建设住宅和庙宇，等等。总之，一切具体科学知识的原理和原因，都属于实用知识。记忆是制造事物的能力状态，涉及事物的生成，不涉及存在的事物，也不涉及由必然或本性生成的事物。所以，这种类型的知识是更典型的实用知识。所以，技艺和科学的原因和原理不属于哲学智慧，只有超越实用目的的原理和原因的知识，才是哲学智慧。

很明显，第一原理和原因的智慧，不是一门生产学科，研究这门学科不可能给人们带来生存生活所需要的实际利益，其目的是摆脱自己的无知，获得只有神才能知道的自然的奥秘。苏格拉底、柏拉图都认为爱智慧是一种最美好的生活方式，而不是一种生活目的，它之所以是一种美好的生活方式就在于它彻底地摆脱了名利地位的诱惑，把全部时间和精力用在对智慧的思考上。亚里士多德说："他们探索哲理只是为想脱出愚蠢，显然，他们为求知而从事学术，并无任何实用的目的。"③意思是说，哲学对于任何实证的成果并不感兴趣，它唯一兴趣就是"思考"。亚里士多德曾指出：哲学的智慧显然是

———————————

① ［古希腊］亚里士多德：《形而上学》，吴寿彭译，5 页，北京，商务印书馆，1959。

② 同上。

③ 同上。

结合直觉的理性而研究性质上最高的事物所得的科学知识。因此，无怪乎一般人说阿那克萨戈拉、泰勒斯和他们这类的人是有哲学的智慧的，这都是由于看到这些哲学家不了解他们自己的利益，所以不说他们是有实践的智慧；他们的知识是非常的、奇特的、超人的、深刻的；但是，由于他们所求的不是人类的利益，所以这些知识是无用的。

亚里士多德认为，哲学这样一门探究万物终极目的或宇宙至善的自由学术，是人间最光荣最神圣的知识。亚里士多德曾把知识分为三大类，认为所有科学要么是实践的，要么是创造的，要么是理论的。实践知识是为了行动而追求的，创造知识是为了制造事物而追求的，理论知识是为它自身而追求的。他认为理论知识包括数学、物理学和哲学，哲学乃理论科学之顶峰，它是以最高的"善""神""理性"为对象。而善、神、理性又是以自身为对象或目的的，无所外求，所以哲学也应是以其自身为目的，研究哲学的人遂在同最善最美者的交往中达成一种自满自足无假外求的自由境界。

亚里士多德坚信求知是人的本性，理智就是每个人占支配地位并是最好的部分，是人的最高本质，所以理智比一切东西更适合人，过一种理智生活是最大的幸福生活，有智慧的人是最幸福的人。

这种幸福的人爱智慧，爱真实，恶虚假。因为哲学就是为了真理的知识；热爱真理的人没有危险的时候爱真理，在危险时更爱真理。这种人既然潜心于知识，他追求的是心灵的快乐，对肉体的享受肯定淡泊，决不像有的人那样贪婪财富，追求享乐。亚里士多德在《政治学》中就有关于泰勒斯只爱智慧不爱金钱的记述，泰勒斯曾因他的贫困而被人轻视，人们因此认为哲学毫无用处。某年冬天，他以占星学预测明年橄榄油将大获丰收，他将有限的资金交给开俄斯和米利都的各油坊，因为没有人和他竞争，租金很低，当收获季节来临时，需要榨油的人只能照付他所索取的高价，从而使他获得大量金钱。他向世人表明，哲学家只要愿意，是容易致富的，只是他们的抱负并不在此。

六、自由教育的效用性

自由教育以发展理性为根本目的，是为了知而追求知识的，并不涉及具体的事务和工作，那么自由教育有用吗？

亚里士多德认为，相较于那些满足我们日常生活实际需要的效用而言，自由教育却具有一种独特的效用。他在《伦理学》中指出了这一点："效用有两层含义。因为某些东西在使用之外有另外的效用，例如，建筑的效用有房屋，而不是建筑行为，医疗的效用有健康，而不是康复或医治行为；但有些东西的效用就是使用，例如，视力的效用就是看，数学知识的效用就是思考。所以必然地，这些东西的效用就是使用它们，使用比品质更有价值。""正如我们把一个为自己，并为他人而存在的人称为自由人一样，在各种科学中惟有这种科学才是自由的，只有它才不仅是为了自身而存在。"①因此，自由是自由教育所产生的最大效用。接受自由教育，并不是追求某种实用目的，而是为了自身的兴趣与满足。这样看来，纯粹认识在本质上是一种实践，思想对于生命而言不是什么外在的东西，反而是生命的一种本己的表现形式，当我们陷入沉思之时，我们的生命并没有停止，而是更加旺盛地活动着，只不过是采取了一种有别于衣食住行的活动形式而已。从而，自由教育并没有远离生活，而是为人更好的生活服务。如果我们讲健康的身体、舒适的住宅、精美的食物等物质条件对人是必要的，那么一个健全的理智就不是更为必要吗？如果传播医学、建筑学、政治学等知识是有用的话，那么传播智慧、美德的自由教育不更为有用吗？

亚里士多德认为，幸福是人生的终极目的，而思辨是最大的幸福。自由教育是达到人生幸福境界的最佳途径。

---

① 苗力田主编：《亚里士多德全集》第 8 卷，356 页，北京，中国人民大学出版社，1992。

　　亚里士多德指出，存在着三种生活形式能够把我们导向幸福，即享乐生活、政治生活和思辨生活。享乐生活是对肉体快乐的追求，显然这是一种本己的快乐；政治生活则指公民在城邦中的公共生活，它遵循道德习俗和法律，追求名誉和成功；以上两种幸福都是在活动之中获得的，是与实践智慧相联系的。思辨生活是一种静观默想的生活，它是对最大知识的求索，它的最高表现形式就是哲学思辨。思辨生活使人自身得到最大满足，获得幸福，所以，最高幸福与理智的、思辨的、哲学的活动相一致。而自由教育就是以培养人的理性能力为目标，以哲学探索为主要内容。故自由教育与人生幸福是紧密相联的，是使人达到幸福最高的境界的最佳途径。

　　经过自由教育培养出来的人是真正有智慧的人。古希腊时期的哲学家就是这样的典型。他们追求事物的本原，专心思考事物的实在本质。他们爱真理，恶虚假，充满着对知识的渴望；公正贤良，温文尔雅，天性和谐；热爱知识，不怕死，不怯懦。亚里士多德说："为维护真理的目的甚至可以牺牲掉那些切近我们的东西，或许被看成是更高尚，这的确也是我们的职责，尤其是对我们这些哲学家或爱智慧的人来说。这是因为，当两者都珍贵时，虔诚要求我们对真理的敬重应高于对我们朋友的尊重。"①心胸狭窄是与真假不分、注重名利联系在一起的，而哲学是以观察研究所有时代的一切实在为己任，无论是在神的事情上，还是在人的事情上总是追求完整和完全的，这种气度和心胸偏狂是不相容的。哲学家既然潜心于知识，追求的是心灵的快乐，对肉体的快乐必定淡泊，绝不像有的人那样贪婪财富，追求金钱。毕达哥拉斯嘲笑那些为名利生活的人，他认为爱智慧是最好的生活方式。赫拉克利特出身王室，为追求真知而放弃王位。巴门尼德家庭富有，却只关心追求真理。阿那克萨戈拉出身显贵，少年好学沉思，漠视金钱，将继承的遗产分赠他人。

---

　　① ［古希腊］亚里士多德：《尼各马科伦理学》，苗力田译，59 页，北京，中国社会科学出版社，1990。

有人问，你活着的目的是什么？他回答："为研究太阳、月亮和天体。"德谟克利特潜心学问，他将仅有的一百塔壬同现金全部花费在考察上，远游归来，已一贫如洗，但他说："在我的同辈之中，我漫游了大地的绝大部分，探索了最遥远的东西，我看见了最多的地方和国家，我听见了最有名的有学问的人的讲演。"①

第七节 贡献与影响

西方 2000 多年教育思想的发展，有许多重要的思想可追溯到亚里士多德那里。亚里士多德以其思想构筑了一个足以囊括西方教育科学达两千年之久的雄伟大厦，对西方教育产生了广泛而深远的影响。

对亚里士多德来说，人所追求的最高境界是幸福。幸福的人不是野蛮的人，也不是自然形态的人，而是受教育的人。幸福之人亦是优秀之人，应是有德性的人，但德性恰恰要通过教育才能养成。伦理道德和教育相互融合，教育目的与人生目的完全一致，这是亚里士多德教育思想的核心。亚里士多德又认为，人生的幸福在于悠闲自得，那么，教育的根本目的就是获得闲暇"schole"（即"学校"一词的起源）。作为教育目的的闲暇，就是他自己有致力于重要事务的自由。自由存在于摆脱了一切物质束缚的思维活动中；一种投入恬静的沉思和冥想的生活，这是真正的幸福。教育应引导人实现其终极目标，即基于思维的理性生活，这是教育的根本宗旨所在。亚里士多德自由教育理论的提出，标志着西方教育思想的发展也进入了一个更高阶段，确立了教育中的"形而上"问题，即教育的终极目的是什么？在他以后的每一位大教育家都不断对此探讨。近代以来，人文主义者继承了亚里士多德的自由教育

---

① 汪子嵩等：《希腊哲学史》第 1 卷，1015 页，北京，人民出版社，1993。

思想，对人的理性推崇备至，认为教育的目的就在于发展理性。康德认为，人是有道德、有理性的动物，道德、理性是人之所以为人的根本特点。因此，旨在全面发展人的各种能力的教育，就是应当以发展人的理性和道德为根本目的。费希特认为，一切教育都应以培养人的品性为宗旨，真正的教育就是道德教育。到了赫尔巴特那里，强调的不是知识的功利价值，而是其文化价值，即主张知识的根本价值在于陶冶人心、发展理性。20 世纪的永恒主义、要素主义等保守主义教育家认为，教育是培养人的社会活动，在人的教育中具有永恒的、最高的价值。所以，亚里士多德自由教育理论的提出，标志着西方教育的一个重要思想传统的形成。这个传统经过文艺复兴的人文主义，18 世纪的新人文主义，以及 20 世纪的永恒主义、现代人文主义，一直延续至今，成为西方教育的一个基本特征。

多方面和谐发展教育，是古代希腊教育的根本特点。在西方教育史上，是古希腊人，在他们的教育实践中首先探寻到这一重要的教育规律。在如何培养人的问题上，亚里士多德也强调教育要适应自然及和谐发展教育。他提出灵魂说，并将教育的阶段与教育的内容建立在灵魂说的基础上，是自然主义的开山之祖。在西方教育发展的各个时期，历代教育思想家虽对教育适应自然的认识理解和阐释的角度并不一致，但总体而言，是继承了亚里士多德的思想，并依据生理学、心理学的成果加以发展，形成了近代自然主义教育的两种类型：客观自然主义和主观自然主义。前者以拉特克和夸美纽斯为代表，要求以客观存在的自然为基础，适应自然的发展顺序和规律而实施教育；后者以卢梭、巴西多、裴斯特洛齐、福禄倍尔为代表，主张发展受教育者主观中的自然本能。特别是卢梭，高扬人性，主张教育要顺应儿童的天性，反对压制和束缚儿童。到了 19 世纪末 20 世纪初，进步主义教育家和新教育家们则继承了卢梭的思想，反对赫尔巴特的主智主义。杜威强调，儿童是中心，教育措施应为儿童而设置，这是一场如同哥白尼把天文学的中心从地球转到太阳一样的那种革命。爱伦凯明确提出"20世纪将成为儿童的世纪"。蒙台梭利强调，教育第一关心的问题是儿童的存在，新教育的基本目的就是发现和解放儿童。总之，他们坚持从相信儿童、尊重儿童的立场出发，把儿童作为教育的主体和中心，强调给予儿童自由，让儿童积极主动地自我发展和自我实现。这较之现代自然主义教育家只从抽象思辨的角度去强调儿童的天性有较大进步。当代的人本主义教育思潮可以说是大工业社会所谱写的自然主义教育思想的新篇章，它注重人性的自由发展，反对轻视人的存在和价值的偏向，这些都与自然主义教育思想相通。可以说，亚里士多德的教育适应自然思想的提出，标志着西方教育的一个重要思想传统的形成。这个传统经过近代的自然主义、现代的进步主义教育运动和新教育运动，一直延续到今天，成为西方教育的另一个基本特征。

亚里士多德所提出的体、德、智、美四育和谐发展的思想对西方教育理论和教育实践的发展产生了重大的作用和影响。到了文艺复兴时期，人文主义者继承并发展了亚里士多德的和谐教育思想，但他们的和谐发展思想是新时代的反映，体现了从个人的自然需要出发，适合个人自由意志的、自由的、快乐的、开放的和谐发展，特别是提出了劳动教育，劳动是学以致用的途径，使劳动教育成为人文主义多方面和谐发展教育中的一个重要方面。这与亚里士多德截然把自由教育与职业教育分开是不同的。继人文主义教育家之后的许多著名教育家、思想家，如夸美纽斯、洛克、卢梭、裴斯塔洛齐、赫尔巴特、第斯多惠、欧文、乌申斯基、斯宾塞等都很重视多方面和谐发展教育理论，并对此进行了较深入的探讨和研究，使这一理论有了较大发展。从近代开始，在西方教育实践中，也普遍重视多方面和谐发展教育的实施。正是在对长期的理论探讨和实践经验的不断总结、概括、提高的基础上，和谐发展教育思想更趋完善，形成了全面和谐发展教育理论。全面和谐发展教育理论的提出，标志着和谐教育思想的发展进入了一个新的更高的理论阶段。

第八章

古罗马教育变迁的社会文化基础

古罗马文明是在古希腊文明的影响下发展起来的,从而广泛而深远地影响了后世西方的社会历史及文化的发展。古代罗马从方方面面都对后世西方文明产生了影响,教育也不例外。古罗马的教育也是在汲取希腊教育精华的基础上,进一步发展和创新,形成了适合罗马国家需求、颇具特色的罗马教育模式。

第一节 古罗马的历史变迁

古罗马国家起源于公元前 753 年建成的罗马城,这是罗马历史叙述的起点。学术界通常将古罗马国家的历史划分为三个时期:王政时期(前 753—前509 年)、共和时期(前 509—前 31 年)、帝国时期(前 31—476 年)。

一、王政时期

考古表明,最早的罗马城位于拉丁姆的最北部。大约是在公元前 1000 年前,这里的小山丘上出现了若干以自然界限相隔的原始村落群。到公元前 8—

前 7 世纪，各村联合成为以 7 个小山丘为主的联盟，居住在帕拉丁山上的拉丁人是这一联盟的核心。最初的罗马城虽然被后人称为城市，但实际上也就是相当于一个村庄的规模。

从罗马城的出现到共和国的建立，历史上称其为"王政时代"。王政时期经历了 7 个王的统治。这个时期的特征是古罗马的原始公社制向国家过渡。氏族部落组织尚完整存在。传说当时的罗马共有 300 个氏族、30 个胞族（库里亚）和 3 个部落（特里布斯），其全体人民构成了"罗马人民"（Populus Romanus）。管理机构主要由王（勒克斯）、长老议事会、库里亚会议构成。

王是军事首领、最高祭司和最高审判官。自公元前 8 世纪中期到公元前 509 年大约 240 年里，传统认为罗马经历了 7 个王的统治，他们分别是罗慕路斯、弩玛、图努斯、安库斯、老塔克文、塞尔维乌斯和小塔克文。长老议事会是王政时期罗马的另一个重要机构。据说最早的一个王罗慕路斯任命了最初的 100 名长老，第三王又任命了 100 名，最后老塔克文又加了 100 名，这样长老议事会长老的数量增加到了 300 人。它的主要职责是审查库里亚大会批准的国王提案，并且有否决提案的权力。因为长老议事会的成员来自氏族当中的贵族，所以在罗马享有很高的威望和声誉。在王位空置的时期，长老议事会还有权行使对罗马的统治。库里亚大会是由全体氏族成年男子参加的民众会议。库里亚大会有权选举包括王在内的高级管理人员，决定战争或者议和，批准法律，回答国王的咨询，对氏族成员的死刑案做出最后判决等，但无权提出议案，无权提议改变王和长老议事会的决定。在表决的时候，30 个库里亚各有一票，超过半数决议就告通过。在塞尔维乌斯担任王期间，他对罗马的军事和政治制度进行了一系列的改革。进行人口和财产普查，在此基础上制定政策，按照财产的多少划分居民等级，规定他们的权利和义务。罗马居民不论贵族和平民，根据财产多寡出重装步兵百人队，共计 193 个百人队。在百人队基础上建立新的国家机构——百人队大会。这是专门为服兵役的士兵设置的大会。随着这个机构的建立，原来属于库里亚大会的一些重要职权也都转入了百人队大会。此后，库里亚大会虽然还存在，但是政治上的重要地位已经失去了。另外，在罗马人管辖的地区设立地区部落，代替原来的血缘部落。在地区部落登记的自由民都成了罗马公民，居民权与公民权开始趋向一致。通过塞尔维乌斯的改革，过去由库里亚全体平均分担的出兵、出钱任务完全转移到了富有阶级身上，而这些富有阶级也因此逐渐获得了罗马的政治控制权。塞尔维乌斯所创立的制度实际上是富有阶级统治而由一切有产者参政的制度。无产者或者财产少的人被剥夺了参政权。所以这一次改革具有很强烈的阶级性，是罗马国家形成的重要标志。① 在这个基础上就出现了贵族与平民之分。

王政时代的最后一个王小塔克文是一个暴君，独断专行十分暴虐，既严厉打击贵族势力，又对广大平民厉行苛政，罗马人民深受其害。公元前 509 年，贵族联合平民发动暴动，最后推翻了塔克文家族在罗马的统治。推翻王政以后，当权的贵族决定在罗马实行共和政制，罗马历史上的共和国由此诞生，古罗马的历史进入共和时期。

二、共和时期

共和国(Re Publica)一词的拉丁文含义为"公共事务"。共和国的最高行政长官不是国王，而是两个权力相等的执政官。这两个执政官由百人队大会选举产生，任期为一年。执政官的主要职责是负责召集、主持元老院会议和公民大会，并且执行这两个机构通过的决议。执政官既是国家的首脑，也是罗马军队的统帅，拥有最高的行政权和军事权。除了执政官以外，还有其他一些官职，如行政长官、财务官等。公元前 443 年，罗马又设立了两位监察官，负责公民人口和财产的普查。所有这些高级官员都由有钱的贵族担任，没有

---

① 齐世荣总主编：《世界史》(古代卷)，177～178 页，北京，高等教育出版社，2006。

酬劳。

在共和早期阶段所有的国家机构中，元老院占据着十分重要的地位。元老院由王政时期的长老议事会发展而来，成员为 300 人，经常有卸任的执政官补充。王政时期的长老议事会由王指定，而元老院的成员先由执政官任命，后来则由监察官审定，并且按照审定的结果决定元老的去留。元老基本上属于终身制。名义上元老院只是执政官的咨询机构，只是讨论执政官提出来的问题，其决议并无法律效力。但实际上，早期共和国的客观形势却使元老院在处理国家事务中居于核心地位。元老院的成员任期很长，又都是当时社会上的显要人物。而执政官任期只有 1 年，2 名执政官权力相等，只有意见一致的时候才能行使职权，所以只有依靠元老院才能实行统治。另外，执政官手下也没有一支为其服务的官僚队伍。所以罗马实际的政治权力掌握在元老院手里，包括管理国家财政、决定战争与和平、指导对外政策、监督宗教事务以及审理若干重大案件等。在元老院众多的职权中，最重要的一项是在国家处于紧急状态时有权任命独裁官。独裁官拥有生杀予夺的大权，但任期短，一般不超过 6 个月。独裁官到任以后，所有高级官员都应该立即停止自身的职权，接受并且服从独裁官的领导。元老院政治地位的巩固对罗马成功的对外扩张起到了重要的政治保障作用。

罗马早期共和国的贵族在各个方面拥有绝对的权力，这一时期整个罗马的政权都控制在贵族的手里。政府的公职、神职以及共和国实际的决策机构元老院都由贵族充任。执政官也是经常在几个特别著名的氏族里产生。这样的形势引起了平民的不满，从而引发了平民反对贵族的斗争。斗争可以分为两个阶段：第一阶段大约从公元前 494 年到公元前 376 年，平民以保护自身的切身利益作为斗争的主要目标；第二阶段从公元前 376 年到公元前 287 年，主要是平民争取政治权利的过程。平民反对贵族的斗争最先是由债务问题引起的。共和初期，罗马实力弱小，经常遭到周围邻国的入侵，保卫罗马的战争经常导致平民破产或者负债累累。债权人为了保证自己的利益不受损害，常常把债务人拘禁起来，强迫他们劳动还债，或者把他们作为奴隶卖到海外。平民为了摆脱这种不幸常常联合起来同贵族进行斗争。这种斗争最先发生在公元前494年，当时的平民不堪忍受债务奴役进行集体逃离，来到了离罗马不远的"圣山"，并且准备在那里定居建国。罗马因为平民的离开国力削弱，随时有被邻国吞并的危险。在这样的形势下，贵族不得不妥协让步，答应减轻平民的债务，并且允许平民选举出两名保民官来保护平民的利益。保民官人身不可侵犯，有权否决执政官与元老院提出的决议。保民官的设立是平民反对贵族斗争取得胜利的重要标志之一。

在平民的积极努力下，罗马政府于公元前450—前449年颁布了罗马历史上第一部成文法典——《十二表法》。《十二表法》最初是刻在12块木板上的，因此得名，这个法典的颁发也是平民反对贵族斗争胜利的果实，第一次以成文的形式规定了公民的权利和义务，能够有效限制贵族的专横和滥用权力。

经过两个多世纪的斗争，平民在政治、经济、法律和社会地位上有了明显的提高，在法律上确立了与贵族平等的地位，成了罗马共和国的主人。在公元前4世纪下半叶和公元前3世纪初，在罗马出现了由平民有产者上层和贵族组成的有别于旧贵族的新贵族。新贵族成为罗马国家政权中的重要力量，新贵族的出现促进和加速了罗马的迅速崛起。在新贵族的带领下，经过3个多世纪的征战，罗马征服了意大利、西西里、迦太基、马其顿、希腊等地中海广大地区，成了地中海世界的主人。对意大利以外的广大被征服地区，罗马人采用设立行省的方式来进行治理。

罗马的对外征服，不仅给罗马带来了巨额的财富，也掳掠来了大量的奴隶。战俘成为罗马奴隶的主要来源，使得罗马的奴隶制得到了飞速发展。在共和后期，由于经济的发展，罗马人对奴隶劳动的剥削也达到了前所未有的程度。奴隶主对奴隶的残酷统治，引起了奴隶们的反抗，奴隶起义不断爆发。

随着罗马对外征服的胜利与疆域的扩大，军队的需求量越来越大。而罗马国家兵源的补给远远不够，矛盾越来越突出。在这样的情况下，罗马出现了格拉古兄弟的改革，试图通过改革来稳固罗马在地中海世界的统治。但改革最终失败了。后来又出现了马略的改革，目标也是解决罗马的兵源问题。马略的军事改革最后取得了成功，解决了兵源问题，也提高了军队的战斗力。但是这一改革也给罗马带来了严重的后果。这一改革改变了过去数个世纪以来罗马兵农一体的局面，使得军队成为脱离社会的特殊集团，为日后的军事独裁奠定了基础。此后，军队作为一支独立力量在国家事务中发挥的作用越来越大，地位越来越重要。

三、帝国时期

公元前 73 年，斯巴达克领导的奴隶起义强烈震撼了罗马的统治基础，加速了罗马从共和制向元首制过渡。斯巴达克起义以后，罗马政坛出现了"前三头同盟"。这是公元前 60 年，庞培、克拉苏和恺撒为了共同反对元老院的有关政策，秘密结成的政治同盟。在克拉苏、庞培的支持下，恺撒顺利当选为公元前 59 年的执政官。在内战的过程中，恺撒成为罗马国家最具实力的统治者。内战结束以后，恺撒被元老院任命为终身独裁官。同时他还拥有执政官、终身保民官、大元帅、风俗长官和大祭司等头衔。为了加强自己的统治，恢复国家秩序，恺撒在罗马进行了一系列的改革。改革的举措触及了元老院尤其是一些共和派人物的实际利益，招致了强烈反对。公元前 44 年，恺撒被传统势力刺杀。

恺撒被刺杀并没有导致共和国的复兴，其养子屋大维登上了政治舞台，与安东尼、雷必达结成了"后三头同盟"，最终成为内战的胜利者。公元前 29 年，屋大维创立了"元首"这一政治形式，史称"元首制"，这一制度一直保持到了公元 284 年。在元首制下，共和制的各种政治机构，如公民大会、元老院、执政官和其他共和制官职依然存在，但实权却完全掌握在元首一人手中。公元前28年，屋大维改组元老院，将自己列于元老之首，称首席元老。公元前27年，元老院授予他"奥古斯都"（神圣、至圣至尊之意）的尊号。屋大维还获得了执政官、终身保民官、大祭司等其他很多头衔，集各种权力于一身，实际上成了罗马皇帝，罗马从此进入帝国时期。

屋大维在建立元首政治以后，采取了一系列措施，加强对罗马帝国的统治，从而使罗马帝国在相当长的时间里保持了相对稳定的局面，也为罗马文明的扩展创造了条件，为地中海地区的繁荣奠定了基础。帝国的建立，不仅改变了罗马的政治生活，也对文化和教育事业产生了影响。

从公元2世纪末到3世纪末，罗马帝国内部爆发了严重的政治、社会和经济危机，史称"3世纪危机"。统治集团为了篡夺元首之位，常常互相争斗，导致帝国内战不断。同时，帝国的奴隶制岌岌可危，城市萧条、农村衰败，国库空虚，人民贫困。再加上周边外患频繁，日耳曼"蛮族"不断入侵涌入罗马境内。在这种内忧外患的情况下，公元395年，罗马皇帝狄奥多西去世。临死前，他把罗马帝国分为东、西两部分，分别交给他的两个儿子掌管。罗马帝国正式分裂。公元476年，西罗马帝国的末代皇帝罗慕路斯被日耳曼籍的雇佣军首领奥多雅克废除，西罗马帝国正式灭亡。东罗马帝国还持续存在了相当长的一段时间。

第二节　古罗马的社会文化

当希腊化国家正在东方相互厮杀、无暇西顾的时候，罗马却在他们的背后悄然兴起。与古希腊一样，罗马也是古代西方文明的主要发祥地。从政治到军事，从文字到诗歌，从建筑到管理，从法律到宗教，罗马人对后世西方文明的影响无处不在。罗马人不但创造了自己的文化，更是以海纳百川的胸襟和气魄，广泛地吸纳各种优秀文化，尤其是希腊文化，罗马将希腊文明发扬光大，在西方文明的发展史上起着承前启后、继往开来的重要作用。

罗马文化是民族性和实用性的有机统一。罗马人热爱集体，讲求实际，他们富有军事和组织才华。他们不喜欢幻想，而是注重实用。他们崇拜权威与道德的结合，追求现实主义的现实生活。他们不太热衷于理论方面的探索，更注重于实际工作，更倾向于军事、法律、建筑等方面的文化建设。

一、公民民兵制度与军团

罗马在建立初期，不过是台伯河畔的一个小城邦，面积不过 50 平方千米。而到了公元前 2 世纪末，罗马已征服了整个地中海世界，成为地跨欧亚非三大洲的大帝国。罗马军队胜利的法宝是其公民民兵制度与军团的编制。

古罗马早期实行的是公民民兵制度，对罗马军队"能打仗、打胜仗"起了重要作用。在罗马，每一位年龄在 17—46 岁的男性公民，都有服兵役的义务。这样就形成全民皆兵的局面，即公民民兵制度。参军的士兵平时都必须接受严格的军事训练，这不仅增强了士兵的体质，培养了他们吃苦耐劳的习惯，而且还大大提高了士兵在作战时的应变能力，是罗马对外战争的有效保证。

与迦太基、马其顿、希腊等国的建立在金钱基础之上的雇佣兵制度不同，罗马的公民民兵制度具有其优越性，公民是为了自己的祖国而战，而不是为了金钱和财产，在遇到使罗马遭受重创的战争后仍能奋不顾身，竭力保卫国家和家园。这种公民民兵制度使罗马早期的官兵关系非常融洽，高级指挥官不拿薪水，与普通战士在生活待遇上没有两样，战后便回到自己的一小块土地上躬耕。公民们(无论是贵族还是平民)习惯于躬耕田亩，满足于清茶淡饭、简朴的衣服和卑陋的住房，即使是执政官这样最高级别的官吏也不例外。

古罗马的军纪非常严明，在战场上凡是不服从命令者，无论官职大小，情况如何，一律处以死刑。此外，对于逃跑、擅离职守和失去武器的战士，也要处以重刑，甚至死刑。在作战过程中，如果整个单位的士兵都犯有临阵逃脱或丢失阵地的过错，那么指挥官就必须在这些人员之间实行"什一抽杀律"，凡抽到死签的士兵，都必须另列一队被处以死刑。

罗马所实行的军团编制，大大提高了罗马军队的战斗力。罗马军团一般是 4200—6000 人，由轻装兵、长矛兵、主力兵和后备兵四个部分组成。每个军团还配有意大利同盟者的 300 骑兵。罗马的军团是罗马军队的灵魂，是罗马军事先进性的具体反映。

与当时颇为盛行的马其顿方阵相比较，罗马军团的优势非常明显：第一，军团具有很大的灵活性。统帅既可以使用自己的轻装兵和骑兵与敌人全线接战，又可以用第一线的长矛兵抵御敌人方阵的攻击，同时还可以出动主力兵疲惫敌人，最后用后备兵取得胜利。而方阵则一旦交锋，就得把全部兵力投入其中，并且必须把战斗进行到底。第二，军团能排成几线，可依次投入战斗。而采用方阵模式时，战斗的胜负取决于一次性突击，因为在预备队内没有失利时可以加入战斗的生力军。第三，对于罗马的指挥官而言，若想终止战斗，军团的编制又可以使他能够以预备队占领阵地，然后让已经投入战斗的部队从中队的间隙后撤。在罗马军团面前，马其顿方阵失去了所有的优势，希腊化诸国纷纷在罗马人面前投降称臣。

二、文字与诗歌

罗马作为拉丁民族的一支，其民族文化的渊源可以追溯到印欧语族的祖先。而罗马以拉丁语族的一个分支在台伯河畔开始了自己的历史。拉丁文是罗马人创造的，是罗马人为人类做出的贡献之一。古典拉丁文由 23 个字母组成，其中 21 个由伊达拉里亚文派生而来，中世纪的时候拉丁字母由 23 个增加到 26 个。大约在公元前 7 世纪的时候，罗马的拉丁文已经初具规模。此后，随着罗马军团在军事上的胜利，拉丁文也在整个意大利被使用，并且进一步远播到地中海沿岸，成为环地中海地区的主要文字之一。罗马人允许其他文字存在，但是在一切公共事务领域拉丁文是唯一合法的专用文字。后来的意大利、法国、西班牙和葡萄牙等都继承了拉丁文的表达形式，形成了著名的"拉丁文民族"。虽然近代之后拉丁语已经失去了口语的交往功能，但这种语言至今仍然在许多学科中广泛应用。

古罗马文学是在模仿和继承古希腊文学的基础上发展起来的。古罗马文学中成就最高的是诗歌。诗歌是人类高尚精神的结晶，是最为宝贵的人类遗产之一。在罗马文学史上，第一位诗人是李维乌斯·安德罗尼库斯（Livius Audronicus，前 284—前 204）。他是塔兰托的希腊人，公元前 272 年，塔兰托城被罗马攻陷，安德罗尼库斯作为战俘被带到了罗马。他在罗马一边教授拉丁文，一边翻译《荷马史诗》。后来，他又在翻译的基础上把《奥德赛》的部分内容编写成为剧本，在罗马公演，这也是罗马戏剧创作的开始。尼维乌斯（约公元前 270—前 200）是第一位拉丁诗人，曾经写过《布匿战争》一书，在罗马文学史上影响巨大。普劳图斯（Plautus，约前 254—前 184）是罗马早期最著名的戏剧作家。相传他一生写过 130 部剧本，流传至今的有 20 部喜剧，深受罗马普通民众的欢迎。在罗马，由于奥古斯都等人的提倡，诗歌得到了很大的发展。人们一般把学习和欣赏诗歌当作必要的人生经验，当作获取知识的方式，当作完善和发展自己的重要途径。奥古斯都时期，罗马诗坛兴盛，维吉尔、贺拉斯和奥维德是当时最为著名的 3 位诗人。维吉尔耗费了 10 年的时间，创作了长达 12 卷的鸿篇史诗《埃涅阿斯纪》。它记述了罗马人的祖先埃涅阿斯在特洛伊城被希腊人攻陷以后，携带父亲、幼子及少数随从和家族神祇历经艰难，渡海到达意大利台伯河口，并在这里定居的经历。

贺拉斯是奥古斯都时期最主要的讽刺诗人、抒情诗人和文艺评论家。《颂歌》和《诗简》是其主要作品。《颂歌》赞美了奥古斯都等人的伟绩，歌颂帝国的伟大与尊严。《诗简》是一部诗体书信集，写的是生活哲理与文学评论。奥维德以写作爱情诗著名，《变形记》和《爱术》是其最为著名的代表作。这些作品都对后世的西欧文学产生了重要的影响。

三、道德与哲学

罗马人心目中的道德并非纯粹伦理意义的，其内容非常宽泛，可以用"我们祖先的风尚"来概括。西塞罗这样定义道德："道德"是罗马人拥有的"天性"，它不能通过后天的学习而来。这种天性就是罗马人具有的风尚和生活方式，包括严肃、坚韧、灵魂的崇高等。他用道德秉性的优越来解释罗马人为什么会战胜希腊人。

在古典世界，罗马人的胜利也是每个罗马公民秉持的"罗马美德"的胜利，即罗马的公民自觉把个体活动纳入国家的公共生活轨道。在罗马公民看来，个人的德行、家族的利益必须与国家的荣誉取得一致，真正的美德只存在于为共和国服务所表现的一系列伟大行为当中——忠勇爱国、节俭朴实，这也是罗马城邦共和国的时代精神。

早在公元前 6 世纪，罗马就推行兵农合一的公民民兵制。公民当兵在当时不仅被视为一种权利，更成为一种社会荣誉的标志而为世人所夸耀。士兵战时应征入伍，战后解甲归田。应召入伍的将士，为罗马而战，也为自己的荣誉而战；这种农家兵士，能吃苦耐劳，勇敢善战，具有坚毅不屈的斗志与赴汤蹈火的牺牲精神。他们信守这样的箴言："不要屈从于噩运，而要以更大的胆量去与之抗争。"为国捐躯的罗马壮士，不仅受到公民的无限崇敬和爱戴，也成为后来罗马史学家大书特书的重大题材；而那些战场贪生怕死之人，则受到公民的普遍唾弃。这种强烈的民族精神和尚武精神是年轻的罗马共和国之所以能够经受严峻的战争考验却依然屹立不倒的一个重要因素。

共和前期，罗马虽然经济落后，实力也不如周边其他强国，但民风淳朴，当时国家设有监察官一职，专门整饬官吏的腐化行为，监督罗马城内的民风。当时整个社会流行一种淳朴浑厚的"罗马古风"，即崇尚朴素务实，不事奢华。尽管公民之间存在贫富的差别，但他们基本上是过着自食其力的生活，恪守着朴素、廉洁、务实之风。为了国家的强大和富裕，为了公民的独立和自由，罗马的国家公职人员也安贫乐道与清廉从政，从不为权力、地位、金钱所诱惑。罗马史家李维（Livy）在写这一时期的历史时曾发出这样的赞叹："从来没有过比罗马更伟大的国家、更纯洁的道德和更丰富的范例；也从未有过任何国家像它那样如此长期地杜绝了贪婪和奢侈之风并如此高度而持续地敬重清廉和节俭。"这一论述虽然有些夸张，但还是比较客观地反映了罗马早期社会的状况。

早期的罗马以农立国，故其社会崇尚的德行是刻苦、耐劳、俭朴等农业社会中所易产生的价值观念。共和时代罗马不断征伐，于是服从、勇敢、守法、正直等军人的德行又成为一般人民的模范。到了帝国时代，由于国家富庶，不少人远离了质朴的生活而耽于享乐。这种情况也引起罗马知识分子的关切，呼吁罗马人回复共和时代的道德水准。

由于罗马兴起于希腊化时代，所以在哲学思想方面正好接触到当时希腊社会的主流思想斯多葛派和伊壁鸠鲁派。斯多葛哲学的重自然、俭朴、坚韧和追求理性的态度，和罗马人淳朴的文化背景十分契合，因而深受欢迎。

帝国早期阶段，禁欲的斯多葛主义是当时的主流道德标准。罗马人生性务实，天生对哲学不感兴趣，对他们来说，从别人的哲学成果里选一个能为自己所用的行为规范和治国方法远比自己去研究宇宙的本原要实在得多，因此，希腊化世界的各种哲学思想对罗马人起了重要作用。在希腊化时期众多的哲学思想中，罗马人最终选择了与他们传统价值观大同小异的斯多葛主义，虽然在民主氛围浓厚的罗马共和国时期没有谁强制要求所有的罗马人必须信仰斯多葛主义，但是大部分罗马人的认可还是成就了斯多葛学派在罗马哲学领域的主导地位。

斯多葛学派是塞浦路斯人芝诺于公元前 300 年左右在雅典创立的学派，总的来说，在不同的时期它宣扬的思想也有所不同，但是宿命论和禁欲主义始终是它所坚持的，就这一点来说，它与罗马城建立以来罗马人一直坚持的甘于贫穷、克己禁欲的传统价值观不谋而合。对于扩张过程中长期征战的罗马人而言，这样的价值观是符合需要的，而当罗马成为地跨三大洲的庞大帝国以后，斯多葛学派的世界主义特点恰好符合了罗马帝国统治的需要。因此，斯多葛学派成了罗马帝国的"官方哲学"，其主导地位得到了进一步的确立。著名的政治家西塞罗和皇帝马可·奥理略（Marcus Aurelius）都是坚定的斯多葛派哲学家。

伊壁鸠鲁派的哲学认为追求快乐的欲望是导致善良行为的力量，每一个人应该依自己的兴趣和情绪来选择生活。这种个人主义和罗马传统以牺牲个人为荣的重团结精神并不一致，因而在罗马不如斯多葛派受人欢迎。虽然如此，此派最重要的人物鲁克瑞息斯（Lucretius）仍然是活跃在共和时代晚期的名人。

四、建筑与艺术

罗马人是伟大的建设者，但为艺术而艺术通常不是罗马人的风格，这是希腊人的风格。罗马的建筑和艺术带有露骨的宣传目的和鲜明的政治内涵。凯旋门、纪念堂（兼做法庭和商业谈判的场所）、广场、露天剧院、神庙、陵墓、庆功圆柱等的建造要么是为了夸耀对外战争的胜利，要么是为了抬高政治领袖的地位。崛起后的罗马帝国善于将自己的强大与繁荣化作有形的实体———宏大的公共建筑，既为享乐，也为炫耀。罗马雕塑的成就说明政治宣传和艺术性在某些条件下是可以兼容并存的。每一座古罗马城市，即使是最小的城市，在帝国时代都拥有专用于特定演出的建筑：剧院、露天竞技场和露天运动场。这些演出原本是宗教仪式的一部分，后来则变成了越来越精致的表演。最受古罗马人欢迎的还是角斗士的决斗和露天竞技场内举行的比赛。

罗马人不但在意大利大兴土木，建造了许多雄伟壮丽的各类公共建筑，而且还不断地把他们的经验和技术推广到帝国各地，把整个帝国建设得富丽堂皇。罗马建筑业的发展是在征服地中海世界以后，奥古斯都曾经自豪地宣言：他接收的罗马城是一座由砖头砌成的城市，而他留下的罗马却是一座大理石的城。到帝国早期，罗马的建筑业已经发展到了登峰造极的地步，万神殿和大竞技场就是罗马建筑艺术发展史上的两大代表性作品。

洗浴是古罗马人特别喜爱的一种生活方式，浴场在罗马人的生活中扮演了不可或缺的角色，因此罗马人在城市里建设了数量众多的公共浴场。大型公共浴场可供上千人同时入浴，它将追求空间效果、华美装饰的特色与多样化的用途配合得完美无缺，成为集多种功能、多种服务于一体的综合性康乐文化中心。穿山越谷、绵延数十里的高架引水渠，源源不断地将水引至各个浴场和私人住宅，满足了罗马人的生活需要。对于古罗马市民而言，光顾公共浴池是日常生活中非常重要的一部分，不仅仅是出于对身体的卫生保健，这里也是会面和娱乐的场所，也可以谈论关于政治或文化的重要议题。

罗马政府还有一项基本的政策，就是广为修建道路，这也是罗马人成就大业的重要保证。罗马的道路多用石料建造，中间略作凸状，宽度测量相当准确。西方谚语"条条大路通罗马"，就是罗马道路建设发达的象征。

五、法律与宗教

对法律的重视是罗马人的普遍精神和观念，也是罗马文化对后世欧洲最大的贡献之一。罗马法又分为公民法和万民法。公元前 3 世纪以前的罗马法，都属于公民法的范畴，也就是罗马国家为本国公民颁布的法律，《十二表法》

就是公民法的典型代表。到公元前 3 世纪中叶，罗马出现了专门审理涉外案件的行政长官，他们常常根据现实情况，颁布有关告示，这样就逐渐形成了灵活务实的万民法。从公元 212 年开始，罗马公民和非公民之间的界限消失，罗马法的发展开始进入法律汇编阶段。《查士丁尼民法大全》的颁布标志着罗马法发展到了最发达和最完备的阶段。罗马法对后世影响深远。现代西欧各国的法律有许多根本原则都是来自罗马法。一些现代社会最重要的观念，如"任何人在被证明为有罪之前，均应视为无辜"，以及"法律之前人人平等"等等，都是来自罗马法。著名法学家耶林格在他所著的《罗马法精神》一书中说："罗马曾三次征服世界，第一次以武力，第二次以宗教（指基督教），第三次以法律。武力因罗马帝国的灭亡而消失，宗教随着人民思想觉悟的提高、科学的发展而缩小影响，唯有法律征服世界是最为持久的征服。"

罗马人最初信仰多神教。从建城开始，罗马人信奉着与自然、社会事务相对应的各种神灵。在与希腊文化接触的过程中，罗马宗教深受希腊的影响。罗马的主要神逐渐与希腊的奥林波斯的主要神融为一体。每个家庭都有专门祭神的地方，都有自己的保护神。每项政治或军事活动，都需要事先通过占卜了解神意。罗马宗教的显著特点是它的形式主义，只要求严格按固定程式行事，遵守各项禁忌，而不管真正的信仰如何。在罗马有许多祭司团，但是没有形成封闭的祭司等级。祭司可以同时担任其他公职。最高祭司由公民大会选举，地位较低的祭司则由最高祭司任命，或由相应的祭司团遴选。从奥古斯都时起，利用对皇帝的守护神的崇拜以加强皇权成了传统的政策。

因为罗马文化中有农人与军人的背景，所以表现出重实际而不好玄思的性格。这种性格也造成了形式主义的宗教。他们认为："我给你是为了你给我。"这种宗教信仰更具有一定交易的性质。人与神之间的关系是彼此供给的契约关系，人崇拜神，为的是在生活中求得某些特定的好处。

随着罗马成为一个多民族的庞大帝国，政治上实现了空前的大一统，但在宗教文化领域却十分多元和复杂。随着罗马向东的扩张，许多东方神秘宗教也乘虚而入，在帝国得到广泛传播。因为罗马的宗教宽容政策，这些神秘宗教成了罗马传统宗教的竞争者。政治上统一以后，宗教领域对某种统一的寻求成为趋势。无论是罗马多神的传统宗教，还是神秘的东方宗教，都不能满足人们信仰的需求。人民在精神上的饥渴，为基督教的发展提供了机会。公元313年，基督教正式得到罗马皇帝的认可，在罗马帝国获得了合法性。公元394年，罗马皇帝狄奥多西信仰了基督教。公元392年，提奥多西禁止罗马人信仰其他的宗教，基督教取代了罗马人信奉了1000多年之久的希腊罗马的多神教，成为国教，全部罗马公民都成了基督教教徒。

第九章

古罗马共和时期的教育

与希腊的荷马时代一样，由于王政时期的罗马缺乏可靠的历史资料作为依据，人们对于这一时期的教育状况也知之甚少，因此我们对古罗马教育和教育思想的考察通常从共和时期开始。罗马共和时期又可以分为早期、中期和晚期三个不同阶段。从公元前509年到公元前367年，是罗马共和国的早期。公元前367年到公元前150年左右，是罗马共和国的中期。公元前150年左右到公元前27年，是罗马共和国的晚期。

第一节　共和早期的家庭教育

在罗马的王政时期，以父权制家族组成的氏族就是最基本的社会单位，家族（家庭）是罗马社会组织中最为关键的一环，这种情况对共和时期罗马人的政治和精神生活产生了重要影响。对罗马共和时期教育形态的深入了解，首先是要了解罗马家族、家庭的作用。罗马人的家庭一般由男主人（家长）、他的妻子和未婚嫁的子女组成。除了特别贫穷的人之外，通常还有若干家奴。这样的家庭结构是大多数公民都具备的，它所起到的作用深入到各个阶层当中，影响到了整个社会，也影响到了共和时期的教育。

一、父权至上的罗马社会

罗马家庭的历史十分悠久，甚至比罗马国家建立得更早。"familia"一词在拉丁语中表示"家庭"，其中有两种基本含义：人和财产。家庭在共和早期罗马人的生活中占据着重要的地位，它既是经济和生产单位，也是教育单位。古代罗马家庭是由若干自由人和非自由人在家长权的支配下组成的一个家庭，家庭形式是一夫一妻制。家长在一个家庭中享受支配一切的权利。恩格斯曾经把罗马的家庭作为一种比较完善的家庭典型进行论证，认为这种家庭具备了两个主要特征："一是把非自由人包括在内，一是父权。"①父权制构成了罗马家庭的基础。

父权的确立源自世系由男性下传，强调的是以特定性别为中心的权力运作形式。古罗马家庭是非常典型的父权家庭。父权家庭的独特之处在于支配其成员和财产的权力，罗马法中的"家父"（pater familas）是一家之主，是家庭中辈分最高的男性。他可以是家庭成员的父亲、也可以是祖父甚至曾祖父，是家庭代际关系如父子、祖孙成立的前提条件。在这样一种家庭中，生育子女的人不一定能成为家长且宣称拥有自己的家庭；而没有生育子女甚至从未结过婚的人可能是家长，只因为他有权力，他具有参与和决定所有家庭事务的绝对权力，是法律所承认的唯一"主人"。

父权制虽然不是罗马人创造的，但罗马的父权把所有人置于前所未有的奴仆和依从关系之中。家父是全家的主宰，他掌握着家庭姓氏，主持家庭祭祀，占有全部家庭财富，是唯一能够支配其家庭成员的人。家父是祭司，他守护着家宅之内的圣火。他主持祭祀祖先的各种仪式，供以饭食、奠以酒水、奉以牺牲，带领全家人祈求祖先降福，保证土地收成、家宅平安、子孙绵延。在他之上，没有更高权力之人了。在家父的绝对统治之下，妻子必须无条件服从丈夫。妻子没有独立的人格，身份与女儿类似。女性被隐藏在男性背后

① 《马克思恩格斯选集》第4卷，54页，北京，人民出版社，1995。

作为男性的附属品。她们没有出嫁的时候要从其父，父亲死了要从兄弟或者其他男性亲属。已经出嫁的女性要从其夫。她们没有独立的财产，其所得全部归于其夫或者夫家所有。她们还要坚守道德，如果发现她们有通奸等违背道德的行为，她们就会被驱逐出家庭。《十二表法》规定："从妻子那夺回钥匙后，令其随带自身物件，将其逐出。"

家父的绝对统治还表现在对子女的支配上。对于新生儿，家父有生杀权。一个家庭有婴儿诞生，首先要举行一个仪式来得到家父的承认。这个仪式是将洗净的婴儿放到家父的脚边，如果家父把他抱起来则表示家父承认了他是自家的孩子，表示同意他作为家庭成员。如果孩子先天有缺陷，家父就会将他抛弃掉，然后祭祀祷告，因为有缺陷的婴儿代表着不祥与灾祸。《十二表法》中规定："婴儿被识别出特别畸形者，得随意杀之。"①对于婴幼儿的自然死亡，一般家庭是不会举行任何哀悼仪式和立碑的，因为过度悲伤也被视为不祥。西塞罗曾经写道："婴儿的死亡不会被正式吊唁，而孩子的父亲几乎不会对这个短命的孩子付出个人情感。"②成为家庭一员的婴儿长大以后，家父就要为他们安排婚姻，子女们必须服从家父的意志。

作为一家之主，家父要管理好家产，这些家产包括土地、家宅、牲畜和奴隶等。当家父在世的时候，他对家产占有绝对的所有权和用益权。妻子、儿女都没有各自的私产，家子不能拥有任何物品，他所取得的任何物品都自动归家父所有，毫无与他人进行钱财来往的权利。最早的法产生于家庭关系之中，家父是唯一的权力所有者，家父的权力至高无上，此种权力曾是一种涉及要式物（钱款以外的财物）和隶属于家父的自由人的统一主权，他的对象是意大利土地及其附属品、隶属于家父的自由人和奴隶，以及处于支配权以

---

① 杨共乐主编：《世界上古资料汇编》，300页，北京，北京师范大学出版社，2010。

② 孟巍：《试论古罗马家庭——从共和晚期到帝国早期》，硕士学位论文，天津师范大学，2016。

下的牲畜。家父权是具有主权特点的古老权力。家长对财产的绝对控制不仅表现在他在世时对各种财产的控制，即便是去世了，其权力仍可以继续。如果他死之前订立了遗嘱，那么家产就会按照遗嘱的内容来继承和分配。《十二表法》中规定："凡在自己临终时对有关自己家产或有关隶属他人的监护权所做的处理，不得违反。"①如果家父没有订立遗嘱就去世了，他所有的孩子以及他的妻子，都可以作为继承人平等分割财产。所以说父权不仅决定着现实，而且还延续到了未来。

古罗马人有两种宗教信仰，一种以灵魂为神，另一种是取自自然界的神。以灵魂为神促成了古罗马人的"家庭宗教"。每个家庭都有其自己的"家庭宗教"，并且只能祭祀与其血缘有关的"神"，也就是他们的祖先。这个祖先一定是男性，因为古罗马人相信只有男子有传宗接代的能力。他们相信每个家庭在世的人与去世的人之间有着不断相助的联系，通过祭祀让祖先享受如在世般的待遇，以期待祖先给予庇佑，让家宅内的圣火生生不息，永远流传下去。婚姻是家族永续的必要手段。结婚时首先是男子要告祭祖先，他将引一异族女人至他的家中，离近他的圣火，他同她一起举行秘密的祭祀。女性嫁人不仅仅意味着她从一个地方搬到另一个地方生活，更意味着她要脱离她的家族，自此与其家父毫无关系。同时她要改信宗教，脱离自幼便供养她的"神"而改信其夫的"神"。因为一个人不能祭祀两家的祖先，这是古罗马的铁律。古郎士说："父及夫的权威，并非最初的原因，反而是个结果，它由宗教而生，因宗教而联系。"②

父权制是整个古罗马时期家庭的一个最主要的特征，贯穿了罗马社会的始终，是罗马社会的一个基本制度。共和时期的家庭教育也受到了父权制的影响，从而在教育内容、教育方法、教育形式各方面都打上了父权制的烙印。

---

① 杨共乐主编：《世界上古资料汇编》，301 页，北京，北京师范大学出版社，2010。
② ［法］古郎士：《希腊罗马古代社会研究》，28 页，北京，中国政法大学出版社，2005。

二、父亲所开展的家庭教育

在罗马出现的最初几个世纪里，并没有受到希腊文化的影响，教育上来说也是如此，共和早期的罗马教育，可以说是一个纯正的罗马教育的时代。这个时候学校形态还没有在罗马出现，教育发展相对比较落后，还处于初级阶段。此时的罗马处于农耕社会，同时又是一个战事频繁的时期，这使得罗马人同时扮演了农民和军人两种角色。这个时期的教育也成为培养农民和军人的教育。这时的教育形式，主要是家庭教育。

共和早期的罗马，社会经济主要是农业、畜牧业，也有了简单的手工业和并不发达的商业。奴隶制度还不十分发达，小农经济在社会经济生活中占主要地位，同时残存着原始社会末期的痕迹。这个时期罗马是以农业生产为基础的，是典型的农业社会，所以早期罗马的教育与英雄时代希腊的教育不一样，农业的内容占了很大的部分。大约在公元前 7 世纪的时候，罗马有了文字。在公元前 4 世纪的时候，罗马社会的某些阶层中，已经有一些人具有了阅读和书写能力。据此推断，这时贵族家庭的儿童已经可以接受一定程度的教育了。在说希腊语的希腊人看来，拉丁语就像是农民的语言，因为这种语言与农业技术有关的词汇特别多。罗马最古老的教育所具备的特质大都可以用"农民性"来解释。教育首先意味着逐渐掌握传统的农业生活方式。孩子们从小在做游戏的时候就开始模仿大人的行为举止和工作。教育的基本任务就是把传统教给年轻人。

家庭作为社会单位在教育方面有着得天独厚的优势，罗马人视家庭为孩子成长和受教育的最自然的环境。在学校产生之前，罗马共和早期的教育活动主要是在家庭中进行的。即使到了帝国时期学校已经很普遍了，昆体良仍然强调，希望父母双方都能够在教育上发挥出最大的作用，而且这样的作用绝不仅仅只是在父亲一方上体现。他甚至呼吁没有受过教育的父母也应该对孩子的教育保持关心，因为他们应该因为自己本身没有受过教育而更努力地帮助后代接受教育。

因为史料的关系，我们对于共和早期罗马家庭教育的了解，更多是来自罗马的贵族家庭。儿童7岁之前的教育由母亲来负责。与希腊不同的是，罗马的家庭主妇们坚持自己来照顾孩子，而不是让奴隶去抚养。那个时候罗马人已经开始认识到了母亲对孩子的重要影响。著名罗马历史学家塔西坨(Tacitus)在《关于雄辩术的对话》中对罗马教育传统进行了如下描述："每个家庭的孩子都是德行良好的母亲的合法子女。婴儿出生以后，不是交到雇来的保姆的下等住所里，而是在母亲的怀抱里受到抚养和照顾，母亲受到崇高赞扬，就在于她料理全部家务，照顾孩子。每个家庭往往还挑选一个品行端正、上了年纪的女亲戚，负责照料孩子。在孩子的面前不许说一句下流话，不许有失礼的行为。学习的时间和认真的工作都按她的指导来安排。不仅如此，甚至孩子的娱乐也要以有节制的谨言慎行和庄严的态度进行。"①

从7岁起就脱离妇女们的监管，孩子的教育转移到父亲手里。父亲的教育主要是针对男孩子的，女孩子则仍旧由母亲进行教育，努力培养女儿成为贤妻良母。当男孩子离开母亲的怀抱时，他所受到的真正的家庭教育也就正式开始了。父亲的教育首先是言传身教，男孩子跟父亲踏入生活的方方面面。父亲的言传身教作为家庭教育的重要形式，在罗马男孩的成长中占据重要作用。

小普林尼指出："在我们祖先那里，教育既是眼睛的事，又是耳朵的事。通过对长者的观察，年轻人学会了他们自己不久要做的事情，而且将其传给子孙后代……每个人都以父亲作为老师，如果没有父亲，他就在那些德高望重、年纪最长的元老中选一位认作父亲。"②

罗马的父亲们总是怀着高度自觉去完成教育的使命，父亲们对儿童进行

---

① [古罗马]昆体良：《昆体良教育论著选》，任钟印选译，234~235页，北京，人民教育出版社，1989。

② [英]威廉·博伊德、埃德蒙·金：《西方教育史》，任宝祥、吴元训主译，63页，北京，人民教育出版社，1986。

的是多方面的教育。首先一个教育内容是军事和农业方面的教育。农业方面，不管严寒酷暑，父亲带领儿子在田间进行实地农事耕作，耕地、栽培庄稼，并在劳动过程中，亲身示范有关农业生产的知识和经验，以及相关技能。除了农业知识以外，父亲还教授孩子们有关军事方面的知识和技能。父亲会带着孩子们大风天里在台伯河里游泳，或者是在外野营。军事教育的内容还包括投掷长矛、骑马、击剑、游泳、披甲作战等，为的不是体育运动或作为"保持健康"的锻炼方式，而是培养他们的战斗力，使其在战场上能像其他罗马军人一样能征善战。男孩子们从小就会被教导要跟随父亲的步伐，他们要为日后成为一个农民、一名士兵、一位城市的官员而做准备。

除了进行军事技能的训练和农业技能学习之外，罗马共和国时期的家庭教育也有一定的文化知识学习。这一部分的教育也是由父亲教导完成的。例如，孩子要跟着学习阅读、书写、几何算术等一些基础知识。而这些知识也是生活中常见和比较需要的知识。另外，如账目计算、土地丈量等，也是生产生活中常常用到的基本知识和实际的技能。《十二表法》出现以后，父亲还会向儿子讲授《十二表法》里面的内容，让孩子背诵。

在贵族家庭中，父辈会在男孩子稍大一点时，带他们参加各种社会活动，到罗马广场或元老院聆听演讲，出席各种会议。目的是让儿童从小模仿那些上层社会人士的言谈举止，了解参加社交活动的各种礼仪，为以后参与社会政治活动打下基础。共和早期罗马的农业活动总是会被频繁的战争打断，这个时候的罗马公民要从农民化身成勇敢的士兵奔赴战场。

共和早期的家庭教育中，对道德教育十分强调。罗马的传统文化，特别是思想意识形态具有浓厚的宗教意识和道德感。他们主张在教育中培养传统的各种美德，这些美德包括坚韧勇敢、勤劳质朴、服从孝忠等。而具备优良的品行和道德，是家庭教育的首要目标。通过家庭教育，培养出对父母尽孝、对国家尽忠，遵纪守法、勤劳质朴的罗马公民。为了培养孩子的德行，父亲的榜样力量至关重要。在日常生活中，学习的方法主要是对父亲的模仿，通过模仿父辈的光辉榜样和历史英雄人物，从而习得各种罗马人的美德。

除了道德教育，在家庭中，还会对儿童进行语言和演说才能的培养。对罗马儿童的语言训练从婴儿时期就已经开始了，在婴儿期，父母就开始注意自己的语言，保证发音的准确和纯净。在罗马共和国时期，公民想要参与政治，最直接有效的方法就是发表言论。一个好的政治家首先应该是一位好的演说家。这都是在儿童时期就开始教授和学习的知识。所以语言的教育也是罗马家庭教育的一项重要内容，除了幼年在家通过父母学习到的这些语言和发音，更多的演说方面的知识与技巧是孩子长大以后跟随父亲参加政治活动所接触到的。

普鲁塔克所著的《希腊罗马名人传》(*The live of the Noble Grecians and Romans*)中对老加图的记述，让我们可以形象地感知到罗马的父亲是如何尽心尽力教育儿子的。首先，我们看到当老加图忙完工作，离开元老院后，便会急忙回到家中。因为他希望当孩子洗完澡要睡觉时，他可以陪伴孩子。而且除非有相当重要的公共事务，他才会暂且放下这个事。除此以外，这样的行为从未间断。老加图还亲自教授孩子读书和写作，即使事实上他已经是罗马公共生活的领导，位高权重，事务缠身，而且在他的家里已经有一个做事熟练的奴仆，可以很容易地执行他的命令为他服务，帮他做这些事情。然而老加图却并不放心把孩子的教育交给别人。他从没因此而在自己孩子的生活和教育上松懈。对于把孩子交给教仆，老加图说，他并不认为如此做是适当的。他曾经如此评论，他的儿子如果做错了事，即使学得很慢，也不能因此而遭到一个奴仆的指责并被揪起了耳朵；或者他因为奴仆在教育过程中的重要性而对奴仆感激。[①] 老加图把自己在孩子家庭教育中所遭遇的困惑写了出来，并

---

① ［古罗马］普鲁塔克：《希腊罗马名人传》上册，陆永庭等译，366 页，北京，商务印书馆，1990。

且用清晰的、相当易于辨认的书信来记录自己的这个想法，让我们看到了父亲对家庭教育的重视，他们更倾向于、更放心于自己亲自参与到孩子的成长中去，并且注意自己的一言一行。老加图试图把儿子塑造成为跟他一样的人，拥有多方面的才华。出于对儿子进行爱国主义和传统美德教育的需要，他还亲手用正体字写了一部罗马史，使儿子不必出门就能了解和熟悉自己的祖先以及他们的传统习俗，并学习罗马民族的传统美德。此外，老加图还非常注重身教，严格要求自己在子女面前如同在神面前一样，绝对不使用有失体统的言辞，并且绝对不和子女一同入浴。显然，老加图所实施和推崇的是罗马的传统教育，他所追求的教育理想是培养罗马的合格公民。他认为，合格公民应具有传统道德品质，通晓讲演、法律、历史、医学、农业、军事等实用知识和技术，体魄健全，行为举止庄重得体。

老加图对他儿子的教育，不但符合传统的罗马价值观，而且确实是比较成功的教育。因为，即使在上流社会，像老加图一样犹如导师一般对他儿子给予如此多关心、关注，同时如此具有积极影响的教育，也不是很常见的。当然，罗马历史学家也认为，在老加图之前的很长一段时间，父亲的影响和后来相比是最重要的。小普林尼也记录过在旧共和国时期，父子一起共度的美好时光。父亲们在第一次军队服务结束后，便会进入元老院，之后，他们会把这些都传授给他们的儿子。告诉他们进入参议院程序的方法，向他们解释一个参议员拥有哪些特权，什么时候他应该讲话以及讲话多长时间比较合适，应该如何区分冲突的提案，如何修正提案等。每个父亲都是他们儿子的导师，或者如果他没有父亲，最老的参议员扮演着这样的角色。这就是罗马传统的典范，言传身教主要是父亲，或者是像父亲一样的长者的职责。

第二节　共和中期古希腊教育对古罗马教育的影响

从公元3世纪起，罗马通过对外征战扩大了版图，并且从被征服的地区掠夺了大量的财富与奴隶，人力和物质资源得到了极大的充实，也促进了手工业、商业贸易的繁荣和对外交往的频繁。共和中期罗马政治、经济的发展对罗马人民的文化素质提出了更高的要求。共和早期培养农民-士兵为目标的家庭教育模式已经不能满足社会发展的需要了。对外交往的频繁，尤其是与希腊世界的接触日益密切，希腊先进的文化开始影响罗马，罗马人认识到文化程度更高的希腊人，其教育上有值得学习的地方，罗马的教育也随之发生了变化。

一、希腊影响罗马的过程

这一时期，罗马对外进行军事征服的同时，也不可避免受到了被征服地区较为先进文化的影响，其中希腊文化影响最为显著。罗马在向东方扩张的过程中，接触到了辉煌灿烂的希腊文明。希腊文化对罗马世界产生了巨大的影响，正如罗马诗人贺拉斯所言的："被俘虏的希腊人征服了强大的征服者并把人文科学引入了粗俗的拉丁平原。"[1]古罗马和希腊城邦之间的经济往来、文化交流究竟开始于什么时候已经无据可考，但希腊教育对罗马的影响可以分为两个阶段：

第一阶段是公元前272年希腊殖民地他林敦（Tarentum）被罗马征服以前。这一时期希腊和罗马的文化交流还不是那么频繁，希腊教育对罗马的影响还是局部的、表面的，并没有对其产生实质性的影响，罗马教育还是依照传统模式按部就班进行。

---

[1]　J.P.V.D.Balsdon, *Roman Civilization*, London, Penguin Books, 1969, p.199.

第二个阶段是他林敦陷落到公元前 146 年雅典被罗马人攻占。这一时期，随着征服范围和规模的扩大，罗马开始与希腊社会频繁密切地接触。西塞罗这样形容这一时期的变化："希腊文化像滚滚的洪流一样泄入罗马。"①希腊文化因素诸如希腊艺术风格、建筑风格、哲学思想、文学作品大量地流入罗马。另一方面，受过良好教育的希腊人也被当作奴隶带到罗马本土。这些有教养的人，开始被用来做罗马家庭的奴仆。

二、教仆的出现

教仆最早出现在古希腊，在希腊社会的古典时期，雇佣或使用教仆在希腊各城邦（斯巴达城邦除外）非常普遍。随着罗马对希腊城邦的征服，大量希腊人开始以各种身份出现在罗马社会，这些人在罗马传播了希腊文化，成为希腊文化传播的扮演者。教仆也逐渐成为古罗马社会中广泛存在的一个社会群体，虽然过去很少受到古典史学家和教育史学者的关注，但他们确实在古罗马贵族家庭的教育中发挥了不可忽视的作用。

拉丁语中的教仆"paedagogus"（或"pedagogi"）源自希腊语中的"paidagogos"，pais（gen. paidos）指"男孩"，"agogos"指"教育者或引路人"，其字面意思是"男孩的教育者或引路人"。这个词在拉丁语中意思十分明确，指一名监督和陪同男孩上学的奴隶或随从。他们是贵族家庭用来监督孩子的奴隶或被释放的奴隶，不同于真正意义上的家庭教师和学校教师。在古希腊，上层家庭使用教仆的现象十分普遍。许多古典时期的文学作品就有不少关于教仆的记载。最早出现在希腊神话中的富尼克斯和喀戎就是阿喀琉斯的教仆；希罗多德作品中的斯奇努斯（Sicinnus）是塞米斯托克里斯（Themistocles）儿子们的教仆；欧里庇得斯和索福克里斯曾经提到阿伽门农的上了年纪的教仆等。

---

① ［英］威廉·博伊德、埃德蒙·金：《西方教育史》，任宝祥、吴元训主译，63 页，北京，人民教育出版社，1986。

随着罗马与希腊世界日益密切的接触，在公元前 3 世纪的时候，古罗马人也了解到了希腊使用教仆的做法。最初，罗马人对教仆是嗤之以鼻的，但是到了公元前 2 世纪，特别是在公元前 168 年马其顿战争结束以后，不少希腊贵族和学者文人以战俘身份被带到罗马，还有一些希腊的自由人为谋求财富和官运也纷纷来到罗马。此后，罗马的贵族家庭开始使用希腊人做教仆，这从当时碑铭中出现的希腊文教仆名字可以看出来。虽然罗马在军事上征服了希腊，但是在文化上希腊比罗马要发达和先进，希腊语在当时地中海世界是"国际性"的语言。随着罗马军事版图的扩大，为了更好地加强统治，希腊语不仅成为希腊罗马交流的语言中介，也成为罗马在地中海世界的商业和外交用语。罗马人多为农民出身，早就对先进的希腊文化羡慕不已。公元前 3 世纪罗马开始与希腊文化有了直接的接触之后，希腊语在罗马贵族阶层中得到广泛传播和欢迎。加之这一时期希腊文化深受罗马人的喜爱，许多人开始学习希腊的修辞学、演说术，等等。总之，罗马人对希腊语的需求日益增长，而作为希腊语和希腊文化载体的希腊教仆阶层也就自然逐渐进入罗马家庭中。最早的例子是塔兰托的希腊人李维乌斯·安德罗尼库斯（Livius Andronicos），这个人在公元前 272 年被带到罗马为奴，后来被主人释放给予了自由，原因是他教育了主人的孩子。① 此后一段时间，罗马社会因为这种原因被释放的奴隶越来越多。

三、教仆的作用

罗马时期，教仆主要由有知识的希腊奴隶担任。儿童六七岁时，开始置于教仆的监管之下。罗马皇帝朱里安七岁时，就被交到教仆马多尼奥斯的手中。但是也有一些教仆在孩子六七岁以前已经进入孩子们的生活之中。如马

---

① ［法］亨利-伊雷内·马鲁：《古典教育史》（罗马卷），王晓侠、龚觅、孟玉秋译，35 页，上海，华东师范大学出版社，2017。

尔西亚在著作中这样记载了自己的孩提时代："你用摇床来摇我，卡里姆乌斯，你是我少年时代的监管者和忠实的伙伴。"①

教仆的职责主要是护送儿童上学，辅导功课，解答问题，监督其言行举止培养其美德。在孩子们不听话的时候，他们还可以进行适当的惩罚。

护卫小主人在公共场合和上学途中的安全是教仆职责的重要组成部分。在上学的途中，教仆也会对孩子的行为进行监督并给予纠正。他们一般要求孩子们低着头走路，目不旁视。除了在上学的路上对孩子的行为进行监管之外，他们在任何场合都可以更正孩子的言谈举止。罗马皇帝克劳迪乌斯的教仆主要职责就是在每一个场合纠正他的不当的行为和语言。塞涅卡在给朋友卢齐里乌斯的信件中写道，教仆在日常生活中负责教育男孩子的行为方式，他对孩子说："应该这样走路、吃饭。这种行为适合男人，而那种行为只适合女人；这种行为适合结婚的男人，而那种行为适合单身汉。"②此外，教仆负责监管的行为还包括：遇到长者应该站在旁边给他们让路，当他们走近时应站起来把座位留给他们；在长辈面前保持沉默；孝顺父母，剪短头发，注意着装和鞋袜的样式以及言行举止等诸如此类的事情。

对于有一定文化素养的教仆来说，孩子的父母不仅让其接送孩子上学，而且要求他帮助孩子在家复习功课。学校布置的作业很多，孩子们天性爱好玩耍，需要教仆督促他们完成。对于异地求学的青少年来说，教仆不仅是学生与家长之间联系的桥梁，而且作为家长的代理人对学生行使着很大的权力。这是父母家庭权力的延伸和扩展。教仆经常要向家长汇报学生在外生活学习的情况，监督他的学习进度，指导其言行得体，寻找合适的学校和教师以及保管钱财等，他们因责任重大常常会得到学生家长的器重。

罗马是一个父权制的社会，父亲不仅是在家庭中掌权的家长，而且越是

① Martial, *Epigram*, Cambridge, MA, Harvard University Press, 1993, P.25.

② Seneca, *Epistle*, Cambridge, MA, Harvard University Press, 1925, P.47.

贵族，越要花费大量的时间在社会政治活动中。这样一来，他们陪伴和教育自己孩子的时间并不多。而一些教仆扮演了类似父亲的角色。学生有幸遇到这样良善而有能力的教仆，双方之间也往往发展出深厚的亲情。但教仆作为奴隶群体，本身的奴隶身份与其主人的地位有法律上的区别，并不总是享有权利和尊严，更不一定能得到尊重和信任。但是他们作为罗马上层社会开展教育工作的教育者，在罗马教育发展及文化传播中占有一定的地位，也赢得了一些古典作家特别是罗马时期的作家的认可和肯定。古典作家李巴尼乌斯对教仆的作用给予了充分的肯定，他认为，如果没有教仆，儿童不可能成为一个品学兼优的人和一个好学生。教仆在陪伴孩子的时间里，与他们建立的深厚的感情，有时甚至能够代替在外的或者死去的父亲。李巴尼乌斯曾把教仆比喻为一堵护卫墙和一所监狱，比达那厄的秘密房间还要坚固，可以对孩子起到很好的保护作用。教仆的确对贵族阶层孩子的教育成长起到了不可替代的重要作用：大到对孩子人身安全的保护、道德培养的监督、文化知识的传授，小到对孩子衣食住行的日常照顾，都有他们忙碌的身影。教仆作为希腊文化的主要传播者，以自身的文化知识和道德价值观深深地影响着罗马的孩子。一些教仆因尽心尽责获得自由以后，一般有两条出路：一是继续从事教仆职业，凭借丰富的经验与扎实的学识，寻找一个更稳定而有权势的家庭以谋求更好的机遇；二是做教师，不少教仆在获得自由后开办私立学校，主要教给那些请不起家庭教师的平民孩子读写算的初级知识。这些身为奴隶或被释奴的教仆，不仅对贵族儿童的教育和成长起着非常重要的作用，而且对于罗马平民甚至是奴隶儿童的初级教育也做出了一定的贡献，在某种意义上说，他们成了罗马文化知识的下移与普及的中介。

第三节　共和晚期的学校教育体系

公元前 146 年，罗马人征服希腊本土后，希腊大批教师，其中包括修辞学家和哲学家来到罗马，开办学校作为谋生之道。从此，罗马逐步形成以希腊学校为模式并带有罗马名族本身特点的学校系统。罗马这段时期的教师最主要来源就是来自希腊的被释放的奴隶。他们掌握希腊语和希腊的语法，在学校里教授孩子们希腊语，并按照希腊学校教授方法和教授模式给罗马孩子上课。这种希腊教育方式被吸收到罗马初等学校里，给孩子们讲授语法、文学、算数等知识，为进一步的修辞学学习奠定基础。在共和时期的学校里，这些被释放的奴隶在罗马的初等学校里既教授拉丁文，又教授希腊语，使得希腊语和拉丁语的学习并行不悖。

一、学校教育的出现

关于罗马的学校究竟起源于何时，因为史料较为零散，学界并没有一个统一的认识。一般来说有两种观点：一种观点来自李维和狄奥尼修斯（Dionysios）。他们在作品中提到，公元前 5 世纪中期罗马就出现了初级学校。另一种是来自普鲁塔克的观点，在他的文集《罗马问题》中提出，罗马第一所小学是在公元前 234 年出现的、由斯布里乌斯·卡尔维里乌斯（Spurius Carvilius）最早开办的收费的初级学校。① 普鲁塔克的说法学界认为可信度更高一些，罗马初级学校出现的时间大致在公元前 3 世纪末至公元前 2 世纪初期。

普鲁塔克认为，最早的教师教授学生只是出于对亲戚朋友的帮助，或者是为了获得荣誉，而不是为了赚钱。但是，当公元前 3 世纪晚期，收费的学

---

① M. Joyal, I. McDougall & J. Yardley, *Greek and Roman Education：A Sourcebook*, London and N. Y., Routledge, 2009, pp.152-154.

校出现以后，很快就推广开来了。这个时期出现的罗马初级学校都是私人开办的。现有史料证明，在共和时代中期，罗马已经形成了一个三级学校教育体系的雏形，即初级学校、文法学校和修辞学校。

二、学校教育体系的形成

1. 初级学校

罗马的初级学校出现在公元前 3 世纪后期。初级学校的教师被称为 iudi-magister。初级学校的学生一般是 7—12 岁的儿童。古代罗马初级教育的内容一般包括阅读(reading)、书写(writing)、计算(reckoning)三门课程。初级学校的主要课程是学习拉丁文的读写和算术课程。字母学习是最基础的内容。学生必须先熟记并且能够默写字母，然后才开始学习音节和单词。对于学习进度不同的学生，拉丁文有不同的称呼，即学字母的学生 abecedarii、学音节的学生 syllabrii 和学生词的学生 nominarii。① 基础算术是初级学校主要的教学内容。对这个阶段的学生来说，最难学的就是十二进位制。这一技能他们必须要好好学习，以后在生活中会大有用处。这个时期的罗马人已经学会使用算盘，在初级学校里，教师已经使用算盘来教授算术。记忆的训练是这个阶段的教育中最为重要的内容，教师会要求学生背诵一些传说、格言、诗句，特别是《十二表法》，它是这个阶段学生必须背诵的内容。

罗马的初等学校与希腊初等学校不同的地方在于，它并不包括音乐教育和体育教育。这是罗马人务实精神的体现。罗马人认为，一个孩子在他的人生最初阶段所受到的教育是至关重要的，而在这个阶段孩子被培养成什么样子，取决于对他的培养方式。初级教育的内容涉及生活的各个方面。在培养孩子阅读、书写和简单的计算能力的同时，也包含了对孩子的道德培养。

---

① ［法]让-皮埃尔·内罗杜：《古罗马的儿童》，张鸿、向征译，282 页，桂林，广西师范大学出版社，2005。

罗马学校最初都是私人开设的,还没有获得政府的扶持和资助。到初级学校来学习的孩子也主要是平民子弟,贵族子弟大都是在家内聘请家庭教师来进行教育。初级学校的教师大多数是奴隶或者被释放的奴隶。办学是他们赖以谋生的手段,他们的学校一般都很简陋。在没有社会力量帮助的情况下,这些学校的教师只能依据自己的能力,自己招生,自己解决教学场所的问题,有些收入低的教师因为担负不起房屋的租金,只好到露天的场所上课。在考古发掘中我们可以看到,有不少学校在街道或者市场上上课的遗迹。特丽萨·摩根形象地说:"公元前 3 世纪初到罗马帝国后期,在罗马的大多数城镇和乡村,随时都会在公共讲坛、十字路口、体育馆或者是私人的家中看到一个或不止一个教师的身影。"①对许多罗马平民来说,简单的读写算基本上可以满足日常社会生活的需要。而对于家境富裕的人来说,初级学校的学习可以为他们进入文法学校进一步学习奠定基础。这个时候罗马的初级学校还没有形成规范的教学制度,教师的教学活动和学生的来去都有很大的随意性。

2. 文法学校

古罗马学校教育体系的第二个阶段是文法学校,相当于中等教育。并不是所有罗马儿童都能够接受这一层次的教育,只有富有的贵族家庭的儿童才有这种特权,他们在学完初级学校的课程以后,12 岁左右就可以进入文法学校学习。罗马的文法学校出现于公元前 3 世纪末期。② 文法学校的教师被称为grammaticus。最初的文法学校大都是由希腊人创办的。公元前 2 世纪中期,有许多受过教育的希腊人进入罗马。这些人来到罗马的希腊人首先选择做家庭教师,在积累了一定的经验以后,就自己开办学校。罗马的第一位文法学校教师是李维乌斯·安德罗尼库斯,他是罗马第一位家庭教师,也是第一位文

---

① Teresa Morgan, *Literate Education in the Hellenistic and Rome World*, Cambridge, Cambridge University Press, 1989, p.3.

② [法]让-皮埃尔·内罗杜:《古罗马的儿童》,张鸿、向征译,271 页,桂林,广西师范大学出版社,2005。

法教师。

在进入文法学校之前，学生们已经在初级学校里接受过一些文法上的训练了。在那个时候，初级学校的高年级的课程与文法学校低年级的课程并没有严格的区分，有很多是重复的内容。昆体良认为，拉丁文词尾的变化和连词的应用应该是初级学校的教学内容。文法学校的课程内容是希腊文文法、拉丁文文法以及希腊文学和拉丁文学。"教师要教会学生按照限定的风格练习写作和演说，教会他们分析诗歌，对于不懂希腊文的学生，还要教授希腊文。"①西塞罗在谈到文法学校的教学内容时说："文法学包括诗歌阐释、历史知识、词语解释和朗读。"也就是说，文法和文学的课程分成两个部分：一部分是学习演说的艺术，另一部分是学习诗歌的分析，但这两部分又是密切联系在一起的。此外，还有音乐、天文、哲学和自然等课程。这些课程是演说术教育的基础。"如果你不学习音乐就不可能学好文法，因为文法课程中要涉及（诗歌的）音步和韵律。如果你对天文学一无所知，你就不可能完全理解诗人、诗歌，因为诗人（在作品中）常常用星辰的出现和陨落来暗示时间。这个阶段的教育也不能忽视对哲学的钻研，这不仅是因为许多诗歌需要我们从自然中去理解它的细节，还因为许多希腊和罗马的诗人用诗歌写出了哲理。在古代，自然科学是包含在哲学当中的，要学习哲学就要了解自然科学。而学习自然科学和哲学的目的都是更好地学习修辞学。如果没有文法学校教育为其打下坚实的基础，要想成为演说家无异于沙中聚塔。"②

早期文法学校的教室比较简陋，教师们穿着长袍，教室里装饰着维吉尔、贺拉斯等伟大作家的半身像，墙上还挂着地图。有资质的文法学校教师的待遇要比初级学校教师的待遇好一点。根据《戴克里先法令》（301 年），文法学

---

① Jo-Ann Shelton, *As the Romans Did*, *A Sourcebook in Roman Social History*, Oxford, Oxford University Press, 1988, p.107.

② *Ibid.*, p.117.

校教师的薪水是初等学校教师的四倍，但这并非特别高的薪水。有名的教师收入颇丰，能够过上富裕的生活，但是绝大部分文法学校的教师收入仍然微薄，仅能够勉强为生。家长往往对教师也缺乏必要的尊重，因为罗马这些教师们大都出身奴隶阶层，教师在当时不过是一种贫贱的职业，一个只有弃儿、破产的浪荡子或者游手好闲的人才肯从事的职业。①

从教学方法来看，拉丁文法教学与希腊文法教学并没有太大的区别，都是对规范语言的理论研究和对古典诗歌的释读。拉丁文法的教学传统受到希腊文法教学影响很大，早期拉丁学者教授的主要内容与希腊文教学一样，都是对构成语言的各种因素如字母、音节、词、词类等的抽象分析。名词的教学是根据它的 6 种词态变化(功能、比较级、性、数、修辞格、格)来进行的。拉丁语里面并没有专门的冠词形式，但是拉丁文法学家们还是坚持要讲冠词。虽然后期拉丁文法的教学有了跟希腊人不同的地方，但是文法的教学并不是以语言的实际应用为主要目标，而是侧重于对经典作家作品的学习。在很长一段时间里，李维乌斯·安德罗尼库斯、恩尼乌斯等诗人和学者的作品都占据着文法学校的主要地位。后来一些成功诗人的作品都被引入到学校当中去。维吉尔、泰伦提乌斯、贺拉斯等，这些诗人的作品都进入了学校的教材。再后来是西塞罗的作品成为文法学校中最重要的学习内容。根据文法学家阿鲁斯亚鲁斯·梅西乌斯(Arusianus Messius)所编写的教材，我们可以看出，拉丁文法学校的教学大纲最终归结为"四驾马车"，牵引它的前行的四位经典作家是维吉尔、泰伦提乌斯、撒路斯提乌斯和西塞罗。②

据苏维托尼乌斯(Suetonius)说，罗马城里曾同时开办了 20 多所文法学校，文法学校不仅在罗马流行，而且传播到了罗马的行省。③

---

① [法]亨利-伊雷内·马鲁：《古典教育史》(罗马卷)，王晓侠、龚觅、孟玉秋译，103 页，上海，华东师范大学出版社，2017。

② 同上书，109 页。

③ 王焕生：《古罗马文艺批评史纲》，84 页，南京，译林出版社，1998。

3. 修辞学校

古罗马学校教育体系的第三个阶段是修辞学校。修辞学校的培养目标是演说家和律师。这两个职业是许多罗马贵族青年的人生理想和追求。共和时期的社会环境为演说家和律师提供了发展的舞台，所以修辞学校在共和时代后期非常受欢迎。

修辞学校的教师被称为"修辞教师"（rhetor），有时也被称为"演说家"（orator）。与初级学校和文法学校的教师相比，修辞学校教师的地位要明显高一些，待遇也更加优厚一些。2世纪初期，尤维纳利斯为一个学生一年所付的费用为2000塞斯特斯，是一个普通文法教师薪酬的4倍。① 与文法学校的教师相比，修辞学校的教师们更容易获得财产和荣誉。在帝国晚期的时候，他们甚至有希望获得政坛的高位，尤金尼乌斯（Eugene）甚至登上了皇帝的宝座。不过，把他们引领到高位的并不是修辞学校的教学本身，而是他们在文学、管理、政治方面的才能。

与初级学校和文法学校简陋的教室相比起来，修辞学校的教师虽然也在广场廊柱附近讲学，但国家会给他们安排漂亮的、如小剧场一般的演讲室，比较著名的修辞学校有图拉真广场学校、罗马的奥古斯都广场讲堂、君士坦丁堡的卡皮托利（Capitole）北门庭讲堂等。其建筑和装饰风格都是拉丁建筑师从希腊体育学校里承担相似功能的会议室借用而来的。

贵族家的男孩子到16岁以后就可以进入这种学校，接受3—4年的修辞学和演说术教育。为以后步入政坛，成为政治家或者律师做准备。修辞学校是在罗马征服希腊以后，仿照雅典的模式建立起来的。纯粹意义上的拉丁修辞并不存在，这门艺术的创造、体系化和完善，都是由希腊人完成的。公元前1世纪的拉丁修辞学家们以及后来的西塞罗的工作，都是在借鉴希腊修辞

---

① ［法］亨利-伊雷内·马鲁：《古典教育史》（罗马卷），王晓侠、龚觅、孟玉秋译，122页，上海，华东师范大学出版社，2017。

学家的教学方法，无论是教学的理论还是教学的实践，都同希腊修辞学保持着密切的接触。

训练学生掌握演说的艺术，是拉丁修辞学校的教师与希腊同行们一致的目标。从智者派开始，希腊学校便逐渐建立了一套传统的技艺和复杂的规则、程序和习惯体系，这种教育完全是形式化的，其目的就是让学生掌握并习惯于运用这套规则。修辞学校的课程主要是修辞学和演说术，但是，优秀的演说家必须具备广博的知识，拥有广泛的文化根基。因此，教师还会要求学生学习其他方面的课程，例如法律、哲学、军事、文学、历史、地理、天文、数学等。不过这些课程修辞学校的教师并不能都教授，学生们需要自己到学校之外学习。

修辞学校教师的任务是"使他的学生能够在未来的法庭和公共集会上进行熟练的辩护和演说，在这方面的训练包括词组、句子和段落的写作练习。学生应该学会选择使用正确的词汇，学会怎样运用修辞风格，怎样在最好的样式和韵律中安排词汇。当学生能够轻松地组成优美的句子后，教师会给他们提出一些题目，让他们写成长短不一、各种风格的演说词"①。

修辞学校的学习方法逐渐演变为一套系统的程序："(1)对作者言行的赞誉；(2)释义，以一种扩大的方式提出并介绍格言的基本思想；(3)主题，说明这种思想的基本真情；(4)反面观点及其后果的检查；(5)比较；(6)范例，通常以某些伟人为例；(7)从古代作者们对这种思想的认定中找出证据，以确定这种思想；(8)结论：以劝勉的形式来做结论。"②这一套程序最初来自希腊哲学家的训练方法，但罗马修辞学教师将其进一步完善。

修辞学校在共和时期的发展依赖于当时适宜的社会环境。共和时期罗马

---

① Jo-Ann Shelton, *As the Romans Did：A Sourcebook in Roman Social History*, Oxford, Oxford University Press, 1988, p.119.

② ［英］威廉·博伊德、埃蒙德·金：《西方教育史》，任宝祥、吴元训主译，68 页，北京，人民教育出版社，1985。

城邦有一定的民主氛围，公民可以参与城邦事务的讨论，这时的修辞学校教育主要是培养能够在公共场合阐述自己的思想和主张，在法庭上为当事人伸张权利，热心参与国家政治的讨论与制定的出色政治家和律师，它成为罗马政治家和社会精英的摇篮。

罗马共和时期的修辞教育与个人的成功息息相关。罗马人在全面继承希腊修辞学遗产的同时表现出了极大的主体性和独立精神，罗马修辞学的发展也后来居上超越了希腊。跟希腊修辞学比起来，罗马修辞学更为注重理论的系统性，更加强调应用修辞学与理论修辞学的分野，同时也更致力于修辞理论与修辞教育的融合。罗马修辞学家在将自己的研究从实用层次提升到哲理层次的同时，将关注的中心从技巧和形式转移到修辞学的社会规范，对修辞学教育进行了深入而独特的探讨，产生了西塞罗和昆体良这样伟大的修辞学家，也写作了对后世影响巨大的修辞学教育专著。

从初级学校到文法学校再到修辞学校的三级学校教育体制在罗马共和时期奠定了基本的形态，但这三级学校之间的界限还并不是那么明晰，各级学校之间的教学内容存在交叉与重复。有人认为"Littterator 这个概念似乎是既指初级学校教师，又指文法学校的教师。这是因为他们的分工并不是十分清楚的……直到公元 2 世纪时，Littterator－grammaticus－rhetor 的顺序才固定下来"①。到了帝国时期这三级学校体系才最终完善起来。

---

① William V. Harris, *Ancient Literacy*, Cambridge, MA, Harvard University Press, 1989, p.173.

第十章

古罗马帝国时期的教育

公元前 2 世纪下半叶到前 1 世纪末期，罗马社会经历了巨变，经过了一系列的内战以后，恺撒终于以终身独裁官的头衔以及大祭司的身份独揽大权。恺撒被刺后，其继子屋大维·奥古斯都开始称"元首"，建立了披着共和外衣的君主制。奥古斯都建立的罗马帝国，一直存续到公元 476 年。从文化教育上来看，这五百年的帝国一般可以划分为两个阶段：第一个阶段从公元 14 年到 192 年，包括奥古斯都统治的 41 年，朱里亚·克劳狄王朝、弗拉维王朝和安敦尼王朝，是帝国文化的繁荣时期；第二个阶段是从公元 193 年到 476 年，是罗马帝国陷入危机与衰亡的时期，是罗马文化的衰落期，也昭示了整个古典文化的没落。

第一节 古罗马帝国时期的教育政策

帝国建立的最初两百年，罗马经济繁荣、政局稳定，是罗马帝国的"黄金时代"。这种稳定的社会环境对教育的发展十分有利。此外，罗马帝国在这一时期继续其扩张政策，帝国的版图不断扩大。在帝国全盛时期，其版图"东起两河流域，西及不列颠的大部分地区，南包括埃及、北非，北抵莱茵河和位于多瑙河以北的达西亚。"①为了维持这一个庞大的帝国，与之相适应的管理体系必不可少，教育体系的建立也是其中的一个重要内容。

一、教育发展的有利条件

罗马帝国初期，经历了两个世纪相对和平稳定的政治环境，罗马帝国的交通运输、城市建设、商业贸易、文学艺术等诸多方面获得了显著的发展。罗马的人口也稳定增长，据估计，奥古斯都时代帝国的总人口数为 4500 万，2 世纪中期，这个数字增加到了 6400 万。虽然很难判断有多少人居住在城市，多少人居住在乡村，但是罗马帝国城市化程度是非常高的。在帝国的行政方面，城市起着核心作用。罗马帝国分为大小级别各异的行省。行省总督由罗马派出，由元老院等级或骑士等级的罗马公民担当。但行省内的城市实行自治的原则，地方的行政管理由地方元老院及行政长官负责。

罗马通过领土扩张，成为一个环地中海的多民族、多宗教、多语言、多文化大帝国。维系如此庞大的统治与帝国机构的运转，罗马需拥有相当数量的军队和官僚机构，而学校教育承担了培养各级各类官吏的重要任务，帝国的统治者不但越来越重视罗马本土的教育，而且也将罗马的教育推广到了各个行省。帝国政府在各个行省奖励教育，兴办学校。罗马帝国加强了对教育的管理和干预，通过教育，罗马皇帝成功推行了罗马化的政策，使得罗马帝国的学校遍布整个地中海各个角落，为具体的学校教育政策的实施创造了良好的社会环境。

从经济上来看，罗马帝国的建立结束了自共和时期以来的对外征服与战争，各行省的经济得到迅速恢复与发展，城市化运动在各行省有序地展开，尤其是在西部行省，行省城市的人口增加，工业发展，为帝国的经济发展创

---

① 李雅书、杨共乐：《古代罗马史》，310 页，北京，北京师范大学出版社，1994。

造了巨大的消费市场，人们对生活品质的需求也在一定程度上促进了罗马对外贸易的发展。帝国早期商业繁荣，工业发达，如金属冶金业、陶器制造业、纺织业等都很发达。工业与制造业的发达使得罗马商品远销海外。而罗马帝国便利的交通体系的建立，适应了军事和商业的需要，为帝国统治和行业活动提供了便利的条件。经济的繁荣也为帝国教育事业的开展奠定了坚实的物质基础。

二、"罗马化"的教育政策

共和时期，罗马的学校大部分都是私人开设的，国家对教育事业并不关心，共和时期的罗马并没有制定过真正的教育政策。西塞罗曾经说："我们的人民从未希望有任何的教育公民孩子的教育体制，也从未有法律明文规定，或者官方建设，或其他很多方面的统一。"[1]共和时期的罗马，没有像古希腊那样由国家兴办教育以保证公民受教育权的做法。帝国建立以后，统治者们开始注意到有必要对帝国的教育进行控制和管理，使教育为帝国统治服务。

伴随着罗马的军事征服和帝国的建立，罗马文明逐渐传播到整个意大利半岛及行省和边境地区。罗马式的建筑、拉丁语、罗马法，以及罗马人的生活方式、价值观念等传播到帝国各个角落，这个过程通常被称为"罗马化"。这既是罗马人统治多民族国家的民族政策，也是一种全面推广先进文化的教育政策。罗马统治阶级的统治政策促进了"罗马化"发展的进程。克劳狄、韦斯帕芗等皇帝在位期间，为了扩大统治基础，通过各种途径，不断扩大公民权授予范围，鼓励城市化的发展，推广罗马文明的生活方式。同时，罗马统治阶级还大力推行帝王崇拜，通过教育来促进行省臣民对罗马帝国心理上的认同和思想观念上的罗马化。作为各行省的最高行政长官，总督们意识到了教育在"罗马化"进程中的重要作用，不遗余力推广教育事业。"总督确实在两

---

① James Bowen, *A History of Western Education*, vol.1, London, Methuen, 1972, p.183.

方面起了积极的教化作用，一个是通过建立城市公社……另一个是通过鼓励最优秀的行省人接受教育。"①阿古利可拉在担任不列颠总督期间"对于修盖庙宇、公共场所和住宅都予以私人的鼓励和公家的协助……他使酋长的儿子们都接受通达的教育"②。罗马的这种政策成效显著，阿乌斯提德（Aelius Auistides）这样描述罗马化后的历史画面："全世界看起来像在度假，它已经把金戈铁衣弃于一旁，以至于它自由地向生活的美好和欢乐全部奉献自身。城市已经忘记了它们原来的竞争对手，或者说由竞争使它们产生活力的相同精神已经丧失了，首先想到的是美丽和魅力。到处都可以看到体操馆、喷泉、庙宇、工厂和学校。"③

三、教师特权授予

帝国初期，统治者们逐渐意识到了教师的重要性，教师在罗马的地位得到了提高。在恺撒统治时期，罗马公民权得以扩大，在罗马的所有医生和文科教师都享有公民权。奥古斯都在罗马建立元首政治以后，极为欣赏罗马民族传统的社会美德，深深认识到社会舆论与民众心理因素的影响，重视知识分子和教师在社会道德改革中的作用。奥古斯都在罗马建立公共图书馆，创设了宫廷学校，为他的儿子、孙子请了家庭教师，将学校搬进了宫廷之中。他十分珍视帝国内的教师，在罗马面临饥荒威胁的时候，他驱逐了很多外邦人以及奴隶，唯独保留了医生和教师。④

① Greg Woof, *Becoming Roman*：*The Origins of Provincial Civiliazation in Gaul*, Cambridge, Cambridge University Press, 1998, p.71.

② ［古罗马］塔西佗：《阿古利可拉传 日耳曼尼亚志》马雍、傅正元译，28 页，北京，商务印书馆，1959。

③ H.I. Marrou, *A history of Education in Antiquity*, Madison, The University of Wisconsin Press, 1982, p.292.

④ ［古罗马］苏维托尼乌斯：《罗马十二帝王传》，张竹明等译，73 页，北京，商务印书馆，1995。

奥古斯都之后，罗马的统治者们开始采取促进教育发展的不同举措，对各个层次的学校进行积极的干预，实行赞助政策。罗马并没有专职的官员负责对教育机构进行监管和督查，但是罗马国家对教师团体给予了税务上的优待，并且在一定程度上承担了教师的薪酬，这两项政策都是从韦斯帕芗皇帝时期开始执行的。虽然恺撒和奥古斯都时期为了吸引希腊的教师，都制定过一些教师税收政策，但这些政策只针对外国人，并不是真正意义上的免税政策。

公元74年，皇帝韦斯帕芗（Vespasian，9—79）发布了一条敕令，称"只要从事对公民有益的工作，被认为于公、于私，于城市、于众神、于智慧大有贡献的，那就是文法学家和修辞学家所做的工作。他们在赫尔墨斯和缪斯的庇护下训练年轻人的头脑以文雅和公民美德……因此这些人被看作神圣的和众神般的，我命令不允许把他们的房屋当军用宿舍，也不允许以任何方式向他们收取赋税。"[1]公元93年，皇帝图密善（Domitian，81—96年在位）的敕令明确规定，医生和教授，以免收市政税作为条件，必须被限制过高收取自由公民的费用（医治和上学），而且如有奴隶接受教育，不能收取任何费用。[2]后续的罗马皇帝进一步将教师们所获得特权扩大化，包括免除居民对军队提供住宿的义务，免除监督粮油发放的义务，免除司法陪审、大使和服务军役的义务等。同时，被免除义务和获免人员的范围大大增加了，除了普通教师以外，还包括照顾幼儿的保育员、体操场的管理员、市场监督员、祭司等人员。这些政策在塞维鲁、戈尔狄安一世、戴克里先、君士坦丁、瓦伦提尼安一世、狄奥多西二世时期都得到了延续和改进，最终在《查士丁尼法典》中被确立下来。其中，公元333年，君士坦丁皇帝颁布敕令，对医生、文法家及其他文科教授连同他们的妻子儿女都豁免了一切赋税及公民义务，免去法庭传讯、律师起诉和审判。并且命令必须支付他们的薪俸或酬金，使他们能够

---

[1] James Bowen, *A History of Western Education*, vol.1, London, Methuen, 1972, p.198.

[2] *Ibid.*.

更好地从事各门学科和各门艺术的工作。① 卡拉卡拉（Caracalla）时期，甚至部分豁免权也授予了学生们。

能够获得特权的教师，一般来说是中等教育和高等教育的教师，而不包括初等教育的教师。为了避免这些特权被滥用，皇帝们也小心翼翼地限制能够享受特权的人数。因此小学教师、技术教师、罗马以外的法律教师都被排除在外。根据历史资料来看，只有一个专门豁免权是针对初等教育的教师的，哈德良时期的一块铭文上有一条法令条文，针对的是葡萄牙南部的维帕斯卡（Vipasca）从事铜矿业的人们制定的，规定由矿主强加于小学教师的任何税收和义务全部都免除。② 由此可见，当时初等学校的教师地位是相对较低的。

四、国家教师职位的设立

除了授予教师一系列特权之外，罗马皇帝还开始设立国家教师职位，这是罗马帝国尊重教师、提高教师社会和经济地位的重要举措。韦斯帕芗皇帝第一个设立了拉丁语和希腊语修辞教师的正式职位，从皇家税收里拨出 10 万塞斯特斯作为年薪支付给他们。③ 尽管这一规定只限于罗马，也仅仅是设立了希腊语修辞教师和拉丁语修辞教师两个职位而已，但这种做法是历史的创举，是国家支付教师工资的开始。第一个获得此项殊荣的是昆体良，他在拉丁修辞教师职位上任职长达 20 年之久。

韦斯帕芗的政策被马可·奥勒留（Maecus Aurelius，161—180）所效仿。他在雅典设立了一个修辞学教席和四个哲学教席，由帝国支付他们薪水。其中

① ［美］E.P. 克伯雷选编：《外国教育史料》，华中师范大学教育系等译，44 页，上海，华中师范大学出版社，1991。

② H.I. Marrou, *A history of Education in Antiquity*, Madison, The University of Wisconsin Press, 1982, p.303.

③ ［法］亨利-伊雷内·马鲁：《古典教育史》（罗马卷），王晓侠、龚觅、孟玉秋译，160 页，上海，华东师范大学出版社，2017。

哲学教席又分别授予四个大的哲学流派，即柏拉图学派、亚里士多德学派、伊壁鸠鲁学派和斯多葛学派。每年哲学家们可以领取 6 万塞斯特斯，修辞学家们则可以领取 4 万塞斯特斯。罗马的待遇比雅典还要高，以至于费拉格洛斯（Philagros）舍弃了雅典这个职位去罗马任教。①

安敦尼王朝的皇帝们和亚历山大·塞维鲁（Alexander Severus，193—211）在各行省大力推行这种政策。安敦尼命令，在各行省授权市议会在首府必须保持 10 名医生、5 位修辞学家和 5 位文法家，在设有法庭的大城市，必须保持 7 名医生、4 位修辞学家和 4 位文法学家。同时，他把支付教师的薪水和授予特权的责任交给了各行省的政府。对于承担不起这笔费用的城市，由中央国库来资助，但必须保留某些控制权。② 安敦尼的这些做法，既赋予了各行省开办教育的自主权，激发了行省办教育的积极性和热情，也给予了中央一定的宏观调控的权力，因此安敦尼被认为是"帝国教育制度的真正奠基人"③。

皇帝们也热衷于将崇高的荣誉授予教师们，一些宫廷贵族教师甚至还被授予位高权重的职位。弗拉维安王朝的图密善在历史上第一次将执政官的称号授予修辞学家昆体良，作为对他培养其侄子和养子的特别奖励。④ 2 世纪的弗龙托（Fronton）和赫罗狄斯·阿提库斯也被提升为执政官。4 世纪，为君士坦丁一世的儿子或两位侄子担任家庭教师的两个图卢兹的修辞学家也曾经获得了执政官的头衔。⑤ 修辞学家利班尼乌斯（Libanius）被皇帝朱利安（Julian，331—362）任命为最高法官的助手，后来他又被狄奥多西一世任命为罗马行政

---

① ［法］亨利-伊雷内·马鲁：《古典教育史》（罗马卷），王晓侠、龚觅、孟玉秋译，161 页，上海，华东师范大学出版社，2017。

② 同上书，79 页。

③ 同上书，79 页。

④ 同上书，170 页。

⑤ 同上书，170 页。

区的执政官。① 最有名的是奥索尼厄斯(Aosuonius)，他被皇帝瓦伦提安从波尔多召到特里尔，在此期间因教导年轻的皇储格拉提安而获得了最高的荣誉，不仅被冠以执政官头衔加高卢大法官的职位，还为他的父亲、儿子和女婿争取到了诸多荣耀，以至于在公元378—380年，整个西方都一度处在这位修辞学家家族的治理之下。② 雅典哲学家圣乌库斯(Synmachus)因为在罗马开办学校颇为出名，狄奥多西皇帝就把他召到了君士坦丁堡，并且把王子委托给他来培养教育。后来，狄奥多西授予他自由进入元老院参政议事的殊荣，甚至授予他君士坦丁堡执政官的职位。③ 由此可见，教师在罗马帝国时期备受尊重，不但被皇帝们免除了各种公民应该负担的义务，甚至还因此获得了极高的政治地位。

第二节　古罗马帝国时期的学校类型

一、"青年学院"

奥古斯都仿效希腊的青年学校，在罗马建立了"青年俱乐部"或者称为"青年学院"(collegia iuuenum)。目的是掌控元老院阶层和骑士贵族出身的青年，培养他们的军事趣味，在罗马的战神广场对他们进行体能的训练，尤其是马术的训练。每年，青年们都要在雄伟的竞技场参加场面宏大的骑术大检阅。这种青年组织早在罗马统一意大利之前就已经存在了，奥古斯都使得这一机

---

①　A.H.M. Jones, *The Later Rome Empire 284-602: A Social Economic and Administrative Survey*, Basil Blackwell, The Johns Hopkins University Press, 1986, p.999.

②　[法]亨利-伊雷内·马鲁：《古典教育史》(罗马卷)，王晓侠、龚觅、孟玉秋译，170页，上海，华东师范大学出版社，2017。

③　A.H.M. Jones, *The Later Rome Empire 284-602: A Social Economic and Administrative Survey*, Basil Blackwell, The Johns Hopkins University Press, 1986, p.997.

构进一步发扬光大。到了帝国时期，从拉丁姆（Latium）地区开始，然后在坎帕尼亚、翁布里亚（Ombrie）、伊特鲁里亚、皮克努姆（Picenum），再往北抵达阿尔卑斯山南麓，再经由位于今日法国南部的纳尔波高卢（Gaule Narbonnaise）直至西班牙，罗马各地都建立了类似的青年机构。青年学院的成员都是显贵家庭的子弟，实行内部的自治。在青年学院，年轻人既学习军事技能，也学习上流社会的交往方式和优雅运动。这是罗马帝国时期的一种学校形态。

二、公立学校

罗马帝国时期，每个城市都开始建立由市政资助、管理和监督的公立学校。皇帝们也鼓励市政府开办学校并确定教师的待遇。普林尼曾经说过，在他那个时代，"很多城市都设置了公立学校"。这种现象在讲拉丁语的西部和讲希腊语的东部都普遍存在。雅典早在安敦尼时期就创建了市立修辞学教席，首位受聘的教师是以弗所的罗利亚努斯（Lollianos）。[①] 到公元 4 世纪，公立学校已经在罗马帝国各个地方很常见了，拉丁语称其为"公共学校"（schola publica）或者"市立学校"（municipalis）。这些学校实行的是"公共薪资"（salario publico）制度，由市政预算定期支持。[②] 公立学校的教师由市议会任命，市议会也有撤销教师职务的权力。从马可·奥勒留时代起，教师任命还引入了竞争机制，类似现代的考核制度。公元 362 年叛教者尤利安（Julien l'Apostat）确立了竞争的最终形式，规定候选人需要把证明自己才能的材料递交给一个由显贵人士组成的裁判团，经一致同意以后方能脱颖而出。所有教师的任命都必须先由市议会审核通过，并且由皇帝批准以后才能够生效。这意味着皇帝有权对整个帝国的教育进行监察。这一规定甚至被纳入了《狄奥多西法典》，

---

① ［法］亨利-伊雷内·马鲁：《古典教育史》（罗马卷），王晓侠、龚觅、孟玉秋译，164 页，上海，华东师范大学出版社，2017。

② 同上书，165 页。

直到查士丁尼时期有了对教师资格的御批制度才被废除。罗马皇帝经常插手市政教育方面的事情，提醒城市履行职责。公元 376 年，格拉提安大概在奥索尼厄斯的影响之下颁布了一项法令，规定每个大城市都要选择最好的修辞学和文法教师来保证青年人的教育。遴选优秀教师的权力虽然在市政手里，但是皇帝对教师的薪酬做了限定：市政财政预算给修辞学家 24 个阿诺那（annones），给拉丁语或希腊语文法教师 12 个阿诺那，在皇帝所在的特里尔城，两类教师的薪酬分别可以达到 30 个和 20 个阿诺那。[①]

三、私立学校

帝国时期的罗马并非所有的学校都是公立性质的。在国家开办公立学校的同时，私立学校也得到了法律的认可。即使是在罗马、雅典和君士坦丁堡等大城市中，私立学校也很常见。甚至官方任命的教师为了赚钱开办私学的现象也屡见不鲜。由于私立学校的收入来自学生所交的学费，在很大程度上处于不稳定的状态，因此他们对学生的争夺也非常激烈，采用各种手段招收学生。在 4 世纪的雅典，甚至有一位教师的弟子把新来的学生们囚禁在室内，强迫他们注册自己的学校。有一位船长半夜把一整船的亚洲学生送到了他的一个修辞学教师朋友家里。[②] 有时候，因为学校之间对学生的争夺激烈，地方当局不得不进行干涉和调解，如波鲁尔斯（Brawls）在激烈的竞争中经常请求来自科林斯（Corinth）地方总督进行干涉。不过，他们更理智的方法是以自己的学问和教学来吸引学生。

捐资助学也是帝国时期罗马人重视教育的一种表现，这也是罗马人对希腊人公益精神的效仿。罗马皇帝除了制定各种公共政策以外，还会以私人捐

---

① ［法］亨利-伊雷内·马鲁：《古典教育史》（罗马卷），王晓侠、龚觅、孟玉秋译，168~169 页，上海，华东师范大学出版社，2017。

② 同上书，166 页。

赠者的身份支持教育，皇帝作为国家的第一公民，有责任为每个公民做出慷慨仁慈的榜样。皇帝韦斯帕芗率先设立了第一个教育基金，为教师发放薪水。皇帝哈德良曾经多次为教授席位捐赠大笔款项，并给予雅典伊壁鸠鲁学派以物质和法律上的帮助，他曾授予年老体弱的教师养老金。皇帝图密善也下令修建了一座图书馆，由于遭到大火烧毁，后来皇帝又出资重新修建整理，到处搜罗被烧毁的著作的抄本，甚至派抄写员到亚历山大去抄写并纠错。直到帝国后期，很多皇帝仍然在捐资助学。亚历山大·塞维鲁为贫困学生捐资设立了奖学金，并且建造了教室。皇帝康斯坦提乌斯一世（Constantius Chlorous）资助重建了阿乌图恩的学校。罗马帝国许多达官贵人也纷纷效仿皇帝的做法，经常会捐资办学，如图拉真的侄女玛蒂达（Matida）在意大利、西班牙和非洲都进行了不少私人捐赠。

四、君士坦丁堡大学

公元 338 年，罗马帝国分裂为西罗马和东罗马两个帝国。从公元 4 世纪开始，罗马文化教育的中心转移到了东罗马帝国，东罗马帝国的首都君士坦丁堡成为东西方文化交流的中心。公元 425 年 2 月 27 日，东罗马帝国皇帝狄奥多西二世在君士坦丁堡组建了一所"高等学府"（Pandidakterion），被历史学家马鲁称为"国家大学"[①]。这所大学设立了多个学科的教席，包括 10 个希腊文法教授，10 个拉丁文法教授，5 个希腊修辞学教授，3 个拉丁修辞学教授，还有 1 个哲学教授和 2 个法学教授。这所大学成为东罗马帝国精英荟萃的场所。与古代西方其他哲学或者修辞学校不同的是，君士坦丁堡大学首次在单一学术机构同时传授多种高级学科。公元 7 世纪，由于东罗马帝国皇帝的大力支持，许多学者从埃及的亚历山大里亚来到君士坦丁堡大学执教。君士坦

---

① ［法］亨利-伊雷内·马鲁：《古典教育史》（罗马卷），王晓侠、龚觅、孟玉秋译，169 页，上海，华东师范大学出版社，2017。

丁堡大学为西方古典文化的保存与延续、东西方文化的交流做出了重要的贡献。

第三节　古罗马帝国时期的专业教育

罗马时期，法学从古典伦理学和政治学中分离出来，形成了独立的学科。罗马人学习了希腊人的思维模式，从罗马的历史和实际出发，根据自己国家的需要，在突破城邦政治，成为共和国和扩张为帝国的征程中，创造了自己独立的具有民族特色的政治和法律制度。

一、法律教育的兴起和发展

古罗马城邦建立在法律的基础之上，一切权力都以法律的权威为依据。权力服从法律的支配是城邦管理中最首要的要求。到了帝国时期，虽然皇帝的个人权力与法律有一定的冲突，但是法治的精神在整个法律体系中还是得到了贯彻。帝国处于繁荣稳定的社会背景下，私权观念不断深入人心，这一方面使得罗马法律的体系与内容迅速扩充，法学作为一种专业知识被逐渐抽象化、逻辑化和体系化。另一方面，司法实践的过程中形式主义不断强化、民事诉讼程序持续更新，这无论是对裁判官还是对诉讼当事人来说都提出了相当高的法律专业要求。这种需求既为帝国时期法学家阶层的兴起创造了社会环境，也为法律知识的传承和发展奠定了社会基础，从而进一步促进了法律教育的兴盛。

（一）《十二表法》是儿童教育的基础

罗马的法律教育，是伴随着罗马法律的形成而产生和逐步完备起来的。公元前449年，《十二表法》在罗马人的不懈努力下颁布，从此剥夺了贵族、僧侣、法官对法的独断解释权。这部法律涉及土地占有、债务、家庭、继承和诉讼等方面的规范。当时的罗马人把它视为国家的"基本大法",因此罗马市民人尽皆知,并且在日常生活中让孩子们背诵,把对法律条文的学习列为与修辞学、雄辩术和希腊文同等重要的课程。《十二表法》成为儿童读写的教学基础,要求每个孩子都知道这些法律条文,并且能够解释其意义。可以说在罗马出现学校教育之前,社会和家庭就已经开始重视对儿童进行法律常识的教育了。不过当时还没有专门从事法学研究和教学工作的阶层出现。

(二)私塾法律教育

公元前 254 年,平民出身的梯拜利尤斯·科伦卡纽斯(Tiberius Coruncanius)充任神官长(Pantifex Maximus)的职务,他经常应一般平民的要求公开解释法律条文,承担有关法律咨询业务,有时候还从事法律案件的审理或者出庭为诉讼者进行辩护,但他不收取报酬。科伦卡纽斯还带了几个学生,当他应诉讼人的要求陈述法律见解时,经常让学生旁听。学生如果产生了疑问的话,他就当面解答或者允许学生参与辩论,让学生在司法实践中增长法律知识和庭辩的技巧。①

公元 1—3 世纪的罗马,法学家作为一个职业阶层兴起了。这一时期罗马法学家阶层的形成和法律学术的出现是罗马对欧洲法律文化做出的最大贡献。有一定影响力的法学家们都会招收学生,传授法律知识和技能,这是类似于"私塾"性质的法律教育。年轻人在"私塾"中学习法律,随同法学家们参加法律实务并且讨论在实际中遇到的法律问题,以此获得法律的实践知识。这种法律教育的形式很受学生欢迎,从罗马共和国后期到帝国初期普遍存在。

(三)私人法律学校

随着国家对法律人才需求的增长,"私塾"式的法律教育形式为正规的法律学校所取代。据说正规法律学校的创始人是萨宾(M. Sabinus)。据说萨宾开

---

① 张学仁:《古代罗马的法学教育》,载《法学评论》,1984(1)。

办学校是为了征收学生的学费，赖以维持生计。也有人认为萨宾的办学目的是建立和扩大自己学派的影响力。后来萨宾的论敌普罗库斯（Proculus）也开办了一所法律学校，以示抗衡。法律学校出现以后，法律教育的内容和形式都取得了进步。原来学生们就是跟着法学家在法律实践工作中学习一些零散的知识，法学家则回答一些学生们遇到的个别问题。现在法律学校的教师能够把学生们经常遇到的问题整理起来，系统讲授。法学家们开始编写教材，法律教育开始使用同一的教科书，采用独特的话语体系，传授法律时所需要的辩护技巧和法律知识，法学教育开始走向专业化。据说，当时已经出现了研究法律学精义的"法学概论"（instites）和市民法、行政法的"各论"（insture）的讲义。法律学生的学习方式不再是旁听，而是通过老师的系统教授来学习法律知识。而且这样的法律学校也有了固定的教学场所。诗人尤文纳里斯（Iuvenalis）在其《讽刺诗》中写道："（年轻人）带着装学习材料的篮子，到集议场观摩开庭审判；然后到阿波罗神庙学习理论法学。阿波罗神庙为奥古斯都所修，建在帕拉丁山上，伴有图书馆，其中收藏有大量的法律书籍以及著名的拉丁作家的作品。为了利用这些资源，人们把法律学校设在这样的地方。"①可以看出，阿波罗神庙就是当时法律学校的地点之一，而且这些私立的法律学校得到了国家的支持，允许他们利用神庙作为自己的教学场所。这些法律学校仍然是私人开设的，学生们需要缴纳学费，但是具体数额并不清楚。有学者认为，正是因为法律教学活动有了更加明确的形式并且具有学术性，才形成了真正的法学学派。② 在公元1世纪到2世纪期间，出现了两个非常著名的法学流派即萨宾学派和普罗库斯学派。他们分别使用不同的学习教材、在不同的地点进行教学，同时在政治立场、法学观念和方法上存在对立或者差

---

① 徐国栋：《古罗马的法学教育及其案例法》，载《江汉论坛》，2016(1)。
② 黄美玲：《论作为法律传统差异性要素的法学家阶层——基于公元前1世纪至公元3世纪古罗马与中国的比较》，载《法学》，2018(11)。

异，并经由他们培养出来的学生使得这种差异和对立具有连续性。这一时期不同流派的法学家们通过招生办学来扩大本学派的影响力，也以学校为阵地进行法学论辩。除了这两个主要派别开办的法律学校以外，在帝国其他大城市还陆续创办了一些法律学校，这些法律学校属于"私立"的性质，一直存续到罗马皇帝戴克里先（Diocleianus，284—305 年在位）时代。

（四）公立法律学校

公元 3 世纪左右，罗马帝国的政治统治基本巩固下来，法律秩序也相对稳定，罗马的法律事业出现繁荣景象。在罗马法学界有 5 大法学家为最高权威。他们是盖尤斯（Gainus）、保罗（Paulus）、乌尔比安（Ulpianus）、伯比尼安（Papinionus）和毛特斯丁（Moderstinus）。盖尤斯的名著《法学阶梯》是罗马法中"私法"的简明教程。乌尔比安对罗马法令和早期萨宾学派的著作进行了大规模的注释。这些法学家的活动和著述大大丰富了罗马法教育的内容。

这个时期原来的私立法律学校仍然继续存在，并且受到了国家的保护。同时，公立法律学校也出现了。公元 3 世纪初期，罗马皇帝戴克里先曾经发布特许令，承认罗马和贝鲁特（Beryt）两所法律学校为国立学校。戴克里先的"限制物价令"中可以看到这样的记载：国立学校的法学教师每月工资为 250 德纳里①；律师或法学家提出一件诉讼的酬金为 250 德纳里；进行审讯的费用为 1000 德纳里。同其他职业的人收入比较来看，法律教师和律师、法官的社会地位还是相当高的。戴克里先将私立的法律学校改革为公立性质以后，到了公元 5 世纪初，除了罗马、贝鲁特两所公立法律学校之外，雅典、凯撒利亚、亚历山大利亚和君士坦丁堡四所法律学校也移交国家管理，其中君士坦丁堡法律学校从公元 425 年起，还接受国家财政的援助。由于国立学校的建立，私立法律学校日渐衰落，但是并没有完全消失。所以从公元 3 世纪初到 5 世纪初期，私立、国立法律学校是并存的。

---

① 罗马帝国时期的钱币单位。以小麦为例，一斗小麦的价格为 100 德纳里。

到了公元 5 世纪中期，罗马皇帝狄奥多西二世和瓦伦提尼安三世时期，先后颁布了"引证法"（lex citationis）规定，只限于前面提到的五大法学家的著述和注释具有法律效力；当各家观点不同时，取决于多数，数同则以伯比尼安的意见为准。"引证法"把五大法学家的著述钦定为"官方法学"，排斥其他法学派别的思想，把对法律的解释权控制在皇帝的手里。与此同时，罗马皇帝向各个行省的监察总督发布训令，禁止任何人借用教授名义招收学生，在私立学堂内开讲。违反禁令的人要受到处罚。从这个训令以后，国家就严禁私人办学，把法律教育完全置于了国家的管理和控制之下。

对于国立法律学校的学制和课程设置，罗马也进行了统一而严格的规定。最初，无论是私立还是国立的法律学校，都是教师本人选择教学内容、教材和教学方法。后来，罗马皇帝对君士坦丁堡和贝鲁特两所法律学校下了一个敕令，敕令对学校学习的内容和科目做了规定。当时，法律学科修业期限规定为 4 年。第一学年，给学生讲授盖尤斯的《法学阶梯》中关于嫁资、监护、遗嘱、遗产四卷的内容；第二学年，给学生讲授布拉东（Praeton）的"裁判官告示"，同时以讲授乌尔比安的"告示释义"中最先几章作为辅助教材；第三学年，给学生讲授乌尔比安的"告示释义"中的其余章节，以及伯比尼安的"解答集"；第四学年，给学生讲授保罗的"解答"等。① 对于国立法律学校教师的聘用方式，据说君士坦丁堡和贝鲁特两所法律学校的教师是由元老院任命的，而雅典和亚历山大利亚等法律学校的教师是由地方行省总督任命的，但必须获得罗马皇帝的认可。

（五）查士丁尼的改革

西罗马帝国倾覆以后，东方拜占庭帝国继续继承罗马法律的遗产。公元528 年，查士丁尼任命了一个十人法典编纂委员会编集和整理罗马法。先后编集出了《查士丁尼法典》、《查士丁尼法学总论》（又称《法学阶梯》）、《查士丁

---

① 张学仁：《古代罗马的法学教育》，载《法学评论》，1984（1）。

尼学说汇编》(又称《学说汇纂》)三部法典,这三部法典与后来编出的《查士丁尼新律》合称为《罗马法大全》或称《民法大全》,在世界法律史上具有重要地位。

与此同时,查士丁尼对罗马的法学教育也进行了一些改革。首先是在公元 529 年关闭了雅典的法律学校,后来在 552 年又关闭了凯撒利亚和亚力山大利亚的两所法律学校。国立的法律学校只剩下了罗马、贝鲁特、君士坦丁堡三所。其次,查士丁尼下令延长国立法律学校的修业期限为 5 年。学生入学年龄为 20—25 岁,特别是罗马法律学校不收 20 岁以下的外国籍学生。还颁布了法定的教学计划和教科书,以查士丁尼主持编纂的几部法典为官方教材。经过 5 年的法律学习以后,要进行国家正式考试,考试不合格的,不能任用为司法官。查士丁尼根据东罗马帝国统治的需要,为培养合格的法律人才,以编纂罗马法典为基本建设的起点,对法律学校的学制、科目、教学、考试等各方面进行了改革,为中世纪法律知识的复兴与中世纪大学法律学科的形成,奠定了重要的基础。

二、医学教育的兴起和发展

与法律一样,在古罗马医学也受到希腊的影响,成了一个专门的学科,医学知识传承与发展的需要促进了医学教育的兴起。罗马的医学教育不仅满足了社会发展对医学知识的强烈需求,也促进了后世学术的发展。

(一)希腊医学传入罗马

早期的罗马医学几乎是以巫术为基础的。罗马共和国之前,医学带有较为浓厚的宗教色彩,罗马人认为疾病是神对人的惩罚,病人只有向众神求助才能治愈疾病。几乎每一种病都由一个专门的神来负责,卡纳、塞拉斯、马尔斯、美腓提斯、鲁西娜等这些都是罗马人信奉的保护健康的神灵。之后对阿斯克勒皮俄斯（Epidaurus）的崇拜随着疫病的流行也从希腊传入罗马。① 公元前5世纪希腊著名的医生希波克拉底出现以后，一种科学化的医学形式在希腊逐渐得以确立，医学开始与自然哲学相结合，开始摒弃巫术。随着罗马与希腊世界接触日益频繁，希腊的先进文化涌入罗马，希腊的医学也开始传入罗马。罗马在公元前293年曾经遭受鼠疫的袭击，在神灵主宰医学的时代，膜拜罗马诸神无法解决问题，罗马人只好把一线希望交托给希腊的神灵，他们派遣了一个使节团前往希腊的阿斯克勒皮俄斯神庙，一条蛇出现在了神庙里并且游上了罗马的船。这被看作希腊神想要帮助罗马人摆脱灾难的预兆。果然，鼠疫的流行就这样结束了。② 从此，希腊的医生们也开始进入罗马。

早在公元前219年，伯罗奔尼撒人吕桑尼阿斯（Lysanias）之子阿尔卡加萨斯（Archagathus）到罗马居住，得到了市民权和公民权，并设立了一个公众诊所。他刚开始到罗马时曾经受到欢迎，但因为治疗的失误名声变坏了，被人称为屠夫。③ 罗马人最初对希腊医生普遍持有怀疑的态度。罗马保守派的代表人物老加图指责希腊医生是罗马最坏的敌人，指控他们毒害和谋杀他们的病人。他在一封给儿子的信中，这样说道："希腊是粗鲁和邪恶的种族。相信我告诉你的话：希腊人每次带给我们的一些新知识都将使罗马腐化，但更坏的是他们打发医生来，他们曾发誓要用药杀死野蛮人，而他们就称罗马人为野蛮人。记住，我不许医生到你那里去。"④因此，在很长时间里，罗马传统禁止罗马贵族行医。行医被认为是一种只有奴隶、自由人或者外国人才去干的职业。

不过，罗马的当权者很快就发现，拒绝希腊优秀的医生就是和自己过不

---

① 杨亚端、甄橙：《古罗马的医学权威——盖伦》，载《中国卫生人才》，2014(7)。

② [美]洛伊斯·N. 玛格纳：《医学史(第二版)》，刘学礼译，95页，上海，上海人民出版社，2017。

③ [意]卡斯蒂廖尼：《医学史》上册，程之范译，153页，桂林，广西师范大学出版社，2003。

④ 同上。

去。希腊的医生越来越多到罗马行医。阿斯克来皮亚得（Asclepiades）在公元前 91 年来到罗马，成了罗马官方接受的第一位希腊医生。① 他的卫生饮食治疗方法受到了富有而尊贵的罗马人的肯定，被人们称为"医生之王"。公元前 46 年，恺撒赐给所有在罗马行医的医生以罗马公民的权利，使医生的尊严大为提高。当罗马人从他们的希腊老师那里学会了自由批评和怀疑的习惯，了解到希腊医生求师入学的时候要求很高，尤其是要求在老师面前进行宣誓时，希腊医生的地位在罗马人心目中就越来越高了。

医生逐渐在罗马开始成为一种重要的职业，随之也出现了不同的医学派别。罗马社会的医生并没有明确的教育制度或者行业规定，派别林立，良莠不齐。同一种疾病往往有不同的处置方法。源自希腊医学的三种流派争执不休，经验派反对过多的推测，强调经验的积累，注重对各种病例的总结；教条派强调理论知识在医学中的必要性，依靠逻辑推理，由外向内运用一些基本的医学原则进行分析；方法派出现较晚，将身体功能简单化，注重治病的技术，治疗方法较为局限。② 各个派别都需要将自己的医学知识传承下去，到公元 1 世纪的时候，罗马的医学教育开始出现。希波克拉底时代的希腊，尽管有许多学校，但是唯独医学基本上是师徒传授的。或者是父亲传给儿子，或者是自幼入师门学习，与师长情同父子。罗马共和早期，医学教育的主要形式也与希腊一样也是民间的师徒传授。直到公元 3 世纪，罗马出现了真正的医学教育机构，盖伦恰好是在这个时期出现的，而盖伦的出现，吸纳了当时各个医学派别的知识，将罗马的医学理论体系化、理论化。

（二）盖伦所受的教育

盖伦是罗马帝国时期一位伟大的医生和哲学家，是古代医学的集大成者，

---

① 宋文波：《希腊医学对古罗马的影响》，载《医学与哲学》，1991(7)。

② 仝瑾：《盖伦医学思想中的自然观念探析——以〈论自然的能力〉为例》，硕士学位论文，陕西师范大学，2017。

影响了西方医学 1500 年之久。盖伦出生于小亚细亚的帕加马(Pergamum),这是一座典型的希腊化城市。父亲是一位建筑师兼数学家。在父亲的指导下,盖伦从小就系统学习了哲学、逻辑学、几何、修辞等知识,广泛涉猎了柏拉图学派、亚里士多德学派、伊壁鸠鲁学派和斯多葛学派的理论,打下了坚实的理论基础。① 盖伦 17 岁的时候,开始系统学习医学,进入当地神圣的阿斯克勒庇俄斯学校(The Local Shrine Asclepius)学习,这所学校在整个罗马上层世界都享有盛誉,盖伦在这个学校里受到了良好的医学教育。他的老师有唯理派的萨图罗斯(Satyrus)和斯特拉托尼库斯(Stratonicus),气息派(Pneumatists)的埃费西安努斯(Aephicianus),以及经验派的埃斯科瑞欧(Aeschrio)。盖伦在这些老师的精心指导下,展示了异于常人的医学天赋,迅速成为当地有名的医生。

盖伦受到了全面系统的教育,有着良好的哲学逻辑能力。众多的老师使得盖伦从开始便建立了完备的医学知识系统,这为他今后的医学事业打下了坚实的基础。全面完备的知识系统也使得盖伦从医之初便跳出了方法派和经验主义派的窠臼,更多集中在对人本身的探索。盖伦一生著述颇丰,他的著作涉及外科学、生理学、医学实践和治疗、预后学、药物学、病理学、心理学、精神病学、保健学、对前辈思想的评论、对医学流派的阐述、逻辑学、哲学。正是盖伦接受的多方面的教育为他日后思想的形成奠定了全面的基础。他有着良好的哲学知识教育、医学实践储备,又掌握了雅典的修辞学能力,这使得盖伦在可以施药救人的同时,又能写出逻辑清晰的文章,而且以出色的当众演讲令众人折服。

盖伦在公元 162 年第一次来到罗马。他一方面写书反驳人们对放血疗法的偏见,一方面进行公众演讲,宣扬自己的医学思想和医学治疗方法。很快

---

① 全瑾:《盖伦医学思想中的自然观念探析——以〈论自然的能力〉为例》,硕士学位论文,陕西师范大学,2017。

盖伦就名扬整个罗马，他的治疗方法也在罗马受到推崇。盖伦凭借医学和哲学修养进入了罗马皇帝马可·奥勒留的宫廷。但同时盖伦也受到了同行们的嫉妒和排挤。公元166年，盖伦返回家乡。公元169年，马可·奥勒留又把盖伦召了回来，并且担任皇子康茂德(Commodus)的私人医生，此后一直留在罗马。

希腊的智者们曾经将修辞术用于政治，来参与和影响社会生活，这个传统在罗马得到了延续。智者用修辞术来影响政治，医生也将修辞术应用于医学。盖伦时代所兴起的"智者运动"与当时大众的医学热情相伴随，盖伦能够在"智者运动"中取得成功，除了他早期受到的良好的医学哲学教育之外，还受到了良好的修辞学教育，并且在修辞学方面也有很高的造诣。从古希腊到罗马，人们将修辞学和医学都看作一种技艺，两者存在很多相同的地方，最大的不同在于，修辞学与灵魂相关，而医学是关于人身体的研究。柏拉图经常将医学与修辞学进行比较，这是因为两者都必须考量某物的本性，医学考察身体的本性，修辞学考察灵魂的本性。无论是对灵魂的考察还是对身体的考察，都必须拥有对作为整体的世界本性的认识。盖伦的医学活动与修辞学密切关联在一起。盖伦一方面使用修辞术在公共场合进行演讲，对其动物解剖实验进行解说和宣讲，另一方面他还使用修辞术来说服病人接受正确的治疗。

遗憾的是，尽管盖伦是一位伟大的医生，具有出色的辩论、演讲和论证才能，但没有史料记载他收过学生和徒弟。他死后的数个世纪中，他的医学著作逐渐失传了，但他著作的摘要、注释和译本却成为后来的医学课程和中世纪前以及中世纪医学教育的重要组成部分。

(三)医学教育的出现

从罗马的传统来看，罗马家庭中的家长负责管理整个家庭的医疗事务、奴隶以及动物。可是真正的医学实践被看作一种卑下的事情，仅仅适合于奴隶与妇女。罗马最初的医学都是由希腊人来进行的，行医被认为是不高尚的职业，罗马的自由民都不愿意去当医生。在罗马，如果有人想做医生，只需要自称是医生就够了。一直到公元 200 年，罗马帝国依然没有医生登记法，没有国家的监督，而且没有教育资格的审核。鞋匠、理发师、木匠这些人可以随心所欲地把医生的工作加到他们自己身上。在这样的情况下，自然是庸医横行，假药泛滥。据史料记载，当时著名的江湖医生帖撒利（Thessalos de Tralles）原来是一名纺织工人的儿子。他进入罗马后，宣称自己只要 6 个月的时间，就可以把一个人教育培养成医生。他称希波克拉底是个"可怜的不学无术之人"。在他的墓志铭上，自称为："所有医生的征服者。"普林尼说："他吸引了无数下流社会的学生。"不过，帖撒利也并非一无是处，他特别强调临床教学。在他治病时，身边总是有一批学生进行观摩。他吸引了大量社会底层不识字的人，这些人不想花钱接受学制漫长学费很贵的医学教育。社会上的医生们在行医之余把医学知识教授给其他人在当时是一项普遍的职业活动，盖伦就曾经揭露那些"用极短的时间教授手艺并且以此为职业的人，他们聚集众多弟子，让这些弟子们在他们所居住的城市里为自己敛取财物"。①

在罗马共和时期，医学教育都是私人传授的，是一种"师傅–学徒"的模式，国家对此并不过问。公元前 46 年，恺撒赐给所有的医生以罗马公民的权利，使得医生的社会地位大幅度提高。外来的冒险者、投机者和假的医生越来越多，这些人纯粹是为了赚钱而来，医学知识并不丰富。这时候人们开始感觉到正规医学教育的需要。盖伦曾经在作品中提到，医生应当学习关于生活的一切必要的知识，估计想要达到这个目标最少需要 11 年的时间。在意大利以外的地方，出现了一些医学教学的中心，这些教学中心因其声望在一些城市里吸引了有钱而愿意勤奋学习的青年人。除了雅典和亚历山大里亚以外，

① ［法］雅克·安德烈：《古罗马的医生》，杨洁、吴树农译，27 页，桂林，广西师范大学出版社，2006。

还有马赛、里昂、萨拉戈拉(Sarragossa)、安条克(Antioch)这些地方都存在过医学校。亚历山大里亚的医学校名声卓著，直到公元4世纪，一个医生若想证明自己的医术高超，只需要说自己曾经是那里的学生就行了。在很长的时间里，那些真正有志于学习医学知识的学生，只能去东方城市里追随有名望的老师，参加他们的教学活动。罗马当局对于医学教育是缺乏兴趣的。

公元2世纪，据记载罗马的和平神庙里开始有了医学教学活动的证据。古罗马第一个正式的医学教育机构是公元3世纪罗马皇帝亚历山大·塞维鲁(Alexander Severus)建立的专门的医学校，这个医学校提供解剖课程、外科课程、药物课程，甚至还有临床教学，学校的教材是希波克拉底和盖伦的作品。从亚历山大·塞维鲁在公元222年至225年期间颁布的法令我们可以看到，国家予以发放薪水并提供教学场地的教师，其中就包括了医生。从古罗马诗人马夏尔(Martial)的对一名医生西马卡斯(Symmacus)的讽刺诗中我们可以窥见当时临床教学的场景，马夏尔在诗中抱怨他曾经不得不领受100名随同老师西马卡斯去看病的学生的拜访，他说他忍受了100只凉手的触摸，他说："本来我还挺好的，你们来过后，我倒发烧了。"①塞维鲁也是第一个给医学教育特权的皇帝，他规定凡是在罗马教授医学的人，即使不是生在罗马，也可以得到公民的权利，"正如他们在自己的国家里教书一样"②。

到了帝国后期，医学教育逐渐开始受到政府的重视，公共医学教育开始出现。医学教育从作坊式的"师傅-学徒"模式，开始进入学校的"教师-学生"模式。在皇帝哈德良所开办的学校中，医生已经占有一席之地了。瓦伦提尼安一世在公元370年3月12日颁布了一项法令，这个法令涉及包括医科学生在内的所有罗马大学生，规定了他们的义务。③ 瓦伦提尼安在改革"罗马体育

① [意]卡斯蒂廖尼:《医学史》上册，程之范译，187页，桂林，广西师范大学出版社，2003。
② 同上。
③ [法]雅克·安德烈:《古罗马的医生》，杨洁、吴树农译，29~30页，桂林，广西师范大学出版社，2006。

馆"(Roman Gymnasium)时，规定必须管理学生，如果学生缺课，应当受到惩罚，甚至开除。朱利安(Julian)规定凡是要行医的人，必须有学院证明，并且必须经最高级的医生证明才能得到行医许可证。古罗马的医学学习逐渐系统化。行医不再是任何有一点治疗经验的人就可以进行的职业了，必须要有行医资格才能够开业。从上面这些学校毕业的人，可以得到"国家医生"(medicus a republica)的头衔。

帝国时期开设的每个医学校都有医务专职秘书(scriba medicorum)，学校的教授也享有御医的头衔。可以说，罗马帝国时期的医学校广泛存在，接近于近代学校组织的形式和特点了。甚至对不高级的从业者，如接生婆(obstetricae)、药士(pharmacopoli)、医佐(iatrolipti)都进行了严格的管理。当一名御医长的位置空缺的时候，选举补缺只有经过学院其他医生的考试和决定以后才能举行。① 医生职业在罗马帝国后期已经达到了高度专业化的程度，分科医生越来越多，军事医学也得到了显著发展，甚至出现了世界上最早的慈善性质的公共医院，这是公元4世纪一位老妇人在罗马为普通公民设置创建的。

罗马人日渐认识到医学教育的巨大价值，认识到了系统性医学教育的重要性，正是帝国时期罗马医学教育机构的存在，使得医学的科学性和规范性才得以建立起来，并为中世纪医学作为一门大学学科的出现奠定了基础。

① [意]卡斯蒂廖尼：《医学史》上册，程之范译，189~190页，桂林，广西师范大学出版社，2003。

第十一章

古罗马教育家的教育思想

古罗马文化、教育是在古希腊的深刻影响下发展起来的。在教育思想上，古罗马继承了古希腊的历史遗产，在吸收与融合古希腊教育思想的同时，形成了适应自身需要的、富有特色的教育理念、教育目标和教育方法，对西方后世教育思想的发展产生了重要影响。

第一节　古罗马教育思想的阶段特征

教育现实的变迁促进了教育思想的发展。古罗马教育思想发展也呈现出阶段性的特征，其发展进程有两个主要的阶段。

第一个阶段是从公元前 3 世纪后期到公元前 1 世纪中叶，代表人物有老加图、瓦罗、维吉尔、卢克莱修等人。在这一阶段，古罗马人对教育现象的认识尚处于直观的、描述的和片段的水平上。

古罗马人中较早开始关注教育问题的人是老加图。昆体良认为，老加图是第一个尝试写作教育著作的古罗马人。① 他对自己儿子的教育集中反映了古罗马教育在接受古希腊教育巨大影响之前的状况和当时古罗马人的教育价值观。据普鲁塔克记载："他本人不但成为孩子的启蒙老师，还是他法律课的家庭教师和体育教练。他不仅教儿子掷铁饼，披甲戴盔去骑马，还教他打拳，经受寒暑锻炼，在台伯河追波逐浪尽情泳渡。他告诉我们，他的《罗马史》是他亲手用正体字写成的，这样，他的儿子不必出门就能熟悉本国古代的传统。他声称在他儿子面前，他就像守护维斯太女神圣火的贞女一样，非常谨慎地提防着说出下流话来。"② 从这些描述来看，老加图及其时代的教育基本上还是传统的古罗马教育，它强调爱国主义、公民责任、道德品质和军事技能等方面的教育，并且采取实际活动的教育方法。老加图的教育安排是非常具体和详细的，但他的教育安排基本上是古罗马教育传统和惯例的延续和具体化，其中虽然包含了对教育问题的见解，但仍停留在对教育现象的直接把握上。

老加图之后，作家瓦罗在其著作中也涉及了教育的内容。他写作的《训练九篇》在很长时间内一直是古罗马文法学校的重要教材，并且影响了以后许多古罗马作家的创作，引起人们对教育学内容的普遍关注。从《训练九篇》一书的基本内容来看，瓦罗所关注的主要是教学内容。尽管在教育世界中，教学内容占有重要的地位，并和其他一系列问题直接相关，但它毕竟只是教育中的一个方面，是教育现象中的一个片段。另一方面，虽然与老加图不同，瓦罗对教学内容的阐释与编排并非单纯依据传统的结果，其中多少包含了一定的教育见解，但这种见解只是针对具体局部问题的，还不是对教育现象普遍的抽象。

此后，诗人维吉尔也在其作品中对古罗马的教育问题进行了描述。他在《埃涅阿斯纪》一书中写道："我们种族天生就强悍，孩子们一生下来，我们就

---

① James Bowen, *A History of Western Education*, vol.1, London, Methuen, 1972, pp.170-171.

② [古罗马]普鲁塔克：《希腊罗马名人传》上册，陆永庭等译，366 页，北京，商务印书馆，1990。

把他们抱到河边，放到彻骨冰冷的河水里，让他们坚强；少年时期，他们日夜打猎，他们的游戏就是跨马弯弓；到了青年时期，他们能吃苦耐劳，拿着锄头去地里干活，一旦有战争，他们能披挂上阵。不管年纪大小，我们身上都有铁器造成的伤痕，赶牛也是用倒持的长矛；即使到了老年，动作变慢，但我们还是头脑清晰，精力充沛。"①这种描述当然主要是直观的、感性的，但不能完全排除其中所包含的赞颂、称道的价值判断的因素。而这种判断本身又多少带有某种对现实的反省，即对古希腊影响下的古罗马教育现状的隐含的批评。因此，虽然同是对现象的直观描述，但与老加图相比较，维吉尔的话带有更多的理性成分，更接近于真正形态的教育思想。

卢克莱修对教育的阐述具有哲学意味，他以诗的形式来表达自己的见解。在《物性论》这部古希腊、古罗马时期唯一完整而系统的哲学长诗中，卢克莱修在好几个地方都论及了教育的问题。卢克莱修有关教育问题的诗句，尽管运用的是形象思维的方式，但却反映了对教育现象中带有一般性问题的明确认识。他的诗句既不是对具体教育现象的直观描述，也不是对个别教育问题的片段的认识，而是对普遍的教育问题的一般的、理性的把握。卢克莱修认识到了教育在驱除无知和罪恶、改善人性中的重要作用，强调教育应促使人们去追求至善，以达到生活的目的。他意识到通过教育，可以使人改变天性，从而"过一种配得上神灵的生活"②。尽管人的天性中存在着与动物本能相同的因素，但教育可以通过发展理性，使人真正成为人。他还看到了人的认识的巨大潜力和教育的无穷作用，认为教育可以使人认识万物及其规律。因此，尽管《物性论》并不是教育专著，却在古罗马教育思想史上占有重要的地位。它标志着古罗马人对教育从直观、具体、片段的感知向普遍认识和理性把握

---

① ［古罗马］维吉尔：《埃涅阿斯纪》，田孟鑫、李真译，213 页，北京，北京理工大学出版社，2014。

② ［古罗马］卢克莱修：《物性论》，方书春译，146 页，北京，商务印书馆，1981。

的转变。

第二个阶段是从公元前 1 世纪中叶开始，以西塞罗和不久以后出现的塞涅卡、昆体良、普鲁塔克等人为标志，古罗马教育思想的发展进入了一个新的时期。这个阶段古罗马教育思想的突出特点是，对教育现象的认识已逐步过渡到理性把握和反思的水平，从而产生了真正的古罗马教育思想。这种发展首先表现在西塞罗的教育主张中。

在古罗马教育思想的发展史上，西塞罗的教育思想占有重要的地位。从他的教育主张中，可以看到古罗马教育传统的巨大转变，即从平民-军人的教育转向演说家的教育。一方面，西塞罗的教育思想不仅真切地反映了这种巨变，而且从理论上进一步论证了这种变化的合理性，分析了这种变化的意义、方向以及实现这种变化的途径。另一方面，通过对教育现象中具有普遍意义的基本问题较为完整的认识与分析，西塞罗促成了古罗马教育思想的真正确立和发展。

塞涅卡是古罗马重要的政治家、著作家，是晚期斯多葛派的重要代表人物。在他丰富的著作中，不仅全面阐述了关于道德、人生的见解，而且广泛涉及了许多教育问题。与西塞罗一样，塞涅卡的思想也受到古希腊文化的深刻影响。他反对以实用的态度看待和学习知识，特别是"七艺"，这一点与古罗马的传统思想形成了鲜明的对照。他认为，包括"七艺"在内的知识，就其本身而言，并不具有某种具体实用的价值。知识的真正价值在于训练思想，为获得美德做准备。而所谓"自由艺术"（即"七艺"）的意义也就在于使人通过对智慧的追求而获得自由。

塞涅卡特别重视哲学的学习。他认为，人生的目的是获得幸福的美德。而要实现这个目的，人就必须不断地追求智慧，这是因为"唯有完美的智慧才能创造幸福的生活"[①]。由于这个原因，教育的直接目的或重要工作在于发展

---

① ［古罗马］塞涅卡：《幸福而短促的人生——塞涅卡道德书简》，赵又春、张建军译，47 页，上海，生活·读书·新知三联书店上海分店，1989。

智慧。在这方面，哲学学科的教学与学习可以发挥巨大作用。"哲学的唯一使命在于发现有关神界与凡界的真理。宗教意识、责任感、正义感以及其他一切密切相关、相互依存的'美德之伴'，都是离不开哲学的。"①虽然与古希腊思想家一样，塞涅卡也强调哲学的教学，但与古希腊人更注意哲学的智慧价值不同，塞涅卡更关注的是它的道德价值。这也是古希腊与古罗马在教育思想上的一个重要差别。

因此，塞涅卡强调教育不仅应当教人知识和技能，还应当教人如何生活。他认为，知识的作用如果仅仅局限于具体的技能和专门领域，那么，即使学得很好，也是无济于事的。如果学习者不懂得如何生活，那么，知识和技能会有什么作用呢？因此，塞涅卡主张，教育应当教给人最本质的东西，而不应只注重传授浮夸的知识。

除此之外，塞涅卡还论述了关于演说术教育、教育方法、学习方法、书籍阅读等方面的问题。塞涅卡的教育主张所涉及的范围是较为广泛的，可以说包括了当时古罗马教育的所有重要问题。从思想的表述方法来看，塞涅卡采用了书信的方式，因而，他的教育思想并没有什么系统性可言，但就思想的内涵而论，却包含了对古罗马教育的反思和探索，具有明显的理性色彩。

昆体良是古罗马教育史上声誉最高、影响最为深远的教育理论家和教育实践家。他将古罗马学校教育的实践经验在理论上进行了系统总结，提出了较为完整的教育思想。他认为，教育的基本目的是培养善良而精于演说的演说家。昆体良全面论述了演说家教育的内容、过程等问题。他主张从婴幼儿时期就开始对儿童进行道德教育和知识教育，进行语言能力的培养。他认为早期教育对人一生的发展都具有深刻的影响。昆体良主张，当儿童成长到一定年龄，就应将其送入公立学校接受教育。为此，他论证了学校教育的优越

---

① ［古罗马］塞涅卡：《幸福而短促的人生——塞涅卡道德书简》，赵又春、张建军译，196 页，上海，生活·读书·新知三联书店上海分店，1989。

性，认为学校教育可以避免家庭教育所带来的局限性，对儿童各方面的发展有重要的推动作用。

昆体良教育思想中最有价值、影响最大的是关于教学的理论。在长期的教学实践的基础上，昆体良结合对儿童心理的深入了解，提出了一系列关于教学问题的见解。他较早提出了分班教学的设想，同时提出了一系列关于教学方法和原则的重要见解。在西方教育史上，昆体良是第一位教学理论家和教学法专家。他使教学论成为一个相对独立的研究领域，对近代教学论的发展，产生了深刻的影响。

普鲁塔克是继昆体良之后的又一位重要的古罗马教育思想家。他的著作广泛而丰富，《论儿童教育》一文集中体现了他关于教育的主张。普鲁塔克最负盛名的著作《传记集》，又称作《希腊罗马名人传》，收录了50篇古希腊、古罗马著名的军事家、政治家、立法者和演说家的传记。作为一位道德学家，普鲁塔克创作名人传记的目的不单是再现历史，而主要是通过那些伟大历史人物的生平事迹，宣扬自己的伦理思想，达到教育后代的目的。普鲁塔克认为，人生应以道德为准绳，严于律己，宽以待人，恬淡寡欲，忠于职守，造福人类，他尤其重视道德实践。这些主张对他的教育思想有重要的影响。

普鲁塔克高度重视儿童早期教育的重要性，强调及早开始对儿童进行教育和引导。他主张父母应承担起教育子女的职责，而且父母应当运用正确的教育方法，反对采用强制手段。普鲁塔克曾将教育工作与农业生产相比较，他认为教育"就如同耕种地一样，首先要求土壤肥沃。其次，农夫的耕种技术要熟练。最后是播种的种子要优良。天性就像土壤，年轻人的教师就像农夫，理性的原则和戒律就像种子"①。因此，普鲁塔克反对强制儿童学习，更反对不顾儿童实际，加大儿童的学习压力。同时，他也反对体罚儿童，而主张用

---

① Paul Monroe, *Source Book of the History of Education for the Greek and Roman Period*, London, The Macmillan Company, 1906, pp.307-308.

表扬和适当的批评促进儿童的成长。普鲁塔克高度强调教育在改进人性、促进人的发展中的重要作用。他主张对平民子弟进行包括道德、知识、智慧和身体在内的各方面的教育。他尤其注重道德教育，强调教育的根本目的是使人日趋善良。在普鲁塔克的教育思想中，古希腊文化的因素要大于古罗马传统的因素，这是他不同于西塞罗、昆体良等人的一个特点。但由于都受到斯多葛学派的影响，他们的思想又有很多相同之处。在普鲁塔克之后，虽然还有一些教育主张，但基本上是重复前人已经提出的见解，并无多少新意。因此，可以说，到普鲁塔克为止，古罗马教育思想的发展历程基本上已经结束。

第二节　西塞罗的教育思想

一、生平与著述

马库斯·塔留斯·西塞罗是古代罗马共和时期的文学家、哲学家和教育家。他出生于骑士家庭，从小受到良好的教育，先后就读于修辞学家、法学家以及斯多葛派哲学家所办的学校。青年时期受过军事训练并服过兵役。最后在雅典哲学学校游学 3 年。毕业后从事律师工作，不久步入政界，凭借杰出的辩才和渊博的知识，于公元前 64 年当选为执政官。

在哲学上，西塞罗属折中主义者。他从实用的观点出发，把毕达哥拉斯派、柏拉图派、斯多葛派和怀疑派等各个学派体系拼凑在一起。其主要贡献在于将希腊哲学思想通俗化，使其明白易懂，让人易于接受。他首先把许多哲学的专用术语译为拉丁文，这些拉丁文的哲学术语在西欧被广泛沿用。西塞罗的哲学思想具有浓厚的神秘主义和禁欲主义色彩。他反对卢克莱修的原子论，承认神灵的存在，否认原子和虚空的客观实在性。他赞同毕达哥拉斯的灵魂不死说和柏拉图的回忆说，认为知识只有偶然性，没有确实性，因此，要放弃对事物的判断。他相信人所公认的"清晰明白"的意念，是神所赐予的。人生而具有一些"天赋意念"，这些意念通过回忆是可以把握的。他反对伊壁鸠鲁和卢克莱修的幸福主义伦理观，认为幸福就是追求美德。他确信："灵魂离开了躯壳便可以归到天府，如果灵魂是有美德而公正的，便可一直顺利地升天。"①

在政治上，西塞罗倾向于当时的元老贵族派，认为由君主、贵族和骑士相结合的政体是最理想的国家制度。内战期间追随庞培反对恺撒。恺撒死后热衷于恢复共和政体，西塞罗发表反安东尼演说多篇，成为罗马共和制的最后领导者，以及元老院中有影响的人物。后三头政治联盟，在清洗元老院时，西塞罗被杀害。

西塞罗著述广博，集中体现了共和国晚期罗马元老知识界的文学、政治和知识兴趣，其文体通俗流畅，被誉为拉丁文的典范。主要哲学著作有《论善与恶的定义》《论神性》和《学园派哲学》等；主要政治著作有《论共和国》《论法律》等。他的教育思想主要集中在《论雄辩家》(*De Oratore*，或 *On the Orator*)一书中。《论雄辩家》是以对话形式写的。在书中，西塞罗虚构了克拉苏在罗马郊外塔斯克勒姆别墅的一次聚会。来参加聚会的人对有关雄辩家、雄辩术的问题进行了热烈的讨论。西塞罗借克拉苏之口阐述了关于雄辩家应具备的素质及教育的内容和方法，实际上反映了当时罗马高等学校(修辞学校)教育的目的、内容和方法。

二、论继承罗马文化教育传统与学习希腊文化教育

罗马共和后期，希腊文化教育传入罗马，并对罗马教育产生了全面的影响。希腊教育不仅从根本上改变了罗马传统教育制度的形式和内容，而且从根

---

① 北京大学哲学系外国哲学史教研室编译：《西方哲学原著选读》上卷，188页，北京，商务印书馆，1982。

本上改变了罗马的教育观念。面对这样的巨变，罗马的有些教育家对希腊教育的影响持极端反对的态度，有些持全盘接受的态度，而西塞罗则采取折中主义的态度。

一方面，他受益于罗马传统教育，因而对本民族传统教育抱有深厚的情感。在《论共和国》一书中，他借书中人物斯西比奥的口说："听我说啊，我并非对希腊各种方式茫然无知，但也不是宁可偏向它们而不要我们自己传统的人。由于我的父亲，我受了文科教育，而且，从孩童时代起，我就力图自学。但是，造成今日的我，是经验和家庭教育多于书本。"①

另一方面，由于对希腊文化教育有着切身的感受，西塞罗也不否定和排斥希腊的文化教育，而是高度评价希腊文化教育，特别是雄辩术教育对罗马雄辩家教育所起的作用。他说："事实上，且不说自称在雄辩能力上居于领先地位的希腊人，也不说一切学问的发现者、创造了雄辩术的无上威力并使之完善的雅典人，就在我们罗马城，确实没有任何一门学问比与演说艺术有关的学问更加生气勃勃。因为自从我们的世界帝国建立起来，长久的和平确保了我们的闲暇以后，几乎没有一个渴望成名的青年不认为他的责任就是竭尽全力掌握雄辩能力。起初，因为他们对方法一无所知，认为没有确定的训练程序和任何艺术规则，他们(指立志学习雄辩术的青年——引者注)往往靠天生的能力和见解以获得他们所能获得的技巧。但在以后，当他们听了希腊演说家的演说，熟悉了希腊文学、雇请了希腊教师以后，我们人民就燃起了对雄辩才能难以置信的热情。"②

显然，西塞罗既接受了希腊的文化教育，又要求保留罗马的文化教育传统，并且成功地将二者融合在一起。他从罗马政治生活的实际需要出发，把

---

① [古罗马]西塞罗：《论共和国》，转引自[英]威廉·博伊德、埃蒙德·金：《西方教育史》，任宝祥、吴元训主译，65页，北京，人民教育出版社，1985。

② [古罗马]西塞罗：《论雄辩家》，转引自[古罗马]昆体良：《昆体良教育论著选》，任钟印选译，191~192页，北京，人民教育出版社，1989。

培养雄辩家-政治家作为罗马教育的理想，并强调最成功的雄辩家不仅是受过希腊文化教育熏陶的有教养的人，即具有广博的知识、能言善辩、风度优雅，而且是符合罗马传统要求的实干的政治家，即具有罗马传统道德，精通法律和军事，具有实际工作能力，举止庄重得体，等等。因此，在雄辩家-政治家的培养中，罗马文化教育传统和希腊文化教育的作用是并行不悖的。

三、论教育的目的和价值

长期以来，罗马的传统教育一直以培养农民-军人为目的。到共和晚期，由于雄辩术已成为从事政治活动和进入国家领导层的工具，许多学过雄辩术的人都登上了元老和高级官吏的位置。于是，教育目的逐渐从培养农民-军人转变为培养雄辩家。西塞罗关于教育目的的思想反映了这种转变，代表了当时罗马有教养人士的普遍观点。西塞罗认为，教育的目的是培养雄辩家-政治家，因为只有优秀的雄辩家才能成为真正的政治家，所以，雄辩术教育是罗马社会生活中必不可少的准备。基于这种看法，西塞罗不仅终生致力于发展雄辩术的理论和技巧，而且他本人也正是通过自己杰出的雄辩才能，从平民而成为罗马共和国的执政官。

具体地说，西塞罗所要培养的雄辩家本质上是政治家。这种政治家既不完全是罗马传统培养出来的实干的政治家，也不完全是柏拉图要培养的"哲学王"，而是类似于伊索克拉底要培养的演说家，是精通雄辩术和哲学，接受了全面教育，并具有实际工作能力的政治家。因此，雄辩术和哲学只不过是政治家必修的科目，精通雄辩术和哲学是手段而不是目的。

由于意识到罗马与希腊在认识上的差异，西塞罗强调哲学和雄辩术不是相互对抗性的学科，哲学和雄辩术都是那些打算在这个世界上发挥积极作用的有识之士必须具备的知识和才能。有知识而无表达的能力，知识则为无用之物，但没有知识的材料，则雄辩术是没有效力的，因此，真正的雄辩家本身就是哲学家，不仅在哲学上通晓对生活有价值的一切东西，并且能够"生动有力，引人入胜"地论述公众所关心的问题，更加有力地使其哲学对实际事务产生影响。他说："在人们讨论的时候，给他们提供题目，要求他们谈论不朽的神灵、虔诚的信仰、亲睦友善、交谊、他们的公民伙伴的共同权利，或整个人类的那些权利，谈论国家的法律、公正、节制、宽宏大度、各种善行美德。我想所有的学园和哲学学校都会大声说，这些题目正是它们所关心的问题，而与演说家无涉。但是，当我给哲学家们自由，任其私下讨论这些题目，以消磨其闲暇时，我也给演说家指派任务，哲学家用平淡、毫无生气、枯燥的措辞讨论同一题目，而演说家论述起来则生动有力，引人入胜。"①显然，西塞罗所要培养的雄辩家－政治家实际上是罗马教育传统与希腊教育共同造就的全面发展的人才。

西塞罗不是一个充满幻想的理想主义者，而是相当注重实际的。他主张教育的价值在于实用，因此，学校要为了儿童所在的现实世界而进行训练，使受教育者成为一个按照城市方式受过良好教育的人，一个政府所需要的人，一个掌握了他的职业技能的人。学生学习不仅是为了提高智力，更重要的是为了把自己学到的东西有效地应用到公共和私人生活中去，为社会和个人服务。

四、论雄辩家的素质及其教育内容

西塞罗认为，一个名副其实的雄辩家不仅要做到"准确而清晰地表达自己的思想"，而且能就任何论题进行阐述、发挥，并且影响、说服听众。为了培养这样的雄辩家，西塞罗详细地论述了雄辩家应具备的优良素质，并提出雄辩家要具备这些优良素质，就必须接受良好的教育和严格的训练。

---

① ［古罗马］西塞罗：《论共和国》，转引自［英］威廉·博伊德、埃蒙德·金：《西方教育史》，任宝祥、吴元训主译，70~71 页，北京，人民教育出版社，1985。

第一，雄辩家应具有成为雄辩家的天赋才能，如智力上的快速反应能力、敏捷的口才、清脆的声调、匀称的体态等人性中之内在的品质。如果缺乏上述自然的天赋，便难以成为真正的雄辩家。但是光有天赋才能还不够，要想成为一名真正的雄辩家还必须依靠后天的培养。教育的作用就是通过严格的训练，使这些天赋的才能变得更好。

第二，雄辩家应具备广博而坚实的知识基础。西塞罗认为，要成为一名成功的雄辩家，不应只是一个具有满腹诡计、辩论技能的幕后妥协之徒，而必须具备广博而坚实的知识基础。只有这样，他才能在处理诉讼案件时做出正确的决定，在公共场合、法庭、讲台、元老院里阐明自己的主张，并指引别人做出明智的判断。他强调说："雄辩的艺术则是更为崇高的事情，它是由远比人们想象的多得多的各种科学和学问结合而成的。""大量事物的知识，对于雄辩艺术来说是十分必要的，没有渊博的知识，即使是能言善辩也是空洞荒谬的。"[1]因此，"在我看来，谁如果没有获得一切重要学科和艺术的知识，谁就不能成为完备地具有一切优点的雄辩家"[2]。基于这种看法，西塞罗主张雄辩家应接受通才教育，其课程除了雄辩术以外，还应包括文法、修辞、逻辑、几何、天文、音乐、物理、历史、法律和哲学。此外，还应了解政治、经济、科学、人群心理和社会习俗等知识。在西塞罗看来，雄辩术是依靠各门学科的知识而达到优美和丰满的，否则，雄辩术只不过是空洞的、愚蠢可笑的、夸夸其谈的胡言乱语。而一切学科知识的学习必须服从于培养真正雄辩家这个总目的。例如，学哲学是因为演说、辩论时常常会接触到哲学命题，而且如果一个人对于哲学家所揭示的关于人类的天性与行为习惯的理论没有精心的研究，他的演说就不能使公众激愤或抑制公众的感情和情绪；学历史是为了

---

① [古罗马]西塞罗：《论雄辩家》，见[美]E.P.克伯雷选编：《外国教育史料》，华中师范大学教育系等译，42页，武汉，华中师范大学出版社，1991。

② [古罗马]西塞罗：《论雄辩家》，转引自[古罗马]昆体良：《昆体良教育论著选》，任钟印选译，193页，北京，人民教育出版社，1989。

提供史实先例以加强论据，获得良好的辩论效果；学习政治是为了对某项立法提案做出正确的判断，以便在公众大会上发表演说支持或反对这项立法提案，以引导公众做出明智的选择；学法律能够从事高级的行政和法官工作。特别值得一提的是，西塞罗非常重视法律教育。他认为，法律知识在罗马人的生活和文明中是十分重要的，在雄辩家教育中也是必不可少的内容。他说："人们将在学习法律中获得乐趣和欣慰。""斯契沃拉民法知识，对将成为有造诣的雄辩家是不可缺少的。"①在西塞罗的指导和影响下，罗马的法律从完全实用的，靠艺徒制传授的艺业，提高为科学的学科，其教学也逐渐系统化和理论化。在西塞罗的时代，首都罗马成为法律深造的中心，许多希腊人到法律学校求学。西塞罗还大力提倡学习和研究历史。他指出，历史是时代的证人、真理之光、活的记忆、生活的指南。那些敢于陈述全部真相，毫无偏袒，没有个人恩怨，而又生动的历史，对读者是有教育意义的。因此，一个真正的雄辩家"要熟记过去的全部历史和先例"②。

第三，雄辩家应具备伦理性格。西塞罗认为，一名真正的雄辩家除了掌握上述知识外，还必须具备良好的道德品质。他应该忠诚地、出于公正地为公民服务，头脑中毫无私心杂念，成为他所处时代的最杰出的人。为此，必须重视道德品质的培养，要从出生就开始进行教育和训练，使他生活在传统的环境里，逐步学会以同情、仁爱、礼让等规范处理人与人之间的关系，并形成明确的、公正的道德感和社会责任感。只有这样，他才能把掌握的知识贡献出来，更好地为公众服务。

第四，雄辩家应有语言修养。西塞罗认为，真正的雄辩家仅有一般的自然与社会知识还不够，还必须在语言方面有特殊的修养，因为遣词造句及整

---

① ［古罗马］西塞罗：《论雄辩家》，见［美］E.P.克伯雷选编：《外国教育史料》，华中师范大学教育系等译，30页，武汉，华中师范大学出版社，1991。

② ［古罗马］西塞罗：《论雄辩家》，转引自［古罗马］昆体良：《昆体良教育论著选》，任钟印选译，193页，北京，人民教育出版社，1989。

个演说辞的文体结构，决定了演说水平的高低。区分内容充实、语言丰富的讲演与内容枯燥、词汇贫乏的讲演的根据"即高超的演讲具备优美而雅致的文体，在修辞方面具有独特的技巧和光泽"①。在西塞罗看来，雄辩家应具备的语言修养包括必须说纯净、准确的拉丁语，清晰、言简意赅地表达自己的思想，做到通俗易懂、优美生动，并能够使论证紧扣主题。为此，雄辩家就必须接受更高级的演说艺术的陶冶，攻读修辞学，以便使演讲的艺术达到最高成就。他认为，攻读修辞学是罗马享有最高名望的高等教育形式，只有少数尖子才能接受。西塞罗本人正是那一时代优秀雄辩家的典范，他以纯洁、典雅的拉丁文体促进了拉丁文学的发展，从而对罗马和以后欧洲的教育产生了深远的影响。

第五，雄辩家应具有优雅的举止和风度。西塞罗认为，演说时身体的姿势、手势、面部表情和抑扬变化的声调都会对演说的效果产生巨大的作用。因此，一个有造诣的雄辩家又是一个有教养的人，在发表演说时，"谈吐文雅、机智，在回答问题和反驳对方时，要敏捷、简练、谦恭有礼"②。此外，一个真正的雄辩家还应了解听众的心理状态和思想感情，使自己的演讲打动听众。他说：发表演说时，"必须清楚地懂得，自然赋予听众的思想情感，由于演讲的动力和艺术得以镇静或兴奋"③。因而使自己所做的一切都是尽善尽美，完全令人陶醉，举止得体，以便能打动人心，令每个人着迷。而要做到这一点，也需要付出很大的努力，经过大量的练习。

---

① Paul Monroe, *Source Book of the History of Education for the Greek and Roman Period*, New York, Macmillan, 1920, p.436.

② ［古罗马］西塞罗：《论雄辩家》，见［美］E.P.克伯雷选编：《外国教育史料》，华中师范大学教育系等译，42~43 页，武汉，华中师范大学出版社，1991。

③ 同上书，225 页。

五、论培养雄辩家的方法

西塞罗认为，培养雄辩家的方法主要有三种。

一是通过广泛的阅读使雄辩家具有广博的知识。西塞罗认为，教师应让学生诵读大量的文学精品，同时授以记忆术，使学生真正掌握大量的知识，这对于一个雄辩家的成长是非常重要的。

二是通过长期的写作使雄辩家获得敏锐的思维、判断能力和机智的表达能力，从而提高"雄辩能力"。西塞罗指出，一篇好的演说辞要结构合理，布局匀称得体，并富有韵律，这就需要在写作演讲稿上下功夫，通过持之以恒的练习达到。因此，要想成为雄辩家必须花费巨大的精力，锲而不舍地练习写作，同时还要竭尽全力去观察事物，体验生活，并从实践中学习。只有这样做，才能成为一个才华横溢的雄辩家，受到人们的普遍赞扬。

三是通过大量的实际训练来提高雄辩家的雄辩理论和技巧。西塞罗强调经验是最好的老师，比一切大师们的箴言都更有用。西塞罗认为，最常用的实际训练是演讲练习和模拟审判。演讲练习是先确定一个在讲坛上演讲的论题，让学生对讲题深思熟虑，做好充分的准备，尽可能接近真实地发表演说或进行辩论，在实践中学习雄辩术。模拟审判是让学生对法庭上要做的事情事前进行练习，还要去法庭观看。在那里，学生既可以看到雄辩家的演讲姿态，又可以学到雄辩的技巧，因此，法庭是雄辩术理论和实际互相结合的理想场所，也是获得这些知识和技巧的最佳课堂。在上述练习的基础上，"雄辩术必须从家庭中温室般的练习场地走出去，走向实际行动，走向喧嚣的尘世，走向军营和公共争辩的战场"①。

---

① [古罗马]西塞罗：《论雄辩家》，转引自[古罗马]昆体良：《昆体良教育论著选》，任钟印选译，232页，北京，人民教育出版社，1989。

六、贡献与影响

西塞罗的教育思想在罗马教育思想发展史上占有重要的地位。他对西方教育思想的贡献主要有两个方面：一方面，他在《论雄辩家》(*Institutio Oratoria*)一书中阐述了关于雄辩家应具备的素质及其教育内容和方法，真实地反映了罗马教育传统的巨大转变，即从家庭教育转向学校教育，从农民-军人教育转向雄辩家-政治家教育。因而他的《论雄辩家》一书也以"罗马的伟大教育理论著作"著称于世。另一方面，他以纯洁的拉丁语和优美的拉丁文体，向罗马世界介绍希腊化时代的文学和哲学，不仅推动了拉丁文的发展，而且促进了学校教育的发展。

西塞罗的教育思想及其拉丁文作品对当时罗马及后世欧洲都产生了极大的影响，以至于他的时代被称为"西塞罗时代"。罗马帝国时期杰出的雄辩教育家昆体良对西塞罗的雄辩术推崇备至，甚至认为西塞罗的雄辩术在当时已达到了顶峰，或已处于执牛耳的地位，并在《雄辩术原理》(*Institutio Oratoria*)一书中继承和发展了西塞罗关于雄辩家教育的理论与方法。至西欧文艺复兴时期，人们对西塞罗教育思想的研究仍经久不衰。人文主义教育家维多里诺、伊拉斯谟等人的教育主张都从西塞罗那里受到启迪。在 15—16 世纪，西塞罗的拉丁散文作品被神圣化，成为当时文法教学的主要教材。他的拉丁文体受到人们的刻意模仿，以至于字斟句酌，徒尚技巧，而忽视在文思和意境上开拓创新，形成所谓西塞罗主义，从而一度阻碍了教育和文学的发展。但是从整体而论，西塞罗教育思想及其拉丁散文作品的积极作用和影响仍占主导地位。

第三节　塞涅卡的教育思想

一、生平与著述

塞涅卡是古罗马哲学家、政治家、悲剧作家。塞涅卡出生于古罗马帝国巴埃蒂卡行省的科杜巴(Cordoba，今西班牙的科尔多瓦)，是古罗马著名修辞学教师老塞涅卡的次子。幼年时被其姨母带至罗马，学习哲学和法律。后因病去埃及疗养，在那里学到多方面的知识，培养起对自然科学的兴趣。青年时期塞涅卡皈依斯多葛主义。公元31年返回罗马，很快步入政界，先后担任会计官、元老院元老。公元37年，喀利古拉皇帝(Caligula)继位，塞涅卡遭忌被迫隐退。公元41年，克劳狄皇帝(Claudius)继位，流放塞涅卡于科西嘉，原因据说是塞涅卡和皇帝的侄女里维拉通奸。公元49年，皇后阿格丽皮那将塞涅卡召回，任命为执政官。公元50年，塞涅卡和一个富有的女人宝林那结婚，营建起一个有势力的圈子，其中包括布鲁斯——禁卫军长官，帝国政务的主要负责人。同年，塞涅卡成为未来皇帝尼禄(Nero)的家庭教师。

这一年似乎是塞涅卡交好运的一年，但如罗素所言："塞涅卡要比亚里士多德更为不幸，因为他教的学生就是皇帝尼禄。"[①]尼禄是古罗马帝国时期有名的暴君之一，塞涅卡成为尼禄的老师，注定了日后悲惨的结局。公元54年，克劳狄皇帝遇刺身亡，尼禄继位。塞涅卡作为主要顾问之一，达到了事业的顶峰。但尼禄很快就显示出真正的凶残：公元59年，尼禄下令处死自己的母亲；公元62年，又下令处死自己的妻子。同年，布鲁斯去世，塞涅卡失去了主要的政治盟友。在日益失宠的情况下，塞涅卡不得不请求退休，并立即得到批准。从此，他专心写作，闭门谢客。公元65年，政敌指控他参与皮索(Piso)推翻皇帝的阴谋，尼禄只是看在塞涅卡曾是自己老师的缘分上令其自尽。塞涅卡割断血管，并发表最后的演说。因血流不畅，被人抬到蒸汽炉内闷死。塞涅卡在镇静和坚忍中死去。

塞涅卡一生几度起落，又曾漫游各地，所以深谙世事，见多识广。在学术上，塞涅卡涉猎甚广，著作丰富。这些著作通常分为三类：探讨自然现象的科学著作，今多已亡佚；文学著作，主要有9部悲剧，是用无韵诗写作而

---

① [英]罗素：《西方哲学史》上卷，何兆武、李约瑟译，329页，北京，商务印书馆，1976。

成，供阅读而非演出的剧本，多是欧里庇得斯和埃斯库罗斯悲剧的改作，保存了希腊古典悲剧的精华，对文艺复兴时期的舞台悲剧有很大影响，法国新古典主义悲剧和英国莎士比亚悲剧都从中汲取灵感；伦理哲学著作，包括 1 部书信集和 14 部问答体著作。书信集是塞涅卡与朋友卢西里乌斯 124 封通信的选集，著作有《安慰》《论悠闲》《论道德》《论国家》等。塞涅卡的伦理哲学著作全面阐述了道德、人生见解，并且涉及广泛的教育问题，给后人一定的影响。文艺复兴时期，伊拉斯谟(Erasmus)将其道德箴言编辑成册，并在 1614 年出版了第一个英文版本。塞涅卡主要以哲学家的面貌出现在我们面前，因此，要考察他的教育主张，其哲学思想是一个主要的线索。

二、塞涅卡的哲学思想

在哲学史上，塞涅卡被认为是晚期斯多葛主义的代表人物。斯多葛主义是指古希腊罗马时期斯多葛学派的哲学主张，在前后约 600 年的传播过程中大体经历了三个阶段：(1)公元前 3 世纪在雅典萌芽；(2)公元前 2 世纪，随着罗马占领希腊地区，又随着希腊主义的进程，斯多葛主义开始在罗马世界流传；(3)公元前 1 世纪，斯多葛主义已经在罗马帝国生根，成为典型的官方哲学，公元 3 世纪逐渐消失。

斯多葛主义最基本的概念是自然，根本指导思想就是"顺应自然而生活"。顺应自然的生活是幸福的生活，顺应自然而生活着的人就是智者。智者必须具有三种德行：渊博的自然知识、精确的逻辑训练和高尚的道德情操。因此，斯多葛主义把哲学分成三部分：物理学、逻辑学和伦理学。

伦理学方面，斯多葛主义同样主张与自然保持一致。从事哲学研究的目的是为道德生活寻求一种稳固的支撑。人必须按自然的本性来生活，因为正是自然的本性引导人走向美德。在斯多葛主义的全部发展过程中，相信人最基本的规则应是遵循自然而生活，寻求如何使人类生活和自然一样有秩序，这是贯穿始终的主题。

晚期斯多葛主义者更加重视道德伦理问题，强调道德伦理原则的传播和实际应用。专门从事伦理说教，在理论上没有什么创新。此外，还进一步强化了斯多葛主义的宗教神学观念。

塞涅卡在基本理论上继承了斯多葛主义的传统，并有所发挥。他把顺应自然的生活定义为幸福的生活，哲学是获得美德进而通往幸福生活的途径。"所有人都知道，我们的座右铭是：顺应自然。"[1]"哲学以人类的幸福为宗旨，为我们开辟通往幸福的道路，为我们指引走向幸福的方向。"[2]美德应该是实践而不是理论上的探讨，从事没有实用目的的研究是浪费时间。在此基础上，塞涅卡宣扬禁欲主义，认为肉体的快乐是微不足道的、短暂的，而且是有害的。外在的善并不提供真正的幸福，美德的真正价值是内在的。幸福的生活就是过符合自己本性的生活，人应该过一种和真正理性一致的生活。为确保道德上的进步，要每日自省，提倡助人为乐，宽恕损害过自己的人。

在宗教神学问题上，塞涅卡在泛神论的形式下宣扬神学目的论。他认为，一切实在（物质）都是有形体的，但是物质和物质中的力是有区别的，正是这种力使物质本体具有形式，这种力就是精神，就是神。神是指导万物的精神。由于人的弱点和不完善，需要依靠信仰神的力量来指导。自然的规律和德行的准则就是神的意志，对神的信仰就是最高的善，服从和仿效神的意志就是服从最普遍的命令，就是按本性来生活。由此出发，帝王秉承了神的意志，是神在人间的代表，是神在人间的镜子，是国家的生命，是民众的父亲。民众要受帝王的理性支配，服从帝王的统治。塞涅卡此类为王权辩护的主张在当时及对后世都很有影响。

---

① ［古罗马］塞涅卡：《幸福而短促的人生——塞涅卡道德书简》，赵又春、张建军译，8 页，上海，生活·读书·新知三联书店上海分店，1989。

② 同上书，207 页。

从塞涅卡的哲学思想中，我们可以体会并梳理出他的教育思想，即道德教育。

三、塞涅卡的德育思想

塞涅卡的全部道德教育思想围绕美德的获得来展开。在塞涅卡看来，顺应自然是幸福的生活，人应该追求幸福的生活。对个体而言，能否成为智者是判断生活幸福与否的尺度。智者具有美德，人通过美德的习得成为智者。美德只能通过哲学的学习来获得。下面我们尝试着把他的道德教育思想加以条理化。

（一）道德教育的目标——成为"智者"

"持久的、无忧无虑的幸福之唯一的保证是良好的性格。"[①]所谓"良好的性格"，就是美德。只有受过完整教育的人，通过不断实践被训练、培养到完美程度的人，才能获得美。达到"完美程度"的人就是智者。"智者"是为获得最大成就的人保留的称号。智者的生活是幸福的，而"对于幸福生活，他们（智者）需要的仅是一种理智而高尚的、轻视财富的精神"[②]。

在塞涅卡看来，"智者"是完美的，智者的幸福生活是一种精神上的自我满足。首先，智者揭示了真理和自然；其次，智者揭示了人生的规律，使人生与世间的普遍现象合拍。塞涅卡对"智者"所做的规定性不可谓不高，需要个体的人穷其一生来努力实践，而且事实上也不可能实现。"智者"只能是斯多葛主义的"神"在人间的化身。这种化身，就是理想化的斯多葛主义者，甚至就是塞涅卡自己。

"智者"的提法鲜明地体现了塞涅卡作为斯多葛主义者的泛神论主张。他

---

① ［古罗马］塞涅卡：《幸福而短促的人生——塞涅卡道德书简》，赵又春、张建军译，214页，上海，生活·读书·新知三联书店上海分店，1989。

② 同上书，29页。

说："哲学所许诺的事——她将使我成为和上帝一样的人。"①斯多葛主义认为，神是最完美的理性，是整体的宇宙的意识。宇宙万物由于神而获得各种性质、生命和运动。人作为自然的最高存在物，必须按自然的本性生活。这种生活的最高层次就是"智者"，就是人间的神。作为斯多葛主义者，塞涅卡认为"智者"的层次是可以达到的。因为自然的本性已经在人的内心深处种下了美德的种子，所有人都能按本性做到这一点。

(二)道德教育的可能性——"种子"说

塞涅卡主张："自然在我们每个人心中都奠定了美德的基础或播下了美德的种子。""我们一生下来就倾向于美德，每个人都如此，所以当人受到所需要的刺激时，人性中的这些品质就会被唤起，也可以说是使他们从沉睡中苏醒过来。"②塞涅卡继承早期斯多葛主义"种子理性"的理论，强调人天生具有美德的基础，但要具备美德，还有赖于教育的培养。他说："我们天生就向往美德，但我们不是生来就具备美德。除非你去培养它，不然的话，即使最好的人，也只具备获得美德的素质，而不具备美德本身。"③

塞涅卡一方面假设美德基础的先天性，另一方面又承认美德的后天习得性。这就为他的道德教育留下了余地。道德教育作为外在的一种手段，就是要唤醒深埋于人类内心深处的美德。

(三)道德教育的内涵——美德的划分

美德就是智者所具有的品质。这种品质的不同表现形式就是美德的不同形式。塞涅卡把美德划分为以下几个方面。

第一，勇敢。勇敢是对于通常会引起恐惧的东西抱着鄙视态度的品质。勇敢鄙视一切恐吓我们、桎梏人类自由的东西。

---

① ［古罗马］塞涅卡：《幸福而短促的人生——塞涅卡道德书简》，赵又春、张建军译，103 页，上海，生活·读书·新知三联书店上海分店，1989。

② 同上书，252 页。

③ 同上书，214 页。

第二，忠诚。忠诚是人所具有的最神圣的东西。它不会为任何高压而背叛，也不会为贿赂所腐蚀。

第三，自我控制。智者对于无法忍受的享受予以抛弃，对于其他的加以调整，绝不容许自己为了享受而享受。因为人的欲求是其该需要的数量，而不是其想要的数量。

第四，博爱。智者在言语、行为和感情上对一切都表现出仁慈和宽厚，应制止人们的傲慢与刻薄。

第五，仁慈。智者懂得人不应该开杀戒，对别人的鲜血应视如自己的一般爱惜。除此以外，还有朴素、勤俭节约等品质也是美德的组成部分。

所有这些品质，构成了塞涅卡道德教育的内涵。一个人要是缺乏这方面的知识，那所有其他知识就都对他毫无价值了。这些美德是智者所具有的，也就是斯多葛主义者们所具有的，自然，塞涅卡本身也都具有。美德的重要性是如此之大，其他的一切都相形见绌，黯然失色。美德的涵盖是如此之广，需要人敞开全部的心灵去接受，需要无数艰苦的身体力行。其前提就是自由艺术。

（四）道德教育的前提——"七艺"

对于古罗马教育重要内容的"七艺"，塞涅卡从其哲学立场出发，抱有鲜明的工具性。塞涅卡认为，缺少自由艺术就无法获得美德。同时又指出：就美德而言，"七艺"的学习是无所收获。①两种态度看似矛盾，但在塞涅卡身上又是合理的统一，这只能用工具主义的态度来解释。因为"七艺"可以训练人的头脑，从而为获得美德做准备。它开辟了道路，而不能将人带到目的地。

自由艺术使人获得自由的唯一原因在于对智慧的追求。在塞涅卡那里，所谓"七艺"，并不符合这个伟大的称谓。因为"七艺"并不能直接导致美德的习得。从获得美德的角度，塞涅卡逐一批判了"七艺"的各个部分。

---

① ［古罗马］塞涅卡：《幸福而短促的人生——塞涅卡道德书简》，赵又春、张建军译，188 页，上海，生活·读书·新知三联书店上海分店，1989。

文学只关注语言的研究。学习词汇，分析音节，制定韵律规则，这些并不能够驱除恐惧，根除欲念或者抑制情感，于美德也就毫无价值。音乐不能使生活的不如意达到和谐。几何学教人计算，是让指头为贪婪服务。天文学可以预测星体的轨道，却不能预知命运。总之，"七艺"只能算作浮华之物，使人陷入迂腐，心情烦躁，思想僵化，自满自足。

但浮华的知识总比没有知识要好些，没有知识简直就像挖走人的双眼。所以塞涅卡主张，可以学习"七艺"，但最终都应从头脑中剔除出去。破而后立，真正的美德只能通过哲学的学习来获得。

(五)道德教育的途径——哲学的学习

塞涅卡对哲学的规定是："在哲学身上，你看到的应是生活本领自身的主人，她确实也掌管着其他的本领，因为一切为生活服务的活动都必须是她的奴仆，生活本身也是她的奴仆。"①哲学不是日常生活的技术，"我不愿把属于技术的荣誉戴在哲学的头上"②。哲学就是顺应自然，就是把高尚的行为看作善举。塞涅卡赋予哲学极高的地位："无论我们是否掌握在无情的命运的规律之中，也不管是否一切都由作为宇宙主人的上帝安排好了，或者人类的一切事物都受偶然性的抛撒和打击，有责任保护我们的正是哲学。"③在塞涅卡看来，哲学是通往幸福生活的唯一可能的途径，只有通过哲学的学习才能使人幸福。"(哲学)是要磨炼和锻造人的个性，整饬人的生活，规范人的行为，向人证明应该做什么和不该做什么。"④这再一次表现出斯多葛主义的泛神论思想。

塞涅卡批判了当时社会上对待哲学的不严肃态度。鉴于哲学是当时教育

---

① [古罗马]塞涅卡:《幸福而短促的人生——塞涅卡道德书简》，赵又春、张建军译，207 页，上海，生活·读书·新知三联书店上海分店，1989。
② 同上书，198 页。
③ 同上书，49 页。
④ 同上书，48 页。

活动的主要内容，因此，他的锋芒主要指向教师和学生。他首先批判了教师言行不一的丑态。"有些人把哲学当成一门做生意的技巧来学习，因此，他们一方面教别人应该怎样生活，自己却过着截然不同的生活，我认为没有比这种人更降低人格的了。对于自己当众指责过的种种错误，自己又屡屡重犯的人是宣传他们的教育毫无效用的活广告。"①同时也批评有些人学习哲学的目的不够端正："但实际上，事情开始有变坏的倾向了，这一部分责任应归咎于哲学教师，因为现在他们不是教我们应怎样生活，而是教我们该怎样辩论了。另一部分责任在学生的身上，因为他们现在求师首先不是为了培养品行，而是为了发展智力。其结果是，哲学变成了语文学，学习智慧变成了学习词语。"②

塞涅卡十分明确地阐述了关于教与学的关系，并充分肯定学生的主体地位。"教者与学者，应有共同的目的：提高后者。""一个求学于哲学家的人应该每天都获得一点有价值的东西，回家来时应该成为一个更加健全的人，或者至少应该是更有可能成为一个更健全的人。"③

在塞涅卡那里，学习哲学的正确途径有两条。

第一条是交谈。"谈话于人最有裨益，因为它是逐渐潜入心田的……哲学是良言忠告，而且没有人是大喊大叫地给人以良言忠告的……但如目的在于启发人自己主动学习，而非强迫人学习，则只能通过低声细语的交谈，因为这种交谈比较容易进入大脑，开人心扉。人们所需要的不是千言万语，而是有效的言词。"④

的确，交谈就像播种，有助于人的成长。但交谈的内容是什么呢？就是

① ［古罗马］塞涅卡：《幸福而短促的人生——塞涅卡道德书简》，赵又春、张建军译，265 页，上海，生活·读书·新知三联书店上海分店，1989。

② 同上书，259 页。

③ 同上书，250 页。

④ 同上书，75 页。

斯多葛主义者的道德箴言。只有他们的伦理道德才能指示人们正确的方向。在塞涅卡看来，"箴言与种子具有同样的特点：形态细小，影响深远"①。"我们应当寻求的是对我们确有帮助的教诲，以及精神饱满、思想崇高的格言，因为它们是能立即进行实际运用的。"②在这里，罗马人的实用主义也表露无遗。塞涅卡特别反对只听不做的陋习，讥讽为"在哲学家那里打坐的人，不过是让耳朵充分享受所需要的乐趣"③。

对于教师，同时也就是哲学家，其言谈举止，塞涅卡要求应该做到井然有序，从容不迫——同哲学家顺应自然的生活一样。哲学家的演说是要把古训教诲传授给正在接受教育的人们，言语要简洁明了，朴素自然。所以既不能冗长激烈，也不能慢慢吞吞。对于前者，塞涅卡讥讽为沿街叫卖的小贩所具备的品质，后者则是内容贫乏的表现。对于学生，塞涅卡的要求同样明确："我们聆听哲学家的教诲，从他们的著作中发现真理，这些都应运用到追求幸福生活中去。"④

第二条是读书。一要读好书，二要精读。所谓好书，指的是天才作家的作品。好的书风格平静，纯朴优美，雄浑刚健，却又不失趣味性。要想获得永远铭记在心的知识，就只能从富有天才的作家那里获取养料，不能有杂乱散漫和随意任性的成分。塞涅卡形容那种走马观花式地阅读所有作家的著作的人是"旅游者"。选定好书之后，就要专心研读。"浏览许多不同思想之后，要选取其中一个，认真思考并当天予以彻底消化。"⑤对天才的伟大作品，不可能匆忙接近一下就有透彻的了解，必须视作整体加以考察，特别是创作过程中相互关联的各种因素。因为天才的作品就是这些相互关联的因素的总和。

---

① ［古罗马］塞涅卡：《幸福而短促的人生——塞涅卡道德书简》，赵又春、张建军译，76 页，上海，生活·读书·新知三联书店上海分店，1989。
② 同上书，264 页。
③ 同上书，250 页。
④ 同上书，264 页。
⑤ 同上书，2 页。

对这些因素可以加以单独的考察，但不要和它所属的整体分离。

塞涅卡这样说，也很难得地这样做了。事实上，他不仅主张读斯多葛主义者的作品，更从不同的思想流派吸收广泛的养分，并在选定之后牢牢抓住。学习不同流派的思想不是为了叛逃，而是为了侦察敌情。塞涅卡并不认为只有斯多葛主义者才发表过高尚的言论，而是对知识采取兼容并蓄的态度，表现出特别的宽容。

通观塞涅卡的道德教育思想，其从始至终都流露出一个斯多葛主义者鲜明的立场，对此我们应该辩证地分析借鉴。

四、贡献与影响

历史上对塞涅卡的评价贬损不一，要想客观地认识和评价塞涅卡，必须从其所处的社会历史背景出发。1 世纪，古罗马进入帝国时期。帝国社会生活的一个主要特征就是财富逐渐集中于少数人手中，塞涅卡正是一个代表。塞涅卡出生于富裕家庭，和富裕女子联姻，更在尼禄当政时期聚敛了大量财富。根据历史学家的考证，塞涅卡即使不是克劳狄和尼禄时代的罗马首富，也是第一流富翁中的一个。① 这样一位富翁，却公开说自己鄙视财富，大谈禁欲主义，不能不令人怀疑，从而引起后人的诟病。

恩格斯在《布鲁诺·鲍威尔和早期基督教》里提到了塞涅卡："塞涅加（即塞涅卡——引者注）先生表明，如果他们处境顺利，他们会变成什么样子。这位讲道德谈克制的斯多葛派，是尼禄宫廷中的头号阴谋家，不可能不阿谀奉承。他让尼禄赏赐金钱、田庄、花园、宫室。当他宣扬福音中贫困的拉撒路时，他实际上正是这个预言里的富人。只是当尼禄要他命的时候，他才叩请

---

① ［美］M. 罗斯托夫采夫：《罗马帝国社会经济史》，马雍、厉以宁译，149 页，北京，商务印书馆，1985。

皇帝收回一切赏赐，说他的哲学已使他感到满足。"①

　　罗素曾这样评价："塞涅卡是被后代根据他那可敬的箴言来加以评判的，而不是根据他那颇为可疑的行为来加以评判的。"②

　　这两种评价颇具有代表性，都可以供我们参考。恩格斯用充满论战性的语言痛斥了塞涅卡的伪善，言辞虽然激烈，却一针见血。罗素的评价较温和，为我们留下了研究其道德箴言的余地。这两种评价结合起来，可以构成对塞涅卡的完整认识。

　　我们坚持辩证地认识和评价塞涅卡的行为和思想，对其聚敛财富和言行不一的行为应予以谴责；对其哲学和教育思想要取其精华，去其糟粕；对其宗教神学思想、为奴隶制度辩护的言论应持批判的态度。但其道德哲学、道德教育的思想还是有很多闪光的地方可供我们吸收、借鉴。只有坚持辩证的态度，我们才能比较客观地认识和评价塞涅卡。

　　哲学家默兰对斯多葛主义做出了最精当的评价："斯多葛学派可以按两种方式来解释，我们在其中，或者能看到对神的'世俗化'和物质化的解释；或者是恰恰相反，在其中能看到对物质的神化和精神化的解释。"③塞涅卡的全部思想都可以用这句话来概括。例如，他对"智者"的规定，既是对神的世俗化，又是对人的神化。

　　塞涅卡的道德教育思想是古罗马教育史上重要的一环。随着帝国的确立，古罗马教育也发生着巨大的转变，由培养农民–军人转向培养具有多种素质的雄辩家–政治家。④ 在雄辩家应具备的多种素质中，排在首位的无疑是道德。因此，罗马教育思想的一个重要特征就是重德。正像塞涅卡指出的那样："在

---

①　《马克思恩格斯全集》第19卷，332~333页，北京，人民出版社，1963。

②　[英]罗素：《西方哲学史》上卷，何兆武、李约瑟译，330页，北京，商务印书馆，1976。

③　P. Merlan, *The Cambridge History of Later Greek and Early Medieval Philosophy*, Cambridge, Cambridge University Press, 1970, p.124.

④　张斌贤、褚宏启等：《西方教育思想史》，122页，成都，四川教育出版社，1994。

罗马教育家的心目中，道德始终是占据首要地位的因素，道德的形成是教育的最高目的……道德远比知识重要，道德既是知识的目的，又是获取正确知识的必要条件。"①塞涅卡对道德教育的重视并非偶然，而是既有斯多葛主义者的哲学信念，同时也是民族文化心理和社会现实的产物。塞涅卡的道德教育思想应该说存在着一定的体系，像道德教育的目的、途径、方法等，基本上构成了一个整体。如果说西塞罗标志着罗马教育思想发生转变后的真正确立，那么塞涅卡就是这种转变的进一步巩固。因此，应视其为从西塞罗到昆体良之间的一个重要环节。

塞涅卡对道德教育的重视即使在两千年后的今天也极具启发意义。毋庸置疑，我国传统教育思想也把"德"列在首位，塞涅卡在此和我们有相似之处。两种截然不同的文化，对待道德的态度有着异曲同工之妙。但必须指出的是，塞涅卡道德教育的出发点及最终目的和我们大相径庭。比较分析此间的种种文化差异，对于转变教育思想、更新教育观念都有可以借鉴的地方。尤其是在新旧千年更替之际，深刻领悟西方文化的精髓，对培育、建设新的道德观念和价值体系定会有所裨益。

塞涅卡的教育思想并不局限于道德教育，事实上，他的教育主张是较为广泛的，可以说包括了当时罗马教育的所有重要问题。就思想的内涵而论，包含了对罗马教育的反思和探索，具有明显的理性色彩。但就其表述方法来看，主要采取了书信的形式，以"道德箴言"名之于世，也就很难有系统性可言。只能说道德教育思想是塞涅卡教育思想的主要部分。

---

① 张斌贤、褚宏启等：《西方教育思想史》，163 页，成都，四川教育出版社，1994。

第四节 普鲁塔克的教育思想

一、生平和著述

普鲁塔克，罗马帝国时期传记作家、伦理学家和教育家，对后世有广泛而深远的影响。

普鲁塔克出生于希腊中部维奥提亚地区的凯罗涅亚镇一个富裕而有文化教养的家庭。父亲是一位历史学家，同时有很深的哲学造诣。由于父亲的影响和良好的家庭教育的熏染，普鲁塔克幼年时即对学问充满了热切的兴趣，渴求知识，孜孜不倦。青年时代，普鲁塔克游学于雅典，师从逍遥派哲学家阿摩尼奥斯，学习哲学、数学，兼取柏拉图、亚里士多德、毕达哥拉斯各派学说之精华，同时涉足医药学和历史学。他喜爱游历，希腊本土的名城胜地、爱琴海诸岛、小亚细亚、埃及、意大利等地，莫不留下了普鲁塔克的足迹。每到一处，他都广泛收集历史文献资料和口碑传说。这些努力为其史学著作的撰写奠定了丰实的基础。广泛学习和四处游历的经历，使普鲁塔克受益匪浅，为其在文学、历史和教育等方面的成就做了充分的准备。他不但博闻强记，而且关心世道人心，热心公益事业，是一位学问渊博且富有人道精神的哲人。

普鲁塔克生活的时期，正值罗马帝政时代的初期。此时希腊地区并入罗马帝国已有两百余年，希腊文化和罗马文化逐渐融合在一起，形成了希腊-罗马文化。普鲁塔克既是希腊的硕学通才，又是罗马的公民。在他身上，体现着希腊文化和罗马文化相融合的结果。

普鲁塔克曾在罗马讲授哲学，其间结识许多名人。据说，普鲁塔克曾经先后为罗马两朝皇帝——图拉真和哈德良讲过课，博得赞赏并被擢居高位，担任过执政官和希腊总督。普鲁塔克一生中大部分时间在家乡凯罗涅亚度过。

他一方面潜心著述，另一方面担任地方的首席行政长官。他还做过希腊圣地德尔斐阿波罗神托所的终身祭司。他曾在家乡开办了一所学校，自己担任多门学科的讲授，但以哲学和伦理学为主。

普鲁塔克是古代多产作家之一，著作等身，计有两百余种，可惜大多数早已散佚。流传下来的著述由后人编辑成两集。一是《希腊罗马名人传》，二为《道德论丛》（*Morialia*）。前者意在说明古希腊罗马在行动领域的成就，后者意在说明古希腊罗马在思想领域的目标。二者互为补充，相辅相成。其中，传诵较广的是《希腊罗马名人传》。该传记 1990 年被译成中文，由商务印书馆出版。相传，这是普鲁塔克晚年的呕心沥血之作。这是一部融历史、文学、教育和人生哲学为一体的鸿篇巨制，是西方古典文库中的瑰宝。在外国古代文学传记中，《希腊罗马名人传》堪称最负盛名，最有影响。《希腊罗马名人传》主要以古希腊罗马广阔的历史舞台为背景，将希腊和罗马伟人中品行事业相类似者加以并列，对照叙述，然后给予评价，塑造了希腊罗马历史上各种类型的人物形象，表明了两个民族伟大、光荣的历史。正是由于它的流传，我们才得以回到希腊、罗马时代，才能体会到与当时的代表人物接触的喜悦。这部《希腊罗马名人传》现存仅 50 篇，有 23 对、46 篇采用对比写法，希腊、罗马各占一半，另外还有 4 篇单人传记。但后人为了方便，把原著中各组相比较的人物按年代顺序重新进行了排列。普鲁塔克文笔流畅清晰，瑰丽多姿，人物刻画细致入微，栩栩如生，故事情节引人入胜，启人遐思，奇闻逸事和名言隽语穿插其间。《希腊罗马名人传》开创了传记体史学著作的先河，后世多仿效该书笔法进行写作。但是，普鲁塔克主要是一位伦理道德学家，再现历史并不是他撰写传记的主要目的，其主要目的是发挥和宣扬自己的伦理理想。书写传记是实现其教育目的的手段。《来库古传》是《希腊罗马名人传》中主要涉及斯巴达文化教育的一篇，同时提供了大量斯巴达的政治、经济等方面的材料，是后世史学家研究斯巴达各方面情况的重要资料来源。普鲁塔克在为来库古树碑立传的过程中，以美饰和赞同的笔法，叙述了斯巴达的教育概况。其中，普鲁塔克非常推崇斯巴达教育的某些实践活动。比如，重视军事体育训练及优生的问题、少年可与宠爱他们的男性长辈交往的问题、语言训练的问题、热爱智慧等，都可以在普鲁塔克《论儿童教育》（*The Education of Children*）中发现相对应的似曾相识的理论。

《道德论丛》则由六七十篇杂著组成。以苏格拉底式宣讲、柏拉图式对话或辩论，以及家庭聚会中的非正式谈话为主要形式，颇有后世"席间漫谈""炉边闲话"的风味，质朴、自然，以训世为主要目的。内容涉及教育、哲学、伦理、宗教、政治、科学、文艺等。《论儿童教育》是其中关于儿童教育的专论，详细论证了如何培养具有健全人格的儿童。普鲁塔克注重良好教养、好习惯的养成及全面的人文训练的教育，目的是为特权家庭培养年轻绅士。他自己的经历也说明，只有良好的教育才能成就有哲学智慧、优雅风度、英雄气概、政治谋略的人。

在哲学上，普鲁塔克是一个折中主义者。他以柏拉图学说为核心，融毕达哥拉斯学派、斯多葛学派、亚里士多德学派为一体。他的伦理道德思想主要来源于柏拉图的"理念至上"和"哲人治国"等理论。他认为人生应当受理性的节制，以道德为准绳，严于律己，宽以待人，恬淡寡欲，崇尚朴素谦和，不慕名利，忠于职守，造福人群，顺乎人情，而反对放纵情欲、奢侈过激、贪婪残忍等行为。他尤其注重道德实践，这种主张对他的教育思想有重要影响。

普鲁塔克在评价历史人物时往往从唯心史观的宿命论出发，原始的宗教迷信色彩较浓厚，以善恶分明、因果报应的伦理思想为基本原则。首先，他尊崇神性，信奉天意。同时，他深信生命无常，灵魂不朽，晚年又增添了浓郁的神秘主义色彩，提倡灵魂转世和生命轮回的学说。他认为，在神与人之间存在一种中间状态，他称之为"精灵""魔障"或"亚神"。人在世上，如果一生树德行善，摒弃邪恶，死后就会荣升为精灵，犹如他心目中的"护法神"苏格拉底先师一样。之后，如果继续发扬光大其美德，则升天变为真神；如作恶失去光洁，则堕入红尘，轮回转世。精灵有恶有善，有强有弱，有幸与不幸，因而神谕有时应验，有时失灵。《希腊罗马名人传》中，英雄人物的建功立业，功败垂成，都与神谕有关，处处脱不开精灵或魔障的法力。①

他主张在人的灵魂中要努力使非理性服从于理性。幸福来自德行，而德行在于遵守宇宙法则的根本教义。在政治上，普鲁塔克倾向于开明的君主制，对雅典的民主制持怀疑态度。

二、论公共教育

在《来库古传》中，普鲁塔克详细介绍了斯巴达政治、经济和文化教育等方面的情况。这是现在人们研究斯巴达教育的主要资料来源。

斯巴达的教育属于非常古老的早期人类教育类型，其生活有着明显的原始生活习俗的痕迹。拉哥尼亚平原东、西、北三面环山，唯一临海的南岸由于海岸线平直而缺少良港，使斯巴达成为保守封闭的农业国家，墨守着原始部落时代的一些古老的生活方式。斯巴达的教育有两个显著的特征：一是斯巴达人的教育生活化，寓教育于生活，把包括政治、经济在内的各种社会活动与品德的培养紧密结合在一起。二是注重军事体育。教育的任务是使斯巴达人在长期严肃训练中成为坚忍不拔的战士和绝对服从的公民。

在斯巴达的政治、法律生活中，来库古做出的重要贡献在于他的立法，而立法又是与教育紧密关联的。立法的目的是维护社会成员内部在政治、经济、法律活动中的平等权利。竭力防止两极分化，使所有公民既不穷也不富，使一切人生活方式上都平等一律。

---

① ［古罗马］普鲁塔克：《希腊罗马名人传》上册，陆永庭等译，中译本序言 7 页，北京，商务印书馆，1990。

来库古的立法主要有三项内容：（1）创建长老议会。由 28 人组成。长老议会同国王们在最重要的事务上有同样的决定权，从而给国家大事的协商带来了稳定和节制。(2)重新分配土地，分配斯巴达人的流动财产，取消不必要的、多余的技艺。重新分配土地，可以杜绝当时斯巴达骇人听闻的不平等，使人们彼此在划一的、生计上完全平等的基础上生活在一起。分配流动财产的方法是用易碎的、币值很小的铁币替代所有的金银货币。同时，因为没有销路，大部分技艺也随着旧的货币一同消失了。这样，再不存在与外国的买卖，传播异邦思想，教唆邪恶的修辞学教师和占卜者也被拒之门外，蓄妓的风气和金银匠人也不复存在，"于是，奢侈就这样渐渐地失去了刺激它、支持它的因素，自然消亡了"①。(3)建立公共食堂制度。目的是进一步打击奢侈风尚和铲除致富的欲念。这是来库古精心构思的政治措施。在公共食堂里，人们相互结伴，吃饮同样的食物，而不是在家里，倚靠着华贵的睡椅，坐在华贵的桌前，让人侍候，吃得脑满肠肥，屈服于每一种贪欲和各种饕餮之徒的恶习。普鲁塔克认为这一切不仅毁了他们的性格，而且败坏了他们的身体。通过共同居住和简单饮食，财富不再成为人们渴求的对象，成为"非财富"。普鲁塔克称赞这是一个"伟大的成就，而且是一个更加伟大的成就"②。

公共食堂不仅是斯巴达人餐饮之处，还是青少年男子接受教育的场所，是培养共同行为规范的学校。男孩子们出入公共食堂，就像到正经学校里去上学一样。他们在那里倾听政治辩论，领受开拓心胸的有益的教育典范。要练习容忍揶揄。要申请成为食堂的会员，还须得到原有成员的投票通过。因为共同进步的人要保证志趣相投、好恶一致。在食堂饮酒要适度，进餐后在夜色中回家不得拿火把，以培养他们勇敢无畏的品德。

---

① [古罗马]普鲁塔克：《希腊罗马名人传》上册，陆永庭等译，96 页，北京，商务印书馆，1990。

② 同上书，97 页。

普鲁塔克认为，来库古的这三项措施在整体范围内涵育了斯巴达人的民族品德和性格：稳妥和节制，坚定和平等，俭朴和实用，反对奢侈，遵守公共习惯，友爱，志趣相投，好恶一致，等等。斯巴达的每一个公民都只属于国家。来库古的目的是不使他们有独立生活的愿望和能力，使每个人成为社会不可缺少的一部分。

来库古领导下的斯巴达教育完完全全承担了立法的功能。以教育代替立法，把民众教化与立法紧密结合。来库古制定的法律并未形成文字。他认为："倘若那些促使城邦的繁荣与美德的最主要和最有约束力的原则，深深地在公民的习惯和训练当中扎下了根，它们就会经久不变和牢固可靠，因为通过教育使青年人民明确坚定不移的目的，要比强制更具有约束的力量。"①

元老院议员的补缺要选最德高望重的人，这是对美德的奖励。议员竞选是对全体公民的一次教育和感召。丧葬方面，来库古主张破除迷信恐惧，不用陪葬，除战死的男人或殉葬圣职的妇女，不准刻写墓碑，使得丧葬也成为英雄和美德的表征。普鲁塔克认为，来库古将对德行的颂扬或对罪恶的谴责同生活中一切必要的细节融合在一起了。

来库古认为，优秀的典范不断出现，必然对沿荣誉大道迈步的人产生支配性和决定性的影响。也正因为如此，来库古反对斯巴达人吸收来自外邦的生活习俗，并拒绝外邦人，以杜绝外邦人的信仰和教唆的腐蚀。来库古认为："防杜腐败的风习侵袭和充塞斯巴达比防止瘟疫更有必要。"②普鲁塔克认为，正是由于来库古通过以上训练和教育斯巴达人的方法，将他的法律灌输到他们的性格里去，培养他们对政体的爱，使来库古保障了其法律的稳定性和持久性。斯巴达人后来对来库古教诲的稍离，导致他们丧失了对希腊的控制权，

①　[古罗马]普鲁塔克：《希腊罗马名人传》上册，陆永庭等译，101页，北京，商务印书馆，1990。

②　同上书，120页。

濒于毁灭。普鲁塔克认为，这也是从反面证明了来库古的英明和功绩。

三、论遗传的作用

普鲁塔克关注赋予儿童生命的父母的出身，主张如果父母想把其子培养为达官显贵，就要对与之同居的妇女进行选择。要克己自省，远离下流的妇女，如妓女和妾婢。因为父母之中无论哪一方出身不高尚，则天性卑鄙低劣，即使终其一生也不能根除。人人可以斥之辱之。这样的父母所生育的儿童，是得不到幸福的。另外，为了避免父亲将恶习遗传给孩子，那么父亲在与其妻亲近之时，不得饮酒或浅尝辄止。普鲁塔克相信，如果父亲在醉酒的情况下使其妻受孕生子，则其子必钟情于杯中之物。他甚至借第欧根尼之口，对神智不正常的青年人断言："你父亲在养育你的时候一定喝了酒。"[1]

普鲁塔克认为，品行的善恶取决于三个重要因素，即本性、理性和习惯。只有这三个因素同时具备，才会有正常、良好的行为。人的本性拜遗传所赐，理性经学习所得，习惯通过实践而养成。人在自然禀赋的基础上，通过学习而获得进步，通过不断重复而使其善行得以巩固。只有三者的结合，才会使人的品行趋于完善，缺一不可。因为没有经过学习的本性，是盲目的；没有本性的学习，是不完整的；既没有本性又不学习的实践，是无效果的。这就好比种田一样，首先要田肥地沃，其次要求农夫技艺高超，最后是选用良种。培养儿童也同此理，禀赋如同土地，教师如同农人，语言教化如同种子。柏拉图、毕达哥拉斯、苏格拉底这些出类拔萃、享有盛名的人物身上，正体现了这三种素质的完美结合。

普鲁塔克的优生论与来库古的教育实践保持一致。来库古把教育看作立法者最伟大、最崇高的任务，并且追根溯源，着手调整婚姻与生育状况。来

---

① Robert Ulich, *Three Thousand Years of Educational Wisdom*, Cambridge, MA, Harvard University Press, 1947, p.92.

库古深信，婚姻的目的是生育。斯巴达的年轻姑娘的婚嫁习俗与她们接受的教育一致。来库古只是在她们完全成熟并热望结合时，才让她们做新娘。成熟产生的相互渴望使男女产生体贴入微的爱情，这时的新娘也强健有力，足以应付怀孕和生育的紧张劳累。斯巴达实行抢婚制。新郎在夜间和妻子短暂约会后仍回到原来的住处，与其他青年男子共居一处，直到做了父亲才可在白天看望自己的妻子。目的是锻炼克制和节制的美德，并且由于节欲，双方身体内部充满创造力，并保持情爱的高涨与新鲜。

来库古抵制丈夫对妻子的独占欲和妒忌。他主张为了得到气度不凡、高贵典雅的孩子，妇女可以与比自己丈夫优秀的青年同居生子。因为儿子是国家的公共财富，而非父亲的私有财产。他嘲笑当时法律中的愚蠢之处："他们繁育犬马时反倒坚持要得到最佳的雄性良种，不惜金钱或利用私人友谊；但是，他们将自己的妻子锁在深宅内院，让她们只给自己生儿育女，哪怕他们自己是些笨伯，或是屠头，或是病夫。"①因为婚姻关系的目的只是得到健壮的体魄和营造良好的政治环境。

总之，普鲁塔克的教育思想中已出现了优生学的萌芽。他重视遗传的作用，强调父母要有良好素质才能养育正常儿童，并且把人的天赋列为决定健全行为的重要因素之一。同时，他又肯定了教育的重要作用。

四、论智育

(一)哲学素质的培养

普鲁塔克赋予哲学至高无上的学科地位。他说，自由民的孩子，必须要熟稔文雅教育中的每一学科，但是，只要求他们随机学习，只需了解而不必深究。而哲学应是一切教育的核心，最为重要，最有价值，正如旅游时可以

---

① ［古罗马］普鲁塔克：《希腊罗马名人传》上册，陆永庭等译，105~106 页，北京，商务印书馆，1990。

观光许多城市，但要定居，则须选择其中最好的才会使儿童们享受到裨益一样。

知识可以分别医治身体和心灵的疾病和创伤。在身体方面，医学知识可以保证人的健康，体操知识可以使人强壮。而对心灵方面的疾病和烦忧，只有哲学才能医治。普鲁塔克指出哲学有三个主要的作用：①使人能分辨何者为荣誉，何者为羞耻；何者为公正，何者为不公正。即何者可为，何者不可为。②可帮助确定人与神，与父母，与长辈，与法律，与朋友，与权贵，与妇女，与孩童之间的关系。尊敬神明，孝敬父母，尊让长辈，服从法律，顺服权贵，爱护朋友，礼敬妇女，关爱儿童，不恃傲于奴仆。③不因得而过喜，不因失而过悲，不放纵声色，不蛮横粗暴。这些都仰仗哲学知识的指引。

普鲁塔克主张，哲学要与生活实际相联系，应重视哲学的实用性。他认为生活方式有三种：世俗的生活、思索的生活、享乐的生活。享乐的生活即纵情声色、耽于情欲的生活，卑下低级，不应仿效。思索的生活不应脱离实际，一旦脱离实际，就会成为空乏无益的生活。世俗的生活如果缺乏哲学的成分，就会枯燥无味，没有文化气息，没有修养价值，这样的生活也不能带给人幸福。可见，生活离不开哲学，哲学也不应该脱节于生活。在这方面已经给人们树立了典范的是那些把政治才华与哲学智慧适当地结合于一身的伟大人物。他们于社会、于公共事业、于个人有益，又达到了潜心研究哲学的最高精神境界。在现实生活中，伯里克利、阿克斯特等人就是把政治和哲学巧妙地糅合在一起的典型。

(二)阅读、语言、音乐、诗歌的训练

普鲁塔克要求孩子们必须阅读古代的作品。要像收集耕种时使用的农具一样收集这些作品。因为教育所要依附的工具是书籍的使用，这样，我们才能对知识进行研究。斯巴达少年要接受严格的语言问答训练，要求答话有理有据，言简意赅，言辞辛辣优美。讲粗话者受罚，绝不说思想苍白或毫无意义的语词，不信口开河。普鲁塔克对斯巴达人交谈的评价是："虽然简短，但确定有力、中肯，能抓住听者的思路。"①因此，普鲁塔克断言："热爱智慧胜过热爱健身活动是斯巴达人与众不同的特点。"②

斯巴达人关注音乐、诗歌方面的修养。其歌曲激情饱满，振奋人心，风格古朴，主题严肃，扬善抑恶。热爱音乐和尚武好战同时体现在斯巴达人身上。普鲁塔克通过对诗人泰勒斯的赞美，说明诗歌具有重要的教育作用，颂诗可规劝人们服从命令，和谐如一，诗人做的工作与最有成效的立法者对等。他说："在韵律整齐的诗歌里，充满了井然有序的宁静。因此，凡是听过这些诗歌的人，不知不觉就柔化了性情，以至于摒弃了当时风靡一时的相互憎恨，从而和睦共处，一道追求高尚的、崇高的情操。"③来库古在发现《荷马史诗》中包含的政治与纪律的教诲比它提供的欢乐与放纵的刺激毫不逊色后，把史诗抄录编册，使之在斯巴达广为流传。

以上普鲁塔克阐述的斯巴达教育的一些史实，例如，斯巴达教育实践中对音乐、诗歌、艺术的重视，热爱智慧胜过健身活动等情况，与我们现在掌握的斯巴达人嗜武成性、没有文化的说法互相矛盾。要解释这一矛盾，须追溯到公元前 7 世纪后期的第二次美塞尼亚战争。

在迈锡尼文明时代，斯巴达是希腊本土上重要的文明中心，在各城邦中，居于举足轻重的地位。公元前 1200 年左右，另一支叫作多利亚人的希腊人，侵入希腊半岛中部和南端的伯罗奔尼撒，毁灭了迈锡尼文明，征服了原先居住在那边的土著部落，繁衍为斯巴达人。之后，希腊本土出现了延续几百年的黑暗时期。由于迈锡尼文明的毁灭，希腊本土经济倒退，文化陵夷，又倒退到了没有文字记载的史前时期。直到公元前 8 世纪中期，才重新开始有文

---

① ［古罗马］普鲁塔克：《希腊罗马名人传》上册，陆永庭等译，110 页，北京，商务印书馆，1990。

② 同上书，112 页。

③ 同上书，90 页。

字记载的历史。

在征服和对外扩张的过程中，斯巴达国家产生、形成。在扩张过程中，这支多利亚人把大部分被征服的土著居民变成了集体的农业奴隶，或将之驱逐到边远山区。从公元前8世纪后期开始，斯巴达人又侵入西部的美塞尼亚，史称第一次美塞尼亚战争，让大部分美塞尼亚人（即"希洛人"）沦为奴隶。公元前7世纪后期，美塞尼亚人掀起大规模起义，史称第二次美塞尼亚战争。这次战争给予斯巴达沉重的打击。战争之后，斯巴达的文化发展突然停滞了。在此之前，斯巴达人生活安逸自由，热爱音乐和艺术，对殷勤奴隶也有较好的态度。博伊德与金合著的《西方教育史》也述及在斯巴达阿尔特弥斯神庙遗址的出土文物揭示了这个民族艺术的突然变化。"整个7世纪，都能看到一些生气勃勃、地方色彩浓厚的艺术品的证据。这些艺术品无论在优美还是滑稽方面都表现着典型的希腊人的意识。后来，在非常短暂的时间之后，神庙里奉献的祭品就不再精美了，而且具有幽默感的奇形怪状的面具在祭品中甚至绝迹了。"①

在《来库古传》的最前面，普鲁塔克考证了传说中斯巴达立法者来库古的在世年代。历史学家对于来库古其人的出身、游历、去世的情况，意见不一致。估计来库古生活在公元前7世纪末以前。这样，我们就不难理解来库古时代斯巴达教育对智慧训练的重视了。

（三）记忆力的训练

记忆是学识的储藏所，要锻炼儿童的记忆力。世界上没有任何东西像记忆那样，能创造和孕育新的事物。不论是记忆超群还是记性驽钝的儿童，都要进行训练，增强他们自然的禀赋或补救其所不足。这样，优秀者更胜一等，落后者也会有所进步，积少成多。凡教学中可以训练记忆力的科目，对儿童

---

① ［英］威廉·博伊德、埃蒙德·金:《西方教育史》，任宝祥、吴元训主译，10页，北京，人民教育出版社，1985。

的学业成就和实际生活都有助益。

五、论道德教育

　　普鲁塔克强调本性、理性和习惯在人的品行形成过程中的重要作用，但是，他并不认为禀赋欠缺的人就要抱憾终生，无以弥补。他说，如果上苍赐降这三种素质于一身，则是极端的荣耀和上天的厚爱。如果天性不全，教育则是改变个人处境的适当的渠道。因为除天性外，理性和习惯后天可以习得。学习、实践、教育可以弥补天性的不足。习惯长期坚持逐渐积淀，则形成性格。"习惯"在此等同于"教育"。好的习惯不是自发形成的，它是良好教育的结果。为了证明教育、实践、习惯在人的性格形成中的更重要的作用，普鲁塔克以斯巴达立法者来库古的例子来说明。[1] 来库古用不同的方式饲养了两条同种猎犬。一次，当众人聚会时，来库古说，习惯、训练、教养及生活指导对人的美德的形成有极大的影响，现在他可以做个证明。于是，他在狗的前面，放了一盘食物，一只兔子。当一只狗飞奔逐兔而去之时，另一只却津津品尝盘中食物。来库古说，这两只狗都是同一种类，由于教养方式的不同，一只成了狩猎者，另一只成了贪食者。这就是普鲁塔克关心儿童教育的原因。

　　普鲁塔克也谈及了早期儿童教育的问题。早期教育在孩子落地之日就应开始。要立即对孩子的肢体加以限制，使其长直，避免畸形。同样，出生伊始，就要重视孩子性格的塑造。因为幼儿易受外界影响，可塑性大，思想还未定型。一旦外界的不良影响进入孩子的头脑，就很难清除，就像在松软的蜡上盖上的印章。所以，要用正确的教育占据儿童易被感染的心灵，保护他们不被污染。

　　简言之，良好的教育、适当的训练，要持之以恒，贯穿人生的婴儿期、

---

　　[1]　Robert Ulich, *Three Thousand Years of Educational Wisdom：Selections From Great Documents*, Cambridge, MA, Harvard University Press, 1954, p.92.

童年、青年时期。只有这样，才能修得品行完美，人生幸福。在人的本性中，两种资质居于至高无上的地位：智力和理性。智力制约理性，理性是智力的奴仆。对于这二者，万贯财产不可腐之，病魔缠身不可摧之，恶语中伤不可毁之，时光流逝不可蚀之。虽然年年岁岁，时光飞逝，湮没了其他很多东西，智慧却随年月增辉，远离了琐屑与粗鄙。

另外，普鲁塔克特别指出，他的教育理论普遍适用，既面向富家子弟，也面向平民孩童。并且专门指出，穷人须尽其所能，给孩子提供最佳的教育。如果做不到，那他们必须运用别的办法来获取教育。

在道德教育方面，普鲁塔克论述了道德教育的方法、道德教育的内容及青春期教育的问题。普鲁塔克主张用鼓励与说理、批评与表扬相结合的方法来教育儿童，反对掌掴等体罚手段。他说体罚不适合于自由人的孩子，只有奴隶才可以被体罚。儿童受罚后，不但要承受身体上的痛苦，心灵上也难免被伤害——他会认为自己没有被别人尊重，没有被当作自由人。对于自由人的孩子来说，批评与表扬的方法最为有效，胜过任何其他不正当的途径，因为奖励和表扬可以激励他们奋发向善，渴望荣誉；责备和批评避免他们堕落为恶，鄙弃丑行。同时，要注意批评与表扬的交替使用，以不同的方式进行，时机选择要恰当。在儿童自以为很了不起的时候，加以批评，使他们感到惭愧，然后再辅之以鼓励，使他们重新振作。就如同奶妈的方法：打一巴掌，揉一揉。表扬时应注意实事求是，不要言过其实，以免诱发儿童自高自大、忘乎所以的心理。

在道德教育的内容方面，普鲁塔克也做了一些阐述。他主张杜绝孩子讲污言秽语，并援引德谟克里特之言——"言语是行动的影子"，要求儿童的语言彬彬有礼，举止合宜。因为再没有比性格粗鲁更令人厌恶的事了。要教育青年人在论辩中态度谦逊，控制情绪，在不能获胜时审时度势，及时让步。

这才是聪明的表现。要培养青年人说真话、实话的习惯，因为谎言是奴隶的行径，众人莫不痛恶欺骗。即使在地位微贱的奴隶中，也是以欺骗行为为耻的。

普鲁塔克为青年人的道德修养设计了一个原则，即生活俭朴、言语谨慎、抑制愤怒、约束行为。

普鲁塔克还谈到了青春期教育的问题。他指出，对青年的关心要比对儿童的更多一些。因为青年人如果犯错，性质会严重得多。在这一阶段，青年易滑向堕落，行为无节制，贪婪，偷父母的钱，赌博，寻欢作乐，酗酒，与已婚妇女行为不轨，等等。因此，要谨慎监督青年的行动，加以约束、限制。因为人在本性上是喜欢作乐、放纵奔放和无所羁绊的，所以需要人去驾驭。在这一阶段，为人父母者对青年放纵不管，任其胡为，则愚蠢透顶。但凡有头脑的父亲，都应对处于该年龄阶段的青年特别警惕小心，用生活中正面、反面的各种实例来说服、教育他们恢复理智。如果以上方法仍不能使浪子回头，他们仍肆意妄为，听不进忠告，就应考虑让他们成婚。婚姻是青年人最好的联合方式。择妇时，不能贪图富贵人家，攀附高枝，而要选择门当户对的亲家。因为如果娶了个金枝玉叶，则不知不觉会将自己变成嫁妆的奴仆，而非妻子的丈夫了。

六、论体育

普鲁塔克认为，体育是儿童教育的一个重要方面，要实施得当，全力以赴。体育不仅是为了形体健美，更是为了强壮有力。因为孩童时的强壮身体是成年后强健的基础。恰似在晴空万里的日子，人们应该未雨绸缪。所以，年轻时应该经历充分的磨炼和自我节制，以便老来应用。

体育锻炼要适度，不可过火，以免太劳累不能读书。他引用柏拉图的说法，睡眠和劳累都是有害于儿童的。体育的重要性还在于体育锻炼与战争紧密联系。在他看来，锻炼的基本职能就是培养勇敢的战士。出于战争的缘故，孩子们必须接受掷标枪、射箭、打猎等训练。因为在战争中，征服的果实是属于胜利者的。室内的生活不足以生产出战场上所需要的身体条件。有些士兵身体虚弱，只有通过体操训练才能较顺利地接受军事训练。

七、论妇女教育

普鲁塔克赞赏斯巴达对女子教育的重视。斯巴达的这种做法与原始部落的生活风俗有一定联系。虽然希腊英雄时代已经是父权制社会，但仍保留了尊重妇女的风尚。在斯巴达社会，妇女地位高于希腊其他城邦。同时，这也是为了给她们生育身体健康的孩子创造必要的条件。妇女最主要的任务就是为国家生育健壮的战士。妇女在家接受教育，不必去军营。主要内容是通过跑步、摔跤、扔铁饼、掷标枪锻炼身体。这些运动既可以使将来腹中胎儿健壮结实，又可顺利分娩，并使她们摆脱娇气与娇弱。妇女在运动时同青年男子一样，只着短袖束腰。这样既可对围观的青年男子中行为失检的人进行揶揄、挑剔，又可对高贵品德者进行赞颂。普鲁塔克认为，这些妇女衣着虽少，却丝毫不失体面，反倒培养了她们庄重贞节、质朴的习惯和对健美身体的热烈追求等美德，也使她们体验到一种高尚的情操，使她们拥有勇气和抱负。在家，她们绝对地管理家务；在公开场合，她们参与辩论并无拘无束地发表对重要问题的意见。在这样的公开活动中，不仅妇女，所有的青年都身临其境，接受生动的道德教育。

八、论父母与教师的职责

教育在人的性格形成中可以发挥巨大的作用。而教育能否正常发挥其效能，教育性质是好是坏，则取决于教育者。[①] 普鲁塔克眼中的教育者依次为父

---

① 滕大春主编：《外国教育通史》第 1 卷，371 页，济南，山东教育出版社，1989。

母、奶妈、教仆、教师。对教育者的要求及责任，普鲁塔克做了以下阐述。

母亲应该亲自抚养自己的孩子。因为她们在抚养孩子时，母爱盈怀，情真意切，小心翼翼，待之若掌上明珠。而女佣和奶妈的爱则是不真诚的，来自外界，为报酬而付出。因此，为人母者要鞭策自己，尽可能担负起抚育和养护的责任。如果因为身体孱弱或子女众多的原因，要雇用奶妈或女佣的话，则要谨慎从事，择优而用，以希腊人为首选。希腊妇女浸淫在高度发达的文化传统中，性格与德行要较其他民族的优越。

为人父者，应洁身自好，谨言慎行。只做其所应做之事，为子女树立学习的榜样，成为子女自检行为的明镜，教育子女趋善行而避恶果。如果父亲一生劣迹斑斑，偷盗行窃，则连忠告奴隶的资格都丧失了，更别说教育自己的子女。父亲在让孩子学习的时候，要充分考虑到孩子的接受能力。普鲁塔克说，有些父母对孩子的要求过高，效果适得其反。因为"当他们过于迫切地想在种种学问上使他们的孩子出人头地、鹤立鸡群，他们就会给儿童安排一些不合情理的难以完成的任务，结果造成孩子的难过和负性情感体验，从而厌恶学习"①。在为儿童选择了优秀的教仆、教师之后，为父者如果从此对孩子的实际教育情况甩手不管，不闻不问，则不算尽到了父亲的责任。他们应该过几天就检查一下孩子，不能把对儿童的全部希望寄托给外人去实现。因为"没有任何东西，能像国王的眼睛，能使马儿肥硕"②。父亲对孩子的教育要刚柔并济，不能过于严厉、生硬和粗暴。自己不如年轻人的地方，父亲应该坦白承认。为父之道，在于宽严结合。偶尔可放纵一下孩子的欲望，放松一下缰绳，有时却要严格要求。应制怒，以镇定对待青年的错误，要耐得了青年人无关紧要的错误。有时甚至需要熟视无睹或装聋作哑。既然我们可以

---

① Robert Ulich, *Three Thousand Years of Educational Wisdom：Selections From Great Documents*, Cambridge, MA, Harvard University Press, 1954, p.96.

② *Ibid.*, p.97.

忍受朋友的短处，为什么不可以容忍自己的子女的呢？即使不能做到镇静，那么发火之后，应马上冷静下来。有张有弛，严厉与慈爱的有机结合，才能达到预期的教育效果。

普鲁塔克赞同青年人与眷宠他的成人亲近、交往。他认为像苏格拉底、柏拉图等值得仰慕的人，都可以对青年产生良好影响，指导他们心向学业，行为美满，并使他们见习领袖风采。在来库古领导下的斯巴达就有类似现象，那里的老年人对青少年的成长和训练非常关心，出于父亲、师长、长官的责任心，时常去观看他们的训练并激励他们。部分有声望的男子钟爱、宠幸一些少年，分享其荣辱、罪罚。同性之爱（包括女性）在斯巴达人中颇受赞许。普鲁塔克对此持肯定态度。他说："此中毫无嫉妒、竞争，相反，那些把他们的感情集中在同一少年身上的人，倒把他们的感情变成了彼此发展友谊的基础，坚持不懈的共同努力使他们所钟爱的少年成为尽可能高贵的人。"①

除了父母，还应该为儿童选择教仆作为儿童的教育者。他们身兼仆人和游伴二职。这种人要求性格健全，口齿清晰，最好是希腊人，以免孩子跟瘸学跛，被野蛮人及卑鄙的人玷污。到孩子年龄稍长，就应该为他们选择教师，交给教师照管。教师的挑选要慎之又慎，不应随意把儿童交给从战争中掠来的奴隶，或野蛮未开化的或居无定所的人。普鲁塔克指出，时下有许多人在处理为孩子择师一事上荒诞不经，不能仿效。因为他们把孩子托付给一些自己信任的奴隶去监护照看。这些人往往是照管农场、船只等东西的，有的是管理家务的，个个好吃懒做，酗酒成性，百无一是。一个优秀的教师，应该像《伊利亚特》中的亚乞利斯的教师那样忠诚可靠。

普鲁塔克提出选择教师的标准是：生活正常，品行端正；行为高雅，无懈可击；经验丰富，无可匹敌。

---

① ［古罗马］普鲁塔克：《希腊罗马名人传》上册，陆永庭等译，110页，北京，商务印书馆，1990。

九、贡献与影响

作为一代宗师，普鲁塔克在世时就深受景仰，其作品成为人们最喜爱的读物。文艺复兴时期，普鲁塔克的伦理观念和他所歌颂的人生模式，还有迥异于经院主义教育的把培养有教养的人作为教育目的，把哲学思考、文雅举止和政治风度结合的教育理想，正切合西欧人文主义学者的需要和主张，而备受他们的青睐。《道德论丛》和《希腊罗马名人传》的希腊文原本被刊印，后被译为拉丁文、意大利文、法文、英文，其传更广，声名更胜，几乎家喻户晓。拉伯雷、蒙田、莫尔、莎士比亚、培根、歌德、马克思等，都十分喜爱普鲁塔克的作品。后世很多史学家、文学家都从中汲取营养。不但普鲁塔克笔下的英雄人物成为人们教育孩子的活的典范，而且他对教育理论的发展也做出了不可磨灭的贡献。在卢梭的巨著《爱弥儿》中，我们时时可以体察普鲁塔克对他的影响。

17—18 世纪欧美资产阶级革命时期，普鲁塔克的著作也很流行。当时的资产阶级革命家景慕古典时代的奴隶主民主制，对普鲁塔克笔下的古希腊罗马英雄人物充满敬意。19 世纪，由于浪漫主义运动的兴起和学者们对历史事实的准确性采取了更加严格的态度，普鲁塔克的影响开始消减。虽然在 20 世纪他的直接影响并不大，但是一般人关于希腊、罗马的历史知识仍然得之于普鲁塔克的作品。在英美和西欧的一些学校里，普鲁塔克的作品至今仍被列入世界名著第一年必读书目。

普鲁塔克的《来库古传》在叙述斯巴达立法者来库古生平事迹的过程中，记述了大量有关斯巴达政治、经济、文化教育方面的材料，是研究希腊历史的重要文献。作者本人在写作的过程中，通过对斯巴达教育制度的叙述和赞美，表明了作者对教育，尤其是对当时罗马教育的看法。

对于历史上是否有过来库古这个人物，西方学者长期争论不休。普鲁塔克记载闻名于世的斯巴达社会制度，包括教育制度，是来库古一手缔造的。

英国教育史家博伊德和金在他们合著的《西方教育史》中指出了这个观点的双重错误。应该说普鲁塔克在《来库古传》中大力宣传来库古的历史作用，对斯巴达的教育制度充满溢美之词，这一方面可能是因为历史材料的缺乏，另一方面也是普鲁塔克通过对斯巴达教育的赞美而折射出其对当时罗马教育现状的批评态度。

在罗马共和时期，教育的目的是培养雄辩家，这在昆体良、西塞罗的教育思想中得到了充分体现。但到了帝国时期，在罗马皇帝独揽大权的情况下，人们并不能对国家的重大问题发表自己的看法，雄辩术的作用已发生了很大变化，只是人们在法庭辩论时还需要雄辩术，雄辩家变成了辩护家（律师）而成为一种职业。在这种情况下，普鲁塔克高度重视教育在国家政治生活中的作用。他认为来库古正是因为把教育青年当作国家的重要任务，才确保了斯巴达的长期稳定。他认为罗马的统治者应该重视教育在维护国家稳定中的重要作用，特别是要培养罗马青年具有完美的德行，即具有诚实、节制、勇敢等品德。因为它不仅有助于培养罗马人"忠君爱国"的思想，而且有助于罗马统治者对各地区的不同民族的人民进行精神统治。

普鲁塔克重视遗传的作用，但他同样重视教育的作用。他从人的天性与教育的关系出发，认为人的成长需要三方面的因素：人的自然本性、理性与习惯。在这三者中，本性是先天就有的，而理性和习惯则来自后天的学习和实践。本性、理性和习惯是相互联系、缺一不可的。人的成长就是在自然本性的基础上，通过后天的学习和实践而实现的。教育不仅具有发展人的本性的作用，而且具有弥补、改善本性的作用。普鲁塔克特别强调教育在人的发展中的巨大作用。普鲁塔克虽赞美斯巴达的教育制度，但并不像斯巴达那样只强调单纯的军事体育训练，而是主张对青年进行德、智、体等几方面的教育，提倡通过公共教育把罗马青年培养成为德、智、体和谐发展的人，以便使他们成为品德高尚、学识渊博、身体健康的人，成为罗马的优秀公民。

第十二章

昆体良的教育思想

　　马库斯·法比尤斯·昆体良是古代罗马奴隶制帝国初期最负盛名，影响最大的教育理论家和教育实践家。他从理论上系统地总结了老加图、普林尼、卢克莱修和西塞罗等教育家的教育思想，又对罗马学校教育实践进行考察审视，提出了较为完整的一套教育理论。他的 12 卷巨著《雄辩术原理》系统地论述了关于培养善良而精于雄辩术的雄辩家的具体举措。他指出，一个真正的雄辩家既要擅长雄辩，通晓各种文化知识，具有随机应变的各种能力，同时还应具有高尚的道德品质和思想情操，是一个善良的人。为此，昆体良全面论述了雄辩家教育的目的、内容、方法、教学过程和教师等问题，形成了他独特的教育思想体系，对后世的教育思想和教育实践产生了重大的影响。

第一节　生平与著述

　　昆体良是古罗马帝国的雄辩家、教育家。他出生于西班牙(当时属罗马帝国的一个行省)埃布罗河上游加拉古里斯的一个小镇。其父是当时一位颇有名气的雄辩术教师，并在罗马兼任律师事务。因此，昆体良从小就来到罗马接受良好的家庭教育，后来又进入罗马文法学校学习。他的教师中有著名的文法课教师帕利门（Remius Palaemon）。帕利门是通过自学掌握了文法知识而获得自由的家生奴隶。①获得自由后，帕利门成为文法教师，也是位标准拉丁文法教科书的编撰者。昆体良之所以具有纯净的罗马语言修养与他接受帕利门的教诲是分不开的。离开文法学校后，他曾为当时罗马很有名气的雄辩术教师、著名的律师阿佛尔（Domitius Afer）担任助手。长达 8 年之久的律师助手生涯给昆体良提供了许多熟悉、了解雄辩术理论和实践的机会，能有幸聆听当时处于权势顶峰的政界要人的演说，这也为他此后独立从事雄辩术和律师事业奠定了基础。公元 58 年（一说 59 年），阿佛尔去世，正值罗马旷世暴君尼禄统治最黑暗的时期。昆体良毅然离开罗马，返回故乡西班牙。在西班牙的 10 年时间里，他主要从事律师工作，在民众中已享有一定声誉，并取得显著业绩。公元 68 年，尼禄由于诛杀无辜，挥霍无度，耽于淫乐，不务政事而内外交困，众叛亲离。各种社会势力起而反对其暴政，元老院宣布他为"祖国之敌"。尼禄在绝境中逃出罗马，自杀身亡。不久，元老院又宣布当时驻西班牙的副统帅，年已 72 岁的伽尔巴（Galba）继任皇帝。由于昆体良在政治上拥护罗马帝国制度，思想上维护奴隶主贵族统治，学术上雄辩术造诣较高，因而得到当局的信任和赏识。同年年底，伽尔巴在走马上任时把昆体良也带回了罗马。此时，又遇到一场争夺帝位的内战，半年之内，包括伽尔巴在内，3 个皇帝在混战中被杀，原任罗马驻非洲总督的韦斯巴西安（Vespasian，69—79 年在位）翦灭群雄，夺取皇位，创立了弗拉维王朝。韦斯巴西安是罗马帝国较有作为的皇帝，在位时，他加强中央集权统治，整顿财政、经济，发展文化教育，重建被烧毁的卡皮托林神殿，修建可容纳数万名观众的半圆形大剧场，等等。为了让皇室及贵族子弟得到精深培养，韦斯巴西安皇帝于公元 70 年在罗马开设了由国库支付教师薪金的国立拉丁语修辞学校和希腊语修辞学校，

---

① 家生奴隶指奴隶主与家中女奴隶所生之子女，仍属奴隶身份，但有别于外来的奴隶。

这在罗马历史上是从未有过的创举。昆体良被委任为拉丁语修辞学校的公职教师，在这所修辞学校主持工作达 20 年之久，一直到公元 90 年退休。他前后历经弗拉维王朝的三代皇帝。① 韦斯巴西安皇帝精明能干，生活俭朴，反对奢侈放纵。昆体良也竭力提倡敬重德行，恢复俭朴，规范优良的雄辩术风格。因此，在崇尚道德和俭朴方面，昆体良是完全迎合韦斯巴西安的主张的。昆体良还曾担任过多密善皇帝的两个外孙的家庭教师。由于深得君王及其子弟的赞赏，昆体良获得了多密善皇帝封赠的"执政官"称号。当时这是一个没有实权的空衔，只作为荣誉和特权的象征而已。昆体良在雄辩术教育岗位上辛勤执教 20 年，他为人严谨、仁慈、豁达、睿智，感情真诚、热爱学生，深受学生们的尊敬和爱戴。他在退休后仍不停歇，着手撰写《雄辩术原理》，只用两年时间，就完成了长达 12 卷的鼎力之作。但此书直到他去世后的公元 96 年才出版。这是西方第一本系统论述教育问题的专著，在教育史上占有极其重要的地位。此外，昆体良还著有《论罗马雄辩术衰落的原因》(Decausis Corrupta Eloquentiae)，可惜已散失无存。《雄辩术原理》的书稿也曾遗失达 1300 多年之久，直到 1416 年，一次偶然的机会，人们才从瑞士的圣·高卢女修道院藏书楼的积尘中发现此书的破损文稿，由瑞士古籍收藏家波齐奥·布拉秋利尼(P. Bracciolini, 1380—1459)花费 32 天的时间，以秀丽的文字抄写完这部著作，使它重见天日，并立即受到社会各界人士的热切关注和高度评价。英国 19 世纪著名哲学家穆勒(J. S. Mill)在谈到昆体良著作的贡献时指出："他的著作是整个文化教育领域中古代思想的百科全书。"②德国著名的宗教改革家马丁·路德(Martin Luther)读了此书后深受鼓舞。他在给友人的信中这样写道："我喜爱昆体良更甚于几乎所有其他教育权威，因为他既是教师，也是

---

① 三代皇帝包括韦斯巴西安、提图斯(Titus, 79—81 年在位)、多密善(Domitian, 81—96 年在位)。

② [古罗马]昆体良：《昆体良教育论著选》，任钟印选译，译序 16 页，北京，人民教育出版社，1989。

模范的雄辩家，即是说，他是以理论和实践的最巧妙的结合进行教育的。"①
昆体良老年丧妻丧子，逝世于公元 95 年(另一说为公元 96 年)。

第二节 昆体良雄辩术的思想渊源

昆体良的教育思想是与雄辩术的研究和雄辩家的培养紧密相关的，深受斯多葛派哲学的影响。

雄辩术又名演说术。昆体良认为："它是一门艺术，它是有用的，它是一种美德，它的素材是需要处理的每一个问题。"②据《伊利亚特》记载，早在古希腊的荷马时代就出现了雄辩术和教授雄辩术的人。古代希腊经济的发展、文化与学术的高涨和政治生活的活跃，使雄辩术得以持续发展起来，并产生了一批学识渊博、才华横溢、文采绚丽、热情奔放的著名雄辩家。恩培多克勒、高尔吉亚和普罗泰戈拉是最杰出的代表。古希腊时代雄辩术研究和讲授的主要内容包括三个方面：一是致颂词，一般在庆功会或葬礼上发表演说，颂扬某个人或某些人的功德和业绩。二是进行政治鼓动，针对国家重大的政治、军事、社会问题发表演说，进行辩论，申明自己的观点，影响公众舆论。三是法庭上诉讼案件的控告与辩护。到了罗马共和时期，上述第一、第二两个方面的内容仍然是雄辩术为之服务的重要方面，成为争取民众、击败政敌的重要工具。改革家格拉古、阿西琉、路卡努、西塞罗都是才干超群的雄辩家，使雄辩术在政治生活中显现其巨大的作用。

到了罗马帝国时期，雄辩术虽已逐渐失去其昔日的光彩，但是它在另一

---

① [古罗马]昆体良：《昆体良教育论著选》，任钟印选译，译序16页，北京，人民教育出版社，1989。

② 同上书，137 页。

种重任下继续为帝国效劳。这时，它成了有教养的罗马人的标志或身份（主要是走向仕途的阶梯），但更多的是从事法律的诉讼。昆体良的教育实践和教育思想使雄辩术理论日臻完善。

昆体良在认识论上奉行的是斯多葛学派。该派代表芝诺在认识论上承认客观事物在人的认识中的反映，人应"顺应自然"，具有朴素唯物主义倾向；他还提出宇宙决定论与人类自由说。芝诺及其弟子们深信，自然的过程是严格地为自然规律所决定的。起初只有火，然后逐渐出现气、水、土。最终将有一场宇宙大燃烧，于是一切又都变成火。这种演变过程将永无休止地重演。我们每个人都包含有一部分神圣的火。一切事物都是那个叫作"自然"的单一体系的各个部分，个体的生命与"自然"和谐相处时就是好的，德行就是与"自然"相一致的意志。既然德行在于一致，所以人生中一切真正好的和坏的东西就都取决于自己。他可以很穷，但又有什么关系呢？他仍然可以是有德的。在一个人的生命里，只有德行才是唯一完全靠自己的善，像房屋、田地、财产这些东西都是微不足道的身外之物。所以，每个人只要能把自己从世俗的观念中解脱出来，就有完全的自由。斯多葛学派给后人思考的重点有三个方面：一是知识论，二是自然律，三是伦理观。这些无不给昆体良的教育思想打上深深的烙印。

第三节　论教育的作用和目的

昆体良在论述雄辩家的培养时，十分强调教育的作用。他虽承认个人的禀性对人会起某些作用，但他又认为更重要的是要靠教育的力量。他指出，只有人天赋与教育的结合，才能造就出理想的雄辩家。人的天赋是教育的原材料。如果没有原材料，教育是无能为力的。而大多数人都是可以接受教育的。昆体良在《雄辩术原理》第一卷第一章中就开宗明义地写道："正如鸟生而能飞，马生而能跑，野兽生而凶残，唯独人生而具有敏慧而聪颖的理解力。所以，心智的根源也是来自天赋。"①为此，他告诫每个做父亲的人在孩子刚一出生的时候就要对他寄予最大的希望，并一开始就给予他精心的关怀，深信每个孩子都可以通过教育得到较快的发展。在一般情况下，如果有人没有得到应有的发展，那么缺少的不是天赋能力，而是教育。教育的作用是以人的天赋为基础的，天赋的发展又必须通过教育来实现。这两者孰重孰轻呢？昆体良认为，优秀的雄辩家是更多归功于学习，而不是更多归功于天性。这就像最好的农夫也不能改良没有肥力的土壤，而肥沃的土地即使没有农夫的帮助也能长出有用的东西来，然而，如果农夫在富饶的土地上付出了劳动，他就能比土地本身的恩赐收获更多的果实。关于天性与教育对人的发展的作用问题，昆体良的结论是：自然（天性）是学习的原材料，没有原材料，人工无所用，即使没有人工，原材料仍能有自身的价值，但人工的成就较之自然（天性）的成就效果更大。在近两千年前，就能做出如此深刻的分析论断是难能可贵的。

昆体良明确提出教育的目的是培养善良的、精于雄辩的人——雄辩家。雄辩家在当时罗马人生活中是个受人尊重和令人向往的专职。既成为富贵子弟进入仕途、往上攀登的阶梯，也成为平民后代或学得雄辩技能为民请命或改换门庭的途径，使雄辩家的教育在罗马流行了好几百年。

昆体良继承了西塞罗的雄辩家教育主张，并做了新的补充和发展，形成了他独具特色的一套教育思想体系。昆体良认为，要成为一名合格的雄辩家，必须具备三个不易达到的条件：第一，应具有高尚的道德品质，因为一个雄辩家首先应该是富有德行、心地善良的人。他说："我的目标是完美的雄辩家

---

① ［古罗马］昆体良：《昆体良教育论著选》，任钟印选译，10 页，北京，人民教育出版社，1989。

的教育。这样一种雄辩家的首要因素是他应是一个善良的人，因此，我要求他不仅具有非凡的演说天才，而且同时要具备一切优良的品格。"①第二，应具有渊博的知识、丰富的阅历。因为只有以完备的知识学问为基础，才能使演说具有哲理性、权威性、正确性，也就具有更大的说服力。第三，要具有朴素自然、简洁优美、真切动人的演讲风格。但要做到这一点，就必须"掌握丰富的精辟词汇，懂得应用它们的正确方法，学会一些修辞手段。这些修辞手段不是临时生造的，而是从自己的储备中水到渠成地取用的，就如同从百宝箱中取用一样"②。此外，还要根据自己的特点，充分研究声调、手势、表情、仪态、用词、隐喻、修辞手段等，以便使演讲能获得最大的成功。昆体良的心目中所要培养的人，绝不是普普通通的凡夫俗子，而是活跃于上流社会的雄辩名家。他要培养的人，是一个具有最高的天赋才能，满腹蕴藏着最有价值的各种知识的人，是上帝派遣下来为世人带来荣誉的人，是前无古人的人，一个各方面都出类拔萃的人，一个会很好地思考又善于言词的人。

第四节　论学校教育优于家庭教育

昆体良总结前人的经验，特别是借鉴他的老师帕利门的办学方法，主张学校教育优于家庭教育，班级授课制取代个别教学。当时，关于学校教育与家庭教育谁优谁劣问题的争论众说不一，各执一端，而较多的人是反对学校教育的。他们从奴隶主贵族特有的阶级偏见出发，认为学校的集体教学使学生们混在一起，其中必定夹杂有一些品行不端的人，那么由于"近墨者黑"的

---

① ［古罗马］昆体良：《昆体良教育论著选》，任钟印选译，7 页，北京，人民教育出版社，1989。

② 同上书，88 页。

原因，势必有许多孩子会因此而学到恶德和恶习，其后果不堪设想。昆体良却从实际情况出发，竭力倡导学校教育。他认为，不管在家庭还是在学校，两种教育场合都有可能产生善德，也有可能产生恶德，关键不在形式，而在根源。把家庭教育理想化是完全不合实际的。相反，那种娇惯溺爱、放纵不管的教育方式往往出现在家庭中父母和其他家人的道德败坏、恶劣的榜样、无原则的宠爱纵容之中，更有甚者，那些奴隶主贵族无恶不作、卑鄙无耻的行为处处可见。青少年在这样的环境中受教育，耳濡目染，久而久之，便深深地印入了他们的心灵，养成了种种的恶习。正是这种孩子，将败坏的道德带进学校，污染了学校的空气，而人们却反过来责怪学校败坏了年轻人的道德。昆体良反驳道，把道德败坏带进学校的正是从小在家里受不良教育的学生，道德败坏的根源正是上流社会的家庭及身为达官贵人的父母们。因此，学校教育比起家庭教育来要优越得多，它不仅不会在品德的形成上劣于家庭教育，而且还有它集体教育所独有的长处。其中包括学校的集体教育能给儿童进行经常的生动的思想品德教育。儿童在学校里每天都可以见到好的或坏的行为表现，每天可以看到许多刚发生的新鲜事，每天都会听到对优良行为的赞扬和对不良行为的批评。好的品行对他是一种鞭策，错误言行对他也是一种警醒。另外，"一个未来的雄辩家，一个必须生活于广大公众之中并谙悉公共事务的人，应当从童年时代起就习惯于见了人不致羞涩腼腆，也不应过着颓唐孤僻有如隐士的生活"①，而在"离群索居的生活中，它不是凋残下去，成为湮没无闻的陈迹，就是走向另一极端，变得夜郎自大。因为不与别人比较，人们总是对自己的力量估计过高的"②。昆体良正确地指出那些关在私舍院墙之内的家庭教育弊多利少，儿童的精神生活得不到激励和鼓舞，是培养

---

①　[古罗马]昆体良：《昆体良教育论著选》，任钟印选译，23 页，北京，人民教育出版社，1989。

②　同上。

不出具有雄才大略、高瞻远瞩的栋梁之材的。为此，昆体良坚持认为，只有通过接受严格的学校教育，才能培养出他所要求的"伟大而不过度、崇高而不暴烈、勇敢而不鲁莽、稳重而不沮丧、有力而不懒散、生气蓬勃而不放荡、外貌悦人而不放肆、端庄而不装腔作势"①的雄辩家。而这种"完美的、杰出的、崇高的、才华横溢的雄辩家"②的培养，必须经历包括幼儿教育、初等教育、中等教育和高等教育在内的长期教育的过程。

第五节 论雄辩家的培养过程

一、幼儿教育

昆体良明确提出，一个未来雄辩家的教育应从摇篮时期开始。他说："我主张从婴儿时期起就型范我的雄辩家的学业，假定他的全部教育都是由我负责……我的计划是引导我的读者从咿呀学语开始，经过初露头角的雄辩家所必需的各个阶段的教育，一直达到雄辩术的顶峰。"③他告诫人们：早期年龄阶段的光阴不要浪费，"七岁以前学习的东西无论怎么少，但有了这个基础，到了七岁就可以学些程度更深的东西，否则到了七岁还只能从最简单的东西学起"④。进而他从儿童心理和生理特征出发强调：越是年纪小，头脑就越易于接受事情，"因为初步识字仅仅靠记忆，而记忆力不仅存在于儿童时期，而且儿童时期的记忆甚至更加牢固，正因为如此，就更没有借口浪费早期年龄

---

① [古罗马]昆体良：《昆体良教育论著选》，任钟印选译，178 页，北京，人民教育出版社，1989。

② 同上书，178 页。

③ 同上书，6 页。

④ 同上书，15 页。

的光阴"①。

在实施儿童教育中，昆体良十分重视儿童周围的人施加给儿童的影响，因为儿童首先听到的是他们的声音，模仿的是他们的语言，因此，儿童的看护者必须身体健康，说话清楚正确，他们的一举一动、一言一行要为儿童做出好的榜样。他生动地举例说："我们天生地能历久不忘孩提时期的印象，如同新器皿一经染上气味，其味经久不变，纯白的羊毛一经染上颜色，其色久不能改。"②小时候进入脑海中的深刻印象会长久保存，不易忘怀。昆体良注意到："越是令人讨厌的习惯，越是牢不可破，因为好的习惯变坏是容易的，但何时能使坏习惯变好?"③为此，做父母的在开始的时候就要给孩子们指出正路，而不要等到他们走错了路以后再把他们从迷途中叫回来。要做到这一点，家长们自身最好是个有知识、有修养的人，而不是初懂文墨而狂妄自大、一知半解又装腔作势的人。家长们的无知和失检行为可能带给孩子们种种危害。昆体良深切地体会到，幼儿时期的教育对未来雄辩家的培养关系重大，必须抓紧抓好。昆体良借鉴柏拉图、亚里士多德关于幼儿教育的经验，提倡对幼儿进行多方面的教育，帮助他们在体质、德行和知识等方面打下初步的基础。

儿童在 7 岁前该进行怎样的教育，当时人们的看法不一，有的干脆认为不应该学习，有的主张只进行身体的养护和道德的熏陶，不应该进行知识教育。昆体良则力主给儿童多方面的教育，并提出幼儿在学会说话的前后已是智育开始的时间。尽管 7 岁前儿童接受知识的能力有限，但只要长期坚持，总能一点一滴地学到一些东西。幼儿时期虽然学得不多，却能一生受用。昆体良主张让幼儿先学习希腊语。因为拉丁语是通用语言，在平时交往中就能

---

① [古罗马]昆体良:《昆体良教育论著选》，任钟印选译，15 页，北京，人民教育出版社，1989。

② 同上书，11 页。

③ 同上书，11 页。

学到。幼儿学习希腊语后，紧接着就应正规地学习拉丁语，然后与希腊语同时并进。他要求父母和家庭教师考虑幼儿的兴趣和接受能力。每次的学习量应当很少，并且要灵活多样，使学习变成一种娱乐，而不是使儿童负担过重。昆体良提醒人们："最要紧的是要特别当心不要让儿童在还不能热爱学习的时候就厌恶学习，以至在儿童时代过去以后，还对初次尝过的苦艾心有余悸。"①他指出，主张早期教育，并不等于期望儿童成为早熟的超常儿童。对急于求成的做法，昆体良是持反对态度的，他强调，早熟的才能鲜有结好果者。他还专门对那些飘飘然自诩为具有特殊才能的儿童做过一段寓意深长的评析。他认为，有些过早就显露超常才能的儿童，不少是受虚荣所驱使，把刚刚学到手的一点点似懂非懂的东西拿出来炫耀一番，其实，他们没有真正的力量，也没有深厚的根基，他们不过像是撒在土地表面而过早萌芽的种子，不过是看来有如稻子似的杂草，未到收获季节就变黄而结出干瘪穗子，就他们的年龄来说，他们的成就令人高兴，但他们的进步已到此为止。而人们的惊奇也就随之减退。这是值得引以为戒的事情。

二、初等教育

当孩子渐渐长大，离开父母膝前，并开始认认真真地学习的时候，昆体良竭力主张把他们送到人数众多的初级学校去接受教育，把孩子交给专职教师去接受管理。因为要把一个不懂事的孩子变成一个真正的雄辩家，能在大庭广众之中，准确而清晰地表达自己的思想，能就自己选择的任何论题进行阐述、发挥，并使之生色，就必须掌握雄辩术方面的一切基本准则。而能够获得上述能力、知识的最佳场所应该是在学校。在家庭里往往会滋长儿童孤傲、娇惯等不良习性。要克服家庭教育带来的负面效应，就必须到学校去并接受

---

① [古罗马]昆体良：《昆体良教育论著选》，任钟印选译，15 页，北京，人民教育出版社，1989。

专职教师的教育，为此，必须改变罗马贵族阶层聘请家庭教师教育他们子女的传统做法，而把适龄儿童送到公共初级学校去学习。在学校中，共同学习比家庭教育要优越得多，在集体中更有利于激励学生的学习和思考。

在初级学校，儿童主要学习阅读和书写，也同时要学习音乐、诗歌、算术等课程。在初级学校学习期间，为了使每个学生获得应有的发展，教师负有更大的责任。昆体良明确强调："一个高明的教师，当他接受托付给他的儿童时，首先要弄清他的能力和天赋素质（natural disposition）。"[1]对此，昆体良继承了柏拉图、亚里士多德关于人的天性差异和因材施教的思想，并做了进一步发挥。他认为教育的对象是人，而人的心性各异，教师要研究、了解儿童的天赋、心性、才能特点，然后才好根据不同儿童的不同倾向和才能，有的放矢地进行教育和教学。有的孩子是懒惰的，除非你激励他，才有效果；有的孩子受到管教就发火，耐心说服会奏效；用恐吓的办法能约束特别顽皮的孩子，却使另一些胆小的孩子丧失勇气；持续的勤奋会使意志坚毅的孩子深受锻炼，另一些孩子则因短期的努力而收效更好。昆体良在长期教育实践中摸索出一套按儿童不同个性采用不同教育方法的经验。例如，对那些有好奇心和好胜心的孩子，要不断地提出新要求，怀抱特别的期望；对一遇挫折就哭鼻子的孩子，在对他们进行教育时则应激励和鼓舞，同时利用责备和荣誉等手段去激发他们的雄心壮志。他认为最令人担心的是对任何事情都漠不关心的孩子，对他们不能抱过多的指望。因为人们存在着智力上的差异，对于智力差的孩子，要尽量适应其能力，以便按照自然的诱导对他们的智力加以训练。而对于天资优异的孩子，则应该让他们去学习一切知识和技巧。对此，昆体良提出要避免两种差错：一种是企图去做不能做到的事；另一种是轻易地放弃他们能胜任的事。

---

① ［古罗马］昆体良：《昆体良教育论著选》，任钟印选译，25 页，北京，人民教育出版社，1989。

对在初等学校学习的孩子，昆体良强调必须遵循他们年龄的特点，要了解并且确定儿童在不同年龄的接受能力，切忌给幼弱的学生过重的负担。无数事实告诉我们，凡是头脑还未发展到足以忍受的程度，超越儿童头脑所能接受的东西，是不能进入儿童的头脑的。另外，"从一开始就要告诫学生，绝不能表现出自私、无耻和失去自制，他应牢记维吉尔的名言'少年时代养成的习惯是多么重要'"①。昆体良还坚持认为："从小就表现出真正有才能的孩子也一定是举止端庄的人，不然的话，我认为一个资质鲁钝的人丝毫也不比一个聪明而行为不正的人更坏；但是倾向高尚的人绝不会是鲁钝怠惰的人。"②

昆体良认为初等学校对儿童的教育，不仅要重视思想品德和知识才能的培养，同时还要关心他们的休息和娱乐。他强调："对于一切儿童都应当允许他们有些休息，这不仅仅是因为没有什么东西能经受持久的劳累，（即使是那些没有感觉没有生命的东西也以轮换的休息而有松弛的时候，以便保持活力），而是因为专心致志的学习有赖于学生的意愿，而意愿是不能通过强制得到的。"③对此，他进一步强调说："如果学生的精力和精神因休息而得到恢复，他就能以更旺盛的力量和更清晰的头脑进行学习，而这种力量通常是不能用强迫得到的。"④

关于儿童的娱乐游戏，昆体良说："我不会因学生爱好游戏而感到不高兴，那是天性活泼的标志……有些娱乐有助于发展敏锐的智力。"⑤这完全是一种正常的现象，但与此相反，"那种总是迟钝麻木、没精打采的、甚至对那个

① ［古罗马］昆体良：《昆体良教育论著选》，任钟印选译，27 页，北京，人民教育出版社，1989。
② 同上书，26 页。
③ 同上书，26~27 页。
④ 同上书，27 页。
⑤ 同上书，27 页。

年龄所应有的激动也漠然无动于衷的学生，我是不指望他能热心学习的"①。对于儿童的休息和娱乐，昆体良坚持认为既要支持又要加强管理，并给予正确的引导。他指出："应当给休息规定一个限度，否则，你不让他休息时，就使他产生对学习的厌恶，而过度放纵的休息容易养成懒惰的习惯。"②昆体良认为开展比赛，轮流提出各种各样的问题之类的智力游戏，是娱乐活动最理想的形式。他还指出，"在游戏中，学生的道德品质也能毫无保留地按照本来面目表现出来"③，教师应注意加以引导与教育。

对这一年龄阶段的学生应该怎样进行教学呢？昆体良十分形象地做了这样的比喻："我倒唯愿教师自己也像保姆一样，更小心翼翼地为尚未发展成熟的头脑提供软食，让他们尽量喝够牛奶——更有吸引力的功课，用这种办法，他的身体可能暂时发胖，到年龄更成熟以后，就会节食减肥的。"④

为了造就一个未来的雄辩家，昆体良希望他们在"童年时代要经常表现出勇敢、创造力，以创造为乐，虽然他们可能缺乏正确性和精确性。过头的精力旺盛是不难纠正的，麻木不仁则是不治之症"⑤。对初等学校的教师来说，其重要职责就在于培养儿童的求知欲和创造性，切不可束缚住他们的手脚，而要像对待小鸟一样，"当它们证明力量已经足够的时候，就让它们自由地飞向天空"⑥。当然，儿童可能会犯各种各样的差错，所以，"有必要提醒教师注意，在纠正学生的错误时，如果过于吹毛求疵，学生就会丧失努力的信心，

---

① [古罗马]昆体良：《昆体良教育论著选》，任钟印选译，27 页，北京，人民教育出版社，1989。

② 同上书，27 页。

③ 同上书，27 页。

④ 同上书，73 页。

⑤ 同上书，73~74 页。

⑥ 同上书，88 页。

意志消沉。最后会憎恶他的功课，担心动辄出错，什么功课也不想做"①。因此，对这个年龄的学生，教师要尽量和蔼，不论对错误的纠正多么严格，也要以温和的方式进行。在昆体良生活的时代，罗马帝国世风日下，昆体良十分担心由于父辈的失职行为而造成对孩子的祸害。他指出，少年儿童天真幼稚，缺乏是非、真假、善恶的判断能力，若经常被无原则的宠爱纵容，听到的是靡靡之音，看到的是羞于出口的事，这些不良的所闻所见就会造成他们道德的失落和视听的混淆。昆体良一再恳切地要求所有成人、家长和教育者们将心思用于培养一切有利于孩子健康成长的习惯，要求做父母的人本身成为孩子们的有效榜样，只做一切应当做的事。

三、中等教育

在初等学校已经学会顺利地阅读和书写的儿童，下一步就是要接受文法学校的中等教育了，昆体良对这一时期少年儿童学习的内容提出了一个范围广泛，几乎包括当时一切知识领域的课程。他认为没有任何一门学问是对雄辩家无用的。没有任何一门学科应该被遗弃在未来的雄辩家的注意之外，"如果遗漏了次要的部分，就不能称为完美无缺"②。具体地说，他所提到的学科包括希腊文、拉丁文、修辞、音乐、天文、几何、文法、哲学（物理学、伦理学和辩证法）等。这个文法学校的课程体系与古希腊和罗马共和时期流行的"七艺"教育内容相比较，是更为丰富、更加完备的。在其中，昆体良特别重视"文法"这门课程，这是"因为，如果不通过文法的学习为未来的雄辩家打下牢固的基础，你筑起的任何上层建筑物都会倒塌的"③。进而他又语重心长地

① ［古罗马］昆体良：《昆体良教育论著选》，任钟印选译，74 页，北京，人民教育出版社，1989。

② 同上书，44 页。

③ 同上书，30 页。

告诫人们，"但愿任何人都不要轻视文法基础"，"因为，只要深入这所圣殿的内室，可以说，很多精微奥妙的东西就会呈现在面前，它们不仅有助于孩子的智力变得敏锐，而且也为运用最渊博的知识和学问开辟了前景"。①

昆体良还分别论述了学习其他课程的重要性。例如，他强调阅读是未来雄辩家必读的科目。正确的阅读必须做到口眼并用、发音准确、连贯、迅速、口齿清晰、稳重。阅读课能激发和陶冶学生的品格，培养高雅的情趣，增强思维效能，锻炼记忆能力。昆体良还具体要求学生在阅读时必须熟记一些名人著作中的警句、格言、成语、典故，历史著作中严整的结构，文学作品中纯正的语言及深邃的思想，学生将这些东西印入脑际，有助于演说和雄辩。此外，学习文学作品有利于说话简洁精练、寓意深刻而富有说服力；学习音乐有助于雄辩家的声音抑扬顿挫和手势的运用，恰到好处地来表现思想感情，这样也就使演说更富有说服力，更有效地去打动听众的心。所以昆体良认为，如果有谁不掌握音乐知识和音乐艺术，谁就很难成为优秀的雄辩家；学习诗歌朗诵将不仅使演说变得爽快顺口，富有诗意，而且便于借用古诗名词，借题发挥。他还说，学习几何学可以锻炼思维，对于一个雄辩家来说也是非常有用的，因为在许多演说辩论中都需要用各种确凿的统计数字来加以证实，更能使人信服。如果在演说辩论中没有精确的数据，说起话来必然是吞吞吐吐，含糊不清，其结果就难以预料。此外，昆体良还提出学习理论可以陶冶性格、培养德行，学习哲学有助于逻辑思维能力的培养和深入细致地思考问题。他把物理学也列入必学课程，并把它称为自然哲学，他认为它比其他任何学科更广泛丰富，研究整个"天界的事物"和"人界的事物"，涉及自然、天文、天命、灵魂及各种预兆等。因此，他明确认定，没有物理学，没有自然哲学，就不会有真正的雄辩术。对自然哲学一无所知的人，根本就不配做一

---

① ［古罗马］昆体良：《昆体良教育论著选》，任钟印选译，30页，北京，人民教育出版社，1989。

个雄辩家。

总之，昆体良认为只有掌握广博坚实基础知识的人，才能成为优秀的雄辩家。他坚持认为，一个雄辩家可能不是音乐家、几何学家，但他不能没有这方面的知识，"即使这些学科的作用在辩论的过程中不会明显地体现出来或对辩论起推动作用，然而却能以一种内在的、无声的力量对雄辩才能作出贡献"①。它正如"无言的蜜蜂也是从各种各样花卉和液汁中制成人类的智慧所不可企及的蜂蜜的奇异芬芳，上天赐予人类的卓越无比的雄辩才能也需要许多学科的帮助"②。同样，在此阶段，"当儿童的头脑尚未发育成熟、没有定型而又幼稚无知、不管接触什么都会留下深刻印象的时候，他们不仅要学习什么是雄辩才能，更重要的是学习什么是良好的道德"③。

四、高等教育

"等到孩子超过了应有的年龄才把他送给雄辩术教师"④，进入雄辩术学校接受高等教育。在雄辩术学校中学生着重学习与雄辩术有关的更深的课程，这是在经历幼儿教育、初等教育、中等教育，扎实学好基础知识之后，进入专业教育的重要阶段。雄辩术课程大体包括三个部分：一是广泛阅读前人的和当代人的雄辩词；二是学生自己进行写作雄辩词的练习；三是根据写作的雄辩词进行演讲练习。与此同时，昆体良要求学生们在思想意识和学风方面明确应尽的职责和必须遵循的原则。这些教学和教育活动有的是在教师指导下进行，有的则要靠学生对自己严格要求和积极实践来完成。

关于阅读名人们的雄辩词，昆体良要求对作者做缜密的选择。他自己认

---

① ［古罗马］昆体良：《昆体良教育论著选》，任钟印选译，44 页，北京，人民教育出版社，1989。

② 同上书，44 页。

③ 同上书，35~36 页。

④ 同上书，64 页。

为，从一开始以及自始至终都要阅读最优秀的作品，在这些作品中，又要优先选用文体明晰、用词清楚易懂的作品。在阅读过程中，昆体良还要求学生以批判继承的态度去对待，不可盲从，不要被别人的作品捆住了自己的思想；也不可狂妄自大，目空一切。他认为两种态度都不利于自身的进取。对此，昆体良明确指出，在学生中要防止两种错误倾向：一是学生由于过度地崇拜古人而在阅读格拉古和加图以及其他同类作家作品中，使自己的思想受到束缚；二是正好相反的危险，对前辈的经典作品不屑一顾，却成为现代浮华作家的矫揉造作的华丽文辞的有害诱惑的牺牲品。应该看到过去和现在都有值得全面学习的作家，有很多值得学习的有价值的东西，但要注意不要把浮渣当作美玉来看待。

关于学生自己进行雄辩词练习的写作，昆体良要求他们首先把正直的原则和高尚的行为看作前提条件，成为"一个真正名副其实的公民并能履行其公私职责的人，一个能够用自己的意见指导国家、用他的立法给国家奠定稳固基础、用他以法官身份的判决消除邪恶的人"[1]。这其实也是承接、准备和进行诉讼辩论时的指导思想，在此基础上，充分运用所学的各科知识，尤其是运用伦理学知识、民法知识及传统的雄辩术理论，"只要我们满怀信心地开始动手，培养我们自己……这只是一个短期就能实现的任务"[2]。但潜心于这样一种理想的人，必须摆脱一切其他杂念，因为一个头脑充满了邪念的人，不可能集中注意于追求高尚的学问，而只有"当头脑变得无挂无碍而成为自己的主人时，当没有任何事情妨碍、分散注意力时，才能集中精力于所追求的目标"[3]。与此相反，"孜孜于猎取地位，汲汲于追逐财富，以狩猎取乐，虚掷光阴于各种展览，所有这一切都严重地干扰我们的学业（因为在一件事情上花

① ［古罗马］昆体良：《昆体良教育论著选》，任钟印选译，7 页，北京，人民教育出版社，1989。
② 同上书，180 页。
③ 同上书，156 页。

去了时间，就是在另一件事情上丧失了时间），由此而产生野心、贪婪、嫉妒，甚至想入非非，使我们夜不能眠，眠不能梦，试想，这一切将产生什么后果？……在这些心神不安之中，哪里还有学问的地位？哪里还有高尚追求的地位？无异于在荆棘丛生的田地里是没有稻谷生长的余地的"①。对教师如何指导学生写作雄辩词，昆体良要求教师因人、因事而异，采用多种多样的教学方法，但不论哪种方法，都要"在开始的时候给他们指出正路，而不要等到他们走错了路以后再把他们从歧路上叫回来"②。有时，要完全让学生自己想办法，进行独立思考，善于运用自己的智力，而不能过分地循规蹈矩。昆体良认为，教科书是有用的，但书上的规矩不能处理一切特殊情况，对规则必须灵活运用。这正如在军事学中一样，有很多流传下来的传统的共同规则，但更有用的是要知道它们的灵活运用，要知道在不同的地点、时间、环境、条件下，哪一位将军用得明智，哪一位将军用得愚蠢。因为几乎在一切领域都是规则不如实际经验有价值。所以，整个雄辩词练习的写作过程，也是学习前人、超越前人、锻炼自我、创造自我的过程。

关于根据写作的雄辩词进行演讲练习，昆体良以更大的热情做了多方面的阐述。第一，他明确指出："我所要培养的不是法庭上的迂夫庸人，不是为金钱而受雇的代言人，不是笨嘴拙舌的律师，或者，无以名之，姑名之曰讼棍（Causidicus）；我所要培养的人是具有天赋才能、在全部高等文理学科（liberal arts）上都受过良好教育的人，是天神派遣下凡来为世界争光的人，是前无古人的人，是各方面都超群出众、完美无缺的人，是思想和言论都崇高圣洁的人。"③要成为这样完美的人，他反问："难道不需要具备贪欲不能动、权势

---

① ［古罗马］昆体良：《昆体良教育论著选》，任钟印选译，156~157页，北京，人民教育出版社，1989。

② 同上书，87页。

③ 同上书，160页。

不能倾、威武不能屈的洁白无瑕的美德吗?"①未来的雄辩家，只有具备上述这些善良品质，再全面掌握雄辩术的原理，才能使追求者到达完美之境。第二，学生在演说雄辩术的练习中，"要以一切最为雄辩有力的演说家作为自己的楷模"②。继承、发扬前人的优秀成果，同时，要以高标准、严要求，充分发挥自己特有的才华，敢于超过前人。昆体良在《雄辩术原理》一书中，多次赞誉过西塞罗，称他为"不仅在雄辩术的实践上，而且在雄辩术的理论上独放异彩的人……在罗马人中只有他将真正的雄辩天才同教授雄辩术结合起来"。昆体良认为，与西塞罗齐名的还有马库斯·加图和赫马戈拉(Hermagoras)等都是值得仿效的，应该借鉴他们高尚的箴言，领略他们的演说风格。因为前人的教诲会使我们懂得演说的导言该如何以精辟的言辞征服人心；陈述事实时如何表述得条理清楚，情节感人；批驳对方、据理力争时，怎样环环紧扣、严密透彻，时而紧迫猛攻，时而运用尖刻的嘲笑和机智的诙谐，以及恰到好处地运用生动的词语，富有感染力的隐喻、类比、事例、典故等，最终以演说获得成功为目的。但是在借鉴前人成就的同时，昆体良希望青年们勇于保持各自的个性特点和创造性，并敢于"青出于蓝而胜于蓝"。他意味深长地说："如果人们总是感到没有人能超过过去最优秀的人，那么现在最优秀的人就不会成为最优秀的人了。"③第三，昆体良还要求雄辩术演说练习坚持真诚和朴实的风格。昆体良所要培养的是思想和言论都崇高圣洁的人。这种人要待人真诚、言行一致，演说上也同样如此，"因为，装假，即使是装得谨慎小心，总是会败露的，如果言不由衷，谁也不能言语流畅而不结结巴巴，吱吱唔唔。

---

① ［古罗马］昆体良:《昆体良教育论著选》，任钟印选译，160 页，北京，人民教育出版社，1989。

② 同上书，170~171 页。

③ 同上书，183 页。

一个坏人一定是口是心非，口里说的是一件事，心里想的是另一件事"①。与此相反，对善良的人来说，"他不会缺少正直诚实的言词，也不会缺乏表达崇高思想的能力……这种思想可能没有华丽的魅力，但它们会被本身自然的品质所充分润饰，因为以真诚的感情说话，就会说得雄辩有力"②。与此相悖的是一种"讹误百出的演说风格"，"这种风格或以滥用词汇自夸，或滥用幼稚可笑的警句，或以装腔作势洋洋自得，或以陈词滥调沾沾自喜，或装作泰然自若，这种风格经不起轻轻一击，他们或错将夸张看成崇高，或以自由演说之名给狂人的胡言乱语套上光环"③。除此之外，昆体良在《雄辩术原理》一书的第2卷第10章第58节至第68节讨论了当时公认的三种演说风格，即平易的、庄严的和绚丽的风格，并指出此类划分并非包罗无遗。至于应采用哪种类型，他认为每一种类型只要是健全的，都有其相应的用处，应该由演说者自己做出判断，如果情况需要，演说者甚至可以运用多种类型。演说者要随着人物、地点、时间的不同而常常使用不同的语气，即使在同一次演说中也可以用不同的方法"使陪审团时而振奋，时而平静下去，要激起人们的愤慨或同情，所用的手法是不一样的，他在传达信息和激起情绪时是运用不同的技巧"④。在引言、阐释、提供证据、引申或结论部分，演说者不应拘泥于一种腔调。根据实际需要，"他的演讲要时而沉重有力，时而稳定严正，时而猛烈逼人，时而气概恢宏，时而活跃兴奋，时而侃侃而谈，时而措辞尖刻，时而友好待人，时而若无其事，时而小心翼翼，时而心平气和，时而文质彬彬，时而甜言蜜语，时而简洁明了，时而灵巧机智，总之，不能千篇一律，而又要前后连

---

① ［古罗马］昆体良：《昆体良教育论著选》，任钟印选译，161页，北京，人民教育出版社，1989。

② 同上书，161页。

③ 同上书，177页。

④ 同上书，176页。

贯"①。如上所述，雄辩术的最重要的职能已不言自明，这就是，"雄辩家的演说要讲求实效，并且有确保达到自己的目的的能力，同时，他不仅要赢得有学识的批评者的赞许，还要能赢得普通人的赞许"②。

昆体良认为通过以上从幼儿教育开始，经过初等教育、中等教育和最后的高等教育的训练、培养，一旦学生深刻理解、熟练掌握，并善于运用雄辩术的原理和技能技巧，教师的教学任务就接近完成了。但年轻的雄辩家仍不能就此停止攀登，只有坚持不懈地再越过层层斜坡，才能到达雄辩术的顶峰，"到达硕果累累的地方，这些果实不是买来的，而是辛劳的产物；万紫千红的鲜花就不需寻寻觅觅而突然出现在你的眼前"③。即使如此，昆体良对这些年轻的雄辩家们，仍希望他们"依靠自己的辩才的力量乘船继续前进，或者从智慧殿堂的深处（即哲学家那里）寻求进一步帮助"④。对此，昆体良还给他们做了一个寓意深刻的比喻。他把为数众多的雄辩术追求者比作一群出航的游客。刚出发时，熙熙攘攘，人声鼎沸，千帆竞发。走了一段航程以后，航船渐渐稀疏了。最后，"'我们的周围是天连海、海连天，海水共长天一色'。在这广袤无垠的苍穹之中，我们好像只看到了一个旅客，此人就是西塞罗。但即使是他，尽管他曾驾驶过巨大、牢固的桅船航行在海洋之上，现在也已落帆停桨"⑤，停止前进了。而昆体良和他所培养的雄辩家们却还要以西塞罗的终点为起点，再继续向前航行，而且"必须比他走得更远"⑥。也只有达到这样的才学高度和思想境界的人，才能真正成为一个"完美的、杰出的、崇高的、才

---

① [古罗马]昆体良：《昆体良教育论著选》，任钟印选译，176~177 页，北京，人民教育出版社，1989。

② 同上书，177 页。

③ 同上书，178 页。

④ 同上书，154 页。

⑤ 同上书，154~155 页。

⑥ 同上书，155 页。

华横溢的雄辩家"①。

第六节 论教学方法

昆体良不仅是一位雄辩术造诣深厚的学者，而且是西方古代最杰出的教学论专家。他继承、发扬前人宝贵的教育和教学研究成果，又总结了自己长期任教所积累的丰富的教学经验，提出了一套培养雄辩术人才的完整的教学理论，这是他整个教育思想的重要组成部分和精华所在。他在这方面阐述的许多观点，不仅对当时推动学校教育的发展做出过贡献，而且对后世教学理论的发展产生了影响。

一、论分班教学

昆体良是分班教学的拥护者和实践者。他说，他的老师帕利门就是采用这种办法进行教学的。昆体良称赞这一教学形式并论证了它的优越性。他主张把学生分成班级，教师对全班而不是分别对个别学生进行授课。实行这一制度，不但教师可以一次同时教许多学生，节省时间和精力，而且通过这种集体教学，从教师对不同学生进行的表扬与批评中，使其他学生同时也得到鼓励和警惕，从而促进同学间相互学习、相互帮助、相互竞赛的开展，有利于大家共同提高。这种公共活动的交往能给学生更多的锻炼，比以往传统的个别教学要优越得多。

---

① ［古罗马］昆体良：《昆体良教育论著选》，任钟印选译，178 页，北京，人民教育出版社，1989。

二、论课业的组织

昆体良认为，在实行分班教学的过程中，学生应该学习包括人文和数理方面的多门课程。对这些课业的教学，由每天单一课程学习改为交替进行。他从现实生活的体验中举例说：当由于突然需要而在法庭上进行答辩时，答辩者口里说着一件事，心里想着下面要说的话，同时要注意到词汇的选择、搭配、手势，说话的声调和姿势，以及身体的动作，这一切都是同时进行的。既然所有这些性质如此不同的事，只要稍加努力就都能做好，答辩者为什么不能把一天的时间加以划分，以便用于各种不同功课的学习呢？更何况，变换课业本身就能恢复和重振精神，而持续不断地长时间学习一门功课就困难得多。所以，他主张把阅读课与书写课交替，书写倦了，再以阅读课来替换。昆体良的这一见解是充分估计了人的心智力量的状况而提出来的。他断定儿童的心智力量是巨大的，经常处于勤奋活跃状态，能使儿童的兴趣指向多个方面。他们在同一天时间内可以学习多种课程，也就同时可以学到更多的知识。但他同时指出，在这种课程交替进行过程中必须注意儿童的休息和游戏。休息和游戏可以使儿童的精力得到恢复，并能以更愉快、更坚强的精神投入新的学习。

三、论教师和教法

昆体良认为，当一名雄辩术学校的教师是一件光荣、崇高的事情，教师所从事的是竭尽全力去培养智、德全才的雄辩家和追求雄辩术原理的崇高的事业。因此，第一，教师自身应该是才德俱优、即言即行的人。教师的崇高品德和优良风格就是学生仿效的榜样，它能有力地防止学生的行为流于放荡；相反，教师的失检行为，将给学生极大的祸害。第二，教师应该是公认的有学问的人，既要掌握所教学科的内容，也能熟练地运用各种教学方法。昆体良认为，最有学问的人的教学，往往使人更容易懂和更加明白；反之，越是无能的人，越是教得晦涩难懂，以本身的愚蠢去教人，其害大矣。第三，教师要以父母般的感情对待学生，他应当想到父母把孩子信托给他，他就继承了父母的地位。教师对待学生的态度应该是严峻而不冷酷，和蔼而不放纵；否则，冷酷引起厌恶，宽容招致轻视。第四，教师要因材施教。对各种不同个性的学生要采用不同的教学方法，要在了解学生特点的基础上，决定哪个学生最适宜进行简洁、文雅态度的演说，哪个学生宜于以生气勃勃、庄重、流利、粗犷、华丽的态度进行演说，使每个人在他最有才能的方面得到应有的发展。第五，教师要善于激发学生学习的兴趣和意愿。而为了激发学生学习的兴趣和意愿，教师就要小心谨慎地考察、了解每个学生对不同课业的喜爱程度和接受能力，并要善于回答学生提出的问题，向不发问的学生提问，但不要使他们负担过重，"正如紧口瓶子不能容受一下子大量流进的液体，却能为慢慢地甚至一滴一滴地灌进的液体填满"①。教师通过因势利导，鼓励学生自己去发现问题，运用他们的智力，增强学习的兴趣和意愿。第六，教师要正确运用表扬和批评。昆体良把这看作教育艺术之所在。教师对待学生要尽量和蔼，不论对错误的纠正多么严格，也要以温和的方式进行，而对不同年龄的学生，纠正错误要用不同的方法。对学生的错误要及早发现及早纠正，因为错误在幼年时得不到纠正，在以后的生活中就会成为难改的积习。

关于对学生的优点进行表扬或褒奖，昆体良要求教师做到既不吝惜，又不滥用。因为吝惜表扬，会挫伤他们的热情和积极性；而滥用表扬，又会滋长他们的虚荣心和自满情绪。所以，教师对于学生的良行表现，应该及时、恰当地做出评价和表扬，让他们懂得获得表扬是一种巨大的荣誉，大家都要珍惜它。

---

① ［古罗马］昆体良：《昆体良教育论著选》，任钟印选译，24 页，北京，人民教育出版社，1989。

四、论体罚

昆体良竭力反对体罚。他认为对待幼小儿童更要严禁体罚。他曾大声疾呼：对于如此纤弱、如此无力抗拒虐待的幼儿，任何人都不允许滥用权威。他还愤慨地谴责：那些宵小之辈是多么可耻地滥用了体罚的权利，而造成众多不幸的少年儿童身体和心灵的创伤。他认为对儿童施行体罚是教育者的无能和失败，是有百害而无一利的做法。为此，他专门给体罚列举了五大罪状。第一，体罚在事实上无疑是一种凌辱，是一种残忍行为。第二，盛行体罚，儿童一旦对鞭笞习以为常，教育就难以再起作用。第三，如果年幼时期遭受体罚，长大以后往往更难以驾驭。第四，体罚只能培养奴隶的性格，不能造就雄辩的人才。第五，体罚的结果，必然使儿童心情沮丧、压抑，使他不敢见人，经常感到抑郁，甚至产生恐怖心理。

总之，昆体良认为体罚是人为的一种教育谬误，是一种不光彩的行为，并再次重申：“我是无论如何不赞成的。”①昆体良反对体罚的上述理由充分说明他对儿童人格的尊重和对儿童深刻的了解。同时，这也是他强调对儿童进行正面教育，以及要求培养儿童生龙活虎般的积极性、创造性等主张的体现。

第七节　贡献与影响

昆体良集古代希腊、罗马教育经验之大成，在着重阐述雄辩家培养的实践与理论问题中，对教育与教学的一些基本理论进行了深入的探讨，提出了许多富有价值的见解，形成了他特有的一套教育思想体系。他的许多思想观点曾被文艺复兴时期人文主义思想家们赏识，更进一步为 17 世纪捷克伟大的

---

① ［古罗马］昆体良：《昆体良教育论著选》，任钟印选译，27 页，北京，人民教育出版社，1989。

教育家夸美纽斯继承与发展，为西方教育教学理论的发展奠定了基础。尤其是他的中等和高等教育思想对欧洲各国影响更大。昆体良在阐述他的教育理论时，给我们描绘了一个完美雄辩家的形象。他所要培养的人，是一个具有最高的天赋才能，满腹蕴藏着最有价值的各种知识的人，是上帝派遣下来为世人带来荣誉的人，是前无古人的人，一个各方面都出类拔萃的人，一个会很好地思考又善于言辞的人。其实，这也是对他本人最好的写照。他在吸取希腊文化的一切有益成果和重振罗马优秀文化传统的同时，敢于另辟蹊径，从而在雄辩术的理论研究上成绩卓著，留存后世。他的这些人品、业绩，广受人们的赞许。文艺复兴时期著名的文学家彼特拉克（Francesco Petrarca）曾对昆体良做过这样高度的评价："你（昆体良）所完成的不是一把刀子的职责，而是一块磨刀石的职责，你在培养雄辩家方面所取得的成功，较之培养他在法庭上取胜更加伟大。我承认，你是一位伟大的人物，但你的最伟大的卓越之处是你给伟大人物以基础训练和塑造伟大人物的能力。"[1]

昆体良曾说，一个有崇高理想的雄辩家不应以捞取酬金为目的，而应从他自己的精神中，从沉思和知识中去寻求一种长存的、无限富有的实际效益。他的这一抒怀述志，成了他生前的写照和死后的预言。后代人对他的真诚赞美和深切敬意将是永存的。

昆体良也不是一个十全十美的完人。在当时的历史条件下，他所表现出来的对罗马奴隶主和帝王的温顺与忠贞，对劳动者、对奴隶的轻薄和鄙视是一种剥削阶级阶级意识的必然反映。我们不能苛求于他，要紧的是，我们应该从他为世界教育事业做出的重大贡献中，多受点启迪与教益。

---

① ［古罗马］昆体良：《昆体良教育论著选》，任钟印选译，扉页，北京，人民教育出版社，1989。

结　语

　　人类文明的发展是复杂和多样的，世界上不同文明、不同地区、不同民族的社会发展模式是不同的，没有普遍适用的统一模式。就一个社会而言，其发展模式在生产关系、经济结构、政治制度、社会组织、文化教育等方面也呈现出多样性。同时，人类文明的演进速度不同，从而使社会制度的发展也呈现出不平衡性和多样性。世界古代教育的形成、演变与发展同样呈现出复杂性、多样性与不平衡性。

　　古希腊文化教育与古代东方国家有着重大不同。古代东方各国的培养目标是培养为统治阶级服务的僧侣或书吏，而古希腊的教育宗旨是培养公民；从教育内容上看，古代东方的教育内容虽然包括读、写、算及哲学、宗教、伦理、科技等多方面的内容，但基本上是以文字教学为主，不重视体育与艺术教育；古代希腊的教育则是重视体育与艺术教育，培养和谐发展的人。从教育宗旨来看，古希腊强调"自由教育""博雅教育"，强调培养公民在履行公共义务时所应具备的理智、智慧、勇敢和公正等品质，古代东方则强调培养学生顺从、服从等品质；从学术研究与科学发展来看，古代东方站在历史的前列，但古代东方的科技是由实用目的推动的，古代希腊的科学与学术更多地体现了理性精神。古代东方各国的数学是较为发达的，但数学知识的研究主要是出于实用目的，古代埃及数学的发展与每年测定尼罗河水位以及泛滥后重新丈量土地，与建造金字塔、计算粮食谷仓容积等方面的需要密切相关。

在古代印度，数学用于帮助人们精确计算时间，确保宗教祭坛的精确建构。而在古代希腊，毕达哥拉斯发现了勾股定理，欧几里得的 13 卷《几何原本》系统地总结了前贤的几何学知识，从假设和公理出发，演绎出世界上最早的严谨科学的公式化数学体系。

古代希腊形成了以人的身心和谐发展为目标的教育理念。希腊人的 Paideia 一词来自 Pais 和 Paidia。Pais 意为儿童，Paidia 意为儿童运动或游戏。Paideia 并不包括强迫儿童做些什么，而更多是指导儿童的自发活动，其中既包括教师有计划、有目的的指导和培养，又包括儿童在活动中、在受教育中，身心得到自然而和谐的发展。身心的和谐发展是希腊人所理解的教育的最主要内容，也是古代希腊教育概念的根本含义。为了身心和谐发展，雅典人也反对专业化或职业化的训练。在雅典的古典时期，专业运动员、专业音乐家、专业演员，甚至专职教师均遭到人们的鄙视。在体育训练中，也尽量避免只训练一种运动项目。奥林匹克运动会的优胜者至少要在五项竞赛中有三项夺魁。柏拉图、亚里士多德都反对体育、音乐教育的过分专门化。人的和谐发展还包括良好的道德行为。作为雅典城邦的公民必须遵守城邦的法律，尊重城邦多数人的意志。忠于城邦是每个公民最基本的义务。同时，还要具有智慧、勇敢、节制、公正诸美德。要孝敬父母，要为人善良，要对长者彬彬有礼。

在不同的历史时期，身心和谐发展的人的内涵不同，在早期，注重身体的、道德的、审美的发展，到了古典时期，更加注重认识的、能力的发展。雅典民主政治迫切需要演说、辩论、修辞、诉讼等方面的能力，要求懂得更多有关政治、伦理方面的知识。而所有这些却是原来的初等和中等教育无法承担的，因此正是这种需要造就了智者这批教师。同时，相继出现了苏格拉底、柏拉图、伊索克拉底等一批哲学家，从事教育事业，以培养人才为己任。

苏格拉底、柏拉图、亚里士多德等主张哲学教育，智者派、伊索克拉底等提倡修辞学教育，两派既相互对立，又相互影响。希腊教育家可分为主流派和非主流派。主流派是指苏格拉底、柏拉图和亚里士多德的教育理想，非主流派是指智者派、伊索克拉底和希腊化时期的伊壁鸠鲁学派、斯多葛学派等。

主流教育思想家认为教育要以维护和改良社会为己任，教育的中心议题是如何培养政治家，亦即统治者。他们认为国家的统治者应是哲学家，不仅具有超群出众的天赋，而且应该具备非凡的才学、智慧和完美的品德，并且受到最为完备的教育和训练。非主流教育思想家宣扬个人主义，认为教育应以个人发展为最高目的。可以说，前者坚持教育的社会本位，后者强调教育的个人本位。

主流教育思想家高扬理性的旗帜，主张"知即德""欲即恶"，推崇哲学的地位与作用，贬低文学和宗教的价值，认为教育的目的就是发展人的理性，使人过着沉思型的理性生活是最大的幸福所在。非主流教育思想家反对"理性至上"，反对知德统一论。智者派认为道德是不可教的，坚持相对主义。希腊化时期的一些哲学流派更是主张享乐生活。他们普遍认为"公正"就是强者的利益，将道德归结为弱者自我保护的骗局式工具。可以说，主流思想家主张知德统一，认为人的德行是教育的结果，肯定了教育的作用，但也有着"教育万能论"的倾向；而非主流教育思想家则认为知识与道德是相分离的，知识本身是独立的，教育的目的是传授实用知识而非提高人的德行。

主流教育思想家主张城邦教育是公民的权利，奴隶和非希腊民族无权接受城邦教育。非主流理想家则跳出狭隘的城邦至上主义，秉承普世精神，智者派的一些人和希腊化时期的伊壁鸠鲁学派、斯多葛学派批评了"奴隶制合理""希腊公民优越"等观点，主张教育的开放与公平。

古罗马继承了古希腊教育的部分遗产。与古希腊人为西方社会贡献了哲学、科学和艺术相比，古罗马人更注重实用和实际，为西方社会贡献的是医学、建筑、工程和管理这些实用的技术。在教育目标上，古罗马教育更加注重实用技能的教学，培养包括官吏、律师等在内的各种实用人才。体现在教育理论上，古罗马人并没有提出哲学化的教育思想，其教育思想并不注重对抽象的纯理论性问题的探索，而更注重对相对具体的教育问题的研究。古希腊的教育思想家很少探讨教学中的具体原则和方法、对教师的具体要求等实践性较强的问题，即使是具体的教育问题，古希腊的思想家也会把它们抽象到哲学的高度去探讨。因此，古希腊的教育思想中没有具体的、技术性的问题。而古罗马的教育家恰恰相反，在具体的教育问题上提出了一系列富于创建性的主张。在抽象的教育理论问题上，古罗马的教育家更多是继承了古希腊人的思想，或者是将古希腊人的哲学思想以通俗的形式进行重新表达，使得那些本来理论性很强的抽象问题，到了古罗马的思想家笔下都具体化了。

与古希腊人注重从哲学本体论考察教育问题不同，古罗马教育家更重视从实践哲学出发去探讨教育问题。古希腊教育家探讨教育与政治、教育与道德的关系，更多是考虑它们之间的本体论意义，探讨背后的根源所在。而古罗马人只注重教育与政治、教育与道德之间表面的关联。这样导致的结果，就是因为古罗马人对人的理解更多地侧重于道德范畴。因此，与古希腊教育家强调人的天性的多方面发展不同，古罗马思想家更注重人的道德。古罗马教育家强调道德远比知识更重要，认为道德既是知识的目的，又是获取正确知识的必要条件。这使得古罗马教育家都一致重视道德教育，这也是古罗马教育传统所固有的特征在教育思想上的反映。

古罗马教育受到了古希腊教育的影响，是古希腊教育思想的继承与发展。古罗马人在广泛吸收古希腊教育思想的同时，又根据本民族的教育理想和教育实际需要，对古希腊教育思想进行了修改、补充和创造，使古希腊教育思想与古罗马教育思想成功地融合在一起，从而形成了具有特色的古罗马教育思想体系，推动了古罗马民族文化、教育的发展。西塞罗所培养的演说家，既是具备古希腊教育特点的理性得到充分发展的有教养的人，又是符合古罗马教育要求的实干型的政治人才。到了昆体良时代，他的教育思想更进一步将古希腊教育、古罗马教育的理论和经验融合到一起，共同形成了西方教育的古典传统。

本卷各章的执笔人是：李立国，导言、第一至七章、结语；孙益，第八至十章；方晓东，第十一章第一至二节；赵可，第十一章第三节；冯广兰，第十一章第四节；刘传德，第十二章。

参考文献

一、中文文献

《马克思恩格斯全集》第十九卷，北京，人民出版社，1963。

《马克思恩格斯选集》第四卷，北京，人民出版社，1995。

《社会科学战线》编辑部编：《哲学史论丛》，吉林，吉林人民出版社，1980。

包利民：《生命与逻名斯———希腊伦理思想史论》，北京，东方出版社，1996。

北京大学、东北师范大学历史系世界古代史教研室编：《世界古代史论丛》第 1 集，北京，生活·读书·新知三联书店，1982。

北京大学哲学系外国哲学史教研室编译：《古希腊罗马哲学》，北京，商务印书馆，1982。

北京大学哲学系外国哲学史教研室编译：《西方哲学原著选读》上卷，北京，商务印书馆，1982。

曹孚等编：《外国古代教育史》，北京，人民教育出版社，1981。

曹莹：《论古希腊的形体教育》，硕士学位论文，华东师范大学，2014。

陈恒：《失落的文明：古希腊》，上海，华东师范大学出版社，2001。

范明生：《柏拉图哲学述评》，上海，上海人民出版社，1984。

华东师范大学教育系、杭州大学教育系编：《西方古代教育论著选》，北京，人民教育出版社，1985。

黄美玲：《论作为法律传统差异性要素的法学家阶层——基于公元前 1 世纪至公元 3 世纪古罗马与中国的比较》，载《法学》，2018(11)。

李天祐：《古代希腊史》，兰州，兰州大学出版社，1991。

李雅书、杨共乐：《古代罗马史》，北京，北京师范大学出版社，1994。

马克垚主编：《世界文明史(第二版)》上，北京，北京大学出版社，2016。

孟巍：《试论古罗马家庭——从共和晚期到帝国早期》，硕士学位论文，天津师范大学，2016。

米辰峰主编：《世界古代史》，北京，中国人民大学出版社，2001。

苗力田主编：《古希腊哲学》，北京，中国人民大学出版社，1989。

苗力田主编：《亚里士多德全集》第1卷，北京，中国人民大学出版社，1990。

苗力田主编：《亚里士多德全集》第2卷，北京，中国人民大学出版社，1991。

苗力田主编：《亚里士多德全集》第3卷，北京，中国人民大学出版社，1992。

苗力田主编：《亚里士多德全集》第8卷，北京，中国人民大学出版社，1992。

苗力田主编：《亚里士多德全集》第9卷，北京，中国人民大学出版社，1994。

齐世荣总主编：《世界史》(古代卷)，北京，高等教育出版社，2006。

全瑾：《盖伦医学思想中的自然观念探析——以〈论自然的能力〉为例》，硕士学位论文，陕西师范大学，2017。

宋文波：《希腊医学对古罗马的影响》，载《医学与哲学》，1991(7)。

滕大春主编：《外国教育通史》第1卷，济南，山东教育出版社，1989。

汪子嵩、王太庆编：《陈康：论希腊哲学》，北京，商务印书馆，1990。

汪子嵩等：《希腊哲学史》第1—2卷，北京，人民出版社，1993。

王春广、孙启林：《全球化与本土化视野下的比较教育研究范式的再思考》，载《比较教育研究》，2005(3)。

王大庆：《从奥林匹亚赛会看古希腊人的平等观念》，载《史学理论研究》，2011(2)。

王大庆：《略论古希腊人的"体育与战争之争"》，载《苏州科技大学学报(社会科学版)》，2017(1)。

王敦书：《斯巴达早期土地制度考》，载《历史研究》，1983(6)。

王焕生：《古罗马文艺批评史纲》，南京，译林出版社，1998。

王善超：《论亚里士多德关于人的本质的三个论断》，载《北京大学学报(哲学社会科学版)》，2000，(1)。

吴诗玉、涂鸣华编著：《古希腊神话的现代解读：理性与神性》，上海，上海交通大学出版社,2014。

肖厚国:《古希腊的思想与历史:自由的古典探索》,上海,上海人民出版社,2010。

徐国栋:《古罗马的法学教育及其案例法》,载《江汉论坛》,2016(1)。

薛文蔚:《自然主义与教育》,上海,商务印书馆,1933。

杨共乐主编:《世界上古资料汇编》,北京,北京师范大学出版社,2010。

杨仁忠:《希腊城邦文明与古典公共领域———公共性的历史源头及其启示》,载《新乡学院学报(社会科学版)》,2013(2)。

杨适:《哲学的童年》,北京,中国社会科学出版社,1987。

杨亚端、甄橙:《古罗马的医学权威——盖伦》,载《中国卫生人才》,2014(7)。

叶秀山、傅乐安编:《西方著名哲学家评传》第1卷,济南,山东人民出版社,1984。

裔昭印:《从家庭和私人生活看古雅典妇女的地位》,载《历史研究》,2000(2)。

于克勒、章惠菁编著:《古代奥运会史话》,上海,上海人民出版社,1986。

张斌贤、褚宏启等:《西方教育思想史》,成都,四川教育出版社,1994。

张法琨选编:《古希腊教育论著选》,北京,人民教育出版社,1994。

张广智主编:《世界文化史》(古代卷),杭州,浙江人民出版社,1999。

张学仁:《古代罗马的法学教育》,载《法学评论》,1984(1)。

赵敦华:《西方哲学通史》第1卷,北京,北京大学出版社,1996。

周辅成:《西方伦理学名著选辑》上卷,北京,商务印书馆,1987。

[德]E.策勒尔:《古希腊哲学史纲》,翁绍军译,济南,山东人民出版社,1992。

[德]H G.伽达默尔:《伽达默尔论柏拉图》,余纪元译,北京,光明日报出版社,1992。

[德]恩斯特·卡西尔:《人论》,甘阳译,上海,上海译文出版社,1985。

[德]黑格尔:《哲学史讲演录》第1卷,贺麟、王太庆译,北京,商务印书馆,1959。

[德]黑格尔:《哲学史讲演录》第2卷,贺麟、王太庆译,北京,商务印书馆,1960。

[德]加达默尔:《哲学解释学》,夏镇平、宋建平译,上海,上海译文出版社,1994。

[法]古郎士:《希腊罗马古代社会研究》,北京,中国政法大学出版社,2005。

[法]亨利-伊雷内·马鲁:《古典教育史》(罗马卷),王晓侠、龚觅、孟玉秋译,上海,华东师范大学出版社,2017。

[法]亨利-伊雷内·马鲁:《古典教育史》(希腊卷),龚觅、孟玉秋译,上海,华东师

范大学出版社，2017。

[法]卢梭：《爱弥儿：论教育》上卷，李平沤译，北京，商务印书馆，1978。

[法]让 皮埃尔·韦尔南：《希腊思想的起源》，秦海鹰译，北京，北京大学出版社，2012。

[法]让-皮埃尔·内罗杜：《古罗马的儿童》，张鸿、向征译，桂林，广西师范大学出版社，2005。

[法]雅克·安德烈：《古罗马的医生》，杨洁、吴树农译，桂林，广西师范大学出版社，2006。

[法]伊尔塞特劳特·哈多特：《希腊哲学与百科知识》，陆象译，载《第欧根尼》，1998(1)。

[古罗马]昆体良：《昆体良教育论著选》，任钟印选译，北京，人民教育出版社，1989。

[古罗马]卢克莱修：《物性论》，方书春译，北京，商务印书馆，1981。

[古罗马]普鲁塔克：《希腊罗马名人传》上册，陆永庭等译，北京，商务印书馆，1990。

[古罗马]塞涅卡：《幸福而短促的人生———塞涅卡道德书简》，赵又春、张建军译，上海，生活·读书·新知三联书店上海分店，1989。

[古罗马]苏维托尼乌斯：《罗马十二帝王传》，张竹明等译，北京，商务印书馆，1995。

[古罗马]塔西佗：《阿古利可拉传 日耳曼尼亚志》马雍、傅正元译，北京，商务印书馆，1959。

[古罗马]维吉尔：《埃涅阿斯纪》，田孟鑫、李真译，北京，北京理工大学出版社，2014。

[古希腊] 柏拉图：《 文艺对话集》，朱光潜译，北京，人民文学出版社，1963。

[古希腊] 柏拉图：《理想国》，郭斌和、张竹明译，北京，商务印书馆，1986。

[古希腊]柏拉图：《法律篇(第二版)》，张智仁、何勤华译，北京，商务印书馆，2016。

[古希腊]柏拉图：《苏格拉底的最后日子———柏拉图对话集》，余灵灵、罗林平译，上海，生活·读书·新知三联书店上海分店，1988。

[古希腊]赫拉克利特：《赫拉克利特著作残篇》，T. M. 罗宾森英译/译注，楚荷中译，桂林，广西师范大学出版社，2007。

[古希腊]色诺芬：《回忆苏格拉底》，吴永泉译，北京，商务印书馆，1984。

[古希腊]修昔底德：《伯罗奔尼撒战争史》上册，谢德风译，北京，商务印书馆，2007。

[古希腊]亚里士多德:《尼各马科伦理学》,苗力田译,北京,中国社会科学出版社,1990。

[古希腊]亚里士多德:《形而上学》,吴寿彭译,北京,商务印书馆,1959。

[古希腊]亚里士多德:《雅典政制》,日知、力野译,北京,商务印书馆,1959。

[古希腊]亚里士多德:《政治学》,吴寿彭译,北京,商务印书馆,1965。

[美]E. P. 克伯雷选编:《外国教育史料》,华中师范大学教育系等译,上海,华中师范大学出版社,1991。

[美]M. 罗斯托夫采夫:《罗马帝国社会经济史》,马雍、厉以宁译,北京,商务印书馆,1985。

[美]洛伊斯·N. 玛格纳:《医学史(第二版)》,刘学礼译,上海,上海人民出版社,2017。

[美]威尔·杜兰:《世界文明史·希腊的生活》,幼狮文化公司译,北京,东方出版社,1998。

[苏联]麦丁斯基:《世界教育史(改订本)》,叶文雄译,北京,五十年代出版社,1953。

[苏联]涅尔谢相茨:《古希腊政治学说》,蔡拓译,北京,商务印书馆,1991。

[意]卡斯蒂廖尼:《医学史》上册,程之范译,桂林,广西师范大学出版社,2003。

[英]A. 安德鲁斯:《希腊僭主》,钟嵩译,北京,商务印书馆,1997。

[英]A. E. 泰勒:《柏拉图——生平及其著作》,谢随知等译,济南,山东人民出版社,1990。

[英]阿诺德·汤因比:《希腊精神——一部文明史》,乔戈译,北京,商务印书馆,2015。

[英]霍布斯:《利维坦》,黎思复、黎廷弼译,北京,商务印书馆,1985。

[英]罗素:《西方哲学史》上卷,何兆武、李约瑟译,北京,商务印书馆,1976。

[英]肯尼思·约翰·弗里曼:《希腊的学校》,朱镜人译,济南,山东教育出版社,2009。

[英]乔纳逊·伯内斯:《亚里士多德》,余继元译,北京,中国社会科学出版社,1989。

[英]威廉·博伊德、埃蒙德·金:《西方教育史》,任宝祥、吴元训主译,北京,人民教育出版社,1985。

[英]西蒙·普莱斯：《古希腊人的宗教生活》，刑颖译，北京，北京大学出版社，2015。

二、外文文献

A. H. M. Jones, *The Later Rome Empire* 284–602: *A Social Economic and Administrative Survey*, Basil Blackwell, The Johns Hopkins University Press, 1986.

Anton and powell, *Athens and Sparta*, London and N. Y. , Routledge, 1988.

C. Farrar, *The Origins of Democratic Thinking*, Cambridge, Cambrige University Press, 1988.

Eby and Arrowood, *The History and Philosophy of Education*, *Vol. 1*: *Ancient and Medieval*, Englewood, Prentice Hall, 1940.

E. Fautham etc. , *Women in the Classical World*, OXford, Oxford University Press, 1994.

Frederick A. G. Beck, *Greek Education* : 450–350 *B. C.* , London, Methuen, 1964.

G. B. Kerferd, *The Sophistic Movement*, Cambridge, Cambridge University Press, 1981.

G. Boas, *Rationalism in Greek Philosophy*, Balimore, Johns Hopkins Press, 1961.

Greg Woof, *Becoming Roman* : *The Origins of Provincial Civiliazation in Gaul*, Cambridge, Cambridge University Press, 1998.

H. Cherniss, *The Riddle of the Early Acadeny*, Clifornia, Clifornia University Press, 1945.

I. Marrou, *A History of Education in Antiquity*, Madison, The University of Wisconsin Press, 1982.

J. P. V. D. Balsdon, *Roman Civilization*, London, Penguin Books, 1969.

James Bowen, *A History of Western Education*, vol. 1, London, Methuen, 1972.

Jo–Ann Shelton, *As the Romans Did*, *A Sourcebook in Roman Social History*, Oxford, Oxford University Press, 1988.

M. Austin & P. Videal – Naquet, *Economic and Social History of Aucieut Greece*,

Clfornia, Clfornia University Press, 1997.

M. Joyal, *I. McDougall & J. Yardley*, *Greek and Roman Education* : *A Sourcebook*, London and N. Y. , Routledge, 2009.

Manfred Fuhrmann, *Cicero and the Roman Republic*, Oxford, Blackwell, 1992.

Martial, *Epigram*, Cambridge, MA, Harvard University Press, 1993.

P. Merlan, *The Cambridge History of Later Greek and Early Medieval Philosophy*, Cambridge, Cambridge University Press, 1970.

P. Monroe, *A Text-book in the History of Education*, New York, Macmillan Publishers Limited, 1905.

Paatham, H. P. Foley, *Women in the Classical Word*, Oxford, Oxford University Press, 1994.

Paul Monroe, *Source Book of the History of Education for the Greek and Roman Period*, London, The Macmillan Company, 1906.

Pauline Schmitt Pantel, eds. , *A History of Women in the West (1)* , Cambridge, MA, Harvard University Press, 1992.

Powell, *Athens and Sparta*, London and N. Y. , Routledge, 1988.

Robert Ulich, *Three Thousand Years of Educational Wisdom* : *Selections From Great Decuments*, Cambridge, MA, Harvard University Press, 1947.

Sarah B. Domeroy, *Goddesses*, *Whores*, *Wives and Slaves*, N. Y. , RandomHouse-Inc, 1975.

Seneca, *Epistle*, Cambridge, MA, Harvard University Press, 1925.

Sir Ernest Barker, *Greak Political Theory* : *Plato and His Predecessors*, London, Methuen, 1960.

Terence Irwin, *A History of Western Philosophy* (1) : *Classical Thought*, Oxford, Oxford University Press, 1989.

Teresa Morgan, *Literate Education in the Hellenistic and Rome World*, Cambridge, Cambridge University Press, 1989.

W. Jaeger, *Paideia*: *The Ideals of Greek Culture Volume* II —*Search of the Divine*

Centre, Ofxord, Ofxord University Press, 1976.

W. Tarn, *Hellenistic Civilitation*, London, Aronold, 1930.

Werner Jaeger, *Paideia : The Ideals of Greek Culture, Vol.* Ⅲ —*The Conflict Of Cultural Ideals in the Age of Plato*, Oxford, Oxford University Press, 1980.

William V. Harris, *Ancient Literacy*, Cambridge, MA, Harvard University Press, 1989.

Xenpphon, *Constitution of the Lacedaenaonians*, *The Loeb Classical Library*, Oxford, Oxford University Press, 1984.

Xeuopuhon, *Athenian Constitution*, *The Loeb Classical Library*, Osford, Oxford University Press, 1984.